학교혁신의 이론과 실제

학교혁신의 이론과 실제

초판 1쇄 발행 | 2013년 3월 15일
지은이 | 강충열 권동택 신문승 이성대
　　　　　 송주명 서길원 이광호 이범희
편집 | 송민아 신지은
표지 디자인 | 김의수　　**본문 디자인** | 허영인
조제판 | 벽호미디어　　**인쇄 제본** | 벽호

발행인 | 권병일 · 권준구　　**발행처** | (주)지학사
등록번호 | 1957. 3. 18. 제13-11호
주소 | 121-818 서울특별시 마포구 신촌로 6길 5
전화 | 02-330-5300　　**팩스** | 02-325-8010
홈페이지 | www.jihak.co.kr

ⓒ 강충열 · 송주명 외, 2013
ISBN 978-89-05-03916-5　93370

학교혁신의 이론과 실제

강충열 · 권동택 · 신문승 · 이성대
송주명 · 서길원 · 이광호 · 이범희

(주)지학사

머리말

2012년 12월 22일 경희대학교에서 5개 시도교육청의 교사들이 모여 그동안 실천해 온 학교혁신의 사례들을 발표하고 토론하는 세미나가 있었다. 경기도 교육청이 주최하고 서울시, 광주시, 강원도, 전북 교육청에서 많은 교사들이 참여하여 넓은 강당을 입추의 여지가 없을 정도로 꽉 메웠었다. 발표와 토론의 내용도 교육학 교수들의 세미나 수준에 못지않게 매우 전문적이었고 진지했다.

세미나 마무리 시간에 질의응답하는 시간이 있었는데, 어느 한 교장 선생님이 발표자들에게 "학교에서 교육혁신을 실천하며 느낀 소감을 말씀해 주세요."라고 요청하였다. 발표자는 "실천과정에 어려움도 있었지만 보람도 있었고 참으로 행복했다."라고 확신에 찬 대답을 하였다. 그러자 청중으로부터 박수와 환호가 터져 나왔다. 발표자는 이어서 "혁신학교를 운영하면서 얻은 경험을 통해 볼 때, 학교혁신은 학생들을 위해서도 좋고 학부모들도 좋아한다. 앞으로 학교혁신이 일반학교로도 널리 확산되었으면 좋겠다."라고 했다. 그러자 또 한 번 큰 박수가 이어졌다.

교사들의 이런 열띤 세미나 분위기 못지않게 학교혁신에 대해 함께 공감하는 광경을 목격하면서 우리나라 공교육의 미래에 대한 새로운 희망을 느낄 수 있었다.

특히 그 과정에서 필자가 우리나라 교육의 미래 희망을 직시할 수 있었던 것은 이러한 교육혁신의 노력이 교육조직의 가장 아래 단계로부터, 교육의 최전선에서 활동하고 있는 교사들이 주체가 되고 있다는 점에서이다.

이제 학교혁신은 급격히 변화하는 환경 속에서 국가의 미래 발전을 위해 피할 수 없는 도전적 과제로서, 세계 각국은 끊임없이 교육개혁을 시도해 오고 있다. 미국과 같은 선진국에서는 이미 1980년대 중반을 넘어서부터 교육개혁을 국가가 주도하던 방식에서 벗어나 교육청과 단위학교가 주도하는 방식으로 그 방향을 전환하고 있다.

학자들은 국가가 주도하는 방식을 "제 1의 교육개혁 물결"로, 지역교육청과 단위학교가 주도하는 방식을 "제 2의 교육개혁 물결"로 명명하면서 상호 구분하고 있다. 학교혁신은 제 2의 교육개혁 물결을 의미하며, 그 등장 배경은 국가가 현장과 멀리 떨어져서 법, 규정, 명령과 같은 소위 '원격 조정'을 통해 교육 현장에서 이루어지고 있는 실천적 행위들을 바꾸려는 시도는 한계가 있으며, 현장의 변화는 교사들이 스스로 이루어 내려는 노력이 있을 때에만 성공할 수 있다는 연구 결과에 기초하고 있다. 이렇듯 학교혁신은 교사들의 전문적 능력과 열정을 통해서만 이루어 낼 수 있는데, 필자는 세미나 과정을 지켜보면서 거기에서 우리나라 교육의 희망을 본 것이다.

학자들이 제시하는 학교혁신의 3대 가치는 수월성(excellence), 공평성(equity), 효율성(efficiency)이다. 수월성은 모든 학생들이 타고난 소질과 적성을 개발시켜 자아를 실현하도록 돕는 것이다. 수월성의 가치를 존중하는 학교에서는 학생들이 즐겁고 행복한 학교생활을 하며 미래를 최적으로 준비할 수 있게 된다. 이 수월성의 가치를 구현하는 일은 진보나 보수가 따로 있을 수가 없다. 왜냐하면 수월성은 교육의 본질적 가치이기 때문이다. 다만 수월성 교육을 실천하는 데 있어서 공평성과 효율성 중 어느 가치를 더 중시하느냐에 따라 입장에 차이가 있을 뿐이다. 이 두 가치는 정책결정이나 학교교육의 실제에서 종종 서로 대립되는 상황을 발생시키곤 한다. 그러나 각각은 서로에게 교육 발전을 위해 의미 있는 통찰을 제공해 주기 때문에 서로 상생적 관점에서 해결하려는 노력이 동반되면 교육 발전에 기여할 수 있는 둘 다 중요한 가치들이다.

　본 책은 이런 배경에서 학교혁신에 대한 이론과 실제 사례들을 소개하여 학교혁신에 대한 '바른 앎'을 공유하고자 하는 바람으로 편찬하였다. 전체 3부로 구성되어 있다.

　1부는 학교혁신에 대한 기본적 이해를 돕기 위한 학교혁신의 이론적 배경, 학교혁신의 유형과 수행 모델, 학교혁신을 위한 학교공동체 문화와 리더십, 혁신학교 평가와 발전방향을 논의하고 마지막으로 주요국의 교육개혁과 학교혁신 동향을 살펴보는 순으로 구성하였다.

2부에서는 우리나라 공교육 혁신의 성공적 모델인 경기도교육청의 학교혁신 사례를 중심으로 혁신교육 철학과 지향점, 창의지성교육과 배움중심수업, 그리고 경기도 혁신학교의 성과와 과제 순으로 구성하였다.

3부에서는 국내의 학교급별 학교혁신 사례를 예시하는 순으로 구성하였다. 초등학교 4개교, 중등학교 5개교의 학교혁신 사례를 중심으로 단위학교 차원에의 학교혁신의 성공적 추진사례를 구체적으로 제시하였다.

이 책은 대학에서의 학교혁신 강좌나 현장 교사들의 학교혁신 연수의 입문 교재로서 쓰이기를 기대하여 대학과 학교 현장에서 전문가들의 검토를 거쳤다. 이 자리를 빌어서 진지하게 원고를 검토해 주시고 자문해 주신 최충옥 교수님, 김기철 과장님, 이중현, 한영희, 노선덕 장학관님, 김종숙 장학사님, 이우영 교장선생님, 김성천, 이정표, 정지선 선생님께 감사드린다. 이 책이 나오기까지 수고해 주신 집필진과 검토진 모두에게 감사드리며, 이 책이 담은 대한민국의 교육 희망이 전국의 교육청과 단위학교에서 우리나라 공교육을 희망으로 바꾸는 학교혁신 교육운동으로 확산되기를 기대해 본다.

2013년 1월
다락골 연구실에서
집필자 대표 강충열

목차

1

학교혁신의 기본적 이해

1. 개념

혁신(innovation)이라는 말은 새우리말 큰 사전에서는 "낡은 사회 체제(제도), 정치 조직, 방법 등을 고치거나 버려 아주 새롭게 함."으로 정의하고 있고, The New International Webster's Dictionary에서는 innovation이라는 말을 "make changes, introduce new practices"라고 정의하고 있다. Smith(2006, p. 5)는 혁신이라는 말은 산업계를 포함하여 사회의 모든 분야에서 사용되는 일반적인 용어인데, "새로운 산출물(products)이나 서비스(service)를 생산하고, 분배하고, 소비하는 일"을 말한다고 정의하고 있다. 이런 정의들에 비추어 볼 때, 교육계에서의 혁신이란 어떤 새로운 교육적 아이디어를 생산하고 분배하고, 소비하는 일이라고 정의할 수 있을 것이다.

학자들이 사용하는 교육혁신이라는 용어에는 두 가지 개념적 요소가 포함되어 있는 것으로 나타난다. 첫째, 교육혁신은 새로운 교육적 아이디어를 실천하고 그 절차와 결과를 학교현장에 확산하는 일을 포함한다. 이는 혁신 개념이 새로운 아이디어를 창조하는 발명 개념 외에 유포 또는 확산이라는 개념적 요소를 가지고 있다는 것을 의미한다(Smith, 2006). 둘째, 교육혁신은 변화(change)와 개선(improvement)이라는 개념을 포함하고 있다(Evans, 1996). 즉, 혁신은 변화라는 개념적 요소를 지니고 있어 이전과는 다른 어떤 것이 도입되는 것을 의미하는 동시에, 그 변화는 이전의 상태를 긍정적으로 진보시키는 의미를 담고 있다. 따라서 교육혁신은 단순히 교육적 변화를 도입하는 것을 넘어 교육적 기능을 발전시키는 것으로서, 그 기능을 퇴보시키는 변화는 교육혁신으로 보지 않는다. 그러나 "사회 일반에서 사용하는 변화라는 용어는 거의 대개의 경우 진보를 의미하는 긍정적 시사를 담고 있어"(Evans, 1996, p.21), 변화와 혁신이라는 용어는 거의 동의어처럼 사용되고 있다.

한편, 교육계에서는 이런 변화를 도모하는 일을 지칭하는 용어로 개혁(reform)이라는 말과 혁신(innovation)이라는 용어가 자주 혼용되어 사용되고 있다. 교육학 용어사전(서울대학교 교육연구소, 1994)에서도 교육개혁이라는 말과 교육혁신이라는 말을 동의어로 보면서 "시대적 · 사회적 요청에 부응하고 급변하는 사회에 적응시키기 위해 교육제도, 내용 · 방법 및 행 · 제정 등 교육 운영의 모든 국면을 변혁하는 일"(p. 96)이라고 정의하고 있다.

그러나 Simmons(1983a, p. 9)는 "개혁은 국가 수준에서의 주요 교육적 변화를 가져오는 것이고, 혁신은 국가 정책을 제한된 범위의 실험을 통해 교육적 변화를 가져오는 것"이라고 구분하면서, 혁신을 개혁보다는 다소 국소적인 의미의 용어로 사용하고 있다. 이런 개념 구분은 교육계에서의 변화를 이해하는 데 적어도 두 가지 유용한 시사를 제공한다. 즉, 하나는 교육적 변화는 국가 차원에서 법과 제도를 통해 이루어지는 거시적 차원이 있을 수 있고, 지역교육청이나 단위학교를 통해 이루어지는 미시적 차원이 있을 수 있다는 것이다. 나중에 학교혁신의 배경에서 살펴보겠지만 미국의 학자들은 교육개혁과 관련하여 제1의 물결(the first wave)과 제2의 물결(the second wave)이라는 용어를 사용하고 있는데, 제1의 교육개혁 물결은 국가 차원에서의 법과 제도를 통한 거시적이고 대규모적인 변화를 지칭하고, 제2의 교육개혁 물결은 학교 차원에서의 문화와 자율적 역량 강화를 통한 미시적이고 소규모적인 변화를 지칭한다. 양자는 그 목표와 내용과 접근이 다르기 때문에 국가 주도의 거시적 변화와 학교 주도의 미시적 변화를 구분할 필요가 있다는 점에서 유용하다. 또 다른 하나는 개혁을 국가 주도의 거시적 변화로, 혁신을 지역교육청과 학교주도의 변화로 볼 때 요즘 교육청 주도로 교육의 변화를 가져오고자 하는 시도들은 학교개혁(school reform)이라는 용어보다는 학교혁신(school innovation)이라는 용어로 지칭하는 것이 적절했었다는 것을 시사한다. 이런 차원에서 학교혁신은 "학교 차원에서 이루어지는 교육적 산출물과 서비스의 개선 및 확산 활동"이라고 정의할 수 있다.

2. 교육개혁과 교육혁신, 그리고 혁신학교

21세기 지식기반사회로의 패러다임 전환은 미래의 교육과 학교체제에 구조적 변화를 요구하고 있다. 더욱이 국가 경쟁력 강화를 저해하는 요인의 하나로 근대적 학교체제가 지적되면서 선진 각국은 교육개혁의 기치를 내걸고 광범위하고 급진적인 교육개혁을 진행해 왔다. 그러나 국가경쟁력 강화를 기치로 한 "위로부터 아래로"의 관(官) 주도의 수직적인 교육개혁은 학교현장의 실질적 변화를 이끌어 내는 데 실패했다는 평가를 받고 있다(장훈, 김명수, 2011). 이러한 평가 결과에 따라 세계 각국은 국가적 차원의 거시적 관점에서의 교육개혁과, 학교와 학급을 기본 단위로 하는 단위학교 중심의 교육혁신의 방향을 함께 모색하고 있다.

교육혁신이란 교육 개선을 위하여 의도적이고 새로운 변화가 교육체제에 광범위하고 비교적 영속적인 변화를 가져오는 것을 말한다. 즉, 교육혁신은 교육에 있어서 여러 가지 변화 중 단순한 변화가 아니라 교육 개선을 가져오는 변화로써 의도성과 영속성을 가진 광범위한 변화를 말한다(박운형 외, 2009).

한편 교육개혁은 주로 정부에 의해 추진되는 정책상의 큰 변화를 의미하고, 교육혁신은 교사집단, 단위학교, 지역사회를 중심으로 일어나는 자발적인 변화를 추구하는 것을 의미한다. 정부 추진 정책의 성격에 따른 개혁과 혁신의 이론적 구분은 가능하지만, 교육현장에서는 이들을 엄격히 구분하기 어려워(박운형 외, 2009), 교육현장에서는 교육개혁보다는 교육혁신을 보다 포괄적 개념으로 활용하게 되었다.

혁신학교는 정책적인 측면에서 학교교육을 개혁하기 위한 정책으로, 혁신학교의 철학적 측면은 '배움과 돌봄'으로 볼 수 있다(박봉서, 2012). 방법 면에서는 예전의 거시적 관점 정책 중심에서 수업중심의 단위학교 변화를 통한 미시적 해결 방법을 병행하고 있고, 제도 개혁을 통한 학교교육 개혁에서 교사들의 수업중심을 통한 교육문화의 총체적인 변화를 꾀하고 있다고 볼 수 있다.

혁신학교와 관련하여 공영형 혁신학교는 자율 및 책무에 기반한 단위학교 혁신, 지역사회와 수평적 네트워크 구축, 저비용 고품질의 교육기회 제공이라는 큰 틀에서 추진되었고, 학교혁신의 새로운 모델로 자리매김할 것으로 기대했으나 정책적인 차원에서 관 주도로 운영되어 현재 소수 학교만이 그 명맥을 유지하고 있다(허봉규, 2011). 반면 경기도 혁신학교는 2009년 경기도교육감의 취임과 함께 공교육 개선 정책의 일환으로 경기도가 전국에서 처음으로 실시한 정책이다. 경기도교육청에서 추진하고 있는 혁신학교는 단위학교 개혁을 제도적 개혁과 학교문화의 변화라는 두 가지 차원에서의 접근을 시도하면서 단위학교의 창의적이고 자기주도적인 학습 능력을 높여 공교육을 정상화시키는 것에 그 목적을 두고 있다(김상곤, 지승호, 2011).

3. 핵심 가치

학교혁신에는 몇 가지 핵심적 가치 또는 목적이 존재하여 상호 경쟁적으로 자리 잡고 있다(Mitchell, 1989). Kafuman(1956)과 Mitchell(1989)은 수월성(excellence), 효율성(efficiency), 공평성(equity), 선택(choice)이라는 가치를, Simmons(1983a)는 효율성과 적절성(relevance)이라는 가치를 들고 있다.

수월성이란 "모든 학생들이 각각 자신의 능력 범위에서 그의 능력의 한계를 최고조로 밀어 올리는 것"을 의미하는데(National Commission on Excellence in Education, 1983, p. 22), Simmons는 이를 적절성이라고 불렀다. 수월성은 '모든 학생'이라는 말과 '각자의 능력 범위'란 두 가지 개념적 요소를 가지고 있다. 첫째, 수월성은 영재들과 같은 일부 능력이 뛰어난 학생들만의 능력 개발을 언급하는 것이 아니라 보통 학생과 학습 부진 학생들 모두를 포함한다. 둘째, 수월성은 모든 학생들을 같은 능력 수준으로 개발시키는 것을 의미하지는 않는다는 것이다. 수월성은 모든 학생들은 타고나는 적성과 경험 수준이 달라 지니고 있는 능력 수준이 다르다는 것을 인정하고, 각 개인의 능력 수준을 최고로 발휘하여 발전할 수 있도록 돕는 것이다. 물론 국가는 국가 수준의 교육과정을 통해 모든 학생들이 달성하기를 원하는 표준(standards)을 설정하고 모든 학교들이 그 표준을 성취해 주기를 원하고 있지만, 그것은 모든 학생들이 성취할 최소한의 기준일 뿐이다. 모든 학생들이 지니고 있는 능력과 적성을 최대로 발달시킬 수 있도록 학교가 돕는 것이 학교혁신의 주요 목적이다. 그렇게 했을 때 모든 학생들이 학교에서의 생활을 통해 학습의 의미를 느끼고 행복을 경험하며 미래를 잘 준비할 수 있게 된다(Dewey, 1938, 1971).

전통적으로 학교의 교육의 질 또는 수월성은 공립학교 교육의 역사를 통해 중요한 공적 가치의 하나로 간주되어 왔었고, 학교혁신에서 수월성은 대부분의 나라들이 공통적으로 귀하게 여기는 가치이다(Passow, 1989). 우리나라에도 혁신을 도모하고 있는 여러 교육청들과 학교들은 모든 학생들이 학교에서 얻는 교육적 경험의 질을 최고조로 끌어 올려 학생들이 학교에서 행복감을 맛보고 학교를 귀하게 여기도록 하는 것을 최우선의 목표로 삼고 있다. 미국의 경우 수월성에 대한 토론의 초점은 학생들과 교사들의 표준 설정, 새로운 학교 프로그램의 제공, 자원의 확대 등에 맞추어지고 있고, 수월성 관련 구체적인 개혁 정책들로는 교사들의 임기와 자격에 대한 법률 제정과 함께 아동 발달, 교육과정 교수 재료, 교수와 관련하여 광범위한 분야에서의 전문가들의 유입, 경력 위계 또는 업적에 따른 봉급 체제 설정 등을 통한 교사들의 전문성 향상 등이 있다(Mitchell, 1989).

수월성이 교육서비스의 질적 측면 또는 효과적 측면을 말한다면 효율성은 교육서비스의 양적 측면 또는 비용적 측면으로서, 같은 효과를 내는 데 있어 투자되는 시간과 노력을 최소한으로 줄이는 것 또한 학교혁신의 주요 목적 중의 하나가 된다. 미국의 경우 지역교육청의 학교 장학 담당 부서의 기능을 강화하고, 국가가 학교 프로그램과 교사 자격의 통제권을 시도교육청에 넘기며, 지역교육청의 공고화와 재조직 등 조직의 기능적 차원에서 효율화를 도모하였다. 또한 최근에는 학교의 교육력 저하에 대한 비판과 함께 제기된 국민들의 공교육의 운영에서의 효율성 확보 요구에 부응하고, 컴퓨터를 비롯한 새로운 테크놀로지의 도입을 확대하는 등의 정책이 효율성과 관련한 주요 학교혁신 정책들로 제시되기도 했다(Mitchell, 1989).

공평성이란 모든 학생들에게 교육 기회에 대한 접근 가능성을 평등하게 하는 것이다. 평등 개념은 민주사회의 근본 가치로서 성, 연령, 사회·경제적 배경에 관계없이 국민 모두에게 기본적으로 주어지는 권한이다. 교육계에서도 마찬가지로 모든 학생들은 자신들의 수월성 제고를 위해 필요한 교육 기회를 평등하게 갖도록 하는 것은 학교혁신의 또 다른 주요 목적이 된다. Mitchell(1989)은 공평성은 국가가 두 가지 수준에서 학교혁신을 동기화하는 기폭제가 될 수 있다고 본다. 첫 번째 수준은 학교들이 학교 내에서 또는 학교 간에 평등성을 담보하여 모든 학생들에게 평등한 교육 기회를 갖게 하도록 압력을 가한다. 학교에의 재정 지원의 차별화, 소외 계층의 교육과정에의 평등한 참여, 학생들의 진보를 평가하는 데 있어서의 공평성 여부 조사하기 등의 수단을 동원하여 이를 이루도록 학교에 압력을 가한다. 두 번째 수준은 학교들이 소외 계층의 학생들에게 구제교육 서비스를, 장애아들에게는 특수교육 서비스를 제공하도록 압력을 가한다. 이런 공평성과 관련한 교육 서비스는 학교가 평등 창조 기관이 되도록 하여, 나중에 학생들이 학교를 졸업하고 사회에 나가 적절히 기능하도록 함으로써 사회적 평등성을 좀 더 높일 수 있을 것이라는 가정에 기반한 것이다. 이런 가정에 기반했던 교육개혁 운동의 예로 Headstart 프로그램의 개발, 특수교육 서비스의 제공, 고등교육기관에서 소외 계층에 대한 장학금 지원, 그 외 다양한 종류의 구제 및 보상 교육 프로그램들의 도입 등을 들 수 있다.

학자들은 교육에서의 공평성 확보는 일반적으로 중앙 주도의 개입을 필요로 하고, 그런 관점에서 공평성의 문제에 대하여 틀을 잡은 사람은 Karl Marx로 보고 있다. Mitchell(1989)은 Marx가 사회에 존재하는 불평등은 사적인 사회적 관계에서 있을 수밖에 없는 필연적 역동성의 결과이기 때문에 이것을 통제하지 못하는 것은 국가의 책임이라고 주장했다고 지적한다. 즉, 사적인 사회에서는 한 계급층이 다른 계급층의 희생을 대가로 부와 권력을 꾸준히 축적하기 때문에 불평등이 생길 수밖에 없고, 이런 개인적 부와 권력의 불평등한 분배는 계층 간 이익의 충돌과 사회의 안정성을 지속적으로 위협하게 된다는 것이다. 따라서 Marx는 혁명적 투쟁이 이런 과정에 대한 필연적 결과가 될 수밖에 없다는 것이다. 그러므로 정부는 사적인 관계들을 중재하여, 한 사회적 집단에 의한 부와 권력의 축적을 방지하고 모든 사람들에게 경제적 생산성의 이익과 특권을 평등하게 공유할 수 있는 기회를 제공해야 한다는 것이다. 우리나라도 대학입시에서 농어촌 특별 전형을 도입하거나 소외 계층을 위한 교육 기회를 확대하는 노력 등은 형평성의 개념에 기초한 정책이라고 볼 수 있다.

선택이란 학부모와 학생들에게 학교 및 교육과정 경험을 선택할 기회를 제공하는 것으로서 수월성과 공평성을 확보하는 수단적 가치가 되며 또한 학교혁신의 중요한 주제가 된다. Mitchell(1989)은 학부모와 학생들의 교육 선택권은 John Locke, John Stuart Mill 등과 같은 철학자들에 의해 형성된 고전적 자유주의(classical liberalism)에 기초하고 있고, 이 고전적 자유주의는 "가장 적게 통제하는 정부가 가장 잘 통제한다(Government governs best that governs least)."라는 표어에 잘 나타나 있다고 본다. 미국의 경우, 선택 개념과 관련된 구체적인 개혁 정책들로는 교육 바우처 제도, 교육비 과세 공제(tuition tax credits), 대학 전원 무시험 입학제도(open enrollment plans), 사립학교에 대한 지원, 학교와 교육 프로그램의 선택, 대안 학교와 학교 프로그램의 개발, 교육 프로그램 계획에의 시민 참여, 예산과 경영에 대한 의사 결정의 분산화 등이 있다(Mitchell, 1989).

Mitchell(1989)은 교육개혁의 이런 핵심 가치 또는 목적들과 관련하여 정책 결정자들의 태도를 조사한 결과 몇 가지 사실들을 발견하였다. 첫째, 정책 결정자들은 자신들의 혁신 가치를 비교적 쉽게 찾아내고, 그것을 선택하게 된 배경에 대해 확신을 가지고 설명하는 편이었다. 둘째, 정책 결정자들은 그 선호하는 가치를 특정한 교육 프로그램과 정책 결정을 지지하는 데 사용하였다. 셋째, 국민들은 이 가치들 중에서도 수월성 가치에 대해 가장 강하고 일관된 지지를 보내고 있어, 정책 결정자들도 나머지 효율성, 평등성, 선택이라는 가치를 담보하는 데 필요한 정책들에 장기적인 위협을 가하거나 소홀히 다루곤 하였다. 우리나라도 국가 수준에서 수월성을 담보하려는 정책의 하나로 전국학력평가를 실시하고 있는데 이것에 과도하게 초점을 맞출 경우 국가는 효율성, 평등성, 선택이라는 또 다른 학교혁신의 가치들을 구현하는 일이 유보되거나 간과되는 경우가 발생하게 되고, 단위 학교의 경우도 학생들의 학업성취도를 높이는 교육 운영에 과도하게 초점을 맞추다 보니 그 나머지 가치들을 희생시키는 위험을 범하는 경우가 발생하고 있다.

1. 제1의 교육개혁 물결

교육개혁은 대개 국가가 주도하는 위에서 아래로의(top-down) 접근으로 시도가 이루어진 후, 학교 차원의 아래에서 위로의(bottom-up) 접근이 펼쳐지는 단계를 취하는 것이 일반적인 패턴으로 보인다. Passow(1989)에 의하면 미국의 경우, 1950~80년 초반까지의 교육개혁은 국가가 주도하여 입법화와 규제 및 명령을 통해 특정한 형태의 개혁을 시도하고, 학교와 교사들이 학생들의 성취와 관련하여 가져야 할 책임의 범위를 증진시키는 노력을 기울였다. 그 후 1980년대 후반부터의 교육개혁은 국가 주도의 개혁이 실질적으로 학교의 변화를 이루어 내는 효과를 거두기에는 충분치 않다는 인식에 기초하여, 지역교육청과 학교의 역할을 강화하는 데 초점을 두는 방향으로 바뀌었고, 현재 교육개혁의 주류를 이루고 있다. 이런 두 부류의 교육개혁 노력을 구분하는 것은 그 개혁의 표적과 방법에서 초점이 다르기 때문에 학자들은 전자의 노력을 교육개혁의 제1의 물결(the first wave), 후자를 제2의 물결(the second wave)로 구분하고 있다(Passow, 1989; Owens, 2001).

Passow(1989)에 의하면 미국에서 제1의 교육개혁 물결의 본격적인 시작은 소련의 Sputnik 발사에 따른 대응으로 1958년의 National Defense Education Act(NDEA)의 제정을 통해 교육과정 혁신 시대(The Era of Curriculum Innovation)를 일으키는 것에서부터 기원하였는데, 특히 수학, 과학, 외국어 영역에 큰 영향을 끼쳤다. 그 후 1973~1974년에 수십 개의 교육개혁보고서가 발간되었고, 1983년에는 A Nation at Risk: The Imperatives for Educational Reform의 발간과 함께 학교에 대한 규제 법령이 크게 증대되어 국가의 학교에 대한 관료적 통제가 촉진되었다. 예를 들어 어떤 교과서를 사용하고, 교수에 얼마만의 시간을 할당하고, 어떤 교수법을 사용할 것인지를 명시하고, 선택과목을 줄이고, 학습시간을 증대하고, 정교한 시험 체제를 설정하고 그 결과를 보고하도록 함으로써 정부가 학교의 순응 정도를 점검하였다.

그러나 이 법령이 발표된 후 4년째인 1986년에는 Education Commission of the States가 학교의 변화에 대해 조사를 한 결과, 그 효과는 매우 미미한 것으로 나타났다(Passow, 1979). Berman과 McLaughlin(Sirotnik, 1989, 재인용)도 미국이 국가와 주 수준에서 지원한 400개의 교육개혁 관련 프로젝트들을 검토한 결과, 일부 성공적인 프로젝트들도 있었으나, 대부분 프로젝트들은 비일관적이었고, 전체적으로 그 결과가 실망스러웠고, 그 성공을 지속적으로 유지해 내는 데 어려움을 겪었고, 성공적인 프로젝트들의 확산은 자동적으로 쉽게 일어나지 않았고, 어느 지역에서의 성공적인 프로젝트들을 다른 지역에서 다시 실천에 옮기는 경우 대개 그 결과는 원래 지역의 경우보다 부족하다는 것을 발견했다.

그럼에도 불구하고 그 후 2000년의 Goals 2000, 2001년의 No Child Left Behind Act가 법안으로 만들어지면서 국가주도의 교육개혁은 계속 이어지고는 있으나, 교육개혁의 주된 흐름은 지역교육청과 학교가 주도하는 제2의 교육개혁 물결로 그 방향이 바뀌고 있다(Fletcher & Nelsen, 2011). 이런 변화는 제1의 교육개혁 물결이 지니고 있는 국가 주도의 획일적인 규제적 접근이 지니고 있는 몇 가지 한계들이 지적되고 공감대가 형성됨에 따라 나타나게 된 것이다.

그 첫 번째 한계는 제1의 교육개혁 물결이 학교가 가지고 있는 문제들이 지닌 특정성을 고려하지 못했다는 것이다(Owens, 2001). 즉, 국가의 중앙통제적인 획일화된 명령과 지시는 특정한 학교에서 교사들이 특정한 학생들이 필요로 하는 교육과정과 교수에 대한 전문적 판단을 내리는 것을 방해했는데, 그런 국가의 결정은 '얼굴 없는' 원거리의 관료들이 결정하고 지시와 명령을 내려 해결될 수 있는 성격의 것이 아니라 학생들과 면 대 면으로 가장 가까이서 상호 작용하고 있는 교사들이 가장 적절하게 내릴 수 있는 것들이었다는 것을 간과한 것이라는 지적이다. 이런 측면을 학자들은 다음과 같이 비판하고 있다.

"개혁주도자들은 공립학교의 특정한 문제를 위에서 아래로 내려오는 규칙, 절차 등으로 명령을 내리고 학생들의 진보를 점검하고 평가함으로써 변화시키려는 노력을 하고 있다. 이들이 놓치고 있는 것은 그런 명령들이 실제로 학교별로 특수한 교사와 학생들의 일상적인 삶에 어떤 영향을 끼치고 있는지에 대한 이해이다(Seldak, Wheeler, Pullin & Cusick, 1986, p. 185)."

"개혁주도자들 중의 많은 사람들이 표준화(standardization)를 표준(standards)으로 혼동하고 있다고 본다. 이에 따라 이들은 교장과 교사들의 실제적인 교수 행위를 표준화된 명령으로 전달함으로써 학습을 과도하게 단순화하여 학습의 과정을 진부하게 만들고 있다(Sizer, 1985, p. 23)."

"입법적이고 규제적인 명령, 상세한 규칙, 표준 설정과 요구, 과정의 점검과 평가 등과 같은 위에서 아래로의 접근은 제한된 결과만 가져올 수 있다. 위에서는 기대되는 결과를 명령으로 성취할 수는 없는 것이고 그것은 변화와 개혁을 실행에 옮기는 지역교육청과 단위학교에 달려 있다. 교육개혁이 가장 어려운 부분은 학급 내에서 일어나는 것에 영향을 주는 것인데, 앞으로의 개혁은 천천히 이런 방향으로 변화하고 있다(Passow, 1989, p. 28)."

두 번째 한계는 제1의 교육개혁 물결은 학교를 보는 관점이 매우 공학적이어서 학교를 마치 제품을 생산해 내는 공장처럼 간주했다는 것이다(Lieberman & Rosenholtz, 1987; Finn, 1986; Goodlad, 1987). 따라서 공장에서 제품을 제대로 생산해 내지 못하면 비용을 투자해서 공정의 어떤 부속품을 개선하거나 바꿈으로써 해결될 수 있다고 보듯이 학교도 교육을 제대로 해 내지 못하면 교장이나 교사들을 연수시키거나 바꿈으로써 해결될 수 있다고 본 것이다. 이 점을 Ravitch(1985, p. 19)는 "개혁주도자들은 학교의 구성원들을 사고하고 논쟁적인 인간들로 보기보다는 가정의 가구처럼 취급하는 것"이라고 비판한다. 이것은 학교라는 곳은 사람이 모여서 나름대로의 독특한 문화를 이루고 사는 곳으로서 학교에서 이루어지는 일은 인간적이고, 심리적이고, 사회적이고, 정치적인 것이라는 점을 등한시한 것이다.

이 점에 대해 Goodlad(1987)는 국가 주도의 교육개혁은 교사들을 학교의 문화와 한 체제로서의 학교 생태학 속에서 살고 있는 '사람들'이라는 점을 간과하여 효과를 보지 못할 수밖에 없었다고 지적하고, Sarason(1990)도 1990년까지 국가 주도의 교육개혁은 그 노력에 비해 실제 학교에서의 변화를 거의 가져 오지 못했으며, 앞으로도 전략 그 자체가 변화하지 않으면 미래에도 교육적 성과 없이 실패할 것이라고 예견하면서, 그 주된 이유로 학교의 핵심적인 신념들과 구조, 즉 학교의 조직 문화를 바꾸는 노력을 등한히 한 것을 들고 있다. 특히 관리자들과 교사들 상호 간에 동기를 유발시키고, 리드하고, 중요한 결정을 내리는 데 필요한 권력의 측면을 다루지 않아 조직의 변화를 불러오는 데 실패했다고 지적하고, 학교가 재구조화되려면 그 열쇠는 학교에서의 권력 관계에 변화와 조정을 가하여야 한다고 주장했다.

세 번째 한계는 제1의 교육개혁 물결은 교사의 자율성과 전문적 역량을 소홀히 다루었다는 것이다(Carnegie Forum, 1986; The Holmes Group, 1986; Sizer, 1985). 즉 교사들은 관료화되는 학교 환경에서 점점 더 자신들의 전문적 판단을 행사할 기회를 상실하게 됨에 따라 무능감에 빠져 좌절하고, 소외감과 사기 저하로 효과가 제한적일 수밖에 없었다는 것이다. 이를 제2의 교육개혁 물결을 주도했던 California 주는 Policy Analysis for California Education(PACE)이라는 보고서를 통해 다음과 같이 지적하고 있다.

"국가는 교육개혁의 과정을 시작하고 지원할 수 있지만, 그 결과를 명령할 수는 없다. 왜냐하면 국가는 교육개혁의 희망을 실행하기 위해서는 지역수준의 활동들, 학생에게 교수적 서비스를 실제로 경영하고 전달하는 교사들, 그리고 그들이 제공하는 행위들에 의존할 수밖에 없기 때문이다(PACE, 1986, p.3)."

이런 점과 관련하여 Passow(1987)는 미국 Texas 교육청의 한 마그넷 스쿨의 사례를 들고 있는데, 이 학교는 교사들이 주와 지역교육청의 규제로부터 자유로움에 따라 자신들의 전문적 자율성을 발휘하여 교육과정을 운영하고 지역사회로부터 인정을 받고 있었다. 그러나 주의 개혁 정책이 학생들에 대한 표준화된 새로운 평가 프로그램을 도입하고 그 결과를 평가와 연계되도록 함에 따라 교사들의 협동적 교수는 사라지게 되었고, 교육과정 내용과 교수 방법도 평가에서 점수를 올리기 위한 교육으로 제한되게 되었고, 교사들은 전문적 자긍심을 잃게 되어 적절한 개혁을 실행할 수 없게 되었다고 보고하고 있다. 이런 국가주도의 하향식 개혁의 한계를 극복하려면 국가는 교사들을 전문가로 대우하는 오리엔테이션을 가져야 한다. 즉, 교사들에게 자신들의 전문적 역량을 발휘할 자율성을 주고 그에 대한 결과를 책임지도록 하는 접근이 필요하다. 이 점과 관련하여 Shanker(1986, p. 12)는 "교사들도 사회의 다른 전문가들과 같은 도전, 책무성, 보상을 가지고 진정한 전문가들이 될 기회를 가질 수 있도록 하는 것이 교육개혁의 핵심이다."라고 지적했다.

2. 제 2의 교육개혁 물결

국가가 주도하는 제1의 교육개혁 물결은 그 자체로서 잘못된 것은 아니다. 교육은 국가의 주요 기업 중의 하나이기 때문에 마땅히 국가가 관여해야 한다. 그러나 제1의 물결이 가져 온 원거리에서의 관료적 행정의 부작용과 한계로 인해, 교육혁신의 최종 종착점인 학교에서의 변화는 실제로 잘 이루어지지 않는다는 것이 문제였고, 그에 따라 교육개혁은 학교의 주도적 역할이 핵심이라는 인식이 확대되면서 제2의 교육개혁 물결이 일어나게 되었다. 그 초점은 주로 학교 교실 내에서 이루어지는 교수와 학습 차원에 주어졌으며, 이를 위해 교사들의 교육 능력이 중시되었다. 예를 들어, 교수법, 교육과정, 전문가로서의 교사(교사의 자격 강화, 교사의 경력 위계 구축을 통한 인센티브 제도의 도입), 학교 관리와 구조, 교직의 환경 개선 등이 개혁의 관심사가 되었다.

좀 더 자세하게 Sirotnik(1989)는 제2의 교육개혁 물결의 배경으로 세 가지를 제시한다.

첫째, 인식론적 배경(epistemological strand)으로 학교는 교육자들이 실천적 전문가들로서 나름대로의 전문적인 삶을 살며 진화하고 있는 복잡한 사회적 체제로서, 교육 실천가들이 생산하는 지식과 행위들은 학자들의 그것들 못지않게 합법적인 탐구의 영역이 된다는 것이다. 현장의 교육자들은 비록 설명(explanation)보다는 해석(interpretation)에 초점을 두고, 요인들 간의 통계적 인과 관계보다는 일상에서 직접적으로 대면하는 수많은 경험들을 기술(describe)하는 데 초점을 두고 있고, 비록 그 접근이 덜 체계적이고 덜 엄격하지만, 조직 내의 삶의 배경 속에서 개인적인 의미와 기능적인 지식을 구성하는 것으로 현상학적 관점에서 엄연한 지식 생산 및 탐구자들이라고 할 수 있다는 것이다.

전통적으로 교육개혁은 학자나 전문가들이 주도하고, 교사들은 실천에만 참여하는 접근이 지배적이었다. 예를 들어, 연구(research), 개발(development), 확산(dissemination), 평가(evaluation)라는 R－D－D－E 모델이 전통적 교육개혁 모델인데, 이 모델은 교육개혁을 학교현장이라는 맥락적 상황과 가치로부터 자유롭고 순수하게 그리고 객관적으로 탐구하려는 과학적 성격을 강하게 띠고 있다. 그에 따라 학자와 전문가들은 교육개혁에 대한 지식의 창조자이고 교사들은 지식의 소비자라는 이분법을 탄생시킨다.

그러나 Sirotnik(1983)는 이런 소위 탈맥락적이고 탈가치적인 '과학적 탐구의 접근'은 좁은 편견이라는 것을 다음과 같이 지적하고 있다.

"탐구는 [상황과] 가치로부터 자유로운 것이 아니다. …… 인간의 행위에서 생성되는 지식은 목적을 가지고 있고, 그 목적과 함께 가치와 인간적 흥미들이 생성된다. 따라서 지식은 그 생성 과정에서 가치와 인간적 흥미들이 명시화 될 필요가 있다는 기대가 동반되지 않고서는 유용하게 사용되기 어렵다. …… 지식은 항상 신념, 가치, 흥미라는 인간적 맥락 안에 내포되어 있다. 이것은 기존의 지식과 새로운 지식 모두를 그 행위가 일어나고 있는 사회적 상황, 예를 들어, 학교로 맥락화 해야 한다는 중요성을 시사한다. 그러므로 탐구의 이념적 내용과 탐구의 과정 모두에 교사들을 능동적으로 관여시키는 것은 필요하다. …… 그래서 교사들이 설명과 이해를 체계적이고 그리고 엄격하게 비평하도록 하여 학교에서 사용되는 모든 지식에 대해 깊게 생각하고 비판적으로 반성하는 입장을 갖도록 해야 한다. 이렇게 지식을 생산하고 사용하는 것에 대한 비평적－변증법적 관점은(critical-dialectical perspective) 교육개혁의 제2의 물결을 대표하고 있다(pp. 97-98)."

이렇게 지식의 생산과 사용을 분리시키려고 하는 전통적인 '과학적 접근'에서 벗어나 양자를 통합하는 현상학적 관점에서 학교 교사들이 생산하는 지식을 합법적이고 타당한 것으로 간주하게 되면, 교사들은 지식의 수동적 수용자가 아니라 지식의 창조자가 되며, 학교현장은 탐구 활동의 센터가 되고, 주어진 해결책을 실천에 옮기는 데에만 초점을 두기 보다는(예를 들어, 학자들이 제시하는 협동학습 기법을 실천하기) 문제 그 자체에 두게 되어

(예를 들어, 개인차를 다루는 교수 경영 기법), 반성적인 수행에 좀 더 능동적으로 참여할 수 있고, 학교를 변화의 대상이 아니라 변화의 중심이 되도록 하게 한다는 것이다.

이런 맥락에서 Sirotnik(1983)는 현상학이라는 인식론적 관점에서 학교중심 교육혁신의 타당성을 다음과 같이 주장한다.

> "현장의 교육자들에게 그들의 일상적 활동과 교수에 대한 개인적 또는 집단적 경험의 배경 속에서 얻을 수 있는 최선의 아이디어들을 생각하고, 비평하고, 수정하고 실제적 기회를 제공하면 그들이 관습적으로 실천해 오던 것들 변화시키는 것이 가능하게 된다. …… 현장의 교육자들에게 지식의 생성과 활용의 과정에서 중심이 되도록 하여야 한다. …… 유의미하고 지속적인 교육적 변화를 바란다면 그들이 가지고 있는 개인적 지식의 성격과 스스로의 이해 개발에 의미 있게 참여시킬 필요성을 인정해야 한다. …… 현상학의 전통을 학교현장의 교육자들에게 확대하여 그들을 학교에 기반한 탐구와 변화에 참여적 관찰자로 참여시켜, '우리가 지금하고 있는 것은 무엇인가?', '왜 우리가 그것을 해야 하는가?', '그것이 어떻게 그런 식으로 귀결되는가?', '그것을 제대로 이루려면 우리는 어떤 정보와 지식을 필요로 하는가?', '이것이 우리가 원하는 것인가?', '이것에 대해 우리가 할 수 있는 것은 무엇인가? 등에 대해 [비평적 탐구를 하도록 하면] 학교는 학교혁신의 중심으로 변하게 된다(pp. 95-97)."

둘째, 조직적 배경(organizational strand)으로 학교는 공장과 같은 기계적 조직이 아니고 사람들이 모여 사회·정서적 삶을 사는 곳이라는 것이다. 과거 산업사회에는 학교를 공장으로 비유하여 Taylor의 과학적 경영 원리, Weber의 위계적이고 관료주의적 조직 개념에 기초하여 질서, 합리성, 위에서 아래로의 의사결정, 분화적이고 표준화된 작업 절차, 테크놀로지에 기반한 문제 해결, 질 관리 준거에 의한 작업의 모니터링과 평가, 투입과 산출 비교를 통한 결과의 해석 등이 중히 여겨져야 한다고 간주되었다. 이에 따라 학교의 변화와 개선은 좋은 경영과 연구에 기반한 테크놀로지의 적용과 같은 것으로 간주되고, 학교라는 공장이 잘못되면 그 처방은 잘 알려져 있고 가용한 '노하우'를 사용하여 부속을 갈아치우는 것이었다. 즉 교사들을 바꾸거나 재훈련시키는 것이었다.

그러나 학교를 공장으로 보는 로봇식의 과학적 경영 개념은 정보화 시대에 들어오면서 달라지기 시작하였는데, 사람들은 개인으로서 그리고 집단의 구성원으로서 요구를 가지고 있고, 한 조직은 얼마나 잘 경영되는지에 관계없이 인간 행동의 개인적이고 상호 작용적 측면, 조직 내에서의 권력 구조와 기능, 조직의 환경적 조건들과 문화 등이 고려되지 않으면 효과적일 수 없다는 인식이 확대되었다. 이를 Sirotnik(1983)는 다음과 같이 설명한다.

"지역교육청과 학교들은 닫힌 체제가 아니다. 그들은 지역과 국가 수준에서 사회·정치적 환경들과 끊임없이 상호 작용 한다. 이들과 같이 복잡한 조직은 종종 형식적·비형식적 구조와 기능, 개인적·상호 작용적 역동성, 이익집단들 간의 정치적 갈등의 조합체이다. 이렇게 복잡한 조직은 상당한 수준으로 나름대로 작은 문화를 형성하고, 조직 내에서 스스로의 규범, 역할, 가치, 기대, 상징, 의식과 의례, 관습적 행동과 지혜에 기초한 행위 방법 등을 가지고 있다(p. 103)."

한마디로 학교는 기계적 조직이 아니고 유기적 조직이기 때문에, 비록 외부에서 성공을 거둔 혁신적 아이디어일지라도 학교의 이런 특징으로 인해 그 적용과 성공 여부는 그 학교에 달려 있다. 예를 들어 협동학습이라는 아이디어가 어느 학교에서 성공했다고 하더라도, 그것이 다른 어느 학교에 적용되려면 이 개념에 대한 학교 내 구성원들의 관련 가치와 신념(예: 동질집단과 이질집단, 개별화 교육, 자유, 정의, 선택, 능력우선주의 등) 및 학교가 처한 정치·사회적 배경의 특징으로 인해 거부되거나 조건화된 형태로 축소 적용될 수 있다. 이렇게 학교를 나름대로의 문화를 가진 살아있는 유기체로 볼 때, 학교혁신의 중심은 학교가 되어야 하고, 학교가 그런 역할을 하도록 도우려면 학교의 상징, 역할, 규범, 기대, 가치와 그 외 조직 문화의 복잡성을 구성하는 다른 여러 특징들을 다루어야만 한다는 것이다. Sirotnik(1983)는 이 점을 다음과 같이 지적하고 있다.

"학교혁신은 학교의 조직 문화의 지속적인 재구성을 요하며, 이것은 학교가 변화의 중심이 되어야 한다는 아이디어로 이어진다. 학교를 순진하게 정치·사회적 맥락과 동떨어진 것으로 보아서는 안 된다는 아이디어로 이어진다. 학교는 지역교육청, 지역사회, 국가의 지원 없이 자기 갱신과 발전 행위들을 기적적으로 해낼 수 있는 곳이 아니라는 생각으로 이어진다. 학교혁신은 교육의 일상적 행위가 일어나는 곳, 적절한 동기와 지원으로 학교 내 주도적인 조건들과 환경들이 갈등적 가치와 인간적 흥미들의 맥락 내에서 건설적으로 변화될 수 있는 곳에서 시작해야 한다는 아이디어로 이어진다(pp. 104-105)."

셋째, 경험적 배경(experiential strand)으로, 학교가 교육혁신의 중심이 되어야 하는 이유는 학교와 같이 복잡한 조직에서 살며 일하는 교육자들은 자신들의 향상을 스스로 도모하는 자발적인 마음 자세를 가지지 않으면 의미 있고 지속적인 조직의 변화는 이루어지지 않는다는 것이다. Sirotnik는 Berman과 McLaughlin이 국가와 주 수준에서 지원한 400개의 교육개혁 관련 프로젝트들을 검토한 결과를 예로 들고 있는데, 그들의 연구는 이들 프로젝트들 중에는 일부 성공적인 것들도 있었는데, 그 경우에는 "상호적 적응(mutual adaptation)"이라는 개념이 두드러진 특징으로 나타났다. 그 구체적인 모습의 하나는 지역 교육청과 학교 리더들이 '하고자 하는 마음'을 가지고 국가 수준의 교육개혁 프로젝트가 요구하는 사항에 따르는 태도였다. 그리고 또 하나는 교육개혁 프로젝트를 실행한 교사들이 해당 학교의 긴급 상황에 부응하여 프로젝트의 요구 사항들을 조정할 수 있도록 하는 융통성이었다. 따라서 이런 교사들의 경험은 학자들의 지식 못지않게 매우 교육 혁신에 중요한 자원으로 나타났고, 이 사실은 학교현장이 교육개혁의 중심이 되어야 한다는 것을 지지한다.

3. 학교혁신 접근의 특징

제2의 교육개혁 물결인 학교혁신이 펼치고 있는 접근은 적어도 세 가지 특징을 지니고 있는 것으로 나타난다.

첫째, 논리적 접근보다는 심리 · 정서적 접근을 편다. 제1의 교육개혁 물결은 과학 – 논리적 접근을 취하여, 국가가 정보화 · 세계화 시대 변화에 따라 논리적으로 새로이 요구되는 교육 정책을 개발하고 법제화 및 명령 체계 개발을 통해 학교가 수용하고 채택하여 실행에 옮기도록 하는 접근이었다. 이런 접근은 학교라는 조직은 안정적이고 예측가능하기 때문에 학교에서 일어나는 사건들의 원인과 결과를 보는 관점이 직선적(linear)이라는 가정에 기초하고 있다(Evans, 1996). 학교혁신도 마찬가지로 원인적 측면을 바꾸면 바라는 결과로 바로 이어진다고 보고 학교 구성원들이 행하는 과제, 역할, 규칙을 바꾸는 구조적 변화를 도모함으로써 결과를 얻고자 하였다.

그러나 제2의 교육개혁 물결은 학교 조직을 혼돈이론(chaos theory)의 관점에서 보고 있다(Fullan, 1991; Evans, 1996). 혼돈 이론은 세상은 질서 정연하고 예측가능하고, 충분한 정보가 제공되면 모든 것은 잠재적으로 이해되고 설명이 가능하다고 보는 뉴턴 물리학의 가정을 거부한다. 이 관점에서 볼 때 학교라는 조직은 외적으로 과거 산업사회와는 달리 사회적, 정치적, 경제적 세력들에 의해 급격하게 재조직되어야 한다는 요구하에 처해 있어, 체제 자체가 매우 불안정하고 유동적이고 예측 난해한 상황에 처해 있다(Handy, 1990). 또한 내부적으로도 학교라는 조직은 교사들이 개인적이고 인간적인 삶의 경험을 가지고 와 동료교사들과 함께 고민을 나누기도 하고, 학생들의 교육을 위해 협동적 상호 작용을 하는 동시에 혁신 통제력과 관련하여 경쟁하고 권력도 추구하는 등 모순과 모호함과 불명료함과 불확실성으로 가득 찬 매우 복잡한 심리·사회적 구조라고 본다(Evans, 1996; Morgan, 1986). 아울러 학교는 상이한 가치, 관점, 배경을 가진 사람들로 구성이 되어 있어, 학교혁신의 중요한 문제들이 혼잡스럽고, 잘 정의되지 못하고, 잘 이해되지 못하는 복잡스러운 '늪지대'와 같은 곳이기 때문에 국가 차원에서 볼 때와 학교 차원에서 볼 때 교육개혁은 전혀 다르게 이해될 수 있어 국가주도의 제1의 교육개혁 물결이 효과를 발휘하기 어려웠다고 본다(Schön, 1987). 그리고 혁신은 그 내용적 차원에서 공적인 성격을 가지고 있지만 그 실행적 측면에서는 매우 개인적인 삶과 연계되어 있는 사적인 측면이 있다고 보고, 교사들은 대부분 혁신을 그 원리적 측면에서 찬성하지만 실제에서는 반대하는데, 그 이유는 혁신의 실행은 매우 개인적인 차원의 성격을 띠기 때문이고 그것이 매우 복잡한 심리·사회적 구조를 띤 학교의 교사들 개개인에 의해 크게 영향을 받기 때문이라고 본다(Evans, 1996).

이런 맥락에서 제2의 교육개혁 물결에서는 학교라는 조직이 가지고 있는 인간적 측면에서의 삶과 비합리적인 논리에 의해 통제되는 난해한 인간 체제에 초점을 두고, 교사의 역할 변화보다는 한 인간으로서 교사의 존재적 의미의 재형성, 즉 교사로서 교육적 삶의 의미를 발견하도록 하는 과정에 주목한다. 그렇지 않으면 교사들은 위에서 아래로의 혁신에 저항하거나 그저 임기응변적인 전략만을 동원하게 된다는 것이다. 즉 교사들이 혁신에 맞추어 자신들의 역할을 진정으로 재개념화하는 것이 아니고 기존에 하던 방식에 적절히 융화시켜 꿰맞추는 '제스처'만 취하게 된다는 것이다(Bolman & Deal, 1991). 이런 맥락에서 제2의 교육개혁 물결에서는 혁신 리더가 혁신에 대한 강한 신념과 헌신적 태도를 지니는 것도 중요하나 교사들에게 당근과 채찍을 사용하기보다는 교사들이 조직에서 살고 있는 인간적인 측면을 고려하여 진정성(genuineness)을 가지고 교사 개개인의 심리와 정서에 호소함으로써 교육적 헌신에 대한 공감대와 주인 의식을 구축할 것을 요구한다. 이런 접근의 중요성을 Evans(1996)는 다음과 같이 진술한다.

> "혁신의 성공 여부는 교사들에게 그 혁신이 얼마나 의미 있는 것으로 수용되는지에 달려 있다. 즉, 그들이 혁신을 어떻게 이해하느냐, 혁신이 그들의 정서와 신념에 적절한가, 그리고 그들이 세상을 이해하는 방식에 얼마나 어울리는가에 의해 그 성공이 결정된다. …… 혁신의 목적에 대한 분명한 지각은 혁신에 절대적이다. 따라서 혁신 리더는 교사들과 공유된 목표를 추구하는 데 있어 수행을 촉진시키고 변화에 대한 헌신을 고취해야 한다(Evans, 1996, p.17)."

둘째, 인간 교정적 접근보다는 인간 발달적 접근을 편다. 제2의 교육개혁 물결은 심리・사회적 접근을 통해 교사들로부터 혁신에 대한 헌신과 주인 의식을 구축한 후에는 학교가 당면하는 여러 혁신적 요구를 만족시키고 과제를 성공적으로 수행하는데 필요한 자율적 문제해결 능력 습득을 중요하게 생각한다. 제1의 교육개혁 물결에서도 교원 연수를 중시하였으나 그 접근은 자격과 능력이 부족한 교사들에게 교정적 치료를 가한다는 차원이었다. 그러나 제2의 교육개혁 물결은 교사 개개인의 생애적, 인간적 발달 차원에서 전문인으로 성장하는 것과 함께 무엇보다도 학교라는 한 조직의 집단적 차원에서 협동적 문제해결 능력 향상에 주목한다. 그것을 Owens(2001)는 조직의 자기 재생 접근(organizational self-renewal approach)이라고 불렀다.

조직의 자기 재생이라는 개념은 조직이 구성원들의 창의성을 높이고, 성장을 증진시키고, 당면한 문제를 해결하는 조직의 자존적 생존 능력을 말한다. Owens(2001)는 1973년과 1977년 사이에 Rand Corporation for the United States Office of Education이 주도하여 연방 정부가 지원하는 293개 혁신 프로젝트를 조사한 결과를 소개하는데, 교육청들 간에는 학교혁신의 성공 범위에서 차이가 난다는 것을 발견했고, 그 차이는 재정 지원의 양보다는 조직의 자기 재생 능력의 차이 때문에 발생한다는 것을 밝혔다. 이 연구에 의하면 혁신에 성공한 교육청과 학교들은 일반적으로 문제해결 오리엔테이션(problem-solving orientation)을 가지고 있어서 정부의 재정지원이 없었어도 자생적으로 문제를 발견하고 공략하고 있었다. 이와는 반대로, 비성공적인 교육청들은 기회주의적 오리엔테이션(opportunistic orientation)을 가지고 있어서 그저 단순히 재정지원이 생기면 그 예산을 사용하기 위해 문제를 해결하려는 노력을 보였다.

이런 맥락에서 제2의 교육개혁 물결은 학교 조직을 인간과는 독립적으로 존재하는 것으로 보고 학교 경영을 과학화하여 조직의 체제를 보다 합리화하려는 제1의 교육개혁 물결의 한계에 주목하고, 학교의 조직 체제보다는 그 조직 속에서 살고 있는 사람들이 중요하다는 생각으로 방향을 돌리게 되었다. 이런 시도는 Owens(2001)의 다음과 같은 진술에 잘 나타나 있다.

"조직이란 실제로는 사람들의 마음속에서만 존재하는 사회적 발명품이다. 따라서, 조직을 이해하려면 수학적 용어로 분석하기 보다는 인간적 용어로 기술해야 한다. 왜냐하면 행동하거나 사고하는 것은 조직이 아니라 사람이라고 보기 때문이다(p. 132)."

"학교는 만질 수 있고 독립적으로 존재하는 실재라기보다는 사람의 마음에 존재하는 실재이다. 기존의 관점은 조직에 사람을 덮어씌우고, 조직의 체제를 사람의 행동으로 의인화할 (anthropomorphize) 뿐이다. 학교를 바르게 이해하려면 조직의 체제보다는 그 조직이 품고 있는 사람들에 대해 연구해야 한다(p. 113)."

셋째, 체제 개편적 접근보다는 문화적 접근을 편다. 제2의 교육개혁 물결은 그것이 중시하는 심리·사회적 접근과 인간발달적 접근은 학교 조직의 문화와 깊은 관련을 맺고 있음에 주목한다. Evans(1996)는 혁신에 있어 학교의 조직 문화가 갖는 중요성을 다음과 같이 지적한다.

"조직의 문화란 조직 구성원들의 지각을 조형하고 행동을 통제하는 깊고, 암시적이고, 당연시되는 가정들로(assumptions) 구성되는데, 어떤 종류의 변화를 주도하던지, 이런 뿌리 깊고 이차적인 조직에서의 삶의 측면이 혁신의 결과에 영향을 준다(p. 17)."

Owens(2001)는 자기 재생 능력을 갖춘 학교들은 세 가지 핵심적인 문화적 특징을 공통적으로 지니고 있다는 것을 발견했다. 첫째, 변화에 대한 적응성(adaptability)과 반응성(responsiveness)을 지원하는 문화 구조(culture structure)를 가지고 있다는 것이다. 그에 따라 아래서 위로의 열린 의사소통과 문제해결을 최우선의 가치로 간주한다. 둘째, 학교 구성원들이 체계적이고 협동적 문제해결 과정에 질서 있게 참여할 수 있도록 분명하고, 명시적이고, 잘 숙지된 절차를 가지고 있다. 셋째, 문제를 해결하는 데 있어 조직 내부의 에너지, 아이디어, 자원에만 의존하지 않고 외부의 적절한 자원을 활용하였다.

Miles(1965)의 연구에 의하면 이런 질적 특징을 가지고 있는 조직 문화 속에서는 조직의 건강(organizational health)이 증진되어, 학교가 혁신 프로젝트의 목표를 성취하고, 학교 조직을 내적으로 안정되게 유지하면서도 변화하는 환경에 적응하는 능력을 발달시키는 것으로 나타났다. 이에 비해 건강하지 못한 학교의 조직은 지속적으로 비효과적이고, 비록 위기에 직면하여 단기적인 집중적인 혁신 노력을 할 수도 있으나, 장기적으로는 환경에 대응하는 능력이 점점 더 약해지고, 시간이 경과함에 따라 역기능적인 조직이 되어 간다는 것을 밝혔다.

조직의 건강이 양호한 학교는 몇 가지 지표들에 의해 점검될 수 있는데, 제2의 교육개혁 물결은 학교들이 조직의 문화적 규범을 바꾸고 그런 지표들에서 증진될 수 있도록 지원하는 노력을 함으로써 학교의 자기 재생 능력을 높이고자 한다. Miles(1965, pp. 18-21)는 그 지표를 10가지로 제시하고 있는데, 첫째는 목표에의 초점화(goal focus)로 학교 구성원들이 학교 조직이 설정한 혁신의 목표들을 이해하고 수용하는 정도이다. 둘째는 의사소통의 적절성(communication adequacy)으로 학교 조직 내에 수평적이고 수직적인 의사소통, 외부 환경과의 의사소통, 의사소통의 용이함과 편리함의 정도이다. 셋째는 최적의 권력균등화(optimal power equalization)로 학교 경영책임자에게 모든 의사결정 권한과 그에 따른 책임이 부여되지 않고 학교 구성원들에게 나뉘어 주어지는 정도이다. 넷째는 인적 자원의 유용화(human resource utilization)로 학교 구성원들의 전문적 역량이 활용되어 자신들이 혁신에 기여하고 있으며 그 일을 통해 자신들도 성장하고 발달한다고 느끼는 정도이다. 다섯째, 응집성(cohesiveness)으로서 학교 구성원들이 집단에서의 협동적 작업에 기여하고 영향을 주기 위해 집단을 좋아하고 집단에 소속되기를 원하는 정도이다. 여섯째, 사기(morale)로서 학교 구성원들이 학교생활에서 건강감(well-being)과 만족감을 느끼는 정도이다. 일곱째, 혁신성(innovativeness)으로서 학교 구성원들이 혁신 프로젝트의 새로운 절차와 목표들을 구안하고, 목표 성취를 위한 활동에 참여하여 성장하고, 좀 더 전문적으로 차별화되는 경향성의 정도이다. 여덟째, 자율성(autonomy)으로서 학교 구성원들이 외부의 요구에 단순히 수동적으로 반응하기 보다는 능동적으로 조화시켜 자신의 행동을 결정하는 경향성의 정도이다. 아홉째, 적응(adaptation)으로서 외부의 환경변화보다 더 빠르게 자신을 변화시키고, 수정하고, 적응하는 정도이다. 열째, 문제해결의 적절성(problem-solving adequacy)으로 학교나 자신이 당면한 문제를 느끼고 지각하는 동시에 그 해결책을 최소한의 스트레스를 받으며 해결하는 정도이다.

학교 조직의 문화는 학교의 조직 건강을 좋게 하고 조직의 자생 능력을 높이는 동시에 조직 구성원들에게 행복감을 가져다주어 학교혁신에 절대적인 영향을 미친다. 이런 배경에서, 제2의 교육개혁 물결에서는 혁신 리더들에게 조직의 규칙, 역할, 관계뿐만 아니라 조직의 신념, 가치, 지식 체제도 변화시키는 문화의 재개념화를 통해 성장지향적인 조직 분위기를 창조하는 일이 매우 중요하다는 것을 강조하고 있다(Evans, 1996; Schletchy, 1990).

1. 혁신 이론의 기능

Popper(1968, p. 59)는 "이론이란 소위 세상을 잡는 그물이다. 학자들은 세상을 합리화하고, 설명하고, 정복하기 위해 그 망사를 좀 더 세련되게 만들려고 노력한다"고 정의했다. Robertson(1980)은 이론이 가지고 있는 기능적 차원에서, 이론이란 개념들 간의 관계를 설명하는 진술로서, 어떤 현상이 왜 일어나며, 어떤 과정을 통해, 어떤 결과로 이어지는지를 밝히는 동시에, 이런 일련의 관계는 같은 조건이 주어지면 항상 존재할 것이라고 예언하는 힘을 가지고 있다고 지적했다.

학교혁신도 그 현상을 이해하기 위해서는 학교혁신에 대한 이론을 필요로 한다. 학교혁신의 이론은 혁신 현상을 분석하는 도구를 제공하여, 혁신의 패턴을 확인하고, 혁신 현상들을 비교하고, 혁신의 결과를 혁신의 과정으로부터 예언하도록 해 주는 동시에 혁신의 가능한 절차와 코스에 대해 알려 준다. Smith(2006)는 좀 더 구체적으로 혁신 이론이 다음 세 가지 기능을 가지고 있다고 지적한다.

첫째는 기술적(descriptive) 기능으로서 혁신의 핵심적 사건들을 확인해 내고, 사건들의 발생하는 과정과 사건들이 어떻게 연결되어 있는지를 적절한 증거들에 기반하여 진술해 준다. 그러나 기술적 기능은 혁신의 이야기를 제공해 주지만 인과적 차원에서의 관계에 대해서는 설명해 주지 못한다. 둘째, 분석적(analytical) 기능으로서 혁신 사례들 간의 공통점 또는 패턴을 확인하고 상이한 혁신 사례들 간의 비교를 통해, 혁신이 왜 또 그런 방식으로 일어나는지, 왜 어떤 혁신은 성공하고 또 어떤 혁신은 성공하지 못하는지에 대해 설명해 준다. 셋째는 예언적(predictive) 기능으로서 혁신의 성공과 실패 이유를 밝힘으로써 다른 사람들이 미래의 혁신의 성공 확률을 높이기 위해 필요한 것들을 예측해 내도록 해 준다. 혁신을 주도하는 리더들은 이론의 예측 기능을 통해 혁신과 관련된 사건들의 코스를 예상하고, 어려운 점들을 미리 파악해 내고, 계획의 범위를 예상하여 자원들을 좀 더 효과적으로 사용하고, 혁신의 성공 확률을 높이도록 할 수 있다.

Simmons(1983a)는 좋은 교육혁신 이론은 개혁이 주도되는 조건에 대한 이해를 제공하고 기대되는 결과를 지적할 수 있어야 한다고 지적했는데, 현재 이런 조건을 만족시키는 이론들은 사회학의 변화 이론인 평형 이론(equilibrium theory)과 갈등 이론(conflict theory)에서 유도된다. Dahrendorf(1967)는 이 두 이론을 다음과 같이 평가하고 있다.

> "사회는 철학적 관점에서 볼 때 같은 현실에 대해 두 얼굴을 가지고 있다. 하나는 안정성, 조화, 합의(consensus)라는 얼굴과 또 다른 하나는 변화, 갈등, 제약(constraint)이라는 얼굴이다. 교육개혁은 평형 이론과 갈등 이론이라는 모델 양자를 통해 좀 더 깊이 이해될 수 있다(p. 127)."

2. 평형 이론

평형 이론은 사회의 문제와 변화를 설명하는 이론으로 가장 오래된 역사를 가지고 있다. 평형 이론은 사회의 각 부분들은 함께 어울려 나름대로의 기능을 하면서 안전성을 추구한다는 관점을 가지고 있고, 사회의 구조적 측면에서의 기능을 강조하기 때문에 기능이론(functional theory) 또는 구조기능이론(structural functional theory)이라고 불리기도 한다(Robertson, 1980).

Robertson(1980)의 설명에 의하면 평형 이론은 Herbert Spencer의 사회는 살아 있는 유기체와 같다는 관점에서 기원한다. 즉 유기체의 부분들인 뇌, 심장, 간, 폐 등이 모두 상호의존적이어서 각각이 나름대로 고유의 일을 하지만, 유기체의 생존을 위해서 함께 기능하듯이 사회의 각 부분들도 각각의 고유한 일을 하면서 상호의존적으로 사회의 생존에 함께 기능한다고 주장한 것에서 찾는다. 그 이후 Durkeim이 이 아이디어를 이어받아 교육을 포함하여 사회의 각 부분은 하나의 전체로서 사회 체제를 유지하는 데 나름대로의 기능 또는 효과를 가지고 있다고 주장했다. 예를 들어 종교는 도덕적 신념 체제를 제공함으로써 사회를 공고히 하고 교육은 문화를 다음 세대들에 전달함으로써 사회의 지속성을 담보하는 기능을 한다고 보았다. 그 후 Parsons는 1940년에서 1950년대에 이런 관점에 기초해서 모든 사회는 기관, 지위, 역할, 규범등과 같은 상호 연계되는 부분들로 구성되는 구조를 가지고 있으며, 각 부분은 사회의 안정성을 유지하는데 각각의 기능을 한다고 주장했다. 이렇게 사회의 각 부분들은 함께 어울려 나름대로의 기능을 하며 사회가 존재하도록 한다는 관점을 가지고 있는 사람들을 구조적 기능주의자(structural functionalists)라고 부르고, 이런 접근을 기능주의(functionalism)라고 부른다.

평형 이론은 사회 문제는 사회 체제의 어떤 분야에서 변화, 특히 급격한 변화는 기존 체제가 지니고 있던 분야 간 균형이 무너짐에 나타난다고 본다. 즉 급격한 변화에 따라 사회의 어느 부분에선가 긍정적이기 보다는 부정적인 효과가 나타남에 따라 사회적 균형이 무너지고, 사회는 그 균형을 유지하고 그 목적을 유지하기에는 불완전하게 조직된 상태에 (사회적 혼란, social disorganization이라고 함.) 처하게 된다고 본다. 예를 들어 개발도상국에서 현대의 테크놀로지가 도입되면서 기존에 기능적이었던 문화, 규범, 지위, 역할, 기관, 사회화 과정이 구식이 됨에 따라 사회적 혼란 현상이 발생한다. 현대 의학과 위생학의 발달이 사망률을 줄임에 따라 인구는 급상승하고(특히 노령 인구의 증가), 농촌의 인구들은 산업화된 도시에서 직장을 잡기 위해 이동함에 따라 농촌은 황폐화되고 도시에는 판자촌이 늘어나고, 한때 지역 사회의 삶을 규제하던 사회적 관행과 도덕적 관행이 폐기되지만 만족스럽게 대체되지는 못하여 사회적 혼란이 발생한다. 정치 분야에서도 한 집단에서 다른 집단으로의 권력 이동이 전통적인 정치적 제도로서는 이루어지지 못함에 따라 쿠데타와 같은 급격한 권력의 전복이 일어나는 혼란이 발생히기도 한다. 이것은 사회적 변화의 속도가 사회 각 부분별로 균등하지 못하여 생기는 것으로서, 소위 William Ogburn이 이야기한 문화적 지체(culture lag), 즉 사회의 어떤 부분이 사회의 다른 부분에서 이루어지고 있는 변화를 따라잡지 못하여 생기는 혼란이라고 보는 것이다. 특히 정보화 사회에서의 변화는 이전에 없었던 속도로 빠르게 이루어지기 때문에 사회적 혼란은 더욱 크다. 이런 관점에서 인류학자 Margaret Mead는 "사회적 변화의 속도가 너무 빨라, 어떤 의미에서 우리의 부모는 자식이 없고, 우리 자식들은 부모가 없을 정도로 서로 다른 세계에서 살고 있다."라고 지적하기도 했다.

평형 이론에서 보는 사회 변화에 따른 사회적 혼란을 해결하는 방법은 사회 분야 간의 균형을 바로 세워 보상적 조정(compensatory adjustment)이 이루어지도록 하는 것이 답이다. 즉 변화에 미처 따라가지 못하여 역기능적인 상태에 있는 사회 분야에 대해 조정행위를 가함으로써 사회가 균형을 이루도록 하는 것이고, 그것이 혁신인 것이다. 예를 들어, 현대 의학과 위생학의 발달에 따른 노령 인구의 증가 문제는 노인층을 대상으로 한 일자리 창출과 직업 훈련을, 산업화에 따른 농촌 인구의 도시 유입 문제는 농업 기술의 현대화와 농가 소득 증대를, 테크놀로지의 급격한 발달에 따라 뒤쳐진 학교의 지필 중심의 수업을 테크놀로지를 이용하는 수업으로 바꾸는 것들이 역기능적인 분야에 대한 조정행위를 하는 것이고, 그것이 혁신이다.

이와 같은 평형 이론의 관점을 요약하면 첫째, 사회는 안정적이고 잘 조직된 체제로서 각 부분은 사회적 안정성을 유지하기 위해 각각의 기능을 해 나간다는 것, 둘째, 사회 변화의 결과로 사회의 어떤 부분이 부정적이고 역기능적인 효과를 내면 그것은 사회의 다른 부분 또는 사회 전체에 같은 효과를 가져오기 때문에 사회 체제는 균형을 잃고 혼란에 빠지게 된다는 것, 셋째, 이런 문제를 해결하려면 사회를 재조직하거나 역기능적인 분야에 변화와 혁신을 도모하는 노력을 해야 한다는 것이다.

Paulston(1983)은 교육계에서의 변화와 혁신에 초점을 두고 평형 이론에 속하는 학자들의 여러 관점들을 진화이론, 구조적 기능주의 이론, 체제이론으로 보다 자세히 분류한다.

진화이론(evolutionary theory)은 사회는 생존을 촉진시키는 전문화된 구조를 지닌 유기체로서 생존을 위해 좀 더 상위 단계로의 전문화를 위한 진화를 거듭한다고 본다. 학교도 근본적으로는 표준화된 상징들을 강조하고 모든 학생들이 그 상징에 통일적으로 반응하도록 훈련시키는 보수적이고 안정적인 기관이기는 하지만 사회의 경제적, 문화적 발달에 따라 그에 적응하는 기구로서 단순하고 초보적인 형태에서 좀 더 복잡하고 현대적인 형태로 진보한다고 본다(Beeby, 1966; Parsons, 1977; Shneider, 1961; Wilson and Wilson, 1965; King, 1966). Beeby(1966)는 학교의 진화적 변화는 3단계로 이루어진다고 보는데, 첫째는 진단단계로 학교 체제를 진단하고 그 상태에 대해 가설을 생성하고, 둘째는 전략 단계로 세 가지의 주요 질문에 대한 답을 구한다. '어느 정도의 예산이 드는가?', '어떤 요구를 할 것인가?', '그런 요구들이 어떻게 만족될 것인가?'라는 질문에 답을 구하면서 전략을 구상하고, 셋째는 시도 단계로 여러 지원 단체의 협력을 얻어가며 변화를 시도하는 것이다. 그리고 Beeby(1966)는 이런 단계를 거치는 학교의 진화적 변화는 두 가지 특징을 지닌다고 보는데, 하나는 진화가 단계적이며 점진적인 형태로 일어나기 때문에 어느 단계를 건너뛰는 일은 없다는 것이다. 또 하나는 그 진화의 단계적 수준은 교사들의 일반적 교육 수준과 받은 훈련의 양에 의해 결정된다는 것이다. 따라서 교사들의 교육과 훈련 수준이 낮은 학교까지 혁신이 침투되려면 지속적인 조정이 필요하다고 본다.

"교실에서의 실천적 측면에 대한 국가적 차원에서의 교육개혁은 모든 학교와 교사들은 같은 발달 단계에 있지 않다는 인식을 필요로 한다. …… 능력 있고 열정적인 교사들을 보유한 학교에서의 실제에 대한 실험적 연구들을 정립하는 것은 쉬우나, 그것이 혁신적 아이디어들을 다룰 능력이 부족한 교사들로 구성된 학교에까지 침투되려면 지속적인 조정이 있어야 한다(Beeby, 1966, pp. 87-88)."

진화적 관점에서의 교육개혁 노력이란 개혁자가 일반화된 혁신적 관점과 방안을 구체적이고 특정한 요구들을 지닌 학교로 확산되도록 하는 것인데, 그 유용성이 적고, 검증하는데 어렵고, 설득력이 부족하고, 성공을 예측하는 힘이 매주 떨어진다는 평가를 받고 있다(Rhodes, 1968; Phillips & Kelly, 1975).

구조적 기능주의 이론(structural functional theory, S/F theory)은 진화이론과 같이 사회는 근본적으로 안정적이지만 매우 복잡하고 다양화된 체제라고 본다. 그러나 진화 이론가들이 교육개혁을 사회경제적, 문화적 발달과 연계된 단계에 주요 초점을 두지만, S/F 이론가들은 사회가 일정한 상태를 유지하기 위해 학교가 평형적 또는 균형적 기재로서 역할을 한다는 데 초점을 두는 것이 다르다. S/F 이론은 교육적 변화를 유도하는 주요 힘은 학교 체제 밖에서 오고, 변화에 대한 요구는 교육체제와 사회체제의 불균형 때문에 발생하며, 교육체제는 이런 불균형을 해소하기 위해 점진적으로 적응하게 된다고 주장한다. S/F 이론은 교육의 변화나 개혁은 사회와 학교의 상호 작용의 결과로 나타나며 5단계를 거친다고 본다. 첫째, 사회에서 요구가 발생한다. 둘째, 학교에 그 요구를 만족시키라는 과제가 부여된다. 셋째, 새로운 기능을 조정하기 위해 교육 구조에서의 변화가 일어난다. 넷째, 새로운 역할이 학교에 주어진다. 다섯째, 새로운 교육의 기능으로 인해 사회에는 잠재적 또는 명시적인 변화가 발생한다.

이렇게 다섯째 단계에까지 이르게 되면, 학교는 사회에 변화를 가져올 수는 있지만, 학교는 사회적 변화에 있어 단지 수동적으로 관여할 뿐이기 때문에 근본적으로 보수적인 기능을 담당하며 현상을 강화하는 경향이 있어, 학교를 이용하여 좀 더 나은 사회를 만들어 보고자 하는 교육개혁가들은 대개 성공하기 어렵다고 본다. 이런 학교에 대한 S/F 이론의 보수적 관점은 사회적 불평등(inequality)은 기존의 규범적 질서(normative order)를 유지하기 위하여 필요한 조건이라고 보는 데서 나타난다. 예를 들어 Davis(1949)의 사회적 불평등은 사회의 가장 중요한 지위는 가장 잘 준비된 사람들에 의해 채워지도록 무의식적으로 진화한 도구라는 주장, Lenski(1966)의 사회적 또는 교육적 층화(層化, stratification)는 기본적으로 사회적 요구로 발생한 것이지 개인이나 집단의 기득권적 이익으로 인한 것은 아니라는 주장들이 이를 잘 대변한다. 따라서, S/F 이론에 따르면 학교의 혁신은 사회의 요구에 부응하여 일어나며, 사회에 그 자원과 지위의 합법성을 크게 의존하게 되며, 사회는 그 반대급부로 사회의 균형을 지속시키기 위해 학교에 의존하게 되는 상보적 관계로서, 내부에서 이루어지는 본질적 학교혁신을 설명하는 능력은 떨어진다.

체제 이론(systems theory)은 S/F 이론의 개념적, 설명적 한계를 넘어 학교라는 체제의 기능 향상에 초점을 맞추어 생물학, 인공두뇌학, 정보와 의사소통 이론을 이용한다

(Bertalanffy, 1962; Cadwallader, 1968). 체제이론은 학교의 변화에 대한 요구는 학교라는 체제의 기능 불량 때문에 발생한다고 보고, 다음 6단계를 거쳐 개혁이 이루어진다고 본다 (Bushnell & Rappaport, 1971). 첫째, 문제를 진단한다. 둘째, 목표를 설정한다. 셋째, 변화에 작용하는 제약적 요소들을 확인해 낸다. 넷째, 잠재적 해결책들을 선택한다. 다섯째, 대안들을, 즉 잠재적 해결책들을 평가한다. 여섯째, 선택된 대안들을 실행한다. 따라서 체제이론은 한 조직의 하위 체제들이 지닌 기능적 효율성을 높이기 위해 혁신이 도입되는 것으로서 S/F 이론과 마찬가지로 교육 체제를 사회 질서를 안정되게 유지하는 체제로 보되, 체제의 기능 강화라는 측면에 초점을 두고, 그런 범주 안에서 이루어지는 혁신을 합법적으로 인정한다.

평형 이론과 이 부류의 교육혁신 이론들은 사회 문제와 교육혁신을 이해하는 데 유용한 관점을 제공한다. 그러나 단점도 지적될 수 있다. 첫째, 사회적 안정에 초점을 둔 관계로 매우 보수적이고, 변화에 대한 요구나 변화 그 자체가 지닌 필요성이나 장기적 효과에도 불구하고, 원치 않는 방해로 기각되는 경향이 있다. 교육혁신을 사회를 재조직하여 새로운 차원에서 상이한 균형을 이루려는 노력으로 보지 않고 현상 유지를 위한 균형의 회복 차원에서 보려는 경향이 강하다. 둘째, 사회 전체로서의 기능에 초점을 맞추다보니 어떤 하나의 중요한 가능성을 무시할 수 있는데, 그것은 전반적인 기능적 효과를 가지고 있는 어떤 것이 사회 내의 어떤 특정 집단에게는 매우 역기능적일 수 있다는 것이다. 예를 들어 부의 세습을 가져오는 데 큰 기능을 하는 교육이 기존 체제에서 사회 전반에 안정을 유지하는 데에는 효과적이나, 소외 계층 자녀에게는 매우 역기능적인 효과를 가져올 수 있다는 것이다.

3. 갈등 이론

Robertson(1980)은 사회적 혼란과 변화가 일어나는 현상을 설명하는 주요 이론의 또 다른 하나로 갈등 이론을 제시하고 있다. 갈등 이론은 지금까지 존재하는 사회의 역사는 갈등의 역사라고 주장한 Karl Marx에게서 그 기원을 찾는데, 모든 사회는 둘 또는 그 이상의 사회적 계급으로 나뉘고, 한 계급은 다른 계급들을 경제적으로 지배하고 착취하는 동시에 그 경제적 권력을 사회적이고 정치적인 권력으로 전환시켜 그 지위를 유지하고 이익을 보호하기 때문에, 어떤 사회에서의 사회적, 문화적 배치는 지배 계급의 이익을 반영하고 있다고 본다. 따라서 갈등적 접근에서의 사회 이해 방식은 '누가 이익을 보느냐?'라는 관점에서 출발한다.

갈등 이론에서는 사회 문제가 사회적 계급 간의 갈등 때문에 일어나고, 그것은 사회적 삶의 영속적 특징이며 변화의 중요한 원천이어서 항상 사회 문제는 일어난다고 본다. 즉, 얻는 계층과 잃는 계층이 있고, 그 결과는 항상 더 강한 계층의 손을 들어 주기 때문에, 각 계층은 이런 이익을 추구하는 데 있어 좀 더 우위에 서기 위해 경쟁하기 때문이다. 그리고 그 갈등은 반드시 노골적인 폭력이나 가진 자와 가지지 못한 자 간의 갈등에만 국한되는 것은 아니고, 가치에 대한 불일치와 희귀 자원(권력, 부, 또는 특권)에 대한 경쟁까지도 포함하기 때문에 노인과 젊은이, 백인과 흑인, 토박이와 이민자, 학생과 교사, 생산자와 소비자, 도시인과 농촌인, 남자와 여자 등 갈등에 관련된 계급은 광범위하다고 본다. 예를 들어, 기업들은 공장 가동을 통해 환경오염 문제를 야기하고 있으나, 권력과 돈을 이용하여 오염 배출 억제 조치를 취하지 않는 방향으로 로비를 하고, 국민들은 이에 반대함으로써 갈등을 일으킨다. 환경 문제는 국가 간에도 갈등을 일으키는데, 환경 관련 국제 정상 회담에서 개도국과 선진국의 이산화탄소 배출량 억제 문제에 따른 갈등을 일으키는 것이 예이다. 또한 평민층은 부유층이 세금을 좀 더 많이 내야 한다는 주장을 하고, 정치권은 부자 증세법을 추진함에 따라 부유층과 평민층 사이에 갈등이 발생하게 된다. 이런 혼란은 사회가 전통적이고 그 규모가 작을수록 덜하다. 왜냐하면 이런 사회일수록 가치에 대한 강한 합의가 있고, 사람들은 같은 신념과 이익을 공유하며 비슷한 삶을 살고 있기 때문이다. 그러나 다문화 국가와 같이 의견, 직업, 인종, 삶의 양식 등이 다른 사람들이 모여 사는 이질적인 사회일수록 그 갈등은 더욱 크다. 우리나라도 점점 다문화 사회가 되어감에 따라 갈등이 커질 우려가 있어 다문화 교육도 중요한 교육의 이슈가 되고 있다.

갈등 이론에서 보는 사회적 문제에 대한 해결책은 불이익을 받는 집단이 이익 집단으로부터 변화를 빼앗아 오는 것이다. 갈등 이론은 이를 도모하는 방법이 권력 투쟁이라고 보고, 조직을 만들어 정치적 힘을 규합하여 변화를 촉구하는 노력을 한다. 즉 권력 투쟁을 통해 권한을 행사하는 위치를 쟁취할 때에만 그들이 원하는 변화가 일어날 수 있고 또한 사회는 개선된다고 본다.

Paulston(1983)은 갈등 이론에 속하는 교육혁신 학자들의 관점들을 Marxist와 신 Marxist 이론, 문화적 사회 부흥 운동이론, 무정부적 유토피아 이론으로 세분화한다.

Marxist 이론과 신 Marxist 이론은 형식 교육을 지배 계급이 하층 계급, 즉 대중에 대한 지배를 유지하기 위해 필요한 이데올로기적 구조의 한 부분으로 간주한다. 그리고 형식 교육은 지배 계급의 경제적, 정치적 제도에 의존하고 있고 그런 사회 질서에서 내리는 명령들에 따를 수밖에 없기 때문에, 사회적 변화의 주선자가 될 수 없다고 본다(Gramsci, 1959). 같은 맥락에서 Levin(1974) 또한 교육 분야에서의 변화는 전통적인 경제, 정치, 사회적 관계에서의 변화와 평행적인 성격을 띠거나 그것들로부터 유도된다고 보고, 교육혁신은 그런 사회의 관점에서 벗어나면, 채택되는 데 실패한다고 주장한다. 예를 들어, 개별화 교육, 소외 계층을 위한 구제 교육, 여러 사회·경제적, 인종적 환경의 학생들을 한 곳에서 교육하는 통합 학교, 학교에 대한 재정지원의 평등화는 사회 구조에의 불순응과 사회 계급의 위계 구조 파괴를 가져오기 때문에 채택되지 않는다는 것이다. 따라서 국가적 교육개혁은 정치·경제적 지배 계급이 다른 집단들에 비해 더 이익이 된다고 간주되는 경우에만 발생한다고 본다. 예를 들어 학생들의 높은 학교 중도탈락률은 S/F 이론가들에게는 교육의 오기능(malfunctioning) 또는 기술의 문제이지만, 신 Marxist들은 교육이 중도 포기자들에게는 자신들의 실패에 대한 책임을 스스로 지고, 권력이나 지위 획득 경쟁에서 자격이 없음을 수용하도록 배우게 하고, 승리자들에게는 높은 불평등적 현상을 방어하고 지속할 수 있도록 하는 자연스러운 현상으로 보게 하도록 한다고 주장한다(Carter, 1975). Carnory(1974)는 이런 학교의 착취적 성격을 "문화적 제국주의로서의 교육"(education as cultural imperialism)이라고 명명했다. 그러므로 Marxist들은 이런 학교의 착취적 성격을 제거하려면 사회주의 혁명과 좀 더 큰 수준에서 교육의 사회경제적, 정치적 변화가 동반되어야만 교육개혁은 성공한다고 본다.

Marxist들의 주장은 나름대로 진단적이고 예언적 힘을 가지고 있지만, 그 접근은 기존의 사회적, 정치적 질서를 전복시키려는 것이고, 형식적인 학교 체제의 기술적 문제, 동기적 문제, 효율성을 제약하는 역기능 등과 같은 문제들을 해결하는데 별 도움이 되지 못한다고 비판을 받고 있다.

문화적 사회 부흥 운동이론은 사회적 계급에도 관심을 두지만, 사회 구성원들에게 좀 더 만족스러운 문화를 창조하는 데 초점을 둔다(Wallace, 1956; Simon, 1965; Allardt, 1971; Paulston, 1972; LaBelle, 1973). 문화적 부흥 노력들은 개인적 갱생의 요소뿐만 아니라 새로운 사회적 규범들과 행동들을 명시하는 문화적 혁신 운동까지 포함하는데, 이런 운동을 일으키기 위해서 사회 구성원들은 새로운 운동의 이데올로기에 대해 지지 입장을 표명하고, 인간 행위의 목적과 수단들에 대한 원리들을 평가하고, 변화를 위한 집단적 노력을 하게 된다(Anderson, 1968). 보수적이고 자유주의적인 사회에서 이런 문화 부흥 운동을 주도하는 집단들은 형식교육을 그들의 새로운 관점과 포부에 배치된다는 이유로 거부한다. 예를 들어 흑인 무슬림 운동, 북미 지역의 본토인 운동, 대안 학교 운동 등이 이에 속한다. 이런 교육의 혁신적 문화 부흥운동은 교육자들이 지역사회, 학생, 다양한 인종 집단, 조합원들과 동맹을 맺어 활동을 펼쳐 나가며, 교육목적, 교육과정, 정책 결정에 참여하게 되고, 교육체제와 사회 전반에 근본적인 변화를 도모하는 에이전트들의 역할을 하게 된다(Horton, 1973).

무정부적 유토피아 이론은 Marxist들과는 급진적인 사회적 변형이라는 목적을 공유하고 문화부흥자들과는 개인적 갱생이라는 관심사를 공유한다. 급진적 대안교육이 이 이론이 주장하는 예인데, 교과에서 지도하는 형식적이고, 과거지향적이고, 분과적이고, 삶과 독립적인 지식의 습득을 거부하고, 실제 삶에서의 직업 탐구, 일상과 연계된 맥락적 학습, 비평적 인식이 효과적이고 교양 있는 시민들을 양성하는 최선의 방식이라고 본다. 이런 맥락에서 의미 있는 교육개혁은 형식적인 학교교육이 지닌 독점적 지위와 역할을 폐지하고, 일과 삶과 학습을 연결하는 새로운 방식, 예를 들어 학습망(learning webs), 기능의 교환(skill exchanges), 도서관의 참고 업무(reference services)와 같은 것들의 창조와 활성화를 필요로 한다고 주장한다.

이 이론에 속하는 주장들은 기존 교육 체제에서의 불평등과 병폐에 대한 통찰적 비평을 제시함으로써 교육적 변화의 요구와 우선순위에 대한 일반적인 토론을 유도하는 데에 영향을 주었다. 그러나 개혁에 대한 요구를 사회과학적 방법론에 비추어 타당화하지 못하고, 경험적 검증을 거치지 못한 것이라고 비판을 받고 있다. 이에 따라 정치가들이나 교육관료, 교육 전문가들로부터 그들이 제시하는 개혁 전략의 가능성과 적절성은 거부되고 있다(Livingstone, 1973).

갈등 이론과 이 부류에 속하는 교육혁신 이론들의 관점을 정리하면 첫째, 서로 다른 집단들이 서로 다른 가치와 이익을 가지고 그것을 방어하려고 하고, 교육은 한 집단의 성공이 다른 집단에는 문제가 되도록 기여한다는 것이다. 둘째, 사회 문제를 해결하려는 노력은 불이익 집단이 이익 집단으로부터 변화를 쟁취해 오기 위해 집단적 거래(collective bargaining)나 권력 투쟁을 벌이는 것을 필요로 하고, 교육혁신도 이런 거래와 투쟁이 필요하다는 것이다. 셋째, 어느 정도의 갈등은 사회 변화에 필요한 자극제로서 역할을 하기 때문에 사회에 이익이 된다고 본다. 갈등 이론은 사회가 안정적이고 잘 조직된 체제라고 보는 기능적 관점의 한계, 예를 들어 한 집단에 기능적인 것이 다른 집단에는 역기능일 수 있다는 한계를 드러내어 사회 문제와 변화에 대한 이해의 폭을 넓혀 주는 장점을 지니고 있다. 그러나 변화의 수단을 권력 투쟁이라는 관점에서만 보느라 갈등의 해결이 또 다른 갈등을 야기할 수 있고, 사회와 교육의 문제들이 지닌 다른 여러 가지 원천들을 간과하는 경향이 있다.

지금까지 평형 이론과 갈등 이론에 속하는 세부 이론들을 정리하면 [표 1]과 같다.

[표 1] 학교혁신 관련 이론 정리표

패러다임	이론	교육변화의 사전 조건	교육변화의 배경	교육변화의 범위와 과정	추구하는 주요 결과
평형 이론	진화 이론	진화적 준비 상태	상위의 진화 단계로 이동하라는 압력	• 점진적이고 적응적 • 자연적인 역사적 접근	새로운 조직의 진화적 적응 단계
	신 진화 이론	이전 단계들의 만족스러운 완성	자연적인 현대화 노력 지원의 요구	서구적 모델들과 기술적 지원의 사용	새롭게 진보된 교육의 상태와 사회적 차별화와 전문화
	구조 · 기능 이론	기능적, 구조적 변화 요구	• 교육적 반응을 유발하는 사회적 체제 요구 • 외부의 압력	기존 체제의 점진적 적응	• 발전적 평형 • 인간자본과 국가발전
	체제 이론	• 체제경영의 기술적 전문화 • 합리적 의사결정과 요구 분석	• 체제 운영과 목표 성취의 효율성 증대 요구 • 체제의 오기능에 대한 반응	• 기존 체제에서의 혁신적인 문제 해결 • R&D 접근	• 비용과 이익의 효율성 증진 • 혁신의 채택
갈등 이론	Marx-ism	• 엘리트들의 변화 요구에 대한 의식 • 사회주의자와 교육개혁가들에게 권력이동	생산의 사회적 관계와 학교교육의 사회적 관계 사이의 조정	사회적 변형 또는 급진적 사회주의 지배에 의한 조절의 증대	새로운 사회주의적 인물의 형성
	신 Marx-ism	노동자 계급의 정치적 권력과 인식의 증대	사회적 정의와 평등에 대한 요구	민주적 제도와 과정을 통한 대규모의 국가적 개혁	• 교육적 특권과 엘리티즘의 제거 • 좀 더 평등한 사회 건설
	문화 · 사회적 부흥 이론	• 새로운 문화 부흥이나 창조에 대한 집단적 노력의 상승 • 규범이탈적 운동과 그에 따른 교육 프로그램에 대한 사회적 용인	• 관습적 학교교육을 문화적 적응의 강요로 간주하고 거부 • 새로운 문화의 발달을 지원하는 교육의 필요성	• 대안 학교나 대안적 교육환경의 창조 • 새로운 문화운동이 정치적 힘을 얻으면 국가 교육이념과 구조에서의 급진적 변화 가능	• 새로운 규범 체제의 배양 • 새로운 문화운동의 주선, 훈련, 결집 요구의 만족
	무정부적 유토피아 이론	• 지원적 환경의 창조 • 비판적 의식의 성장 • 사회적 다원주의	• 제도적, 사회적 제약으로부터 자유로운 인간 • 평생학습을 위한 창의성 요구 증진	• 기존 프로그램과 제도로부터의 해방 • 새로운 학습모드와 환경의 창조(즉, 학습사회)	• 자기 갱생과 참여 • 자원과 공동체의 지역 통제 • 착취와 소외의 제거

4. 종합적 관점

학교혁신 현상을 보다 잘 이해하려면 평형 이론과 갈등 이론을 통합적으로 조망할 필요가 있다. 첫째 이유는 아직까지 혁신의 조건과 기대되는 결과를 지적하는 만족할 만한 좋은 혁신 이론이 없기 때문에 양자를 조합하여 이해의 폭을 넓힐 필요가 있기 때문이다(Simmons, 1983). 둘째, 같은 현상이라도 보는 관점에 따라 다른 이론적 접근이 가능하기 때문에, 어떤 현상을 이해하기 위해서는 여러 이론들을 종합적으로 조망할 때 그 부작용을 줄이는 데 도움이 되기 때문이다(Robertson, 1980). 이런 맥락에서 Dahrendorf(1967, p.127)는 "사회는 철학적 관점에서 볼 때 같은 현실에 대해 두 얼굴을 가지고 있다. 하나는 안정성, 조화, 합의라는 얼굴과 또 다른 하나는 변화, 갈등, 제약이라는 얼굴이다. 교육개혁은 평형 이론과 갈등 이론이라는 모델 양자를 통해 좀 더 깊이 이해될 수 있다."라고 주장한다.

이런 관점에서 사회 변화를 조망하던 기존의 평형 이론과 이에 대한 도전을 제시한 갈등 이론의 경쟁은 요즘 양자의 관점에서 교육개혁을 종합적으로 조망하는 시도로 변화되어 나타나고 있다(Beeby, 1966; Havelock & Huberman, 1977; Collins, 1971; Vaughan & Archer, 1971; Kazamias & Schwartz, 1973). 예를 들어, Beeby(1966)는 평형 이론가이지만 교육개혁은 사회경제적 발전을 위해 국가 차원의 정치적, 경제적 운동으로 전개될 때 성공 확률이 높아진다고 주장한다. Havelock과 Huberman(1977) 또한 교육적 기능의 재정립과 함께 정치적 리더십의 중요성을 강조하며, 성공적인 교육개혁의 주요 장애물은 엘리트 지배 계급과 특정한 이익 집단들의 반대라고 보고, 양자의 접근이 교육개혁에 동원될 때 보다 높은 수준의 효과를 볼 수 있다고 본다.

1. 학교혁신의 유형

1) Henderson & Clark의 혁신 유형 분류

혁신 현상은 동질적(homogeneous)이지 않고 다양하다. Henderson과 Clark(1990)은 산업계의 혁신 현상에 관심을 두고 산출물(product), 서비스(service), 과정(process) 차원에서 다양하다는 것에 주목하고 독창성을 기준으로 네 가지 유형을 제시한다. 이들은 혁신 유형을 구분하는 틀로 지식의 종류와 수준 개념을 동원한다.

먼저 지식의 종류로 요소 지식(component knowledge)과 체제 지식(system knowledge)을 제시한다. 요소 지식이란 혁신의 대상 또는 분야가 지니고 있는 요소들에 대한 지식을 말한다. 예를 들어 펜이라는 산출물을 혁신시키려면 잉크, 잉크 저장고, 커버, 손잡이 등에 대한 요소적 지식을 필요로 하고, 창의성 개발 프로그램이라는 산출물을 새로이 개발하려면 창의성의 정의, 과정, 지원 환경, 교육과정 개발 절차와 원리 등에 대한 요소적 지식을 필요로 한다. 체제 지식이란 이 요소적 지식들을 연계하는 방식에 대한 지식을 말한다. 예를 들어 펜의 경우, 잉크, 잉크 저장고, 커버, 손잡이 등이 통합되고 연계되어 펜으로 기능하도록 하는 지식을 말하고, 창의성 프로그램을 개발하려면 창의성의 정의, 과정, 지원 환경, 교육과정 개발 절차와 원리 등을 연계·통합하여 실제로 학생들에게 교수할 수 있는 프로그램을 개발하는 지식을 말한다.

그리고 지식의 수준은 요소적 지식의 경우, 강화적(reinforced) 수준과 전복적(overturned) 수준으로 나누는데, 강화된 수준이란 기존의 지식 요소에 새로운 지식 요소가 더해져 약간 발전된 수준을, 전복적 수준이란 기존의 지식 요소를 뒤엎는 수준의 큰 진보적 수준의 지식 요소가 탄생한 수준을 말한다. 체제적 지식의 경우에는 불변적(unchanged) 수준과 변화적(changed) 수준으로 나누는데, 불변적 수준이란 기존의 지식 요소들이 연계·통합되는 방식이 변하지 않은 수준이고 변화적 수준이란 그 방식이 변화된 수준을 말한다.

이렇게 지식의 종류와 수준 개념을 조합하면 다음 [그림 1]과 같이 네 가지 유형의 혁신이 나타나게 된다. 요소적 지식의 전복과 체제적 지식의 변화가 합해지는 영역의 혁신은 급진적 혁신(radical innovation)에, 요소적 지식의 강화와 체제적 지식의 불변이 합해지는

[그림 1] Henderson & Clark의 혁신 유형 분류

영역의 혁신은 점진적 혁신(incremental innovation)에 해당된다. 그리고 그 사이에는 모듈식 혁신(modular innovation)에, 조립적 혁신(architectural innovation)이 존재한다.

　Henderson과 Clark(1990)은 급진적 혁신은 기존의 요소들이 새로운 요소들로 대치되고 연결되어 새로운 체제가 만들어지는 혁신으로 혁신 사례 중 이 유형은 비교적 희소하여 혁신의 10% 정도를 차지한다고 본다. 급진적 혁신은 종종 새롭고 변형적인 테크놀로지의 도입을 동반하며 사회에 미치는 영향이 지대하다. 예를 들어 전화, 제트기, 텔레비전, 컴퓨터라는 혁신적 산물들이 이에 해당한다. 점진적 혁신은 요소들의 증진을 통해 기존 설계를 정교화하고 증진시키는 혁신으로서 이 유형은 증진일 뿐 구조적인 변화를 가져온 것은 아니다. 예를 들어, 청소기의 회전 속도를 좀 더 빠르게 하여 기능을 개선시킨 혁신이다.

　그리고 이 중간에 해당하는 모듈식 혁신은 기존의 요소들이 새롭게 또는 적어도 중요하게 바뀌지만 새로운 체제로 이어지지는 않는 혁신이다, 예를 들어, Trevor Baylis가 개발한 태엽 라디오(clockwork radio)는 기존의 전기나 배터리 대신에 스프링을 사용하는 태엽을 통해 동력을 얻는데, 스피커나 튜너, 확성기, 리시버 등은 그대로 있고, 다른 라디오처럼 작동 방식도 같으며 구조도 같다. 그러나 동력을 태엽을 통해 얻는 일은 외부 동력원을 필요로 하지 않아 정규적으로 방해받지 않고 동력을 얻을 수 없는 지역에서는 매우 값진 것이었다. 이 유형은 요소의 새로운 테크놀로지를 동반하게 되고, 체제 안에서의 하나 또는 그 이상의 요소들이 작동하는 방식을 변형시키는 동시에 체제는 변화하지 않는 것이 특징이고, 급진적 혁신보다는 그 영향이 덜하지만 필요로 하는 어떤 지역이나 사람들에게는 영향력이 크다.

　그리고 또 하나의 중간 유형인 조립적 혁신은 기존의 요소들은 거의 그대로인데 새로운 연계 방식의 도입으로 체제가 변화하는 유형이다. 예를 들어 과거 Sony 회사의 Walkman은 처음에 시장에 나왔을 때 매우 혁신적인 것으로 간주되었으나, 실제로는 새로운 테크

놀로지가 거의 없는 제품이었다. Walkman의 주요 부속들은 이미 시중에 나와 있던 것들이었고, Walkman 설계자는 시중에 나와 있던 Pressman이라는 소용 이동 카세트 녹음기에 녹음 전기 회로와 스피커를 제거하고, 소형 스테레오 엠프와 이어폰을 달았다. 스피커가 없어서 동력을 덜 소비하게 되었고, 제품의 크기도 줄일 수 있었고, 소형 배터리 사용이 가능하게 되어 걷거나 운동하면서도 다른 사람들에게 방해를 주지 않고 스테레오 음악을 들을 수 있는 신제품이 만들어졌다. Walkman은 출시 2년 만에 150만 개가 팔릴 정도로 선풍적인 인기를 모은 성공적인 제품이 되었다. 조립적 혁신도 급진적 혁신보다는 그 영향이 덜하지만, 사회에 큰 영향을 준다. Walkman의 경우, 사람들이 음악을 들으며 각종 신체 활동을 할 수 있게 하여 새로운 삶의 양식을 등장시키는 영향을 가져왔다.

Henderson과 Clark의 혁신적 제품에 대한 유형 분류학은 서비스와 과정에도 동일하게 해당되는데, 그들의 분류학은 비록 산업계를 염두에 두고 제시되었지만, 교육계의 혁신 사례들을 분류하고 이해하는 데도 적용될 수 있다. 교육계에도 산출물에 해당하는 것은 새로운 교육적 아이디어를 지니고 탄생하는 제품들, 예를 들어 새로운 교과서나 교육프로그램 또는 학생들의 학업성취가 해당되고, 서비스의 경우에는 학부모들이나 지역사회를 대상으로 제공하는 각종 교육 서비스 활동들, 예를 들어 학부모 상담 창구 개설이나 지역사회 개발 활동들이 해당되고, 과정은 학교 내에서 또는 지역교육청과의 연계적 차원에서 이루어지는 행정 절차들, 예를 들어 학교행정 결재 라인의 간소화나 지역교육청에서 발송되는 공문 업무 처리의 전담 요원 체제 구축 등이 해당될 것이다. 따라서 교육계에서 일어나는 개혁 현상들도 그 유형이 다양하게 나타날 수 있는데, Henderson과 Clark의 분류한 급진적 혁신은 교육계에서도 매우 드물며, 가장 낮은 수준의 점진적 혁신이나 그 중간의 모듈식 혁신과 조립적 혁신은 얼마든지 교육계에서도 가능하고 또 실제로 그런 유형들의 교육 혁신 사례들은 많이 발견될 수 있다.

2) Stevens의 교육혁신 유형

Stevens(1978)은 교육계의 혁신 노력을 산출물, 과정, 구조의 차원에서 유형을 분류하고 있다. 산출물에 초점을 맞추는 혁신은 핵심적 주제가 교육적 평등으로 특별한 교육적 요구를 가지고 있거나 불리한 환경에 처해 있는 학생들의 교육적 경험의 질적 수준을 높여주는 노력들을 말한다. 예를 들어 학습부진아들에게 교정 교육을, 영재들에게 심화나 속진 프로그램을, 외국인 학생들에게 이중 언어 교육을, 학교 부적응학생들에게 대안교육, 홈스쿨링, 또는 일과 학습을 병행하는 교육을, 학교 중도탈락 학생들에게 중도탈락 예방 교육이나 상응하는 졸업 프로그램을, 비민주적인 차별 행위가 이루어지고 있는 학교에는 학생 인권교육이나 평등교육을, 재정적 차원에서 어려움과 불이익을 받고 있는 학교에는 재정지원의 균등화 정책지원 등의 혁신을 펼치는 노력을 말한다.

과정에 초점을 맞추는 혁신은 핵심 주제가 교육적 통제로서, 국가나 지역교육청의 학교 통제 권한을 확대하는 노력을 말한다. 예를 들어 제대로 역할을 하지 못하는 학교에 역할 계약 및 책무성 체제 도입을, 학부모와 지역주민들과의 협력이 약한 학교에는 자문과 지시를, 학생들과 학부모의 교육 선택권을 제약하는 학교들에는 교육바우처 제도를 통한 학교 선택권 확대 등의 혁신을 펼치는 노력을 말한다.

구조에 초점을 맞추는 혁신은 핵심 주제가 교육적 효율성과 효과성으로서, 교육청이나 학교의 교육적 기능을 강화하는 노력을 말한다. 예를 들어 낮은 수준의 학업 성취를 보이는 학교에는 재정 지원을 확대하고, 학교행정이 부적절한 학교에는 경영 체제의 변화를 도입하고, 부적절한 수업을 하는 교사들에게는 교사 자격증 갱신, 현직 연수 실시, 교사 센터를 통해 지원을 시도하고, 부적절한 학교 시설과 건물을 보유하고 있는 학교에는 리모델링을 하고, 농어촌 지역의 학교 부족은 학교 통폐합이나 지역 특성화를 시도하고, 소규모 학교나 직업계와 인문계의 이분법을 고수하는 학교에는 보다 큰 학교로의 통합이나 종합학교 설립을 추진하고, 구식의 교육과정을 사용하는 학교에는 새로운 교육과정과 테크놀로지를 접목시키고, 비효율적인 교사진을 운영하는 학교에는 팀티칭이나 교사진의 등급화 또는 보조교사와 준전문가들을 활용하는 등의 혁신을 펼치는 노력을 말한다.

3) Owens의 교육혁신 유형

Owens(2001)는 교육 혁신에 대한 접근의 차원에서 혁신을 세 유형으로 분류한다.

첫째는 학교혁신을 시장 경쟁의 형태로 접근하는 유형이다. 학교 교육을 정부가 운영하는 기관으로서의 개념을 버리고 사기업이 열린 경쟁 시장에서 학교를 운영하도록 하는 접근을 편다. 이 접근은 국공립학교 경영자들보다 사립학교 경영자들이 학교를 낮은 비용으로 더 잘 운영할 수 있다고 볼 뿐만 아니라 시장 경쟁 체제는 좀 더 융통적이고, 좀 더 민첩하고, 좀 더 반응적인 학교를 만들 수 있다고 본다. 이런 관점에서 학부모들이 다양한 교육

기회를 제공하는 시장에서 바우처 제도를 통해 자녀의 학교를 선택할 권한을 갖도록 함으로써 모든 학교의 질을 강하게 하는 자구 노력의 효과를 가져오도록 하는 접근을 편다.

둘째는 학교혁신을 국가가 주도적으로 중앙에서 관리하는 형태로 접근하는 유형이다. 이 접근에서는 정부가 기본이라고 생각되는 지식체를 모든 학생들이 학습하도록 명령하고, 전국적인 표준화 학업 성취도 검사를 실시하여 각 학생들의 성취 수준을 결정한다. 또한 시험을 통해 상급 학년으로 올라갈 때나 졸업 자격을 결정하는 접근을 펴기도 한다. 이 접근은 앞에서 언급한 제 1의 교육개혁 물결이 펼친 접근이다.

셋째는 학교혁신을 학교 주도적 형태로 접근하는 유형이다. 학교는 내부로부터 발전을 이루도록 해야 한다고 보고 학교와 교사들은 학교가 좀 더 반응적이고, 좀 더 도전적이고, 좀 더 나은 학교가 되는데 필요한 지식, 기능, 자원, 조건, 습관 등을 습득하도록 한다. 강력한 리더십, 협동적 분위기, 지속적인 전문성 개발을 강조하고, 차터스쿨(charter school)과 같은 제도를 통해 단위학교가 중앙 정부의 관료적 통제에서 자유롭게 교육을 운영하도록 하는 접근이 한 예이다. 이 접근은 제 2의 교육개혁 물결이 펼치는 접근으로서 그 초점을 학교의 조직 문화를 바꾸어 학교 구성원들의 문제해결 능력과 함께 자생력을 길러 혁신하도록 지원하는 것을 강조하는 데 둔다.

4) Sergiovanni의 교육혁신 유형

Sergiovanni(1989)는 일차적 수준과 이차적 수준의 변화 유형을 제시한다. 일차적 수준의 변화(first-order change) 유형이란 혁신이 국가나 지방교육청과 같이 외부에서 요구하는 것에 타율적으로 반응하여 이루어 낸 것들을 보여 주는 수준의 혁신 유형이고, 이차적 수준의 변화(second-order change) 유형이란 혁신을 학교 내부에서 조직 구성원들이 자율적인 역량을 발휘하여 이루어 내는 변화를 말한다.

Sergiovanni(1989, p. 4)는 "때때로 이차적 수준의 변화는 일차적 수준의 변화가 없이 이루어지기 어려운 경우도 있지만, 이차적 변화를 포함하지 않는 변화는 착각일 뿐이다."라고 지적한다. Watzlawick, Weakland, 그리고 Fisch(1974, pp. 10-11)도 일차적 변화는 외부의 주도로 이미 이루어지고 있는 기존의 학교의 실천적 모습을 효율성과 효과성 차원에서 증진시키는 것이다. 이 경우 대개 그 변화가 단수적이고, 점진적이고, 별개적인 성격을 띤다고 지적한다. 비록 그 범위가 새로운 기본읽기 교재(basal reader)를 모든 초등학교에 도입하는 경우와 같이 넓을지라도, 학교의 기본적 특징이나 교사들이 그 역할을 수행하는 방식을 크게 바꾸지는 않는다. 이에 반해 이차적 변화는 그 성격이 조직과 관련되어 있어서, 조직이 지니고 있는 가정(assumptions), 목적, 구조, 역할, 규범을 변화시킴으로써 조직이 운영되는 방식 자체를 수정한다. 이런 수준의 변화는 구성원들이 기존의 일들을 다르게 하도록 할 뿐만 아니라 그들의 신념과 지각을 변화시키는 것을 필요로 한다. 소위 재구조화(restructuring)라는 이름으로 이루어지는 학교혁신들은 교수법에서 가버넌스에 이르기까지 모든 것들을 바꾸는 이차적 변화 차원에서의 노력들이다. 앞에서 언급한 제2의 교육개혁 물결은 이런 이차적 수준의 변화 유형에 해당한다.

2. 학교혁신의 수행 모델

1) Spillane과 Coldren의 진단 – 설계 모델

Spillane과 Coldren(2011)은 진단(diagnosis)과 설계 또는 재설계(design or redesign)라는 두 단계의 학교혁신 절차 모델을 제시한다.

첫 번째의 진단 단계에서는 학교가 혁신하고자 하는 문제를 구성하거나 정의한다. 진단은 발견(discovery)보다는 구성(construction)으로서 문제의 성격과 원인을 정의하고, 그 정의를 지지하기 위해 증거들을 수집하고 정리한다. 증거란 어떤 종류의 데이터들을 모아 어떤 문제가 존재한다는 주장을 형성할 때 구성된다. 그러나 데이터는 그 자체로서 증거가 아니다. 예를 들어 어떤 학교의 학생들의 성적이 떨어지고 있다는 것은 그 자체로서 정보일 뿐, 어떤 것의 증거가 아니다. 그러나 성적이 떨어지고 있다는 정보 외에 여러 가지 다른 관찰적 정보들을 함께 모으면, 예를 들어 교사들의 낮은 질의 수업 운영, 교사의 낮은 기대 수준, 교사들의 국가 수준 교육과정의 요구에 대한 무관심, 교사들 간의 협동심 부족, 학부모들의 자녀 교육에 대한 무관심 등과 같은 여러 정보들이 함께 동원되면 문제의 진단을 구성하는 증거로서 기능하게 된다. 진단은 데이터 수집과 분석을 포함하지만 근본적으로 주장을 형성하고 다른 사람들에게 그것을 확신시키는 것에 관한 것으로 그 성격이 정치적이고 수사적(修辭的)이다. 진단에서 현재 발생하고 있는 것을 확인해 내는 것도 중요하지만 현재 발생하지 않고 있는 것(what is not happening)을 확인해 내는 것도 중요하다. Spillane과 Coldren은 이 일의 중요성을 주장하기 위해, 코난 도일의 "Silver Blaze"

라는 이야기에서 Sherlock Holmes가 밤중에 유명한 경주용 종마가 사라지고 그 트레이너가 살해된 현장에서(소위 발생한 일들), 밤중에 개가 짖지 않은 것(소위 발생하지 않은 일)에 주목함으로써, 범인은 개가 잘 알고 있는 사람이었다는 중요한 사실을 확인해 내게 되었다는 내용을 예로 제시한다.

두 번째의 설계 또는 재설계 단계에서는 진단에 기초하여 새로운 혁신의 설계를 구상하는데, 기존에 설계되었던 것이 새롭게 재설계되기도 한다. 설계 또는 재설계란 진단에 기초하여 문제를 해결하기 위한 계획(plan) 또는 예측(prognosis)을 형성하는 것이다.

Spillane과 Coldren은 진단과 설계의 관계는 흔히들 '선 진단, 후 설계'로의 구별적이고 계선적인 과정으로 과도하게 인식되고 있다고 지적하면서, 진단과 설계는 실제로는 상호 혼합적이고 병행적 성격의 것이어서 설계가 좀 더 많은 진단으로 이어지고, 이에 따라 재설계되기도 한다. 따라서 학교의 혁신 리더들은 진단적 참여자인 동시에 혁신 설계자의 역할을 종합적으로 수행해야 한다고 주장한다.

2) Paulston의 4단계 학교혁신 절차 모델

Paulston(1983)은 문제 확인(problem identification), 진단(diagnosis), 대안 생성(alternatives elaboration), 평가(evaluation)라는 4단계 학교혁신 절차 모델을 제시하고 각 단계별로 해야 할 의사결정 및 활동들을 명시적 차원과 암시적 차원에서 설명하고 있다.

문제 확인 단계에서는 명시적으로 변화 요구와 관련하여 어떤 문제와 주장들이 제기되고 있으며, 누가 변화와 관련하여 이익을 보게 되는지 확인한다. 암시적으로는 제기되는 문제와 주장에 기저하고 있는 가치와 이념이 무엇인지, 그리고 누가 지지하고 누가 반대하는지 확인한다. 진단 단계에서는 명시적으로 변화가 학교 체제 및 맥락적 관계들에 가져올 영향들을 진단하고 혁신의 목표들을 설정한다. 암시적으로는 진단에 사용될 사회적·교육적 혁신 이론은 무엇이고, 어떤 집단들을 진단에 참여시키고 어떤 집단들을 배제할 것인지 결정한다. 대안 생성 단계에서는 명시적으로 변화를 가져올 수 있는 대안적 계획들을 정교화한다. 암시적으로는 대안들 중에서 어떤 대안을 어떻게 정당화하고 결정할 것인지, 누가 집행을 통제할 것인지, 누가 방해하려고 나설 것인지를 결정한다. 평가 단계에서는 명시적으로 혁신이 가져온 규범적, 구조적, 행동적 변화와 예상하지 못했던 결과들을 평가한다. 암시적으로는 어떤 준거를, 누구의 목표들을, 어떻게 결정하고, 누가 이기고 누가 지는지, 다른 대안은 어떠했을지를 점검한다.

3) Smith와 Ellis의 혼합 모델

Smith(2006)는 산업계에서의 일반 혁신 모델을 제시했는데, 그의 모델은 Ellis(2005)의 교육혁신 프로그램 개발 절차와 통합되어 몇 단계가 수정·변화되면 학교에서의 혁신 수행 절차로도 효과적으로 적용될 수 있다.

첫 번째 통찰 및 연구(insight and research) 단계에서는 혁신에 대한 통찰적 아이디어를 얻거나, 체계적 연구를 통해 새로운 아이디어를 발견하고 학교와 교실에서 일어날 수 있는 기대 변화를 예상한다. 두 번째 개발(development) 단계에서는 아이디어를 구체화하여 혁신 프로그램을 설계하고 개발한다. 세 번째 예비 검증(pilot testing) 단계에서는 혁신 프로그램이 실제로 기능하고 기대했던 변화를 도출하는지 한 학년 또는 한 학급을 대상으로 소규모로 실험한다. 교육청이 변화를 주도하는 경우는 한두 개의 학교를 대상으로 할 수 있을 것이다. 네 번째 확산(dissemination) 단계에서는 혁신 프로그램을 학교의 전학년으로 확산하고, 교육청의 경우 소속 학교 전체에 도입되도록 권장한다.

1. 학교공동체의 의미와 성격

학교조직은 전통적으로 목적에 따라 각 부서로 조직되어 명령과 통제로 유지되어 왔다. 이러한 선형적(linear)조직의 대안으로서 공동체 개념을 도입하는 이유는 공동체가 주는 헌신성을 담보할 수 있기 때문이다(Sergiovanni, 1994). 학교 변화를 위한 학교공동체는 자유 의지에 결합된 사회집단 또는 단위 조직으로서, 학교를 구성원들의 생활과 운명을 같이 하는 조직체로서 파악할 수 있다. 이러한 사회적 변화와 요구를 수용하여 장기적인 학교 발전과 경쟁력을 도모하려는 학교문화로서, '공동체로서 학교', '배움 공동체', '학교공동체', '민주적 자치공동체' 등의 주제가 새롭게 강조되고 있다.

본래 인간은 기능적인 입장에서나 본능적인 입장에서나 공동체적 존재로서 언제나 관계를 필요로 한다. 인간 공동체의 주요한 특징은 모든 구성원이 공통적으로 추구하는 가치가 있다는 점이다. 따라서 공동체의 의미에는 공동체에 속한 개인들의 공동의 목적 공유와 공유의식의 인정, 그리고 개인들의 공동체 소속감에 대한 자각의 내용 요소가 있다(Craig, 1998). 따라서 공동체는 구성원들을 하나로 묶어 주고 또 이들을 공유된 가치, 신념, 감정으로 결속시키며, 구성원들로 하여금 '우리라는 감정(we-feeling)'을 가지게 한다.

1) 학교공동체의 의미

개인의 가치와 공동체의 가치를 조화시키는 것이 필요하다면, 이는 교육을 통해 특히 학교교육을 통해 공고히 할 수 있다. 학교 및 학교교육을 중심으로 관계를 맺고 있는 구성원들 교장(감), 교사, 학생, 학부모, 지역사회 인사 등 모두 직·간접적으로 교육을 다루는 사람들이기 때문에 누구보다도 이들의 공동체에 대한 인식과 공동체 의식 형성이 중요하다.

학교교육과 관련한 공동체의 의미는 두 가지로 접근할 수 있다.

첫째, 학교교육을 위한 공동체 의식이다. 이러한 공동체 의식 및 공동체가 의미하는 것은 학교교육은 교사뿐만 아니라 학부모 지역사회 및 국가적 차원에서의 협력을 필요로 한다는 뜻이다. 이런 의미에서 공동체는 학교교육의 발전을 위해 학교교육의 관련자 및 기관들이 공동으로 노력해야 하며, 이런 공동의 노력들이 학교교육 발전에 기여할 수 있다고 본다. 이러한 방식의 학교공동체 의식은 네 가지 요소에 의해 형성된다(McMillan & Chavis, 1986).

- 주인의식(membership): 학교 교육이 곧 내 일이 된다는 의식을 바탕으로 모두가 학교를 중심으로 소속감 및 개인적 헌신을 발휘하는 울타리 의식(a sense of boundaries)을 가질 때 공동체 의식이 형성될 수 있다.

- 영향력(influence): 학교와 개인 혹은 집단은 서로 영향을 주고 영향을 받는 관계에 있기 때문에 이런 관련성을 인식함으로써 곧 학교공동체 의식을 형성하게 한다.

- 욕구충족(fulfillment of needs): 학교 및 학교교육 관련자 및 기관들이 서로 유사한 욕구와 가치관을 가지고 그 욕구와 가치관을 충족할 때 전체로서 의식을 갖고 응집력을 갖게 된다.

- 유대감(shared emotional connection): 모든 구성원들이 긍정적인 방식으로 상호 작용하고, 중요 사건을 공유하며, 사건을 해결할 긍정적인 수단을 제공하고, 구성원들을 존중할 기회를 가지면서 공생 관계를 형성하는 활동들은 공동체 의식 형성에 기여한다.

둘째 학생, 교사, 학부모 모두가 학교를 자신들의 삶과 성장에 도움이 되는 곳이라고 인식하는 공동의 의식을 공동체 의식이라고 보는 관점이 있다. 학교교육의 재개념화라는 맥락에서 학교공동체의 의미 또한 학교교육을 위한 관련자 및 관련기관의 기여와 헌신 또는 공동의 노력 차원에서 공동체 의식을 강조하기 보다는 학교 자체가 학생뿐만 아니라, 교사 및 학부모들의 삶의 발달과 성장에 기여할 수 있는 장소가 되어야 한다는 의미의 공동체 의식의 개념이 소개되고 있다. 학교는 학생들만이 그들의 발달에 필요한 개인적, 사회적 지식을 전수받고 나아가 창출하는 장소로 그치는 것이 아니라, 교사 및 학부모들도 학교라는 사회적 장소를 통해, 또 그곳에서 행해지는 교육활동을 통해 자신들의 삶을 성장시킬 수 있을 때 진정한 의미에서 이들 모두의 공동체 의식을 형성시킬 수 있다고 보는 것이다.

이상과 같이 학교는 구성원들 상호 협력을 위한 공동체(community)이어야 하며, 구성원들에게 진정한 권한을 주어야 한다. 학교가 교사에게 이런 성장의 장소가 될 때 교사와 학생 간에 그리고 교사들 간의 공동체 의식 형성의 장이 될 수 있다. 학교가 교사로서의 삶의 발전에 기여하는 장소가 될 때 교사들의 공동체 참여를 보다 근본적으로 이끌 수 있다. 이는 학부모의 경우도 마찬가지이다. 학교가 학부모들의 봉사와 헌신을 요구하는 장소로 간주될 때 이런 봉사정신과 헌신적인 태도가 없거나 약한 학부모의 경우 스스로를 학교공동체의 일원이라고 간주하기는 힘들 것이다.

학교가 학부모로서 뿐만 아니라 인간으로서 그들의 인간발달과 삶을 성숙시켜 주는 무엇인가를 제공하는 장소가 될 때 학부모의 학교공동체 의식은 보다 강화될 수 있다. 따라서 학교공동체란 일반적으로 학교 관련자들이 만들고 형성하는 공동체를 의미하는 것으로, 학교공동체는 신념 공동체로서 교육이라는 공식성을 중심으로 다양한 맥락과 상황을 포괄하고 있다. 따라서 교사, 학부모, 학교장의 헌신을 필요로 한다.

2) 학교공동체의 형태

(1) 학습공동체로서의 학교공동체

학습공동체로서의 학교는 인간의 성장과 이를 위한 학습을 기본적 지향으로 하면서 형성된 유기적 협동체이다. 구성원들은 교육의 핵심적 활동인 배움과 가르침에 관련된 의식과 가치관을 강하게 갖는다. 또한 그러한 의식을 실천하고자 하는 의욕과 거기에 요구되는 효과적인 활동과 협업이 원활히 일어난다. 바람직한 성장에 필요한 학습은 학습의 가치나 필요성이 학생에게만 인식되어 적용되지는 않는다. 교사들에게도 지속적인 학습을 통한 성장의 가치를 적극 추천한다. 학습공동체로서의 교육공동체에서는 모든 구성원들이 성장을 위한 학습의 가치를 공통적으로 추구하게 되고, 자신의 학습을 위해 노력함은 물론 타인의 학습을 위해서도 배려와 조력을 아끼지 않는다. 모두 더불어 학습하고 성장하는 문화를 갖는다.

(2) 가치공동체로서의 학교공동체

가치는 어디서나 중요한 문제이지만 교육이 이루어지는 곳에서는 공동체 의식의 의미가 더욱 크다. 공동체 의식이 중요하다고 해서 학생 개개인 의사가 무시되거나 배제되어야 한다는 것은 아니다. 개인은 공동체의 구성원으로서 당연히 공동의 문제에 관심을 갖고 공공의 의사결정에 참여하며 문제의 해결을 위하여 노력하여야 하는 바, 그 과정에서 공동체의 이익과 개인의 이익 간의 갈등도 해소될 수 있다. 학교라는 공유된 장소에서 구성원들 개개인의 가치는 참여 의사결정을 통하여 공동체의 목적으로 반영되며, 공동의 목적을 달성하기 위해서 구성원들은 적극적으로 참여하고 헌신하게 된다.

(3) 전문적 공동체로서의 학교공동체

전문적 공동체의 경우 공동체의 규범과 가치는 교직의 전문직 규범과 일치한다. 주요 공동체 개념의 요소로서는 좋은 수업, 가치로운 사회 목적, 배타와 이타적 봉사, 전문적 지식과 기술연찬 등이다. 공동체 가치실현을 위해 전문적 지도력 발휘가 요구된다. 전문적 공동체 구축을 위한 과제로서 좋은 수업을 위한 장학, 전문적 개발을 위한 지원 제도화, 교수 학습 개선에 초점을 맞춘 교원평가, 전문성 심화 수준에 따른 보상을 들 수 있다.

(4) 다름의 공동체로서의 학교공동체

다름의 공동체란 다원화된 사회에서의 공동체의 특징을 보여 주는 것이다. 공동체의 중심이 동일성으로부터 '다름(otherness)의 수용'과 차이 내에서의 '협력(cooperation within difference)'으로 전환되어야 한다는 점을 시사해 준다. 학교를 구성하는 사람들은 각자가 서로 다르지만 고유의 독자성을 지닌 타인들끼리 어울려 협력하는 공동체, 그리고 서로 다르지만 상호의존적 인간들의 관계 구조를 형성하는 공동체를 의미한다.

2. 민주적 자치공동체의 기본 이해

1) 민주적 자치공동체의 의의

민주적 자치공동체는 학교장의 소통과 전문성에 입각한 변혁적 리더십을 바탕으로, 민주적 회의 체계와 운영 원리를 통해 학교의 비전과 교육목표를 함께 공유하고 함께 실현하며, 구성원들의 적극적인 자치활동 보장과 자치역량 강화, 그리고 학부모와 지역사회의 자발적이고 적극적인 참여와 협력이 활발하게 일어나는 공동체를 의미한다. 이러한 구조와 운영 과정에서 교사를 비롯한 학교 구성원들은 상호 소통하고 신뢰하며, 자아존중감과 자아효능감을 높여 전체적인 교육력을 강화할 필요가 있다. 따라서 민주적 공동체의 형성을 통해 교사와 학생의 참여문화를 실현하고 권리 의식과 책무성을 학교 구성원 모두가 함께 공유하는 문화를 만들어 가야 한다.

학교 혁신을 위해 학교공동체 운영 및 학생생활의 원리와 연관해 민주성의 가치를 추구하고, 학교 구성원들의 자발적 참여와 창의적 아이디어가 적극적으로 학교운영에 반영되어야 한다. 이를 위해 학교는 민주적 자치공동체로 자리매김되어야 한다.

학교교육의 일차적 주체인 교사들이 의사결정에 적극적으로 참여할 수 있도록 제도화되어야 한다. 학교장은 교사들이 교육의 본질적 측면에 집중할 수 있도록 대폭적인 권한 위임을 하고, 교사의 적극적인 참여를 통해 학교운영 방향에 대한 합의(consensus)를 형성할 수 있도록 해야 하며, 이를 통해 교사의 창의적 구상이 교육현장에서 실현될 수 있도록 보장해야 한다. 학부모와 학생 등에게도 학교운영에의 참여를 제도화하여 학교공동체의 일원으로서 적극적인 역할을 할 수 있도록 해야 한다. 학교 구성원들에게 자신의 권리인식에 기초한 민주적 책무성을 통해 학교공동체적 의식을 높이고, 학생들이 학교 민주주의(school democracy) 속에서 독립된(자립한) 민주적 시민으로서 성장해 갈 수 있도록 해야 한다. 또한 학교현장에서 창의성의 극대화를 위해서도 교사, 학생, 학부모가 자주적 협력을 추구하는 민주적 학교공동체를 구축해야 한다. 학교공동체 결정에 대한 구성원 전체의 참여가 실질적으로 보장된다면, 민주적 학교공동체는 미래 우리 사회의 창의적 시민과 민주적인 리더십을 육성하는 가장 강력한 실천적 교육의 장이 될 것이다.

2) 기본 전제와 원리

낡은 관행을 타파하고 민주적 학교공동체를 형성하는 것은 학교혁신의 토대이며, 지속적이고 일관되게 추진할 과제이다. 지속 가능한 학교 혁신의 효과를 거두기 위해서는 학교 혁신의 핵심가치에 대한 구성원의 공감대 형성과 구성원의 자발적 참여에 의한 민주적인 학교 자치가 무엇보다 중요하다. 민주적 학교공동체 형성을 위해서는 먼저 건강한 학교공동체 형성을 위한 상호존중과 신뢰하고 배려하는 가운데 의사소통이 활발하게 이루어질 수 있는 학교문화 형성이 중요하다. 학교 구성원의 합의된 윤리규범과 공적 자아의식이 자리 잡도록 힘쓰는 일은 상호존중의 학교문화 형성과 함께 학교의 신뢰를 형성하는 중요한 일이며 우선해야 할 일이다.

학교혁신의 가치를 공유하고 자발적 참여와 합의를 이끌어 내는 것은 민주적 학교자치의 기반 형성이 이루어졌을 때 가능한 일이다. 소수 유능한 사람에 의해 만들어진 완벽한 대안보다 협상 절충을 거쳐 이루어진 대안이 효과적 실천을 가능하게 한다.

학교가 전문적 기능을 수행하고 그 책무성을 높이기 위해서는 학부모 및 지역사회의 협력관계는 필수불가결하다. 학교운영에의 교육공동체 의견 및 요구사항 반영을 위한 제도적 장치를 마련하고 학교, 가정, 지역사회 간의 의사소통을 촉진하며 교육활동 정보 제공과 교육만족도를 체계적으로 반영토록 한다. 상호 호혜적 파트너십을 바탕으로 다양한 방법과 경로로 학부모 및 지역자원 인사의 학교 교육활동에 직·간접적으로 참여하도록 한다.

(1) 기본 전제

민주적 자치공동체는 저절로 이루어지는 것이 아니다. 학교조직의 여러 요건이 마련되어야 가능한 일이다. 또한 어느 한 개인의 노력에 의해서 달성되는 것 역시 아니다. 따라서 혁신적 변화가 가능한 학교문화의 총체적 변화와 함께 이루어져야 한다.

첫째, 성공적인 민주적 자치공동체는 혁신적 변화의 주체들인 학교장을 포함한 모든 학교조직의 구성원들의 노력과 헌신이 있다. 학교경영 혁신은 특정 개인, 특정 단체가 아닌 변화담당자와 변화수용자가 상호간에 공평한 권한을 가지고 신중한 전략적 변화의 목표를 설정·추구하는 일련의 노력이 있어야 한다.

둘째, 성공적인 민주적 자치공동체는 기존 학교조직의 내적 가치와 인식의 공유를 함께 하고 있다. 이러한 가치와 인식의 공유는 조직변화를 위해 구성원 모두를 참여하게 하고 헌신하게 만드는 데 중요하기 때문이다. 학교경영 혁신을 위한 학교문화의 공유는 학교 교육목적달성에 부합되어야 하며, 학교조직의 모든 구성원들은 교육목적 달성이라는 동일한 가치 문화를 공유하고 있다.

셋째, 성공적인 민주적 자치공동체는 이러한 가치와 인식의 공유를 통해 발달적으로 지속 가능한 변화의 과정으로 학교를 운영하고 있다. 학교경영이 학교라는 조직체를 효과적으로 목표 달성을 하기 위해 조직을 통하여 지속적으로 활동하는 과정이라고 한다면, 자율경영 체제를 통한 학교경영 혁신은 갑작스런 일시적 변화이기보다 연속적인 과정의 결과로서 일어나야 한다. 즉 자율경영 체제는 신속 처방의 일시적인 것이 아니라 변화하는 사회에 따라 계속적으로 개선해 가는 노력의 과정인 것이다.

넷째, 성공적인 민주적 자치공동체는 변화에 대한 촉진요인을 조장하고 저항요인을 잘 극복하고 있다. 조직변화에는 전략적이고 인위적인 작용을 전제하기 때문에, 변화에 대한 상당한 저항이 있을 수 있다. 자율경영 체제를 성공적으로 도입하기 위해서는 변화과정에서 자연스럽게 저항요인이 나타날 수 있음을 인식하는 것이 중요하다. 변화를 추진하고 학교경영의 효과를 극대화하기 위해서는 변화의 부정적인 저항요인을 극복해야만 한다.

(2) 기본 원리

기존의 학교 체제는 교육정책 목표를 달성하기 위한 수단으로서 타율적 외부통제를 필요로 하는 수동적인 집행체제로 간주되었다. 학교 구성원들의 역할이 수동적이어서 중앙 집권적으로 명령을 받기만 하고 그 권한이 단위 학교에 위임되지 않는다면, 단위 학교 수준에서 어떠한 진취적인 발전이나 책무성 강화를 기대할 수 없다. 물론 민주적 자치공동체는 학교 관리자가 학교경영의 정책 목표를 추진할 필요성을 부정하는 것은 아니다. 학교경영의 목표를 달성하는 방법은 다양할 수 있다는 것이다. 따라서 단위 학교에서 교육목표와 관리전략을 발전시키기 위해서는 구성원들에게 자율성을 부여하고, 그 책무성을 강화하며, 교육 현장 문제를 해결할 수 있는 민주적 자치공동체가 필요하다. 학교 구성원들에게 자율적 관리 권한을 부여하는 만큼 상호 신뢰하며 그에 따른 책무성을 강화한다면, 구성원들의 헌신적인 참여를 통하여 학교교육의 질을 더욱 제고할 수 있을 것이다.

이러한 민주적 자치공동체를 위해서는 학교 구성원들이 학교경영 및 관리에 폭넓게 참여하고 그들의 창의적 관리 능력을 개발시킬 수 있도록 조직 환경을 마련해야 한다. 민주적 자치공동체에서 학교 구성원들이 참여해야 하는 이유는 첫째, 학교 구성원들이 구성원 자신들에게 영향을 미치는 중요한 의사결정 과정에 참여하고 공유하게 될 때, 보다 우수한 의사결정이 이루어진다. 둘째, 학교 구성원들이 직접 의사결정에 참여하게 될 때, 자신들이 참여하여 결정된 사항들에 대해 책임을 공유하고 이의 실행을 위해 보다 헌신하게 된다. 셋째, 학교 구성원들은 학교경영과 관련된 의사결정이 이루어지는 과정에서 가장 가까이에서 역할을 하고 이러한 결정된 사항들의 실행에 직접적으로 참여하는 사람들로서 보다 성공적인 학교경영에 도움을 줄 수 있는 가장 실질적인 유리한 위치에 있다. 넷째, 학교경영에 영향을 미치는 의사결정이 교육 결과에 책임을 지는 구성원들에 의해 이루어질 때 학교교육의 질을 더욱 제고될 수 있다. 다섯째, 학교와 교사들이 교육활동의 결과에 대해 책임을 져야 한다면 학교의 운영 전반에 관한 의사결정에 반드시 참여해야 한다.

이와 같이 혁신학교는 교육청이 개혁을 주도하는 학교가 아니고, 단위학교에서 교장의 권위적인 리더십이 아닌 섬김의 리더십, 소통과 전문성에 입각한 리더십으로, 구성원들의 신뢰와 자발성을 바탕으로 교사, 학부모, 학생들이 함께 좋은 학교를 만들어가는 방식을 중시하는 학교이다. 따라서 민주적 자치공동체는 교육운영에 관한 결정에 구성원들의 참여를 전제로 하는 것이기 때문에 그들로부터 지원을 확보하고 그들의 헌신적 참여를 활성화하는 계기를 마련할 수 있어야 하며, 학교 구성원들은 학교가 어떻게 운영되는지에 관심을 가지고, 학생들의 학습에 관한 의사결정 과정에 참여하게 된다.

3) 민주적 자치공동체의 성격

(1) 상호 인간존중

학교공동체는 인간존중의 공동체이다. 인간존중으로서의 학교공동체는 '조직'이나 '규칙'이나 '규범'보다 '사람'에게 더 깊은 관심을 둔다. 사람에 대한 관심은 학교구성원 서로를 준엄한 인격체로서 존중하며, 구성원 상호 간의 관계를 중요시한다. 인간존중의 공동체로서 학교는 인간이 근본적으로 준엄하다는 인간에 대한 기본적인 신뢰로부터 시작한다. 학교는 교사와 학생들을 위한 삶의 공간으로서 학교를 알맞게 구성하고 표현과 창조적 행위가 가능한 장이 되도록 노력하며, 비인격적인 장이 되지 않도록 힘쓴다.

인간존중 공동체인 학교의 구성원들은 자신의 존엄성과 고귀함을 갖추고 자신들을 긍정적으로 생각하기 때문에, 자신감을 가지고 행동하며 성공할 것을 기대하고, 적극적으로 헌신한다. 인간존중 공동체로서 학교는 학습을 개인의 의미있는 발달의 과정으로 이해한다. 교사들은 학생들의 좋은 성적에만 관심을 갖는 것이 아니라, 전인적 인간으로서 학생에 대해 더욱 관심을 갖는다.

(2) 돌봄과 학교에의 헌신

학교공동체는 돌봄과 헌신의 공동체이다. 돌봄과 헌신의 공동체로서 학교에서 학교 구성원들은 학교의 이상과 가치 실현에 헌신하며 다른 구성원에 대한 이기심 없는 관심과 헌신을 보인다. 그들은 이타적인 사랑에 의하여 동기를 부여받는다. 돌봄과 헌신의 공동체로서 학교에서 교사는 학생 개개인을 애정과 관심으로 돌본다. 학생 개개인에 대한 애정과 관심 속에 그들의 지적, 정의적, 사회적, 도덕적 발달을 최대한 도와주고자 한다.

교사는 자신의 전문성을 신장시키고 학교발전을 위해 헌신하며, 동료 교사에 대해서도 관심을 기울이고 배려하며 기꺼이 도움을 아끼지 않는다. 교장, 교감들도 교사들을 하급자가 아닌 동료로서 대우하면서 격려와 배려를 아끼지 않는다. 교사들이 교육활동에 헌신할 수 있는 환경을 조성하는데 최선을 다한다. 교사는 모든 학생을 성심으로 돌보고, 교사들은 동료의 교직수행에 관심을 기울여 서로 돌보며, 학교행정가는 학교 구성원들을 애정을 가지고 돌본다.

또한 상위 행정기관에서도 학교와 그 구성원들을 동료로서 대우하고 배려해야 한다. 관료조직으로 배타적이고 경쟁적인 관계는 상호 불신과 여러 가직 분쟁의 원인이 된다. 수직관계가 형성될 수밖에 없는 환경에서는 최대한 합리적인 방법을 택해야하며 행정가와 학교장 등의 상급자들은 반드시 교육의 사명감과 철학을 가질 필요가 있다. 그렇지 않고서는 돌봄의 공동체화, 나아가 학교가 교육조직으로서 달성해야 할 목표를 효과적으로 달성할 수 없다.

(3) 협동적인 학습 문화

학습공동체로서의 학교는 '개인주의적 학습' 보다는 '협동 학습'을 추구하는 학교를 의미한다. 교장, 교사, 학생 등 모든 구성원들이 가르치는 사람도 되고 배우는 사람도 되는 학교이며, 학부모와 지역사회의 학교교육에도 관심을 기울인다.

학습공동체로서의 학교는 학생이 학습할 때에 개개인 스스로 가치 있는 인간으로 재형성 될 수 있도록 최대한의 배려를 해 줄 수 있다. 학생들 스스로 능동적으로 학습할 수 있도록 하기 위한 모든 발상과 활동에 초점이 맞추어져 있다. 학습공동체에서 중시되는 학습은 학생들뿐만 아니라 교사들의 역할도 중요하다. 교사들은 자신을 전문가로 만들기 위해 끊임없이 연구, 개발해야 하며 그 자체는 교사임과 동시에 학습자로서의 모습을 보이는 것이 된다. 학습은 모든 구성원에게 적용되는 것이며 동시에 공식적인 역할에서 벗어나 자유로운 탐구의 방식이 되는 것이다.

학습지향성과 공동체성을 동시에 갖는 인간집합체를 학습공동체로 부른다면 학교는 마땅히 학습공동체가 되어야 한다. 학습공동체로서의 학교는 학부모와 지역사회의 학교교육 참여 활동 및 그들을 위한 학습 프로그램에도 관심을 기울인다. 학부모와 지역사회의 학교교육 참여는 학교교육의 효과성을 높이고, 학교가 학부모 및 지역사회와의 신뢰를 쌓고 연대감을 형성하는 데 크게 도움이 되는 것으로 나타나고 있다.

(4) 주체성의 강화

학생은 동등하게 존중되는 인격체로서 능동적으로 학습에 참여할 수 있으며, 학생들 간에 스스로 조력자가 될 수도 있고, 교사가 될 수도 있다. 주체의 정신은 나아가 참여를 이끌어 내는 원동력이 되며, 학교 내에서 모든 활동에 자유롭게 자신의 의사를 주장하고 주도할 수 있으며 인정받을 수 있다.

특히 교육자치의 확대는 단위학교 자치를 통해 실현될 수 있는 만큼 이에 대한 구체적 대안이 제시되어야 하는데, 그 대안으로 대표적인 것이 '학교자율경영체제'이다. 주체의 공동체인 학교에서는 학교와 연관된 모든 구성원들 사이에 주체의 정신이 널리 공유되고, 그것이 교육과 행정의 주체로서 능동적으로 참여하는 노력과 의지를 통해 실현된다.

(5) 전문적 공동체

전문성 공동체로서 학교는 전문적 능력을 전제로 하여 가르침에 대하여 공적으로 인정받은 교사들로 구성되어 있다. 교사의 전문성을 발달시키는 것은 참여를 통한 권력의 공유이다. 권력의 공유는 교사 전문가들이 공동체를 형성해서 학교 변화를 추진케 하는 역동적인 힘이 된다. 권력의 공유를 통해 교사는 교직의 한 특징인 교실의 고립으로부터 벗어나 동료관계를 형성하게 된다.

전문적인 교사와 행정가들은 학생, 교육과정, 다양한 학습상황과 요구들을 효과적이고 창조적인 방식으로 다룰 수 있다. 전문공동체에서 교사는 스스로를 학생의 성장을 촉진하는 활동에 참여하는 유능하고 효과적인 전문가로 바라보며, 개인으로서 뿐만 아니라 교사로서 격려 받고 있으며 촉진되고 있다고 느낀다. 또한 전문 공동체로서의 학교에서는 전문성을 중시하고 수월성 있는 역량으로 일의 수행 수준을 높이고자 한다. 학교 안에서 교사들은 자유롭게 아이디어의 탐색을 행하고, 동료와 의사소통하며 교육방법과 교육과정을 계획하고 실험한다.

4) 생산적·협동적 학교문화

(1) 생산적 학교문화

학교교육의 기본방향 및 추구하는 핵심가치 등에 대한 구성원의 공감대 형성이 필요하다. 생산적 학교문화란 스스로 문제를 찾아 개선하고 해결하려는 자율적 참여의지를 가지고(자발적인 문화), 기존의 문화에 안주하지 않고 교육적 가치를 추구하기 위해 끊임없는 연구와 연수가 이루어지며(창의적인 문화), 구성원 상호 간에 온정적 인간관계 속에서 신뢰와 협력을 바탕으로 이루어지는 제반 교육활동이다(함께하는 문화).

이러한 생산적 학교문화 조성에 학교조직의 구성원들이 추구해야 할 필수적인 가치는 다음과 같다.

- 능동적인 개방과 높은 동료의식
- 협력적 과업수행과 민주적 소통
- 솔선수범과 상호존중
- 높은 기대 성취동기와 창의적 문제해결 풍토 조성

민주적 자치공동체로서의 생산적 학교문화는 교육발전의 토대이기 때문에 중장기적으로 추진할 필요가 있다. 민주적이고 합리적인 의사결정 구조를 통해 구성원의 민주적 참여와 소통에 기반한 민주적인 풍토를 조성하고, 주기적인 학교문화 진단과 구성원 연수 및 훈련을 통해 새로운 학교 풍토를 만들어 가야 한다.

민주적 자치공동체의 학교문화를 만들기 위해서는 다음의 전제가 필요하다.

- 주인의식을 가지고 문제점을 찾아내고 개선해 나가기 위해서는 일을 계획하고 실천하기 위한 내적 역량이 필요하다.
- 주인의식과 내적 역량을 바탕으로 학교교육력을 제고하기 위해서는 학생, 교사, 관리자 사이에 동반자적 공동체가 구축되어야 한다.
- 내부적이고 형식적인 정보공개 체제를 개방적이고 적극적 방향으로 개선하여 다양한 의견 개진의 기회를 제공하고, 이를 활용할 수 있어야 한다.
- 우선적으로 학교문화를 인정 · 존중하는 풍토 조성이 필요하다. 각종 행사의 기획 · 운영에 구성원들의 자발적 참여를 조장하고, 구성원들의 의견을 충분히 반영해야 한다.

이상과 같이 민주적이며 합리적인 의사결정 체제를 정착시키고, 외부 전문기관의 협조를 받아서 학교 조직문화를 진단하고 처방하려는 노력이 함께 병행되어야 한다.

(2) 협동적 학교문화

민주적 자치공동체를 위해서는 학교의 풍토와 분위기가 협동적인 문화가 되어야 한다. 학교의 형식적 구조를 재구조화하기 위해서는 학교의 문화를 재확립해야 한다. 협동적 학교조직은 교사들 서로 간의 조언 및 조력의 요청 및 제공이 활발히 이루어지는 것이다(Rosenholtz, 1989). 민주적 자치공동체는 학교구성원 간에 고립을 감소시키고, 원만한 동료관계를 형성하면서 학교의 업무를 보다 더 창조적이며 만족스럽게 만드는 것으로, 학교조직에서 협동적 작업의 두 가지 기본요소는 교사들 사이의 상호존중과 그 과정을 촉진하는 적절한 구조이다(Donaldson & Sanderson, 1996).

민주적 자치공동체의 협동적 학교조직은 교사들을 고립시키는 것이 아니라 상호 조언 및 조력이 필요한 것으로 교사들의 전문적 대화와 협동을 장려하고 상호 지원과 공동 작업, 교육적 가치에 대한 광범한 동의를 통해 교사 개발이 촉진되는 문화를 가진다. 학교조직에서 협동의 예로는 팀 티칭, 공유 의사결정, 현장연구, 동료평가, 상담 혹은 공동의 시간계획 등이 있으며, 아울러 쉬는 시간, 점심시간, 혹은 학교 업무를 수행하는 동안에서와 같이 비공식적으로 이루어지기도 한다. 특히 이러한 협동적 학교문화 조성에 학교조직의 구성원들이 추구해야 할 필수적인 가치는 다음과 같다.

- 정보 제공 공유, 연수 시행
- 부서별, 학년별 할거주의 극복, 기능간 연계성, 통합성 제고
- group work가 필요한 공간 배치, 작업 환경 구축
- 팀별 활동에 따른 팀별 업적 평가 및 보상 실시

민주적 자치공동체의 협동적 학교조직 문화의 요소를 구체적으로 살펴보면 다음과 같다.

첫째, 협동적 지도성(collaborative leadership)은 학교행정가들이 교직원과 협동적 관계를 형성·유지하는 정도를 말한다. 이에 학교행정가는 교사들의 의견을 존중하고, 그들의 요구를 반영하고, 의사결정에 참여시키고, 그들의 전문적 판단을 신뢰한다. 또한, 학교행정가는 교사들의 모험심, 혁신, 교사들의 아이디어와 실험의 공유 등에 대해 지원하고, 이에 대해 보상한다.

둘째, 교사협동(teacher collaboration)은 학교의 교육적 비전을 추구하는 데 교사들이 어느 정도(얼마나) 건설적인 대화를 나누고 실천하는가의 정도를 말한다. 교사들은 학교교육계획을 공동으로 수립하고, 동료교사들의 수업활동을 관찰하고, 토의하고, 교육프로그램을 평가한다. 아울러 동료교사들의 수업이나 프로그램을 통해 개발한다.

셋째, 전문성 개발(professional development)은 교사들이 지속적으로 개인적 성장과 학교개선에 가치를 부여하는 정도를 말한다. 교사들은 협의회, 세미나, 교사단체, 모임 등을 통해, 그리고 수업행위나 실제에 관한 주요 지식을 위한 전문적 원천을 통해 전문성을 개발한다.

넷째, 목적의 일치성(unity of purpose)은 학교에 대한 공통의 사명감, 이념을 지향하는 교사들의 업무수행 정도를 말한다. 교사들은 학교의 이념, 목적, 사명에 대해 이해하고, 지지하며, 이를 수행한다. 강하고 협동적 학교조직문화는 학교구성원의 다수에 의해 공유된 목적의식을 가지게 될 것이다. 이런 유형의 문화에서 교사들은 학교의 핵심가치로서

추구하는 학교의 사명감, 이념을 형성하는 데 참여할 기회를 갖게 된다.

다섯째, 동료적 지원(collegial support)은 교사들이 효과적으로 함께 업무를 수행하는 정도를 의미한다. 교사들은 상호 신뢰하고, 다른 동료 교사들의 아이디어를 존중하고, 학교조직의 주요 과업을 달성하기 위하여 서로 도와준다. 협동적 학교조직문화의 핵심은 교사들 간에 상호의존성으로부터 나오는 깊은 신뢰이다.

여섯째, 학습동반자(learning partnership)는 교장 – 교사 – 학생 – 학부모가 학생들에 대한 공동선을 위해 함께 업무를 수행하는 정도를 말한다. 협동적 학교조직문화는 학교조직의 구성원들 모두와의 관계에 가치를 부여하며, 그들과의 상호 유대관계를 통해 학교의 질을 제고하는 데 관심을 두게 된다.

5) 민주적 자치공동체를 위한 학교 거버넌스의 과제

학교와 교실은 외부에 적극적으로 개방하고, 학교 교육에 학부모·지역사회가 적극적으로 참여하는 거버넌스 체제를 구축해야 한다. 학교혁신을 위해서는 학교, 지역 시민사회, 학부모와 지역 연대적 주체를 형성하고 이를 기초로 새로운 민주적 거버넌스가 필요하다. 이를 위해 시민사회, 학부모의 공적 재구성이 필요하며, 지자체, 지역청을 매개로 한 공적 성격의 교육 NGO, NPO를 재구축할 필요성이 있다. 특히 민주적 거버넌스를 통해 시민사회 및 학부모 재능 기부와 참여 역할을 확대하고, 지역 차원의 참여 협육을 모델화해야 한다. 교사와 학부모, 지역사회의 협력을 통한 민주적 학교 거버넌스(governance)가 구축되고, 그것에 기초한 집단지성의 문화가 형성된다.

거버넌스는 기본적으로 다스림(governing)의 과정에 누가 주체로 참여하는지, 그리고 그들이 어떤 방식으로 다스리는지 하는, '주체'와 '방식'이라는 두 가지 측면에서 접근되어 왔다. 학교 거버넌스의 주체는 학교교육을 담당하는 주체를 특정하기보다는 다양한 행위자들로 그 범위를 확대하고 있다. 즉 교육 문제를 해결하기 위해 교사, 학부모, 학생, 지역사회(시만단체)가 가담하는 상호 작용의 총체이다.

이러한 학교 거버넌스는 학교조직 공동의 문제 해결을 위한 다양한 참여 주체의 교육적 조정 방식이다.

- 학교조직: 공동의 교육목적을 추구하는 구성원 사이의 모든 결합체를 통칭
- 공동의 문제: 하나의 학교조직을 운영하고 관리하는 과정에서 대두되는 여러 가지 문제

가운데 학교조직 전체의 공통 관심사와 관련된 문제

- 다양한 참여 주체: 학교조직의 공동의 문제를 해결하는 일과 관련하여 제도적인 권한이나 전문적 식견 혹은 정치경제적 이해관계를 가지고 그 해결과정에 참여하는 모든 집단이나 구성원
- 교육적 조정 방식: 문제해결 과정에 참여하는 다양한 집단과 구성원의 사고와 행위를 규율하고 안내하는 여러 가지 방식

민주적 자치공동체의 이념과 정신 그리고 학교 거버넌스의 원리와 지향성을 고려해 볼 때, 다음의 세 가지 중요한 개념적 요소를 갖는다.

- 구성원 간 상생의식의 공유: 교육과 관련한 공동운명체로의 의식과 같은 목표를 공유하는 것이 중요함.
- 구성원의 자발적인 참여: 학교는 구성원의 능동적인 참여를 유도할 수 있는 기회를 제공하고 보장해야 함.
- 구성원이 민주적이고 합리적으로 의사소통할 수 있는 구조의 창출: 상호 협동하고 협력하여 네트워크, 파트너십 등 자발적인 상호 작용에 의한 문제해결방식(co-governing)을 추구하는 구조임.

이상과 같은 민주적 자치공동체를 위한 학교 거버넌스의 과제는 다음과 같다.

첫째, 학교 거버넌스의 원리를 적용하여 학교교육의 다양한 문제를 해결하는 경험을 쌓아 나가는 것이 중요하다. 학교 거버넌스의 원리 가운데 가장 중요한 것은 '참여의 확대'와 '민주적 의사결정'이다. 참여의 확대는 결정과정에 참여할 합법적 자격이 누구에게 있는지를 사전에 미리 정해져 있는 관례를 극복해야 한다. 민주적 의사결정은 참여 주체 사이의 갈등을 극복하고, 정책 대안을 확장하며, 중지를 결집하는 데에 도움이 된다. 참여와 민주적 의사결정을 확장함으로써, 소통구조를 쌍방향적으로 전환하고 이해 당사자 사이의 합의 기반을 보다 원활하게 마련해야 한다.

둘째, 학교 거버넌스를 뒷받침하는 제도적 장치를 마련할 필요가 있다. 참여와 민주적 의사결정을 위해 각종 협의기구를 마련하는데, 그러한 협의기구들의 위상이 분명하지 않을 때 참여와 심의는 형식적인 겉치레만으로 끝나고 만다. 다양한 참여 주체 사이의 사회적 조정을 원만하게 이끌어 내기 위해서는 참여자 사이의 역할과 권한 관계 및 책임의 범위 등을 가급적 명료하게 하고 그를 제도적으로 뒷받침할 필요가 있다.

셋째, 학교 거버넌스 방식을 통한 학교조직 내 갈등 해결 역량을 강화하는 다양한 방안

들이 필요하다. 갈등 문제를 해결하고 의사결정의 질을 높이는 것은 학교 거버넌스에 참여하는 주체의 역량이다. 역량 강화를 위해서는 각 행위자의 자율성 존중 및 행위자 사이의 신뢰 구축, 문제해결에 도움이 되는 충분한 정보의 제공, 사안별 전문가 풀을 중심으로 한 시민조직 형성, 성공적 거버넌스 경험의 축적을 통한 자신감 형성 등이 있다.

넷째, 참여와 민주적 의사결정의 확산에 따른 책무성 장치를 마련하는 것이 중요하다. 전통적 의미의 책무성은 특정 행위 주체가 일정한 역할을 수행할 권한을 갖고 있을 경우에 그에 대해 요구하는 것이지만, 학교 거버넌스는 제도적 권한을 갖지 못한 자의 참여를 허용하는 것이므로 권한 없는 자, 곧 책임을 물을 수 없는 자를 행정에 끌어들임으로써 전통적 의미의 책무성을 확보하기 어렵게 만드는 문제가 있다. 따라서 거버넌스 개념을 적용하는 경우, 학교조직의 다양한 행위 주체의 책무성을 어떻게 확보할 것인가에 대한 세심한 배려가 필요하다.

3. 학습공동체의 기본 이해

1) 전문적 학습공동체 조직의 환경 변화

하나의 공동체 속에서 학습하는 조직은 공동체 내의 개인이 학습을 통하여 새로운 지식을 획득하고, 지식을 공유하여 조직의 문제해결력을 끊임없이 향상시켜 나가는 조직으로서, 공동체 조직에서의 개인이나 팀의 역동적인 활동을 강조하는 조직이다. 이러한 학습공동체의 확립을 위해서는 학교조직의 환경이 갖춰져야 한다.

(1) 학습공동체 조직의 비전 공유

학교 구성원과의 비전 공유는 학교 구성원들로 하여금 목표, 가치, 사명 등에 대한 공감대를 형성하는 것으로, 전문적 학습공동체를 위해서는 학교교육이 추구하는 방향을 상호 공유하는 체제가 마련되어야 한다. 학습공동체에서는 교육목표와 과업을 명료화하고 학교 구성원들에게 변화에 대한 자발적인 인식 전환이 요구된다.

학교가 추구하는 목적과 과업에 대해 구성원들이 광범위하게 공감대를 형성하고 있을 때 이들은 보다 주도적으로 책임을 지고 참여하려고 할 것이다. 미래의 비전을 공유하기 위해서는 학교 구성원 개개인의 가치, 관심, 열망 등이 통합된 개인적인 비전을 창출할 수 있도록 적극적으로 고무시켜야 한다. 이렇게 창출된 개인적인 비전을 토대로 조직 전체가 추구하는 비전의 방향을 설정하고 함께 공유해야 한다.

학교조직에서 우선적으로 추진해야 할 과제는 학교 구성원 모두에게 지속적인 개선을 위한 비전과 목표를 공유하는 것이다. 학교공동체가 공유된 비전과 가치를 중심으로 응집된 힘을 가질 수 있다면 학교교육 전체의 효과성뿐만 아니라 개개인 학습자의 학습에도 큰 영향을 미칠 것이다.

(2) 학습공동체 조직의 학습 문화

학습문화는 교직에 대한 몰입정도와 직무수행의 만족 정도를 나타내는 분위기를 의미하며, 전문적 학습공동체를 위해서는 학습 중시의 문화, 열림과 신뢰 문화, 도전 의식, 학습자의 기대 반영 등의 하위요소의 구비가 필요하다. 교사들은 직무수행 및 교육활동에 필요한 제반 기술과 능력을 개발하기 위해 다양한 학습활동을 전개할 필요가 있다. 지속적인 학습은 교원의 자기개발에 근간을 두고 있다.

학습공동체에서 가장 관심을 가져야 할 분야는 학교 구성원들의 행동변화라 할 수 있다. 학습문화의 변화는 구성원의 행동, 가치관, 신념의 변화뿐만 아니라 집단행동, 조직체 행동에 이르기까지 여러 수준에서 변화를 가져오도록 만드는 장기적인 변화 전략이며 과정이다. 교사들은 직무수행 및 교육활동에 필요한 제반 기술과 능력을 개발하기 위해 다양한 학습활동을 전개할 필요가 있다. 비효율적인 학습 문화 속에서는 구성원들의 질 관리에 어려움이 따르기에 구성원들의 능력개발은 조직 문화의 형성에 중시될 수밖에 없다. 교원의 전문성 개발을 위해서는 학습 리더의 지속적인 학습활동 제공과 조직 리더의 적극적인 헌신 및 지원이 요구된다.

지속적인 학습은 교원의 자기개발에 근간을 두고 있다. 이를 위해서는 교원 개개인에게 다양한 연수를 제공하여 잠재능력을 개발하고 발휘할 수 있도록 학습 분위기를 조성하여야 할 것이다. 다양한 장학의 본질적 목적을 활성화하여 교원의 전문성을 지속적으로 향상시키기 위해 일정 주기의 학습문화를 구축해야 할 것이다.

(3) 학습공동체 조직의 구조 변화

학습공동체의 조직 구조는 학교 구성원들 간의 유연한 의사소통체계가 요구되며, 전문적 학습공동체를 위해서는 권한위임과 참여가 수반되어야 한다. 학습공동체 관점에서 본

미래의 학교구조는 학교 구성원들에게 적극적인 의사결정의 참여와 권한을 위임하는 유연한 구조가 될 것이다. 전문적 학습공동체를 위해서는 학교공동체의 구성원들이 의사결정에 참여하고, 동료교사 및 학교행정가와 원활한 의사소통을 통해 교과 및 업무부서 간에 유기적인 네트워크 체제로 변화되어야 할 것이다.

　수평적이고 유연한 학습공동체의 조직 구조는 위계적 조직보다 개방적이고 신뢰적인 조직문화 풍토를 지닌 유기적인 조직을 의미한다. 이러한 유기적인 조직구조는 환경의 변화에 대한 대응능력의 확보와 조직혁신 그리고 다양한 전문가들의 조정 등을 촉진하는 특징을 가지고 있어 조직의 융통성과 창의성을 유발시켜 준다. 조직의 구조는 조직의 활력을 유지하고 조직 구성원들에게 하나의 방향으로 움직일 수 있도록 하는 방향 제시의 역할을 한다. 학습공동체가 높은 효과적인 조직이 되기 위해서 조직의 구조는 조직의 비전과 일치되도록 설계될 필요가 있다.

　최근 학교조직의 변화는 중앙의 관리 통제에서 분권화(decentralization)의 방향으로 진행되고 있다. 권한 이양은 교사와 학생에게 이어져 교사 자율권 확대(teacher empowerment), 학생 자율권 강화(student empowerment)로 나타나고 있는데, 의사결정의 주도권이 기관 중심, 행정가 중심에서 교사와 학생 그리고 학부모 집단으로 점차 참여자의 범위가 확대되어 가고 있음을 알 수 있다.

　학습공동체를 위해서는 일상적인 직무수행 과정에서 동료 교사들과 팀워크를 이루거나 또는 비공식적으로 상호 작용하는 가운데 자연스럽게 이루어지는 학습을 촉발하고 학습 결과를 교사 전체가 공유할 수 있는 구조와 풍토를 조성해야 한다. 위계적이고 획일화된 조직 구조에서 탈피하여 공동체의 의미(meaning)와 가치(value)를 부여하고, 자발적 헌신적으로 참여하는 체제 구축이 중요하다.

2) 학습공동체의 의미

　행정중심의 관료적 학교조직을 학습 조직화 및 학습지원 체제로의 조직혁신을 통해 전문적 학습공동체로 구축할 필요가 있다.

(1) 정보화 사회에서의 조직의 성격 변화

조직이란 다양한 욕구의 만족을 추구하면서 보다 넓은 환경 속에서 존재해 가는 살아 있는 체제이다. 이 관점에서의 조직은 환경과의 끊임없는 교환을 수행하는 유기체의 이미지로 조직에 대한 개방적이고 유동적인 시각을 갖게 해 준다. 조직을 고정화시키지 않으며, 자율성과 유연성을 바탕으로 단위 조직 편성의 변경, 분할이 수시로 일어난다. 어떤 조직이든 하나 이상의 기능이나 목적을 가질 수 없다는 원칙을 유지하며, 조직 운영에 대한 모든 권한이 단위 조직 자체에 이양되어 있다.

학교공동체가 소기의 목적을 달성하기 위해서는 공동체 내에서 전문성 신장을 위한 방안이 필요하다. 전통적 조직은 과거의 조직 환경에서는 효과적이었지만, 끊임없이 정보가 쏟아지고 변화가 급격히 일어나는 시대에서 변화에 능동적으로 대처하지 못한다. 따라서 단순한 경영혁신 기법만으로 변화하는 시대를 대처하거나 학교조직이 지닌 특성을 발휘하기에는 한계가 있기에 교사들이 학교의 목적 달성을 자신의 일처럼 생각하고 이를 달성하기 위해 끊임없이 전문성을 연마하는 자발적인 조직의 형태를 이루어야 한다.

이러한 의미에서 90년대부터 Senge(1990)에 의해 제기된 학습조직이론은 교육 전문공동체 형성에 적지 않은 아이디어를 제공한다. 학습조직이란 각자가 진정으로 원하는 것들을 성취할 수 있는 능력을 끊임없이 길러 주는 조직, 새로운 사고방식을 형성하는 조직, 집단적인 열망으로 충만한 조직, 구성원들이 함께 학습하는 방법을 끊임없이 학습하는 조직이다.

(2) 학습공동체의 의미

학습공동체는 학자들마다 규정을 약간씩 달리하는데 그 내용은 다음과 같다.

- 학습공동체는 유사한 흥미나 관심사를 갖고 있으며, 학습하려는 욕망, 아이디어와 의견을 공유하려는 의지를 지닌 학습자 집단
- 공유된 학습 경험에 의해 결합된 사람들의 집단
- 학습자들이 공동의 탐구활동에 참여하고, 학습자 개개인의 지식을 향상시키고, 그 지식의 적용을 증진시키는 사람들의 집단
- 공유된 아이디어와 자발적인 의지에 의해 함께 결합되고, 학습과정에서 서로에게 영향을 주는 자율적이고, 독립적인 개인들의 집합
- 공동체 구성원들이 자원을 공유하고, 그 자원을 평가하는 공통된 준거를 개발하는 사적 관계들의 네트워크

이러한 학습공동체는 공동체 구성원들 간에 학습활동을 필요로 하는 질문(탐색거리)을

공유하고, 그 공유된 질문을 해결하기 위한 학습자원 및 지식을 공유하는 자율적인 상호적 학습활동(mutual learning)이 일어나게 된다. 즉 서로의 학습에 관여하는 상호적인 학습활동을 통하여 학습자 개개인은 자신의 지식과 기술을 향상시켜 나가는 것이다.

(3) 학습공동체로서의 학습 조직

학습공동체로서의 학습조직(learning organization)이란, 정보와 지식을 창출하고, 습득하고 전달하는 데 익숙하며 이 활동을 기반으로 조직의 행동을 변화시키는 데 능숙한 조직을 의미한다(Garvin, 1993). 조직 구성원들이 진실로 원하는 성과를 달성할 수 있도록 지속적으로 능력을 확대하고, 새롭고 포괄적인 사고를 함양하며, 집단적인 열정을 자유롭게 표현하고 공유하는 학습방법을 끊임없이 배우는 조직(Senge, 1990)으로, 학습공동체는 의사결정을 위하여 조직 내의 노하우를 공유할 수 있는 자기 조직화된 집단(Self-organized group)이다.

따라서 학습조직이란, 조직학습(organizational learning)이 아주 효과적으로 일어나고 있는 조직을 의미한다. 즉 학교조직에서의 학습공동체란 공통된 주제에 관심을 가진 학교조직 내·외의 사람들의 네트워크를 통해 관심분야의 문제해결과 관련된 지식창출과 공유를 위한 공동체이다. 이러한 의미에서 학습공동체는 조직구성원들의 자발적인 지식 관리 활동을 통해 자신의 직무와 관련된 문제를 효과적으로 해결하기 위해 조직화된 공동체의 성격을 지닌다.

3) 학습공동체의 성격과 기본 원리

(1) 학습공동체의 기본 성격

학습공동체는 자신과 타인의 경험과 시행착오를 통한 학습 활동을 높게 평가한다는 점에서 기존의 조직과 구분된다. 학습 조직에서는 시행착오를 범하는 과정을 바로 학습이 발생하는 출발점으로 보기 때문이다. 또한 학습공동체는 외부 특정 전문가를 중시하기보다는 조직 구성원 모두가 맡은 분야의 전문가가 될 수 있도록 제도적인 도움을 제공한다. 이는 특정 전문가가 모든 문제를 해결하는 시대에서 가능한 많은 사람이 문제해결과정에 참여하여 조직 전체에 효율성을 향상시킬 수 있다는 인식에 기인한다.

학습공동체는 일정한 활동을 한 이후에 특정 시점에서 종료되는 경영 혁신 기법이 아니라 끊임없는 학습 과정을 통한 지속적인 변화 과정이다. 단기간의 효과를 얻는 과정이 아닌 보다 지속적인 자기 학습 과정의 효과를 얻을 수 있는 접근이다. 즉 단기간의 투자를 통해서 당면 문제를 해결하기 보다는 장기적인 측면에서 조직의 성장과 발전의 기반을 마련하는데 관심이 있다.

이러한 학습공동체는 적응적 학습(adaptative learning)과 생성적 학습(generative learning)의 의미를 동시에 포함하고 있다. 적응적 학습은 변화하는 환경에 반응하거나 대처하는 의미를 지닌 수동적이며 현재 지향적인 학습 개념이며, 생성적 학습은 조직의 현재 능력을 확장시킴으로써 미래의 기회를 발견하는 의미를 지닌 적극적이고 미래지향적인 학습 개념이다. 학습공동체는 공식적이거나 정규적으로 이루어지는 교육 및 훈련 활동보다 비공식적이거나 비정규적으로 이루어지는 조직 구성원들의 자발적 학습 활동을 강조한다. 이는 정보화 사회에서는 폭발적인 정보나 지식의 양을 공식적이고 정규적인 교육이나 훈련으로 소화해내기에는 역부족이며 비효율적이기 때문이다.

학습공동체의 기본 정신은 인간 존중을 통한 생산성 향상에 있다. 학습공동체는 인간의 잠재적 가능성을 인정하고 그들이 가지고 있는 다양한 관점과 시각을 대화를 통해 경쟁력을 확보하는 일종의 인간 중시의 경영 혁신 전략이며, 학습공동체는 학습에 있어서 모든 조직 수준의 구성원들의 참여를 촉진하고 학습을 보상하는 체제를 가진다. 학습공동체는 바람직한 미래를 창조하기 위해서 위험을 부담하는 적극적인 자세를 강조한다.

(2) 학습공동체로서의 학습조직의 성격

첫째, 대화와 토론문화를 강조한다. 학습조직의 기본 철학은 인간 존중을 통한 조직의 목표 달성에 있다. 학습조직은 인간의 잠재 가능성을 인정하고 그들이 가지고 있는 다양한 관점과 문제를 대화를 통하여 해결하며, 이것을 조직 현장에서 실천함으로써 경쟁력을 확보하는 일종의 인간을 중시하는 경영 혁신 전략이다.

둘째, 구성원들에게 권한을 부여한다. 학습조직은 조직 구성원들이 능력을 증대하고 그들에게 권한을 부여하는 특징을 지니고 있다. 조직 구성원들에 권한을 부여하고 자발적으로 주인의식을 갖게 하는 것이 중요하다고 볼 수 있다.

셋째, 조직의 비전, 목적, 가치를 공유하며, 조직의 변화를 적극 수용한다. 학습조직은 현실을 이해하고 현실의 변화 방법을 탐구하는 조직으로서 성공과 실패, 장점과 단점, 당면 문제의 현실을 정확히 지각하고 적절한 비전을 설정하며 현실의 변화를 추구한다.

넷째, 개방적인 의사소통을 중시한다. 학습조직은 결과의 성격보다는 진행의 과정으로 본다. 과정을 중시하는 학습조직의 특징 중 의사소통은 중요한 기능을 한다. 학습조직의 구조적 특성으로는 상호 교류성, 유연성, 역동적 네트워크 등을 들 수 있다. 이러한 조직은 모든 경계선을 개방시키고 정보의 흐름을 최대화하는 개방적인 의사소통을 특징으로 하고 있다.

다섯째, 탈관료제적 구조를 지향하며, 조직의 유연성과 수평적인 조직 구조를 강조한다. 학습조직을 운영하기 위한 필수적인 조건으로 조직 구조를 수평화된 팀제로 운영하는 것을 특징으로 하고 있다. 모든 구성원들은 유연한 조직 구조 속에서 팀의 성과와 개인의 업적에 따라 대우를 받는다. 학습조직은 전통적 조직보다 팀제와 역동적 네트워크 등을 통해 조직변화를 시도하지만, 조직의 변화과정은 관료제 조직에서 성과위주의 조직으로, 나아가 학습조직으로 발전한다고 하였다.

여섯째, 비공식적으로 이루어지는 학습을 중시한다. 학습조직은 공식적이거나 정규적으로 이루어지는 교육 및 훈련보다는 비공식적이거나 비정규적으로 이루어지는 조직 구성원들의 자발적인 학습활동을 강조하는 특징을 갖는다.

일곱째, 리더가 학습 촉진자가 되도록 한다. 학습조직의 구축에 리더의 역할은 매우 중요한 사항이다. 과거의 관료제 형태에서 강조되어 온 리더십의 유형으로는 자발적인 참여를 유도하기에 한계가 있다. 학습조직이 구축되려면, 외부 자극과 환경 변화에 반응하거나 적응하는 학습도 필요하지만 조직 구성원들로 하여금 자발적으로 자기의 필요와 요구에 의해 학습하게 만드는 분위기 조성도 리더의 역할이라 볼 수 있다.

(3) 학습공동체의 기본 원리

첫째, 학습공동체는 '자발성'을 기초로 성립한다. 학습공동체에 참여하는 학습자들은 결코 자신의 의사에 반하거나 어긋난 채로 참여하지 않는다. 학습공동체는 성원들이 자발적 의지에 기반하여 원할 때만이 성립하며, 참여에 대한 어떠한 강제도 있어서는 안 된다. '자발성'은 학습공동체가 추구하는 자유로운 의사소통과 상호 작용을 보장하기 위한 가장 기본 요건으로서, 자발성이 선행되지 않는 학습공동체는 유지될 수 없거나 실체를 갖지 못한 채로 유지될 수밖에 없다. 따라서 학습공동체는 학습자의 자발적인 의지와 '관심'을 토대로 한다.

둘째, 학습공동체는 '연대성'을 기반으로 한다. 공동체란 성원들이 같이 상생하기 위한 서로 나눔과 함께 만듦의 장이며, 학습공동체는 학습을 매개로 한 나눔과 만듦을 추구한다. 학습의 그물망 안에서 학습자들은 계층, 성별, 연령을 넘어서는 상호 학습동반자관계를 형성하며, 공동의 성장을 추진해 간다. 학습공동체는 배움과 가르침을 서로 나누며, 문제 상황에 대한 공감과 해결방안을 공유하며, 학습정보와 자원을 교류하는 공존의 장이며 학습 네트워크인 것이다.

셋째, 학습공동체는 '구성성'을 특징으로 한다. 개인은 공동체에 기여를 할 때 학습을 하게 되며, 공동체는 구성원들의 기여에 기초하여 실천을 재정의함으로써 학습을 하게 된다. 그러나 구성원들은 자신들이 사회화 과정을 겪었던 공동체를 거부할 수도 있다. 따라서 공동체가 유지되기 위해서는 개인과 집단은 학습을 해야만 하기 때문에, 학습공동체는 지속적인 '구성의 과정'에 놓여 있다.

넷째, 학습공동체는 '실천성'을 필수 과정으로 한다. 학습공동체에서 공유되고 유통되는 지식 기술 태도는 단지 습득 또는 획득을 목적으로 하는 것이 아니라, 현실 속에서 '활용'되고 '실천'되기 위한 것이다.

4) 전문적 학습공동체의 형성 요인과 과정

(1) 전문적 학습공동체의 형성 요인

전문적 학습공동체를 개발하기 위해서는 여러 가지 고려할 사항들이 있다. 전문적 학습공동체를 개발하기 위한 고려 사항은 팀 조직의 구축을 위한 촉진적 요소이며, 팀 조직 개발 과정의 일반적 지침이기도 하다.

팀 조직을 성공적으로 개발하기 위한 중요한 네 가지 중심적 요소는 다음과 같다(Bell, 1992: p. 53).

- 팀의 목적은 팀의 모든 구성원들에 의해 명확하게 이해되어야 한다.
- 의사결정과 계획을 위한 절차에 팀의 모든 구성원들을 참여시켜야 한다.
- 팀의 모든 구성원들은 일련의 팀의 과정을 명확하게 이해해야 한다.
- 팀은 개발 과정의 한 부분으로써 규칙적으로 작업을 검토해야 한다.

또한 효과적인 학습공동체로서의 팀 조직의 운영을 위해서는 팀을 촉진할 수 있는 적절한 조건이 요구된다. 특히 자율 관리 팀을 촉진할 수 있는 조건들은 다음과 같다(Yukl, 1998).

- 명확한 목표 진술
- 적절한 과업 설계
- 적절한 크기와 인원수
- 실질적인 권한과 결정권
- 충분한 정보 체제
- 적절한 인정과 보상
- 최고 관리자의 강한 지원
- 능력 있는 외적 리더
- 충분한 개인 간 기술
- 구성원들 사이의 적절한 사회화

학교조직에 있어서 효과적인 학습공동체로서의 팀 조직의 개발을 위한 고려 사항은 다음과 같다.

첫째, 학습공동체 조직의 리더는 학교조직에서의 지위, 경력, 나이와는 상관이 없다. 학습공동체 리더는 직접적이고 적절한 전문적 기술을 가진 자이어야 한다(Bell, 1992). 따라서 특정 팀의 과업을 선도할 책임을 진 교사는 경력이 낮거나 하급자인 동료가 될 수 있다.

둘째, 효과적인 학습공동체 활동은 과업을 여러 명이 함께 수행하기 위해 집단으로 구성된다고 해서 자동적으로 이루어지는 것은 아니다.

셋째, 학습공동체 활동은 학년이나 학과의 경계가 없다는 것이다. 팀은 범교과적이거나 범학년적이며, 장기적 또는 단기적 차원의 직원 집단(grouping)인 것이다.

넷째, 효과적인 학습공동체 활동을 위해서는 일련의 관리전략이 필요하다. 관리전략은 팀 조직의 리더가 학교장인가 아니면 학년이나 교과와 같은 특정 분야의 전문성을 발휘하는 교사이냐에 따라 다르게 적용되어야 한다.

(2) 전문적 학습공동체의 형성 과정

학습공동체로서의 팀(team)은 일반 집단과는 달리, 어떤 목표하에 조직되는 것으로 일련의 의도적인 개발 과정을 통하여 조직된다. 효과적인 학습공동체는 우연하게 나타나는 것이 아니라, 의도적으로 조직되며, 체계적으로 관리되어야 한다고 강조하고 있다.

일반적으로 학습공동체 조직은 다음과 같은 과정을 통하여 개발된다.

- 목표 설정: 팀의 목표를 구성원에게 밝힘으로써 시작될 수 있다. 팀의 목적이 무엇인지에 대한 다른 관점들이 표면화될 수 있다.

- 대인간 관계의 발달: 얼마나 효과적으로 그들 상호간의 영향력으로 팀 목적을 달성할 수 있는지, 잠재적인 문제 영역을 명료화할 수 있다.

- 역할 분석: 학교목표가 설정된 뒤에는 각 목표의 부분들을 누가 맡아서 할 것인가를 결정해야 한다. 이 단계에서 각 구성원의 역할이 분류되고 분명해진다. 이전의 불명확한 것들이 표면화될 수 있다.

- 팀 과정 분석: 이러한 과정을 더 큰 효율성의 결과로 증진시킬 수 있는 방법을 밝히기 위해 분석이 이루어진다. 필요한 경우 일시적 혹은 보다 장기적인 업무 영역별로 팀을 형성하여 업무를 추진하는 것이 효율적이다.

5) 전문적 학습공동체의 형성 방향

(1) 학교 조직의 학습조직화

창의적인 교육활동을 위해서는 교무업무 중심의 학교조직을 학습조직화하여 업무 효율화는 물론 분업적이고 피동적인 학교 조직을 역동적이고 협업적인 연구 실천 조직으로 개편해야 한다.

학교조직의 학습조직화를 위해서는 학교 업무 시스템에서 비효율적 요소를 제거하여 구성원의 불필요한 시간, 에너지 소모를 방지하여 혁신을 추구하는데 필요한 에너지를 축적 할 수 있도록 하고, 지속적 업무개선 및 능력개발을 위한 반성적 대화 및 협동적 학습이 필요하다. 또한 불합리하거나 불필요한 관행, 전시성 행사, 전달 중심의 회의 등으로 인한 행정력 낭비를 최소화하고 학생들을 위한 교육활동에 에너지가 모아지도록 해야 한다.

- 불필요한 일 버리기(전시성 행사, 전달 중심 회의, 각종 위원회 축소·간소화)
- 공문처리과정, 결재방식 간소화(전결규정 확대, 결재시간집중, 예고제 운영)
- 업무전담 인력 보강 및 업무의 적정 분배
- 담임 교사, 고학년 교사에 대한 업무 경감

또한 학교조직의 학습조직화를 위해서는 교무업무 중심의 학교조직을 학년 및 교과별 팀별체계를 강화하여 연구, 학생생활, 교과지도를 강화할 수 있도록 재조직화해야 한다.

- 행정업무 중심 교무조직을 학년 및 교과 조직 중심으로 개편

- 분업적 교무 업무체제를 단순화하고 팀별 협업화: 연구개발 T/F 활성화
- 학년군 학교제 운영(Small school)

특히 전문성 강화를 위한 학교 인사제도에 있어서 학교조직의 학습조직화를 위해서는 교사의 전문성을 강화하고 창의적 교육과정 운영을 위한 학교 인사제도 개선이 필요하고 보조 지원인력의 배치가 필요하다.

- 학년 중임제, 순환제, 전담제등 인사규정의 효율화
- 혁신노력과 실적에 대한 공정한 평가/보상/능력개발 간의 연계 장치 마련

(2) 집단지성의 학습공동체 구축

전통적인 관료제와 과학적 관리론에 기본 바탕을 둔 통제와 관리구조, 절차와 규정, 외부적 유인체제와 기계적 능률성 중심의 학교체제를 자율과 책임, 협동과 참여, 열정과 가치, 학습과 창조에 기초한 전문적 학습공동체로 만들어 나아가야 한다.

가. 수업 개선을 위한 자율연수와 정보 공유

교사의 전문성 신장은 학교교육의 질적 성장을 위한 선결 조건으로 집단지성에 의한 창의적인 교육활동이 필요하다. 바람직한 수업의 관계 양식을 갖기 위한 수업성찰과 동료성에 기초한 교실 개방이 필요하다.

- 수업 혁신을 위한 수업 공개 및 토론
- 수업 관련 촬영, 홈페이지 제작 및 활용기술 습득
- 수업 나눔과 학습자료 공유 시스템 구축

나. 협동적 연구 활동 강화

연구개발 및 연수 조직을 강화하여 교육과정 개발, 교재 개발, 수업 개발 등 협력적 연구개발을 강화해야 한다.

- 학년, 교과단위 교육과정 개발, 교재 개발
- 교사연수 및 연구 활동, 주제별 스터디 그룹 운영
- 신규교사에 대한 멘토제 운영

다. 학습자 중심 교육활동 개선

교사들의 실천의식, 전문적 효능감, 전문적 공동체 의식 동료관계, 공유 목적, 협력기회, 상호지원과 의무감이 필요하다. 협동적 과업 수행 및 공동 노력, 자율적 통제와 동료 평가가 중요시된다.

- 수업계획서 작성에 학생들의 참여 허용과 개인차를 고려한 수업계획
- 학생들이 주도적으로 이끌어 가는 수업 유도

라. 학습지원 환경 구축

교사들이 학생교육에 전념할 수 있도록 제반 학습지원 환경을 구축해야 한다. 학교교육은 학교만의 노력으로는 한계가 있어 학교 교육활동 전반에 대한 학부모 및 지역사회와 학교 간 협력과 지원 체제를 구축해야 한다.

- 예산운영의 적정성: 교사의 수업 활동의 질적 제고를 위한 자기 학습화 과정에서 발생하는 경비를 지원할 필요가 있음.
- 학생 교육활동 및 교수 · 학습비 우선 확충 및 적기 지원체제
- 연수 및 연구 활동 지원 강화(연구 협의회, 연수비, 교사 도서비 확충)
- 학교 시설 환경 개선: 교육활동을 촉진하여 교육적 성과를 제고할 수 있도록 제반 학습 교구와 교육시설 환경을 확충 · 정비하는 노력이 필요함.
- 학습 교구의 적정, 적시 투입
- 교육활동 촉진을 위한 쾌적한 시설 환경 조성 및 정비(불필요한 게시물 제거)

1. 리더십의 기본 이해

1) 리더십의 의미

(1) 다양한 리더십의 개념

직권력과는 달리 리더십은 집단 구성원이 지도자를 리더로 인정할 때 형성된다. 구성원들이 리더의 행동을 인식하고 리더의 영향력을 인정할 때 비로소 조직과 리더에 헌신하게 된다. 따라서 리더십이란 조직의 목적을 효율적으로 달성하기 위하여 조직의 구성원으로 하여금 과업을 수행할 수 있도록 하는 조직 리더의 영향력이다.

그러나 리더십은 지도자의 자질, 지도자와 추종자(follower)와의 관계, 조직의 다양한 상황 등을 고려하여 다각적으로 이해할 필요가 있다. 리더십에 대한 다양한 개념은 다음과 같다(이병진, 2003).

- 조직의 목표 성취를 위한 지도자 자신의 행동 혹은 일련의 과정으로 보는 전통적인 관점으로, 이러한 리더십의 개념은 조직의 방향, 목적 혹은 목표를 마련하여 구성원들에게 제시하고, 그 목표의 성취를 위해 조직의 모든 역량을 발휘하며 구성원들의 행동을 지시 · 조정하는 지도자의 행동에 초점을 둔다.
- 자신들이 맡은 과업을 달성하도록 유도하는 지도자의 일련의 과정으로 보는 관점으로, 이러한 리더십의 개념은 구성원들로 하여금 지도자가 기대하는 행동을 유도하거나, 주어진 과업을 달성하도록 이끌어 내는 일련의 과정에 초점을 둔다.
- 리더십을 상황에 적합한 지도자의 영향력으로 보는 관점으로, 이러한 리더십의 개념은 어떤 상황에서 조직의 목표를 달성하기 위하여 지도자가 개인 혹은 집단에게 행사하는 영향력에 초점을 둔다.
- 최근 강조되는 변혁적 리더십의 개념은 비전 제시, 가치 내면화, 조직 문화 창달, 자발적인 구성원들의 노력, 권한 위임, 그리고 조직에의 헌신 등에 초점을 둔다.

(2) 리더 영향력의 이해

어떤 개인 혹은 조직에서 지도자가 리더십을 발휘하며 구성원들을 이끌어 나갈 수 있는 영향력에는 여러 가지 힘(power)의 원천이 있다. 그러나 조직 구성원들에 대한 지도자의 영향력은 [표 2]와 같이 권력 유형에 따라 다르다(French, 1993).

[표 2] 리더 영향력의 원천

권력의 유형		원천
조직적 차원	합법적	권한에 준한 합법적 지위
	보상적	결과 보상에 의한 통제력
	강제적	결과 처벌에 의한 통제력
개인적 차원	전문적	전문성, 지식, 기술 등의 능력
	준거적	리더의 매력이나 카리스마

- 합법적 권력(legitimate power): 합법적 권력은 조직의 위계상 리더의 지위, 혹은 역할에 부여되어 있는 권력을 말한다. 합법적 권력은 리더가 부하에게 영향력을 미치는 권리를 가지고 있다는 상호 간에 수용하는 인식에 바탕을 두고 있다.

- 보상적 권력(reward power): 리더들은 하급자들을 보상해 주기 위해 조직에서 보상적 권력을 항상 가지고 있다. 권력의 강도는 리더가 보상하는 양에 따라 다르고, 보상에 대한 하급자의 욕구도 강도에 따라 다르다. 보상적 권력의 예는 봉급 인상, 승진, 좋은 보직 임명, 상찬 등이 포함된다.

- 강제적 권력(coercive power): 강제적 권력은 보상적 권력과는 상대적이다. 지도자의 지시에 불응하는 하급자에게 벌을 주고 통제하는 리더의 능력을 말한다.

- 전문적 권력(expert power): 전문적 권력은 집단이 리더에게 필요로 하는 특수한 능력과 지식에 바탕을 두고 있다. 리더는 집단에게 주어진 과업을 분석, 실행, 통제할 수 있는 것처럼 보인다. 전문적 권력은 교육, 훈련, 경험에 달려 있으며, 따라서 현대 교육조직의 복잡한 것들을 처리하는 데 있어 중요한 권력 유형이다.

- 준거적 권력(reference power): 준거적 권력은 하급자들이 그 자신의 성격을 계발시키도록 하는 리더의 독특한 능력이다. 어떤 의미에서 이것은 리더를 존경하고 리더에게 매혹되도록 하는 카리스마의 한 형태이다. 준거적 권력은 한 사람의 지위나 조직의 위계에 있는 다른 막강한 개인과의 연대로부터 발생될 수도 있다.

Sherry(1978)는 이러한 권력의 원천에 대해 합법적 권력에 계속 의존하는 것은 불만, 저항, 좌절감을 안겨 줄 수 있으며, 합법적 권력이 전문적 권력과 부합하지 않는다면 생산성에 부정적인 영향을 미칠 수 있다. 보상적 권력의 장기적인 사용은 구성원들이 조종당하고 있다고 생각하여 불만을 느끼게 될 수 있으며, 강압적인 권력은 하급자의 일시적인 복종을 유도해 낼 수 있다고 하더라도 좌절, 두려움, 복수감, 소외와 같은 바람직하지 못한 부정적 결과를 일으킬 수 있다. 또한 전문적 권력은 리더의 영향력을 하급자가 자기의 것으로 받아들여 내면화하며, 구성원의 태도상의 변화와 내면화된 동기가 일어날 수 있다. 준거적 권력은 하급자로부터 열정적이고 확고한 신뢰, 복종, 충성, 헌신을 이끌어 낼 수 있으며, 전문적 권력처럼 구성원에 대한 감독은 거의 필요치 않다.

2) 리더십의 일반적 특성

리더십은 조직이나 집단이 앞으로 달성하고자 하는 것과 관련이 있으며, 조직에서 설정한 목표를 전제로 조직행동을 전개하는 과정이다. 조직의 리더는 조직이나 집단의 목표뿐만 아니라 자기 자신의 권위에 의하여 추종자의 행동에 영향을 준다. 따라서 리더십은 리더 단독으로 조직의 목적을 달성하는 것이 아니라, 추종자와의 관계하에 그들에게 영향력을 행사하며 조직의 목적을 달성하는 과정인 것이다. 또한 리더십은 공식적 조직의 계층하에서만 그 책임을 갖는 것은 아니다. 즉 리더십이 조직 구성원들에게 영향력을 행사하는 과정이라고 한다면, 리더십은 반드시 공식적 조직의 최고 관리자만의 전유물이라고 말할 수는 없다(이병진, 2003).

리더십은 리더의 권위를 통하여 이행된다. 즉 리더는 다양한 권위를 통하여 구성원들의 행동을 자극하고 유도하며, 조정 내지 통합할 수 있는 능력을 수행하게 된다.

(1) 공식적 조직과 비공식적 조직의 지도자
- 공식조직의 지도자: 조직 내에서 조직의 목적을 달성하기 위하여 인위적으로 조직된 구조 안에서 자신이 갖고 있는 직위상 권력에 근거한 영향력을 행사하며, 구성원의 동의와는 관계없이 하향적으로 부여된다.
- 비공식조직의 지도자: 혈연, 지연, 취미 등 현실적 인간관계에 따라 자연발생적으로 성립하기 때문에, 내면적, 내향적이어서 불가시적 성격을 가지고 있으며, 구성원 상호간에 강한 유대감을 유지한다. 이러한 비공식적 조직에 있어서의 지도자의 권위는

구성원의 동의에 의해서 상향적으로 부여된다.

(2) 리더십(leadership)과 직권력(headship)

- 직권력은 위계적이고 계층적인 공식적 직위상에 나타나는 지배력이나, 리더십은 반드시 그런 것은 아니다.
- 직권력은 조직의 최상위에 있는 사람이 가지는 권력으로서 구성원의 행동을 강제적으로 제압하는 것을 의미하나, 리더십은 구성원 스스로 행동을 하도록 유도한다.
- 직권력은 권위를 구성원들로부터의 인정이나 합의와는 관계없이 발휘할 수 있으나, 리더십은 그 직위와는 관계없이 어떤 특정인이 갖는 권위를 구성원들이 인정함으로써 나타나기 때문에 공유된 감정과 일치감이 구성원 사이에 강하게 나타난다.
- 리더십과 직권력은 상호 배타적인 관계로 보기보다는 상호 보완적 관계로 이해된다.

(3) 지도자(leader)와 관리자(manager)

- 관리자는 조직의 목적이나 목표달성에 있어서 기존 구조나 절차를 이용하는 사람으로 변화보다는 현상유지 지향적이지만, 지도자는 기존의 조직이 갖는 구조나 절차 혹은 그 과정에 있어서 변화 지향적이다. 즉, 안정(stability)을 지향하는 관리자와는 달리 지도자는 혁신(innovation)을 중시한다.
- 관리자는 자기가 갖는 직위상 고유한 공식적 권한에 기초하여, 임명에 의한 합법적 권력을 통하여 구성원들에게 보상 혹은 처벌할 수 있지만, 지도자는 임명 혹은 구성원들의 자발적 인정 등을 통하여 단순히 직위상 갖는 공식적 권한을 초월하여 구성원들에게 영향력을 발휘한다.
- 관리자는 일을 처리하는 방법에 관심이 있는 반면, 지도자는 그 일이 사람들에게 어떤 의미를 주는가에 더욱 관심을 갖는다.
- 관리자는 일상적인 문제해결에 더 관심을 갖지만, 효과적인 지도자는 많은 결정을 내리지 않고, 조직에 중대한 영향을 주는 것들에 중점을 둔다.
- 관리자는 조직 구조를 형성하고 유지하지만, 지도자는 조직 문화를 형성하고 유지한다.

3) 교육 리더십의 역할

교육 리더십의 기본 기능은 다양한 측면에서 살펴볼 수 있다. 먼저 조직의 목표 설정 기능으로, 조직이 추구해야 될 목표 설정 과정에서 주도적인 역할을 한다. 구성원의 조직 편성 기능으로, 조직의 목적달성을 위하여 구성원의 능력과 기술을 고려하여 구성원을 조직의 적재적소에 배정하여 최적의 기능을 발휘하게 한다. 그리고 조직 구성원의 과업 달성 기능으로, 모든 구성원은 그들이 맡은 과업이 있으며, 조직의 리더는 이러한 과업의 달성을 성취하도록 리더십을 행사해야 한다. 조직의 유지 발전 기능으로, 리더는 리더십을 통하여 조직의 현재 상태를 유지시키면서 발전을 도모해 간다. 또한 환경에 대한 조직 적응 기능으로, 리더가 조직 내외의 상황을 파악하고 조직 외의 환경에 적응하기 위하여 조직을 적절히 이끌어 간다(이병진, 2003).

이러한 관점에서 학교조직 문화는 특히, 학교장의 리더십과 관련하여, 학교장은 구성원들에게 좀 더 헌신하도록 영감을 주고, 자신감을 길러 주며, 자신들의 과업을 수행함에 있어 주도적일 수 있도록 권한을 위임함으로써 직접적으로 영향을 준다(Yukl, 1998).

Sergiovanni(1984)는 교육 리더십과 관련하여 학교장의 리더십을 학교교육을 개선하는 데 필요한 변화를 일으키거나 지속시키기 위하여 교육조직의 지도자가 수행해야 할 기본 역할을 다음과 같이 제시하고 있다.

- 기술적 리더로서의 역할: 건전한 경영관리자로서의 역할을 수행한다. 계획, 시간관리 기술, 상황적응 리더십 이론 및 조직의 구조와 같은 개념을 강조함으로써 리더는 최적의 효과를 보장하기 위한 전략 및 상황의 조작에 익숙해 있다.
- 인간적 리더로서의 역할: 인간적 리더는 인간관리자로서의 역할을 담당한다. 인간관계론, 대인관계능력, 동기유발 기술과 같은 개념을 강조함으로써 학교라는 인간 조직의 구성원들에게 지원적이며, 격려를 하고 성장의 기회를 제공한다. 능숙한 인간적 리더는 사기를 진작하고 참여적 의사결정을 하는 데 능숙하다.
- 교육적 리더로서의 역할: 교육적 리더는 일선 실무자로서의 역할을 맡는다. 교육에 관한 전문적 지식을 교육효과, 교육프로그램 개발, 임상장학에 적용하는 전문가이다. 교육적 리더는 교육문제의 진단, 교사와의 상담, 장학, 평가, 직원의 성장, 교육과정의 개발에 능숙하다.
- 상징적 리더로서의 역할: 상징적 리더는 최고 책임자로서의 역할을 하며 선택적 관심을

보임으로써 타인에게 무엇이 중요하며 가치로운가를 알려 준다. 학교를 순시하고 교실을 방문하여 학생들과 시간을 같이 보내고 교육적으로 유리하게 학교를 관리하며, 여러 의식이나 주요행사를 주재하고 적절한 언행을 통해 학교의 전망을 제시하는 것들이 상징적 리더의 행동이다. 학교의 기본 목표를 분명히 제시하고 이에 대한 합의와 사명감을 도출하는 데 영향력을 발휘한다.

- 문화적 리더로서의 역할: 문화적 리더는 높은 성직자와 같은 역할을 한다. 학교가 추구하는 영속적인 가치와 신념 및 문화의 맥을 규정하고 강조하며 표현하도록 한다. 높은 성직자로서의 리더는 전통을 수립하고 조직의 역사를 창조하고 배양하며 가르치는 일에 열중한다. 문화적 힘과 관련된 리더의 활동은 학교의 목표와 사명을 표현하고 새로운 성원을 그 문화에 적응하도록 사회화한다.

4) 변화하는 교육 리더십: 변혁적 리더십

변화하는 사회 환경은 교육 지도자의 역할에 중요한 변화를 일으킨다. 사회의 학교에 대한 관심은 학생들의 수행능력의 향상, 학생들을 위협하는 요소로부터 보호, 학부모, 교사, 아동들의 보다 많은 학교에의 개입으로 나타난다. 이러한 변화는 최근 급속하게 일어나고 있으며 더욱더 빠른 속도로 진행될 것이다. 따라서 리더십의 본질이 시대에 따라 변화하기 때문에 시대나 조직의 상황을 초월하여 지속적으로 적용되는 리더십은 존재하지 않는다. 훌륭한 지도자를 결정할 수 있는 절대적 요소는 없으며, 다만 리더십을 발휘하는 상황에 의존할 수밖에 없는 것이다. 이는 교육조직에서의 교육 지도자라고 예외일 수는 없다.

이러한 관점에서 학교조직의 리더는 조직이 나아가야 할 방향(비전)과 목표 등을 제시할 수 있어야 하며, 이러한 역할을 수행하는 가운데 학교 조직문화를 형성해 간다는 차원에서, 변혁적 리더십의 가장 핵심적인 역할이다.

(1) 변혁적 리더십의 개념

변혁적 리더십은 관리자와 직원들 간의 계약에 기초한 전통적인 리더십과는 다르다. 교환적 리더십은 리더는 직원들과의 보상 또는 교환의 관계에 있기 때문에, 리더는 그들의 요구사항을 제시하고 그 요구를 완성하면 리더는 직원들에게 인정, 보수 인상 및 승진을 약속한다. 그러나 구성원들의 자발적인 문제해결이나 조직에의 적극적인 헌신 등과 같은 고차적인 질적 변화를 이해하는 데에는 부족하다(이병진, 2003).

[표3] 교환적 리더와 변혁적 리더

교환적 리더	변혁적 리더
• 하위자의 노력과 업적에 따른 보상과 칭찬 • 높은 성과에 따른 보상의 약속 • 하위자 행동에 대한 감독, 관찰 및 시정 • 책임 전가, 중요 의사결정의 회피	• 비전과 임무 제시, 신뢰와 자긍심 유발 • 하위자들의 지혜, 합리성, 문제해결력 등을 일깨움 • 개별 하위자에 대한 존중과 개별적 관심 • 목표의 이해, 동기부여를 통한 높은 기대, 영감

(2) 변혁적 리더십의 핵심 요소

Bennis와 Nanus(1985)는 성공적인 리더를 대상으로 최고경영자들이 어떠한 방식으로 환경변화에 적응하고 조직을 재구조화하며, 어떻게 추종자들의 신뢰를 형성하며, 새로운 작업방식을 어떻게 숙달시키는가에 대해 5년 동안의 비구조화된 면접연구를 통하여 다음과 같은 공통 속성을 제시하였다.

- 비전의 설정: 모든 지도자는 바람직하고 실현 가능한 미래에 대한 조직의 비전을 가져야 한다. 지도자에 의해 조직의 비전은 은밀하게 만들어지는 것이 아니라 구성원들의 아이디어와 의견을 충분히 반영하여 설정되어야 한다. 이러한 비전은 이해가 쉽고 간결하고, 구성원들의 헌신을 유도할 만큼 호소력이 있어야 한다.

- 헌신과 신뢰의 구축: 비전은 지도자에 의해 제시되는 것만으로 충분하지 않다. 비전은 조직 내에 전파되고 조직 문화속에 내면화되어야 한다. 규제나 강제에 의해서가 아닌, 설득과 호소로서 비전을 내면화시켜야 한다. 지도자는 일련의 의사결정에 의해서 비전을 강화해야 하며, 조직구조와 경영과정이 조직의 비전에 내재된 가치와 목표에 일치되도록 변화시켜야 한다.

- 조직학습의 촉진: 성공적인 지도자는 자신의 기술을 개발하고 경험을 통한 지식을 향상시키기 위해 정보를 계속적으로 얻으며, 자신의 생각과 아이디어, 새로운 절차와 방식을 검증하고 혁신을 조장한다. 과정에 있어서의 실패를 정상적인 일로 보고 실패의 경험을 새로 배우는 기회로 활용한다.

또한 Sergiovanni(1990)는 변혁적 리더십의 핵심적인 가치를 다음과 같이 제시하고 있다.

- 조직의 목표 또는 비전의 설정을 통해 리더십을 발휘한다.

- 구성원들에 대한 권한위임을 통해 리더십을 발휘한다.
- 리더십 행위를 구성원들에 대한 지배나 통제를 위한 권력으로서가 아니라 조직의 목표 달성을 위해 지원해 주는 권력으로 생각한다.
- 조직의 질 관리 차원을 관리적인 차원이 아닌 문화적인 차원으로 생각한다.
- 공동 가치의 유지를 철저하게 관리하는 반면, 이의 실천에 있어서는 폭넓은 재량권과 융통성을 발휘한다.
- 리더십을 도덕적인 행위로 생각한다.

   한편 Cameron과 Ulrich(1986)는 기존의 변혁적 리더십에 대한 다양한 연구를 종합하여, 변혁적 리더십의 특성을 다음과 같이 다섯 가지로 제시하고 있다.

- 창조적 준비성(creating readiness): 변혁적 지도력의 중요한 역할은 조직과 조직 구성원 안에서 변화의 준비성을 마련하는 것이며, 그렇게 함으로써 변혁이 확실하게 일어나도록 하는 것이다.
- 변화에 대한 저항 특성 이해: 변혁적 리더십이 변화를 일으킬 만반의 준비를 다하고 있어도, 변혁의 강·약의 정도에 따라 조직 내부에서 일어나는 저항의 정도가 다를 수 있다. 따라서 변화에 대한 저항의 특성을 알아 둘 필요가 있다.
- 변화에 대한 저항의 극복: 변화를 추진하는 과정에서 저항을 극복하는 일은 변혁적 지도자의 가장 중요한 과업이다. 변화에 대한 저항의 극복 방안으로는 관련자의 참여와 정보의 확산, 자율성과 재량권의 인정, 위계 조직으로부터의 지지, 지지 세력의 영향력 등이 있다.
- 비전의 제시: 비전은 개인이나 조직이 일정한 방향 의식을 갖게 하는 일관성 있는 원칙을 설정하는 것이며, 이러한 비전은 미래를 유지할 수 있는 도덕적 식견을 갖게 한다. 따라서 조직 구성원이 공통적인 일련의 신념 체계를 갖고 있을 때 조직 공통의 비전은 추구될 수 있으며, 목표를 달성하기 위한 수단이나 일련의 과정을 수용할 가능성이 높아진다.
- 구성원의 현실 참여 유도: 미래에 대한 조직의 비전이 설정되고 그 내용이 뚜렷하게 정해지면, 변혁적 지도자는 구성원들로부터 비전에 대한 현실적 참여를 유도해야 한다. 지도자의 개인적 노력뿐만 아니라 구성원들의 현실 참여를 유도하기 위해서는, 현실참여에 대한 공개적 확인, 참여자에 대한 장려, 효과적인 목표의 설정, 조직 구성원의 선발과 친목, 작은 성과로부터의 출발, 변혁의 추진을 위한 제도화 등이 요구된다.

2. 혁신학교에서의 리더십의 역할

1) 교육공동체에서의 리더십

(1) '배움'의 교육공동체에서의 리더십

'공동체' 원리를 기반으로 하는 개혁은 교육의 공공성을 근본원리로 하여 이질적인 사람들의 공동체가 서로 교류하며 만나는 공동공간에서 학교교육의 성립기반을 찾는 것이며 민주주의의 발전에 공헌하는 실천적, 문화적 공동체의 구축을 학교교육의 목적이자 사명으로 규정한다. 학교를 지역 문화와 교육의 중심으로 구상하고 아이들이 서로 배우는 공동체, 교사가 전문가로서 함께 성장하는 공동체, 지역 주민들이 이질적인 문화를 서로 교류하는 공동체로 학교를 재구축하는 개혁을 의미한다.

첫째, 교육공동체에서의 교사는 학급에서의 배움을 개인적인 경험을 기반으로 하여 공동체적인 실천으로 재구성해야 한다. 개인주의적인 배움을 공동체적인 배움으로 전환하는 일이 핵심적인 과제이다.

둘째, 학교를 교사들이 공동으로 함께 성장하는 장소로 개혁하는 일이다. 학교 안으로부터의 개혁의 수행여부는 교사들이 서로의 실천을 공개하고 서로 비평하며 함께 창조하는 관계가 만들어지느냐에 달려 있다. 동료성 구축은 학교 안으로부터의 개혁의 중심 과제인 것이다.

셋째, 학부모와 시민이 교사와 협력하여 교육활동에 참가하고 자신도 성장하는 학교를 건설하는 일이다. 학교교육은 교사를 중심으로 학부모와 시민이 협력하여 이루어 내는 협동의 공공적인 사업이라는 것이다.

넷째, 학교를 자율적인 '전문가조직'으로 재조직하는 일이다. 반성적 실천가로서의 교사는 학교 내부의 동료성을 건설하고 전문가의 협동을 실현함과 동시에 학교외의 전문가나 교육행정관계자와의 협력관계를 구축하는 노력을 전개한다. 학교 밖의 협력관계에 있어서 교육연구자와의 협동관계와 교육행정과의 협력관계는 학교개혁을 측면에서 촉진하는 요소로 그 협력관계는 대등한 관계로 재구성되어야 할 것이다.

(2) '돌봄'의 교육공동체에서의 리더십

학교란 배움만이 이루어지는 장소가 아니라 교사, 아동, 교직원, 학부모, 지역사회가 서로를 보살피면서 함께 삶을 영위하는 공간이다. 모든 사람은 다른 사람들로부터 돌봄을 받고 싶어 하고 또한 받을 필요가 있다. 자기 자신이 타인에게 이해되고, 수용되며, 존중받고, 인정받을 필요가 있다는 의미에서 모든 사람은 삶의 거의 모든 단계에서 타인으로부터의 돌봄을 받을 필요가 있다.

이는 교육공동체에서 돌봄의 형태가 교사, 학부모, 교직원, 지역사회 구성원들이 아동들에게 돌봄을 제공하는 것만이 아니라 아동들이 다른 아동들에게, 더 나아가서는 자주는 아니더라도 학교 밖의 사회에서 봉사활동을 함으로써 돌봄이 학교 안에서 뿐만 아니라 더 넓은 곳으로 확장되어야 한다는 것을 배우게 되어 모든 사람이 돌봄의 주체이자 객체가 된다는 것을 의미한다.

Noddings(1989)는 학교가 돌봄의 위기에 직면해 있다고 주장한다. 아동들은 교사들을 자신들에게 돌봄을 제공하는 사람으로 여기지 않으며, 교사들 또한 돌봄의 제공자로서의 역할을 잘 수행하지 못하고 있다는 것이다. 학교교육의 목적은 합리적 사고의 습득을 강조하는 것에서 돌봄의 능력을 높이는 것으로 전환되어야 하며, 이를 위해서는 학교 자체가 돌봄을 실천할 수 있는 돌봄의 공동체가 되어야 한다. 돌봄의 교육공동체에서 교사는 학생들에게 공동체 의식을 높여줄 수 있다.

- 공동의 학문적, 사회적 목표를 추구함에 있어 서로 협력하게 한다.
- 필요할 때 서로 도움을 주고받게 한다.
- 다른 사람의 필요와 감정, 관점을 이해할 수 있도록 토의하고 생각하게 한다.
- 자신의 행동과 다른 사람의 행동이 공평한지, 타인에 대한 배려와 존중 그리고 사회적 책임이라는 근본적인 친사회적 가치에 부합하는지를 토의하고 반성하게 한다.
- 중요한 사회적 능력을 발달시키고 연습할 기회를 제공한다.
- 자율성을 훈련하고 학급규칙과 활동을 계획하고 결정하는 데 참여하며, 학교생활의 여러 측면에 책임을 지게 한다.

2) 민주적 자치공동체와 리더십

(1) 민주적 자치공동체에서의 리더십 역할

학교라는 공동체를 매개로 학생, 교사, 학부모의 공동체 의식 형성에 적잖은 영향력을 발휘하는 사람, 지도적인 역할을 할 사람은 두말할 나위도 없이 바로 학교장이다. 학교조직에서 공동체 문화를 형성하기 위한 학교장의 가장 중요한 역할은 비전의 공유, 높은 수준의 윤리성, 민주적 문제해결로 살펴볼 수 있다. 특히 학교장의 비전과 윤리는 학교에 관계하는 모든 구성원의 공동체적 가치를 심어 주는 동시에 공동체 의식을 형성케 하므로, 공동체 문화를 형성하는 중요한 기초가 된다.

첫째, 규칙과 절차보다는 학교의 비전과 가치를 구성원들이 공유할 수 있도록 해야 한다. 학교조직은 조직 내의 가치, 신념, 이해를 바탕으로 비전을 갖고 있어야 하며, 학교조직 내에서 계획과 의사결정은 비전을 중심으로 공유된 행동으로 이어져야 한다. 학교장은 구성원들과 학교의 비전을 공유하는 일에 관심을 가져야 하며, 비전과 가치의 공유를 강조할 때 방향감각에 초점이 모아지게 되며, 이는 학생, 교사, 학부모와의 관계를 협력자로서의 관계로 변화하게 한다.

둘째, 높은 수준의 윤리성이 있어야 한다. 공동체의 구성원들로 하여금 자발적으로 복종하게 하는 것은 공동체가 지닌 윤리적 수준에 달려 있다. 특히 학교장은 자신이 결정한 내용의 결과가 바람직한 결과를 가지고 올지 그렇지 않을지를 깊이 생각해야 한다. 또한 도덕적인 학교장은 교사와 학생들로 하여금 규칙을 잘 준수하도록 일깨워 주며 그들이 잘 준수하도록 도우며, 만약 주어진 규칙이 불합리하거나 공정하지 못한 경우가 있다면 교장은 학생, 교사, 학부모와 협의하여 새로운 규칙을 만들며 새로운 규칙이 잘 이루어지도록 다양한 방법을 취해야 한다. 학교장은 윤리성에 대한 나름의 가치와 신념이 있다 하더라도 집단의 가치를 존중한다. 학교장은 의사결정에 있어서 집단의 가치와 자신의 가치가 상충하는지 여부를 살펴보아야 하며, 집단의 가치를 수용할 것인지 변화시킬 것인지 판단해야 한다.

셋째, 단순 해결방법을 제시하기보다는 민주적 문제해결이어야 한다. 학교공동체를 성공적으로 이끌기 위해서는 학교장이 문제를 직접 해결하기보다는 학생, 교사, 학부모에게 문제의 핵심을 질문하는 방식으로 운영해야 한다. 문제 상황에 대한 다양한 구성원들로부터의 질문은 학생, 교사, 학부모들로 하여금 자신의 교육적 행위에 대해 반성하게 하고 비전의 성취를 위해 할 수 있는 일을 스스로 판단하게 하여 보다 다양한 측면에서의 발달을 가능하게 한다. 직접적인 해결은 문제의 즉각적인 해결에는 효과적이나 학생, 교사, 학부모의 장기적인 발달이나 전문성 신장 그리고 이들의 협력에는 큰 도움을 주지 못한다.

(2) 혁신학교에서의 교육협력

가. 교사와의 관계

학교조직이 외부환경의 변화에 대처하고 교육수요자들의 다양한 욕구를 충족시키기 위해서는 실질적인 교육활동을 전개하고 있는 교사들의 변화가 선행되어야 한다. 왜냐하면 교사는 학교조직문화의 형성과 교육의 질을 결정하는 중요한 요인으로 작용하기 때문이다. 교사들은 혁신학교의 주체가 되어야 하며, 기존의 독립적이고 고립적이었던 교사의 역할에서 벗어나 동료 교사들과의 공동학습, 협동학습을 통해 지속적으로 자기혁신과 전문성 신장을 위해 노력해야 한다.

혁신학교의 성공 여부는 헌신성에 달려 있다. 교사들의 헌신은 학교에 대한 신뢰와 믿음에서 출발한다. 변혁지향적 리더십에서 강조하는 것은 조직의 목적이 조직원들 자신의 이익과 직접적으로 관련이 없다고 하더라도 이들을 헌신하도록 만드는 설득력에 있다. 변혁지향적 리더는 조직원들이 조직의 규범, 가치, 목적에 헌신하도록 강화시켜 조직원의 문제해결능력을 신장시키려 한다. 즉, 교사들이 반드시 수행해야 하는 일이나 특정 결과를 성취하기 위해 규정화된 일만 하도록 만들지 않는다.

교사들에게 교사들이 교직에 대한 투철한 신념을 갖고, 새로운 변화에 대응하면서 전문가로서의 직무만족을 느낄 수 있도록 지속적인 학습기회가 제공되어야 한다. 다양화, 유연화 시대에 교사들은 지적 능력과 전문성 신장을 위해 학습조직을 결성하고 그 혁신학교에의 자발적인 참여는 자기만족과 직결되며, 교사들의 학습활동을 보장하기 위한 다양한 학습지원체제의 마련, 새로운 지식과 정보의 창출과 공유, 지식의 저장과 활용의 학습실천과정은 교육의 질적 수준 제고를 위해 반드시 요구되는 조건들이다.

나. 학부모와의 관계

학교교육은 가정의 협력과 지원에 의해 보다 완전해질 수 있다. 학급경영에서 교사 – 학부모관계는 중요한 영역의 하나이다. 이는 학급담임으로서 교사는 학생의 학습과 성장을 위해 학부모와의 협력이 필수적이기 때문이다. 학부모 참여는 학교교육의 민주화와 학생성취의 향상을 위해서 필요한 것이다. 교육이 민주화된다는 것은 교육이 그 주권을 가진 사람들에 의해 운영된다는 것을 의미하는 것이다. 그들의 요청과 의사를 교육의 과정에 보다 많이 반영해 학교를 운영한다면 교육은 그만큼 많이 개선될 것임에 틀림없다.

학교경영의 민주화는 교육의 소비자요, 그 주체의 하나인 학부모·학생들의 의사를 어뗗게 반영하여 교육을 실천할 것인가의 그 과정에서 찾아져야 한다. 참여 정치의 차원에서도 보다 다양한 수준에서 그 기회가 마련되는 것이 바람직하며, 학부모의 실질적인 참여가 이루어지도록 이를 어떻게 보장하느냐는 것은 중요한 과제가 된다.

첫째, 학교운영의 과정에 참여한다는 것은 학부모들이 자녀의 교육과 관련된 요구나 필요를 학교에 제기하여 이를 학교의 교육정책이나 구체적인 교육목표의 수립에 반영할 수 있도록 우선 발언권이 주어져야 한다는 것을 의미한다. 이러한 기회가 보장되려면 학부모들이 대표를 선출 또는 직접적으로 참여해 의사를 결정할 수 있는 제도적 장치가 학교 안에 마련되어야 한다. 학교운영자들이 합의된 교육의 목표 또는 계획이 어느 정도 달성되었는지 그 성과를 평가하여 그들에게 공적으로 책임을 물을 수 있는 절차가 마련되어야 한다.

둘째, 교육내용을 선정, 이를 가르치는 교육과정의 운영에도 학부모들의 참여가 이루어져야 한다는 것은 학생 성취를 극대화하기 위해 필요한 요소이다. 자녀들과 가장 가까이 있는 사람은 학부모들이며 일상적인 접촉으로 그들은 누구보다도 자녀들을 잘 알고 있다. 학부모들과 일상으로 협의, 그들의 조력을 받아 함께 가르쳐 나갈 수 있다면 학습은 보다 효과적으로 이루어질 것임을 기대할 수 있다. 학생을 이해하기 위해서는 학생이 속해 있는 가정의 물리적·심리적 환경에 대한 이해가 필수적으로 요구된다.

교육의 중요한 축은 학생, 학부모들이다. 이들 교육 주체를 파트너로 삼는 실질적인 참여가 없이는 학교경영이나 수업의 민주화가 불가능하며, 학부모 참여에 의한 학교 프로그램의 운영은 교육의 민주화에 접근하는 중요한 통로가 된다.

다. 지역사회와의 관계

학교교육과 지역사회 간에 관계를 지역 학교교육을 통하여 새롭게 형성하고자 하는 노력이 요구된다. 지역사회 발전은 지역사회교육을 통하여 그 지역사회에서의 생활과 관계가 깊고, 지역사회의 발전에 실질적으로 기여할 수 있는 교육을 실시하려는 노력이라고 할 수 있다.

첫째, 혁신학교의 교육공동체 형성을 위해서는 지역사회에서 변화촉진자의 역할을 수행할 수 있어야 한다. 학교혁신을 촉진하는 역할은 학교조직 자체만의 힘에 의해 이루어지는 것이 아니다. 지역사회는 학교가 혁신적 과제를 수행할 수 있도록 자극하고 촉진할 수 있는 역할을 해야 한다.

둘째, 혁신학교의 교육공동체 형성을 위해서는 학교교육과정의 지역화를 통하여 학교교육의 지역사회적 관련성을 높여 나가야 한다. 지역사회는 학교의 핵심적 지원기관으로서 학교로 하여금 지역사회의 문화와 전통을 반영하도록 하며, 지역사회에서의 학생의 삶의 희망과 비전을 갖도록 하고 교육공동체 전체의 문제해결에 도움을 줄 수 있어야 한다.

셋째, 혁신학교의 교육공동체 형성을 위해서는 지역사회의 기초 시민의식의 함양을 통하여 지역 자원의 교육적 활용을 높여나가야 한다. 교육공동체인 학교가 모든 이의 교육의 장이 되어야 하며, 지역사회는 학생의 기초적 시민의식 함양의 교육의 장이 되어야 한다. 따라서 지역사회 내의 교육적 자원을 최대로 활용하고, 교육공동체의 질적 제고를 위해 지역사회의 교육적 인적 및 물적 환경을 적극적으로 활용해야 한다.

넷째, 혁신학교의 교육공동체 형성은 특정 교육 관련자들의 몫이 아닌 지역사회 전체의 참여와 관심으로 교육공동체의 가치를 추구해 나가야 한다. 지역주민의 자발적인 참여와 능동적인 협조는 교육공동체의 가장 기본적인 요건이라 할 수 있다. 특히 교육공동체에 있어서 지역 주민의 참여적 의사결정은 지역 기반의 교육공동체를 극대화할 수 있는 필수적 요소이다.

교육공동체로서 혁신학교는 지역사회로의 열린 공간으로 나가야 한다. 지역사회에 고립된 사회적 기관이 아닌 지역사회 변화의 핵심에 있는 사회적 기관이 되어야 한다. 지역생활 체험의 장으로서, 교육 주체들이 함께 만들어 가는 학교가 되어야 한다. 이제 교육공동체는 지역사회와 함께 시대변화에 적극 대응해 나가야 한다.

(3) 민주적 자치공동체에서의 리더십의 방향

현대사회의 어려움은 공동체적 가치보다는 개인의 가치가 우선한다는 데 비해 학교의 주된 책무는 학교와 관계하고 있는 사람들 즉 학생, 교사, 학부모들에게 공동체의 가치를 전수하는 데 있다는 점이다. 공동체적 가치를 전달하는 동시에 개인의 가치를 존중하는 교육적 활동을 위해서는 학생을 둘러싼 학교, 교사, 학부모의 공동체 의식의 형성이 필수적이다.

혁신학교의 민주적 자치공동체를 형성하는 데 있어서 학교장의 궁극적인 어려움은 학교가 단순히 학생 개인의 가치만을 심어주기 위한 외재적 도구가 아닌 공동체적 가치에 참여하고 내재적인 가치를 추구하는 인간을 형성하는 일이다. 이러한 인간 형성을 위해서는 공동체 의식이 전제되어야 하는데 결코 쉬운 일이다. 학생, 학부모, 교사의 가치는 너무나도 상이하기 때문이다.

교육적 활동에 참여할 수 있는 기회를 최대한 허용함으로 서로의 의견을 교환하고 개인의 삶의 발달을 성취하게 된다. 이는 학교 및 교육공동체에 진정한 참여를 이끌며 나아가 공동체 의식 형성으로 발전할 것이다.

첫째, 혁신학교에서의 교육공동체의 비전을 제시해야 한다. 학교가 궁극적으로 달성하고자 하는 교육목표를 제시하고 이에 대한 공감대가 형성되도록 해야 한다.

둘째, 도덕적 탁월성을 보여야 한다. 도덕적 탁월성은 내적인 복종을 가능하게 하기 때문에 공동체 의식 형성의 기초가 된다.

셋째, 학교 구성원들의 헌신을 높여야 한다. 교사와 학부모의 학교교육 및 자신의 개발을 위한 교육활동에의 헌신을 최대한 활성화해야 한다.

넷째, 교육적 활동에 참여할 수 있는 기회를 최대한 허용함으로 서로의 의견을 교환하고 개인의 삶의 발달을 성취하게 된다. 이는 학교 및 교육공동체에 진정한 참여를 이끌며 나아가 공동체의식 형성으로 발전할 것이다.

다섯째, 지역사회의 구조를 잘 알아야 한다. 지역사회에는 여러 단체들이 있으며 그 가운데에는 압력집단들도 있을 수 있다. 압력집단은 그 활동이 일시적이고 단순한 문제를 중심으로 형성되기 때문에 부정적으로 작용하기도 하고 생산적인 변화를 가져오기도 하는데, 가볍게 취급해서는 안 된다.

혁신학교는 이러한 공동체적 가치를 학생에게 전달시켜 주어야 하며, 그러기 위해서는 학교, 교사, 학부모가 일치하는 공동체적 이상을 공유하도록 해야 한다. 학생은 이러한 공동체적 가치 속에서 학교를 믿고 안심하며 각자의 생각과 삶을 구성하게 된다.

혁신학교의 학교장은 학교를 둘러싼 다양한 구성원들의 의견을 모두 종합하는 차원을 넘어서 이들 의견을 묶을 수 있는 탁월한 가치관을 제시해야 한다. 이러한 가치를 학생, 교사, 학부모가 동의할 때 하나의 공동체가 형성되며, 학생들은 이러한 가치추구에 의미를 부여하고 자신의 인격을 형성해 나갈 것이다.

3) 전문적 학습공동체와 리더십

먼저 전문적 학습공동체로서의 혁신학교에서는 궁극적으로 교사들이 그들의 실천을 공동으로 반성하고, 그들의 실천과 학생들의 학습 결과에 대한 증거 자료를 함께 검토하고, 그들의 교수 개선과 학생들의 학습 증진을 위해 협력적으로 실천하도록 장려한다. 교사들의 실천을 비판적으로 반성하고 개선하며, 교사들의 지식, 경험, 실천 등을 공유하고, 협력적으로 학습하며 실천하도록 한다.

성공적인 혁신학교의 전문적 학습공동체를 위한 리더십 공유를 위해서는 다음과 같은 전제가 필요하다.

- 지원적인 공유 리더십으로, 전문적 학습공동체 구성원들은 리더십을 공유하며 지원적 리더십을 발휘한다.
- 가치와 비전의 공유로, 전문적 학습공동체 구성원들은 학생들의 학습에 대한 헌신, 학교의 비전, 교육의 가치 등을 공유한다.
- 집단 창의성으로, 전문적 학습공동체 구성원들은 협력적으로 학습하고 공동으로 문제를 해결한다.
- 개인 실천의 공유로, 전문적 학습공동체 구성원들은 서로의 교육실천을 관찰하고 이에 대해 함께 논의하고 의견을 주고받으며 개인 및 공동의 교육실천을 함께 개선한다.
- 지원적 환경으로, 이러한 활동을 지원하는 물적, 인적 환경의 조성에 함께 참여한다. 전문적 학습공동체는 지원적인 공유 리더십 발휘, 가치와 비전의 공유, 집단 창의성 발휘, 개인 실천의 공유, 지원적인 환경의 조성 등의 속성을 가지고 있다.

(1) 전문적 학습공동체에서의 리더십 역할

혁신학교의 학습공동체의 조직구조는 전통적인 조직과는 다르다. 기존의 전통적인 조직은 위계를 중심으로 수직적으로 연결된 중앙집권화된 조직이나, 학습조직은 이와는 달리 분권화 및 권한위임이 되어 수평적으로 연계된 특성을 지닌다.

혁신학교의 학습조직은 전통적인 조직과는 그 구조나 문화, 구성원의 행동 등에서 아주 다른 특성을 지니므로 조직 수준에 적합한 리더십의 역할과 속성을 규명하고 구현해야 한다. 특히 혁신학교의 전문적 학습공동체를 위해서는 학교장의 리더십은 조직 변화와 학습 촉진에 주도적 역할을 수행해야 한다. 지식 창출과 학습활동에 우선적 가치를 부여하여 비전과 목적을 설정하고, 이를 실천할 수 있는 제도, 문화, 절차, 재원 등을 지원하며, 현장에서 개인과 집단의 학습활동이 활성화되도록 이끌어 나가는 주도적 역할이 필요하다.

혁신학교에서 구성원과 비전을 공유하고, 유연한 조직 구조를 통해 지속적인 학습문화를 형성하고, 학습공동체를 발전시키기 위해서는 학교장의 변혁적 노력이 요구된다. 혁신학교의 학교장은 관료적 행태에서 벗어나 비전 제시를 통해 교사들의 태도, 가치에 변화가 올 수 있도록 변혁적 리더십을 발휘해야 하며, 또한 권한 위임을 통한 교사들의 동료관계를 기초로 교육의 가치, 의미, 목적을 공유하는 학교공동체를 형성해야 한다.

혁신학교의 학습체계로서의 조직이 구축되기 위해서는 리더십은 최고 관리자뿐 아니라 중간 관리자 모두 조직의 비전을 구축하고 이를 구현하기 위해 구체적인 노력을 해야한다. 혁신학교의 최고 관리자의 역할은 조직구성원이 현실에 안주하지 않도록 창조적혼돈을 조장하는 것이며, 중간 관리자는 최고경영자가 설정한 비전과 구성원들의 지식창출 활동을 연계할 수 있는 통합자 또는 변화담당자로서 역할을 수행하여야 한다.

- 조직학습의 촉진: 혁신학교의 성공적인 지도자는 자신의 기술을 개발하고 경험을 통한 지식을 향상시키기 위해, 정보를 계속적으로 얻으며 자신의 생각과 아이디어, 새로운 절차와 방식을 검증하고 혁신을 조장한다. 과정에 있어서의 실패를 정상적인 일로 보고, 실패의 경험을 새로 배우는 기회로 활용한다.

- 지적 자극(intellectual stimulation): 교육조직에서 지적자극이란 조직 리더의 지적능력과 방향이 교사들의 구조화되지 못한 문제를 해결하는 데 도움을 주는 것이다. 문제해결을 위한 진단과 해결 노력의 상호 작용은 교사들에게 상징적으로 전달되고, 생생한 상상으로 단순화되며, 보다 쉬운 언어로 표현되어 교사들의 관심과 역할을 명확히 한다.

(2) 전문적 학습공동체에서의 교사 전문성
가. 공공성과 책무성을 가진 직무자세

교사는 자아실현과 사회적 책무성을 실현하는 교육전문가로서 창의적인 교육활동을 한다. 공식조직으로서 학교는 관리와 리더십에 의한 외부적 통제에 의해 운영되지만, 공동체적인 학교는 규범, 목표, 가치, 전문적인 사회화, 동료성, 자연적인 상호의존 등에 더 많이 의존한다.

교사는 학생 개개인에 대한 교과지도뿐만 아니라 생활지도에도 적극적인 관심을 보이며 학생들이 자율적으로 현명한 결정을 내릴 수 있도록 안내하고 돕는다. 교사는 모든 학생이 차별 없이 공평한 교육을 받도록 노력하며, 학습의 다양화와 개별화를 위해 힘쓴다.

- 학생을 통제해야 할 대상이 아니라 배려되어야 할 인격체로 인식해야 한다.
- 성적 상위 그룹 학생과 문제아에게 주로 관심 기울이던 관행에서 벗어나 학생 하나하나에 관심을 기울여야 한다.

- 학생들의 필요, 희망, 요구를 수렴하여 교육활동에 적극적으로 반영한다.
- 학교생활을 통하여 학생들이 스스로 선택하는 경험을 많이 할 수 있도록 교육활동을 전개한다.
- 학생들이 자신의 현 상태에 대해 정확히 이해할 수 있는 진단 자료를 제공한다.
- 학생 개개인에게 가장 적절한 목표와 방법을 제안하고 조언해 준다.
- 학생들의 발전 과정을 지속적으로 관찰하고 지도한다.

교사는 의사 결정 과정에 적극적으로 참여하고, 동료교사와 긴밀한 협조 관계를 유지하고 합의한 결과를 성실하게 지키기 위해 노력한다.

나. 수업을 공개하고 연구하는 전문적 공동체 형성

- 교실을 개방하는 풍토 조성: 학교 조직의 가장 큰 약점인 '폐쇄적인 수업 방식'에서 벗어나 교사들의 상호 발전을 촉진하기 위하여 개방적인 풍토를 조성한다. 형식적인 수업 연구를 자주하는 것보다 모든 교사가 평소 수업을 공개하고 동료교사와 함께 토론하며 배우는 배움의 공동체를 조성한다. 수업개혁을 위한 성공가능성과 조건은 다음과 같다.
  - 학교를 '배움의 공동체'로 변화시키는 개혁에 있어서 제일 먼저 해야 할 일은 모든 교사가 교실을 개방하고 수업을 서로 공개하며 서로의 수업으로부터 함께 배워가는 일이다.
  - 교사 한 사람 한 사람이 수업을 중심으로 자신의 일을 공개하고 서로 관찰, 비평하며 함께 수업을 창조해 가는 상호 간의 '동료성' 구축이 무엇보다 필요하다.
  - 학습자의 경험을 축으로 활동적이고 협동적이며 반성적인 수업창조를 위해 교사의 자율성과 전문성을 확보하는 일이다. 수업의 양식은 전달하고 설명하고 평가하는 수업에서 촉발시키고 교류하며 공유하는 수업으로 전환하고 있다.
  - 수업 광경을 찍은 동영상 자료를 보고 동료 교사와 수업토론 및 협의, 전문가의 참여 등 외부인의 수업 자문을 받는다.
- 교사들 간의 정보 공유와 전문성 향상: 학교 실정에 맞는 학교 교육과정, 학습 자료를 공동으로 개발하고 공유할 수 있는 연구체제를 구축한다. 학교에 대한 외부감시의 존재유무가 학교의 성공과 실패를 좌우하는 것이 아니라 학교가 자신의 교육적 수준을 객관적으로 조망하여 자체적인 질 개선 노력과 교원의 헌신적인 전문성을 발

휘되도록 하는 것이 학교 성공의 핵심요소이다.

— 수업 지도안, 교수·학습 자료 및 참고 도서를 공개하고 교류를 확대한다. 팀 티칭 과 동료 수업관찰을 활용하여 학습자 중심으로 수업 방법을 개선한다.

— 교과협의회, 학년협의회를 구성하고 연간, 학기별 수업계획을 수립한다.

— 교수·학습 자료를 개발하고 데이터베이스화 한다.

— 각 단원별 지도에 필요한 참고자료 목록, 수업계획안을 효율적으로 관리한다.

— 수업준비와 교재 개발에 많은 시간을 투자한다.

■ 외부 기관 연수지원 및 교류확대: 학교 교사들과의 상호 협력뿐 아니라 외부기관의 다양한 연수 지원과 상호 교류 확대가 필요하다.

— 교육 연구소, 대학 교수 등 전문가들의 교류 학술단체 활동, 교육 연대 활동을 강화 한다.

— 학교에서 이루어지는 교육활동과 교육 자료를 출판하여 성과를 공유한다.

— 학교혁신을 주도하는 학교간의 네트워크를 통해 학교 혁신사례에 관한 정보를 공유 하고 확산해 간다.

(3) 전문적 학습공동체에서의 리더십의 방향

혁신학교의 학교장은 모든 교사들이 계속 협력할 수 있고 보다 효과적이 되는 방법을 배 워 나가는 전문학습공동체 구성을 도와주어야 한다. 이를 위해 교장은 명령과 통제를 최소 화하고 학습과 지도력을 더욱 늘려가며, 지시를 줄이고 타협·조정을 늘려 나가야 한다.

학습공동체로서의 혁신학교의 중요 요건은 학습공동체를 활성화시킬 수 있는 리더의 확보이다. 학습공동체의 리더에게 있어서 가장 주요한 역할은 사회 단위 차원에서는 공 동체 내의 커뮤니케이션을 활성화하고 촉진하는 것이며, 개인 학습자 차원에서 볼 때는 학습자들의 자각, 자기평가, 그리고 자아실현을 지원함으로써 자율성과 창발성을 자극하 는 일이다.

혁신학교의 학교장은 개방적이고 참여자들이 안전감을 느낄 수 있는 학습 분위기를 조 성함으로써 학습자들이 자유로이 참여하고 공동체를 구성해 갈 수 있도록 하는 것이 중요 하다. 개방적 비판적 토론을 허용치 않는 지시적 리더십을 사용하거나, 학습자들이 공동 체를 공공의 비판에 안전한 장소가 아니라고 생각한다면 학습 분위기는 급격히 저하된다.

학습공동체의 경계가 유동적이거나 불투명한 경우에 참여자들은 그들이 포용할 수 없는 목적이나 실천을 따르기보다는 떠나는 쪽을 택하므로, 학습공동체의 이념적, 내용적 경계를 명확히 하는 일이 필요하다. 개인학습자들의 자율성과 창조성을 촉진하기 위해서는 학습자들의 어려움을 들어주고 이끌어 줄 수 있는 멘토링(mentoring)과 조언, 그리고 학습자 개인 삶 속에서의 경험학습의 향상을 꾀하도록 하는 것이 바람직하다.

전문적 학습공동체로서의 혁신학교의 성공을 위해서는 학교장의 역할이 무엇보다도 중요하다. 학교장은 창의적 인재와 지식 활용 능력에 대한 사회의 교육적 요구가 증대하는 변화의 요인을 이해하고, 개인과 조직의 지식을 공유함으로써 더 나은 가치를 창출할 수 있도록 학교를 운영해야 한다.

첫째, 전문적 학습공동체의 교장은 절차보다는 비전이나 가치공유를 통하여 지도한다. 학습공동체의 교장은 비전과 가치를 설정하는 데 교사들을 참여시키고, 교사들과의 합의 도출을 통하여 갈등해결을 촉진하고 공감대를 형성해야 한다. 교직원들이 협력적으로 공유한 비전과 가치에 헌신하게 되면 교장은 이러한 공통된 희망이나 헌신에 초점을 맞추어 이를 학교개선의 추진력으로 삼을 수 있다.

둘째, 전문적 학습공동체 교장은 교사들을 학교의 의사결정과정에 참여시키고 개인교사들에게 권한을 부여한다. 교사들은 교장으로부터 지시나 명령을 원하지 않는다. 그들은 함께 계획하고 문제를 해결하기를 원한다. 의사결정에 다른 사람을 참여시키고 그들의 아이디어에 따라 문제를 해결하도록 권한을 부여하는 것은 유능한 지도자가 사용하는 가장 중요하고 효과적인 전략이다. 전문학습공동체의 교장은 교장의 권한을 교감, 부장교사협의회, 교과협의회 등에 분산 위임해 주어야 한다. 그러나 소수로 구성된 위원회에 권한을 집중시키다보면 문제가 발생할 수 있으므로 주의해야 한다.

셋째, 전문적 학습공동체 교장은 교사들에게 그들이 적절한 의사결정을 내리는데 필요한 정보, 훈련, 사항들을 제공한다. 교사를 단지 의사결정 과정에 참여시키고 자율성을 부여해 준다고 해서, 학교가 저절로 발전하는 것은 아니다. 교장은 그 이상의 일을 하여야 한다. 교장은 교사들에게 교육과 관련한 정보나 연구결과를 제시하여 교사들이 합리적인 결정에 도달하도록 도와주어야 하며, 교사들의 능력개발을 위한 연수프로그램을 제공해 주어야 한다.

넷째, 전문적 학습공동체 교장은 학교의 비전과 가치와 일치하는 행동을 보이고 신뢰를 구축한다. 지도자란 추종자가 있다는 말이다. 믿음이나 신뢰 없이 추종자는 없다. 지도자는 믿음을 쌓고 타인으로부터 신뢰를 얻어야 한다.

다섯째, 전문적 학습공동체 교장은 의도하는 방향을 실천에 옮길 수 있도록 노력해야 한다. 교사들과 함께 명확하고 측정 가능한 목표를 구체적으로 제시하고 발전의 증거를 나타내는 지표를 개발하고 이들 지표를 계속적으로 모니터 할 수 있는 체제를 개발할 필요가 있다.

전문적 학습공동체로서 혁신학교를 성공적으로 형성한 학교들의 공통된 특징은 학교 장이 문제를 직접 해결하기보다는 교사들에게 문제의 핵심을 질문하는 방식으로 운영된다. 일반적으로 학교장은 질문하기보다는 행정적인 지시에 익숙해 있다. 그러나 질문은 교사들로 하여금 반성하게 하고 비전의 성취를 위해 할 수 있는 일을 스스로 판단하게 하며 보다 다양한 전문성을 개발하게 한다.

전문적 학습공동체 형성을 위한 학교장의 역할은 교사의 공동체 의식의 고양과 교육 전문성의 함양, 그리고 이를 통해 학교조직의 효과성을 극대화해 갈 수 있는 개인적이며 제도적인 역량의 발휘라고 할 수 있다. 지속적인 학습을 독려하고 분산적 리더십을 발휘할 뿐만 아니라 전문적 성장을 위해 노력하는 조직 구성원들 간의 헌신과 신뢰의 관계 맺음을 의미하는 동료성(collegiality) 기반의 협력 문화가 요구된다. 학교 구성원들이 공동 탐구와 학습을 통해 실행하고 있는 교육활동에 대한 지속적인 모니터를 해야 하며, 전문적 학습공동체의 원활한 구축 및 유지를 위한 물리적, 환경적 지원을 해야 한다.

3. 혁신학교에서의 리더십의 발전 과제

전통적 리더는 조직문화 내에서 있는 그대로 작용하는 반면에 혁신학교의 변혁적 리더는 조직문화를 변화시키며, 문화 형태를 창조하고 도입하며 발전시킨다. 이러한 변혁적 리더는 직원들의 신념, 가치관, 목적과 조직문화를 변혁시켜 그들로 하여금 기대 이상의 직무수행을 하도록 동기를 유발시키며, 궁극적으로 리더와 직원 모두의 인간적 행위와 열망의 수준을 높인다는 점에서 도덕적이어야 한다(Bass, 1985). 따라서 전통적인 경영 개념과 다른 학교중심경영은 새로운 체제에 적합한 교육리더십이 요구된다.

혁신학교를 위한 리더십은 교사리더, 동료교사, 학생의 효과를 높여서 학교개혁에 지대한 공헌을 할 수 있다. 특히 학교장의 리더십은 교사의 자율성, 권한강화, 전문성을 바탕으로 학교의 개선, 발전, 효과 등에 직접적인 영향을 주어 지속적으로 학교를 개혁할 수 있는 효과적인 전략 중 하나로 기능해 왔다. 학교장 리더십의 역할수행에서 나타나는 강한 동료애적인 관계(collegiate relation)는 학교개혁과 변화에 매우 긍정적일 수 있다.

전문적 학습공동체로서 혁신학교에서 상호 신뢰, 인정, 권한강화(empowerment), 의사결정의 참여, 리더십의 공유, 지원 등을 기초로 하는 전문가 학습공동체(professional learning communities)의 형성 역시 교사 리더십이 요구된다.

첫째, 혁신학교에서 리더십은 학교역량을 강화하는 동력이다. 학습공동체에서 가장 중요한 것은 학교 내의 협력적 과정이 촉진·전개되는 방식과 깊은 관계가 있다. 혁신학교 리더십은 학교개혁의 성패를 좌우하는 학교의 역량강화를 매우 효과적으로 지원할 수 있다.

둘째, 혁신학교에서 리더십은 다원화 시대에 부합하는 효과적인 변화전략이다. 이는 교사가 학습하고 협력하여 일하는 전문가 공동체의 학교조직을 말한다. 학습공동체 조직이 변화·발전하기 위해서는 당연히 교사를 변화와 발전의 중심에 위치시켜야 하며, 교사가 리더십을 발휘하여 협력적으로 일할 수 있는 조직을 구축하여 학교조직의 역량강화를 꾀해야 한다.

셋째, 혁신학교에서 리더십의 변혁적 가능성(transformative potential)은 학교개혁의 새로운 수단으로 작용한다. 혁신학교 리더십은 학교의 변화를 촉진하는 데 효과적이며, 이것은 실제로 학교에서 변화를 일으키는 교사의 영향력을 통해서 알 수 있다. 혁신학교 리더십은 변화의 동력이 떨어지면 변화속도를 조절하고, 활동을 촉진하여 변화의 저항을 극복하게 함으로써, 결국 계획한 활동을 가능하게 만들며, 교사와 행정가 사이의 장벽을 제거하여 협력을 증진하여 학교개혁을 지원한다.

넷째, 혁신학교에서 리더십은 교육공동체의 모든 성원들에게 유익함을 제공하여 학교개혁을 촉진한다. 혁신학교 리더십이 정착되면 학생, 교사, 교장, 학교 등은 모두 이익을 얻는다. 학생들은 학교와 교사의 효과성이 증가하면, 당연히 학업성취를 높이게 될 것이고, 교사는 자신이 교육의 과정에서 권한이 증대하고 소중하게 여겨진다고 느끼게 되어 이익을 얻게 될 것이다. 교장은 관리적인 직무의 요구에서 벗어나 중요한 문제에 시간을 사용할 수 있게 되어 이익을 얻고, 학교는 사장되었던 자원을 활용하여 이익을 얻게 될 것이다.

특히 학교의 자율성과 책무성을 강조하는 최근의 교육개혁은 학교의 자율권을 인정하고 강화하는 단위학교 수준의 전문적 학습공동체로서 학교의 자율과 책임, 학교 조직 구성원의 참여를 강조하고 있다. 이러한 관점에서 혁신학교의 리더십은 다음과 같은 방향으로 발휘되어야 한다.

첫째, 학교 수준에서 교사에게 많은 권한과 책임이 위임되어야 한다.

둘째, 지역 교육청의 단위학교에 대한 전폭적인 지원이 이루어져야 한다.

셋째, 학교의 전반적인 교육활동에 교사들의 재량권이 많이 부여되어야 한다.

넷째, 학부모 및 지역사회의 학교경영 참여가 증대되어야 한다.

다섯째, 학교 내의 각종 위원회의 활동이 활성화되어야 한다.

여섯째, 학교장의 리더십 역량이 단위학교 자율경영 체제의 전반에 요구된다.

따라서 학교조직의 다양한 구성원들의 상호 작용을 통하여 혁신학교 체제의 효과를 높이기 위해서는 학교조직의 각 수준별 주체적 입장에 있는 지도자의 리더십이 요구된다. 예를 들면 학교조직일 경우, 학교장, 교감 등의 최고관리자 차원의 리더십의 영향력, 부장교사들을 중심으로 하는 중간관리자 차원의 리더십의 영향력, 그리고 학급 담임교사 및 교과 담임교사 차원의 리더십 영향력이 학교조직에 총체적으로 발휘될 때, 자율경영 체제의 효과성은 높아질 것이다.

보다 구체적으로 혁신학교에서의 리더십의 과제는 다음과 같다.

첫째, 성공적인 혁신학교 체제를 위해서는 학교장의 변혁적 리더십 개발이 필요하다. 변혁적 리더십의 핵심은 리더의 설득력이다. 리더는 구성원들과 거래로 이루어지는 교환적(transactional) 리더십과는 다르다. 교환적 리더십은 구성원들에게 그들의 역할에 적절한 성과급, 승진과 같은 보상 기제를 주로 사용하지만, 설득은 이 보상과 더불어 전문가로 인정하고 격려하며, 자율적 책무성을 주는 등 다양한 기제를 사용한다.

둘째, 성공적인 혁신학교 체제를 위해서는 학교경영의 질 개선 문화를 조성하여야 한다. 전문적 학습공동체 체제 역시 학교교육의 본질적 목적을 위한 학교조직의 학교규율과 질서를 유지하면서 자율적 학교문화의 풍토를 조성해야 한다. 특히 학교조직 구성원들 사이의 자유로운 의사소통을 통하여 개인과 조직 간의 갈등과 반목을 줄이고, 분명한 조직의 목표와 가치의 공유를 통하여 구성원들 사이의 공동체의식을 강화하면서 변혁의 시기에 부응할 수 있는 학교경영의 질 개선 문화를 조성해야만 성공적인 자율경영 체제가 가능할 것이다.

셋째, 성공적인 혁신학교 체제를 위해서는 학교의 중요한 의사결정과정에 조직 구성원들을 참여시키고 각자에게 권한을 위임할 수 있어야 한다. 구성원들의 참여를 이끌고 그들에게 적절한 권한을 부여한다는 것은 구성원들이 스스로 의사결정을 내리고 실행하는 과정에서 자신의 지식, 경험, 직관, 창의성을 활용할 수 있는 여건 조성을 의미한다. 이런 참여와 권한 위임은 자율경영 체제 형성에 가장 의미있고 효과적인 전략이다. 혁신학교에서 권한의 위임 및 부여를 위해서는 두 가지 전제 조건이 있다. 하나는 구성원과의 신뢰관계를 기반으로 해야 한다. 구성원들의 능력과 지식, 성실성을 신뢰하지 못하는 학교장은 구성원에게 권한부여를 할 수 없다. 따라서 과거의 관리, 통제 위주의 리더십 유형에서 벗어나 믿어 주고 밀어 주는 신뢰의 문화가 마련되어야 한다. 또 다른 조건은 구성원들이 좋은 결정을 할 수 있도록 연수 및 교육의 기회를 제공하며 그 책무성의 한계를 명확히 하는 것이다. 교사들에게 권한을 위임한다는 것은 교사의 활동에 방관자적 입장에 있는 것을 의미하지 않는다. 단지 구성원들이 위임받은 권한을 올바르게 사용할 수 있도록 돕기 위해 필요한 정보를 제공하고 그 권한을 발휘할 수 있는 적절한 훈련과 교육의 기회를 마련해야 한다.

넷째, 성공적인 혁신학교 체제를 위해서는 교사나 학부모, 그리고 교육공동체 가족들과 학교교육의 비전을 공유하기 위한 시간을 가져야 한다. 학교혁신을 위한 모든 가치들은 우연히 생긴 것이 아니라 많은 시간을 통해 형성되며 형성과정에 참여 없이는 비전을 제대로 이해할 수는 없다. 특히 학교의 자율경영 활동에 참여할 수 있는 기회를 최대한 허용함으로 서로의 의견을 교환하고 교육의 질 제고를 함께 도모해야 한다.

다섯째, 성공적인 혁신학교 체제를 위해서는 학습조직 구축자로서의 역량을 발휘해야 한다. 혁신학교의 학습조직 구축이란 학교를 구성하고 있는 모든 교직원이 공동의 목적 하에서, 이를 달성하기 위해 가치관을 정립하고, 스스로 실력을 기르고, 공동학습을 하고, 모든 상황을 거시적인 안목에서 바라보는 등의 요소를 포함하는 유기체적인 학습공동체를 의미한다.

이상과 같이 성공적인 혁신학교 체제를 확립하고자 한다면, 구성원들과 함께 학교를 학습조직으로 바꾸어 학교경영의 목적을 함께 공유하고 가치를 확립하며 그 가치를 이행할 수 있어야 한다. 결국 학교경영의 공유된 가치를 설정하여 함께 공유하고, 이 가치를 실현하기 위해 자율적 책무성을 가지고 혁신학교의 변화와 개혁을 추구하며 헌신해 가야 한다.

1. 필요성과 목적

학교혁신의 과정과 결과에 대해 수집된 데이터들에 어떤 의미를 부여할 것인가는 추후 학교혁신 노력의 채택과 지속적 실행에 영향을 주는 질문들이다. 따라서 학교혁신의 과정과 결과에 대한 평가는 논리적으로 학교혁신 그 자체에서 분리될 수 없을 정도로 연계되어 있다. 그러나 교육 현장에서는 학교혁신 노력의 과정과 결과에 대한 평가가 타당하고 신뢰롭게 이루어지는 경우가 드문 편이다.

Schletchy(1990)는 구체적으로 학교혁신에 대한 평가가 필요한 이유를 다섯 가지로 제시하고 있다. 첫째, 학교 구성원들로 하여금 학교 체제에서 무엇을 기대하고 있으며, 그 기대에 부응하여 무엇을 해야 하는지에 대한 이해의 기초를 제공해 주기 때문이다. 둘째, 학교 구성원들의 수행이 개인적으로 또 집단적으로 역할에 따라 얼마나 잘 이루어졌는지에 대한 판단 근거를 제공해 주기 때문이다. 셋째, 학교혁신의 과정과 결과에 있어 무엇이 문제였고, 그 문제가 교정되기 위해 취해야 할 조건들이 무엇인지 분석할 기초를 제공해 주기 때문이다. 넷째, 그런 문제들을 해결하기 위해 취해졌던 행위들의 장단점을 평가하는 데이터베이스를 구축·제공해 주기 때문이다. 다섯째, 상벌을 위한 인사 고과의 기초를 제공해 주기 때문이다.

학교혁신을 평가하는 데 있어 그 목적을 어디에 두느냐에 따라 평가 문항, 데이터 수집, 데이터의 해석이 달라진다. Mitchell(1989)은 네 가지의 평가 목적을 제시하고 있다.

첫째, 합리적 목적(rational purpose)으로 평가는 학교가 성취하고자 했던 목표들을 성취했는지를 점검하는 것을 강조한다. 평가는 사전－사후 집단 간 비교 평가를 통해 학생들의 수행에서의 진보를 평가하고, 이것과 관련하여 학교 구성원들이 일하는 환경적 조건들, 그들의 행동에 영향을 주는 동기 유발 체제, 그들의 책무성을 정의하고 조형하는 조직적, 정책적 구조를 점검하는 데 초점을 둔다. 둘째, 실용적 목적(pragmatic purpose)으로 평가는 학교혁신의 노력이 기능하는가를 점검하는 것을 강조한다. 평가의 초점을 특정한 개혁의 목표들을 달성하는 데 미치는 학교 체제의 다양한 실행적 기제(機制)들의 상대적 효율성과 효과성을 알아내는 데 둔다. 셋째, 도덕적 목적(moral purpose)으로 평가는 학교 혁신의 노력이 좋은 것인가를 점검하는 것을 강조한다. 평가의 초점은 개혁의 목적들이 갖는 가치에 두고, 개혁이 긍정적인 가치들은 얼마나 지원하고 적절하지 못한 가치들은 어느 정도 묵인될 수 있는지에 둔다. 넷째, 보수적 목적(conservative purpose)으로 평가는 학교혁신에 투자된 비용이 학교혁신을 지속적으로 유지할 만한 것인지를 점검하는 것을 강조한다. 평가의 초점이 학교 구성원들의 일 부담을 줄이거나 좀 더 일하기 좋은 환경을 만들었느냐에 대한 것보다는 얼마나 비용을 덜 들이고 학생들의 성취를 올렸는가에 둔다.

Mitchell(1989)은 이 네 가지 평가의 목적에 따라 평가의 초점이 달라지기 때문에 학교혁신에 대한 평가에서는 평가 목적에 대한 여러 관점들을 종합적으로 고려하여야 한다고 주장한다. 예를 들어, 실용적 관점은 결과를 중시하고 가치문제에 관심을 두지 않아, 인간의 근본적 성격을 중시하는 도덕적 관점과 갈등을 보일 수 있고, 합리적 관점의 학교의 교육 목표 성취 강조는 보수적 관점의 경비 문제와 갈등을 보일 수 있고, 도덕적 관점을 무시할 수 있다. 따라서 여러 평가 관점에서 학교혁신의 과정과 결과를 종합적으로 평가하게 되면 추후의 학교혁신에 대한 계획, 실행, 유지에 유용한 정보를 얻고 여러 관계자들의 만족을 보다 넓게 충족시킬 수 있다.

2. 학교혁신 평가 모델

1) 단위학교의 학교혁신 평가 모델

단위학교에서의 학교혁신 평가는 주로 Mitchell(1989)의 수행적 목적에 해당된다. 즉 학교에서 초점을 두고 노력한 어떤 목표와 관련하여 학생들이 얼마나 달성했는지를 확인하는 활동이 단위학교에서의 주된 평가 활동이 된다. 예를 들어, 어떤 학교가 학생들의 창의성 향상을 위한 새로운 프로그램을 투입한 경우, 그 효과를 제대로 거두었는지 평가를 하게 된다. 따라서 단위학교에서의 평가는 주로 교육과정 평가 모델에 기초하게 되는데, 단위학교에서 혁신을 실행하고 그 결과를 점검한 후 피드백을 통해 추후 학교혁신의 계획과 실행에 반영할 정보를 얻는 모델로 적절한 것이 Stake(1975)의 반응적 모델(responsive model)과 Stufflebeam(1971)의 CIPP(Context-Input-Process-Product) 모델이다.

반응적 모델은 학교의 교육 서비스를 통해 이익을 얻는 관계자들의 교육과정 운영과 결과에 대한 반응이 중요하다고 보고 교사, 학부형, 학생들로부터 평가 정보를 얻는 방법을 취한다. 학교가 추진한 혁신의 계획, 실행, 결과의 측면에 대해 학부형, 교사, 학생들에게 평가에 포함시키기를 원하는 평가 항목 또는 이슈들에 대해 조사를 하고 설문지법이나 면접을 통해 학교가 추진한 혁신에 대해 평가 정보를 얻는다. 매우 간단한 모델로 현재 우리나라 대부분의 학교들은 이 모델을 가장 많이 사용하고 있다.

CIPP 모델은 단순히 평가하는 활동에만 머무르는 것이 아니라 혁신 프로젝트를 수행하는 각 단계를 향상시키는 데 필요한 정보를 얻는 모델이다. 즉, 혁신 프로젝트 수행 후뿐만 아니라 수행 도중에도 오류나 부족한 점이 발견되면 언제든지 수정하는 모델로서, CIPP의 이런 측면은 교육이란 학생들의 학습 경험의 질을 향상시키는 것이고 그 과정에서 학습경험의 오류나 부족한 점을 최소한으로 줄여야 한다는 당위성에 비추어 볼 때 매우 교육적으로 적절한 모델이 될 수 있다. CIPP 모델에서는 프로젝트 책임자가 객관적으로 프로젝트에 대한 정보를 얻기 위해 별도로 프로젝트 평가 전담팀을 선정하고, 평가 전담팀은 평가 활동을 통해 얻은 정보를 가지고 프로젝트 책임자와 수시로 협의함으로써 프로젝트를 수정·보완하고 그 성공 확률을 높일 것을 주문한다.

CIPP 모델은 배경평가(Context evaluation), 투입평가(Input evaluation), 과정평가(Process evaluation), 산출평가(Product evaluation)의 네 단계가 계선적으로 이루어지면서도 언제든지 이전 단계로 돌아가 수정·보완하는 융통성을 필요로 한다.

첫 번째의 배경평가(context evaluation) 단계에서는 학교혁신의 목적과 목표를 설정하게 된 배경의 적절성을 평가하는데, 프로젝트의 목표를 설정하게 된 배경의 적절성을 평가하려는 것이다. 좀 더 구체적으로 다음과 같은 질문들을 가지고 평가 활동에 임한다.

- 학교 내외에서 제기되는 가치, 요구 또는 압력, 기회들을 반영하여 목표를 설정했는가?
- 충족되지 못한 요구들을 만족시키고 활용되지 못한 기회들을 사용하기 위해 문제를 진단하고 우선순위를 반영하여 목표를 설정했는가?
- 관련 이론과 연구물에 기초하여 목표가 설정되었는가?
- 광범위한 의사소통 과정을 거쳐 목표가 설정되었는가?
- 설정한 목표는 현재의 학교 수행 능력 수준과 주어진 인적, 물적 자원에 비추어 성취될 수 있는 것인가?
- 목표들이 조작적으로 정의되었는가?

배경평가에서 평가 전담팀은 특별히 두 가지 활동에 주목해야 하는데, 첫째는 학교의 혁신 프로젝트가 설정한 목표의 적절성을 평가하기 위해 학교 밖의 기회와 요구 또는 압력에 대한 정보를 습득하는 것이다. 이를 위해 다른 학교 탐방, 연구물 탐색, 외부 전문가 자문, 연찬회를 통한 브레인스토밍, 지역사회의 가치 및 태도 평가, 미래 변화를 예고하는 테크놀로지의 진보, 정치적, 사회적, 경제적, 인구학적 동향을 조사하는 등의 방법론을 사용한다. 둘째, 학교의 혁신 프로젝트의 목표 성취가 학교의 현재 수행 능력으로 성취해 낼 수 있는지를 평가하기 위하여 학교의 현재 수행 능력을 진단하여 데이터베이스(예: 학생들의 학업성취 및 생활지도 수준, 학교 중도탈락률, 학교 재정 및 자원, 교사 및 학부모의 혁신 지원 수준, 지역사회의 인적·물적 자원 등)를 구축하고 기대되는 수준으로 목표를 성취하기 위해 필요한 것들은 무엇인지 찾아내는 것이다.

두 번째의 투입평가(input evaluation) 단계에서는 설정된 목표들을 성취할 수 있는 여러 가지 수단적 측면들을 평가한다. 즉, 혁신 프로젝트의 설계에 투입된 변인들을 평가한다. 예를 들어, 프로젝트의 전략, 절차, 시설, 스케줄, 조직 구조, 교사진 운용, 예산 등과 같은 계획의 여러 측면에 대해 평가한다. 투입평가 단계에서의 활동을 이끌어 가는 데 중요한 질문들은 다음과 같다.

- 전략들이 이론적으로 타당한 원리들에 기초하고 있는가?
- 전략들에 기저하고 있는 가정들은 무엇이고 충족될 수 있는 것인가? 합법적이고 도덕적인가?
- 이미 다른 학교나 기관에서 사용했던 전략들과 어떻게 다른가?
- 전략들이 가지고 올 수 있는 부작용으로는 어떤 것들이 있는가? 비용과 효과의 측면에서 더 좋은 대안적인 전략들이 있을 수 있는가?
- 전략들을 수행해 내기 위한 절차들은 적절한가? 절차 수행에 있어 잠재적인 장애물은 어떤 것들이 있을 수 있는가?
- 전략을 수행해 내기 위해 기존의 교사진과 시설을 어떻게 최선으로 활용할 수 있는가? 교사들에게 어떤 연수가 필요가 어떤 시설이 확충되어야 하는가?
- 전략들을 수행할 때 필요한 활동들의 시간 스케줄이 적절한가?
- 전략들에 대해 교사, 학부모, 학생들이 얼마나 알고 있고 어떤 태도를 가지고 있는가?
- 전략들을 효율적이고 효과적으로 수행해 내기 위해 예산은 어떻게 확보되는가?

투입평가 단계를 통해 정보를 얻는 방법은 평가 전담팀의 숙의(熟議, deliberation), 연구물에 대한 조사, 컨설턴트단의 고용 등이 사용되고, 수집된 평가 정보를 기초로 평가 전담팀은 혁신 프로젝트 책임자와 함께 실행 계획의 수정·보완 및 외부 지원 여부를 검토한다.

세 번째 과정평가(process evaluation) 단계에서는 동원한 수단들이 실제로 실행되는지를 확인하고 필요한 수정을 가하기 위해 과정을 모니터하고 기록한다. 여기서 세 가지 활동을 하게 되는데 그 활동은 다음과 같다.

첫째, 프로젝트의 실패를 가져올 수 있는 잠재적 원천들을 지속적으로 확인하고 모니터한다. 교사진과 학생들 사이의 대인적 관계, 의사소통 채널, 자원의 원만한 조달 및 시설의 부족 여부, 관련자들의 프로젝트의 의도에 대한 이해와 합의, 교사진의 지식 및 기능 수준, 타임 스케줄의 적절성 등을 검토한다. 둘째, 프로젝트 책임자가 이미 사전에 결정한 내용을 본격적으로 실행에 옮기기 전에 그 타당성을 예측하는 활동을 한다. 예를 들어, 혁신 프로젝트인 창의성 프로그램을 전교에 시행하기 전, 몇 개 학급을 샘플링하여 예비적으로 시행해 보고 그 타당성을 결정한다. 셋째, 프로젝트가 펼쳐지는 과정에서의 주요 특징들을 명기한다. 예를 들어, 창의성 프로그램 도입의 경우, 지도할 교수 요목, 교사연수 기간, 필요한 자료 및 시설 및 재원, 학부형을 대상으로 한 프로그램 소개 내용 및 방법, 사용한 평가 도구 등을 기술한다. 이런 기록이 필요한 이유는 나중에 목표들이 성취된 이유와 성취되지 못한 이유를 결정하는 데 유용하게 사용될 수 있기 때문이다. 예를 들어, 프로젝트가 실패했을 경우 교사가 실행한 내용이 이런 주요 특징들을 지키며 교육했는지를 점검함으로써 그 실패의 원인이 프로젝트 설계의 잘못에 있었던 것인지 아니면 교사의 실행 과정에서 잘못이 있었던 것인지를 확인해 내는 데 사용될 수 있기 때문이다.

과정평가 단계를 통해 정보를 얻기 위해 형식적, 비형식적 평가 방법 모두를 동원한다. 교사들의 상호 작용 분석, 교사들이 기록한 일과 종료 후의 프로젝트 수행에 대한 개방형 형태의 반응, 면접지, 평정척, 프로젝트 수행책임자의 일지, 간부진 회의의 기록물 등을 사용한다.

네 번째 산출평가(product evaluation) 단계에서는 프로젝트의 산출물을 평가하는데, 목표가 성취되고 있는지 또는 성취되었는지를 조사한다. 프로젝트의 도중과 최종 단계에서의 산출을 측정하고 해석한다. 목표가 성취되고 있지 않거나 성취되지 않았으면 실행 절차가 의도했던 대로 이루어졌는지, 또 목표가 성취되고 있거나 되었으면 과정평가를 통해 얻은 기록을 살펴보고, 그런 산출을 생성하게 한 실제적 절차가 무엇이었는지 파악해 낸다. 이렇게 해야 프로젝트 절차의 지속, 반복, 확산, 정착이 가능하게 되고 전반적인 설계의 정교화가 이루어질 수 있다.

산출평가의 일반적인 방법은 목표의 조작적 정의와 관련한 준거를 측정하고 그 측정 내용을 사전에 정한 절대적 또는 상대적 표준과 비교한 후, 이전에 이루어졌던 배경평가, 투입평가, 과정평가를 통해 얻은 정보를 토대로 결과를 합리적으로 해석하는 것으로 구성된다. 전통적으로 산출 평가는 실험설계(experimental design)를 통해 이루어지는 것이 보통이다. 즉 학생들을 실험집단과 통제집단으로 무작위로 배정하고, 실험이 종료된 후 어떤 공통적인 준거에 의해 평가를 하고, 두 집단의 차이가 있는지 검증하여 차이가 발견되면 실험집단에 도입되었던 절차를 그런 차이를 가져오게 된 원인으로 간주하는 것이다. 그러나 학교현장에서는 실험설계를 하기에는 운영적 측면에서 어려움이 많아 대개 준실험설계(quasi-experimental design)의 방법을 쓴다. 학생들도 무작위의 방법을 사용하지 않고 자연학급을 실험집단과 통제집단으로 배정하고, 실험을 하기 전에 양 집단의 준거와 관련하여 통계적으로 유의미한 차이가 없는지 사전 검증을 통해 확인하고 실험에 들어간 후, 사후 검증을 하여 두 집단의 차이를 확인하는 방법을 쓴다. 그래서 실험의 조건을 완벽하게 통제하지는 않는다. 그리고 결과의 해석에 있어 통계 분석을 통해 나오는 양적 평가 정보 외에 질적 평가 정보도 사용한다.

혁신책임자가 이런 일련의 평가 과정에서 고려해야 할 것은 혁신의 방향과 관련하여 학교 구성원들 간에 가치의 충돌이 있을 수 있다는 점이다. 앞에서 언급한 수월성, 효율성, 공평성, 선택이라는 핵심 가치들 중에서 학교 구성원들마다 최우선시 하는 가치가 다를 수 있고, 평가의 목적을 보는 합리성, 실용성, 보수성, 도덕성의 관점도 서로 달라, 이들은 서로 긴장 관계에 있을 수 있기 때문이다. 따라서 혁신책임자는 혁신의 사례별로 어떤 가치에 비해서 어떤 가치가 중시되는 혁신이고, 어떤 가치가 얼마만큼 증대되고 또 어떤 가치가 얼마만큼 타협되는지를 평가해야 한다(Mitchell, 1989).

[그림 2] CIPP 모델

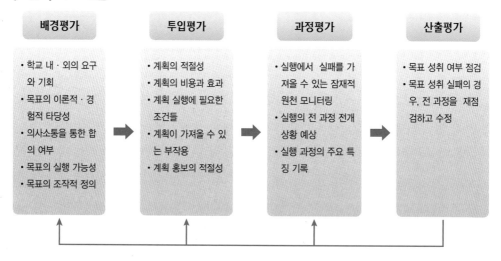

아울러 효과 크기와 관련하여서도 딜레마가 있다. 그것은 혁신을 통해 이룬 성취는 하나의 요인이 작용한 것이 아니라 여러 요인들이 복합적으로 작용하여 발생한 것이기 때문이다. 즉 혁신 우수학교에서는 여러 가지 좋은 아이디어들을 동시에 사용하기 때문에 우수한 성취를 내는 데 기여한 특정한 독립변인의 효과를 파악해 내기 어렵다는 것이다. Goodlad (1975)는 이 점을 다음과 같이 진술하고 있다.

> "우수 혁신학교에서는 대부분의 좋은 교육적 아이디어들이 광범위하게 사용된다. 상당한 양의 시청각 자료의 사용, 2~3명의 소집단 학습의 활성화, 새로운 교육과정 재료의 사용, 교실 공간의 융통적인 활용, 다학년 또는 무학년 학습 집단 운영, 교수에서의 학부모 자원자의 활용, 협동적 교수 계획과 팀티칭 및 평가 등이 총체적으로 결과에 영향을 미쳐 나타난다(pp. 139-140)."

혁신학교에서의 이런 현상은 혁신학교의 자생적 능력으로 인해 나타나는 특징으로써, 학교가 외부 기관의 명령과 지시에 따르는 것이 아니라 스스로 문제해결에 임하고 가용한 모든 자원들을 활용하여 성장하고 발달하고자 하는 성향 때문에 나타나는 것으로 조금도 잘못된 것이 아니다. 다만 어떤 혁신 사례에 영향을 미친 특정한 요인을 파악해 내고자 하는 학교혁신 평가에는 어려움을 제공한다는 것이 딜레마라는 것뿐이다.

이런 딜레마를 완전히 해결하기는 어려우나, 양적 평가와 질적 평가를 모두 사용하는 혼합적 평가 방법(mixed-method evaluation)을 동원하면 크게 해소할 수 있다. Johnson과 Onwuegbuzie(2004, p. 17)는 이런 혼합적 연구 방법을 제 3의 패러다임이라 부르며 "연구자가 양적 연구와 질적 연구의 기법, 방법, 접근, 개념 또는 언어를 하나의 연구에 혼합 또는 조합하는 연구 유형"으로 정의한다. 혼합적 연구 방법은 양적 연구가 가진 신뢰성과 질적 연구가 가진 타당성을 통합하는 것으로써, 각각이 가진 연구의 장점은 살리고 약점을 보완할 수 있는 장점을 가지고 있어 그런 딜레마를 줄일 수 있다. 예를 들어, 어떤 혁신학교가 창의성 신장을 목표로 설정하고 프로그램을 개발한 후 실행에 옮기고 그 효과를 평가하려고 할 경우, 양적 연구로 무작위 배정을 통해 학생들을 실험반과 통제반으로 설정하고 일정 기간 동안 실험반에는 창의성 프로그램을 투입한 후 사전 – 사후 비교 검사를 통해 그 효과 크기를 평가하는 활동을 한다. 그리고 질적 연구를 통해 그 실험 기간 동안 교사와 학생들이 활동한 모습들 또는 학교의 지원 활동 등과 같은 매개적 변인들에 대한 기술적(記述的, descriptive) 정보를 관찰, 면담, 일지, 일화기록 등을 통해 얻는다. 그런 후 그 매개적 정보들을 가지고 양적 연구를 통해 얻은 효과에 미친 영향을 추정하거나, 추후 양자 간의 상관적 관계를 밝히는 양적 연구를 진행할 수도 있다.

2) 교육청의 학교혁신 분석 모델

교육청은 국가와 단위학교를 연계하는 중간 위계의 조직으로서, 단위학교와의 행·재정적 연계가 긴밀하기 때문에 학교혁신에 미치는 실제적 영향은 국가보다도 훨씬 크다. 교육청은 산하 단위학교에서 이루어지고 있는 학교혁신의 사례들을 분석하고 종합하여 교육청 수준에서 추진해 온 학교혁신 노력을 총괄적으로 평가하고, 필요 시 단위학교별 혁신 노력을 포상 혹은 지원하거나 자문하는 활동을 펼쳐야 학교혁신을 지속적으로 이루어 갈 수 있다.

Simmons(1983b)는 각국의 교육개혁은 왜 이루어지고, 왜 그런 방식으로 이루어지고, 왜 그런 결과를 얻는지를 분석하는 모델을 제시하는데, 개혁이 시도되는 조건, 유형, 결과라는 세 가지 틀을 사용한다. 비록 이 모델은 국가 수준의 교육개혁 사례들을 평가하고 분석하는 데 사용되었지만, 각 틀에 속하는 평가 항목들을 교육청 산하 단위학교들을 고려하여 변화시켜 수정하여 사용하면 교육청의 학교혁신 정책 관련자들에게 교육청이 추진해 온 학교혁신의 상황을 평가하고 추후의 학교혁신을 계획하고 실행하는 데 유용한 일련의 정보를 제공해 준다.

조건은 단위학교가 처한 정치적, 경제적, 사회문화적 차원에서의 요인들을 말한다. 정치적 차원에서는 학교장, 교사, 학부모들의 정치적 성향(보수적, 진보적), 학교장의 리더십 유형(관료적, 민주적), 학교장의 혁신 지향성(적극적, 소극적), 학교장의 지역사회와의 제휴 능력(높음, 낮음), 교사와 학부모들의 혁신 지지도(높음, 낮음) 등이 포함된다. 경제적 차원에서는 지역사회 경제 유형(농촌형, 산업형, 정보화형), 학부모들의 사회·경제적 수준(높음, 낮음), 학교의 발전 기금 유치도(높음, 낮음), 교육청의 재정 지원(높음, 낮음) 등이 포함된다. 사회문화적 차원에서는 지역사회의 문화 수준(높음, 낮음), 학부모들의 교육 철학(실리형, 본질형), 지역사회의 인적·시설 자원(풍족함, 부족함), 학교와 지역사회와의 협력 관계(긴밀함, 저조함) 등이 포함된다.

유형은 단위학교가 어떤 혁신 가치들을 추구하는 유형인가에 관한 것이다. 즉 모든 학생들의 인지적·정의적 능력의 향상을 추구하는 수월성 제고 유형인가? 소외계층을 포함하여 모든 학생들에게 교육 기회를 확장하는 평등성 제고 유형인가? 학교 시설 및 체제의 기능을 높이는 효율성 제고 유형인가? 학생들에게 학습 경험 선택권을 확장하는 선택 제고 유형인가? 등이다. 물론 단위학교가 추구하는 어떤 혁신 노력은 위 네 가지를 모두 포함하는 경우가 있을 수 있어, 정확히 어느 한 유형으로 판단하기에 어려움이 있을 수 있다. 그러나 모든 혁신 노력은 그 초점과 비중은 다르기 때문에 그런 차원에서 유형 분류는 가능하다.

결과는 학교혁신 노력의 효과적 측면으로 교육적 효과와 사회적 효과로 나뉠 수 있다. 교육적 효과는 학업성취와 같은 지적인 측면에서의 증진이나 정서나 인성과 같은 정의적 측면에서의 증진, 새로운 교육프로그램의 개발, 학교 시설 및 환경의 개선, 학교 경영의 효율성 증진, 교육 기회의 평등성 및 선택권 확대 등이 포함된다. 사회적 효과는 교육 사회에의 확산 기여도, 교사들의 내적 동기 및 사기 진작, 학부모와 학생들의 학교 선호도 증진, 지역 공동체의 활기 부여, 지역 경제의 활성화 기여 등이 포함될 수 있다.

교육청의 학교혁신 분석 모델을 그림으로 나타내면 [그림 3]과 같다.

[그림 3] Simmons의 학교혁신 분석 수정 모델

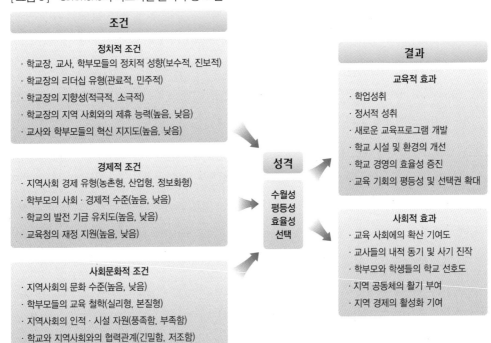

3. 혁신학교의 현황과 발전 방향

1) 혁신학교 현황

2009년 4월 당선된 김상곤 교육감은 공교육 바로세우기 정책으로 소외된 지역에 작은 학교 모델을 만들고 학급당 인원은 25명으로 하며 지정 학교에 재정과 운영 및 교육과정의 자율성을 보장하는 혁신학교 정책을 도입하였다. 혁신학교는 지역 소재 초·중·고등학교를 공모를 통해 선정하는 것을 원칙으로 하되, 학교장과 구성원의 혁신학교운영 의지가 강한 학교 중 낙후지역 소재 학교, 저소득층 학생비율이 높은 학교, 지원(배정) 기피학교, 소외 지역 학교의 작은 학교, 25명 내외의 작은 학급을 갖춘 학교에 우선권을 부여하였다. 혁신학교의 모델은 크게 농산어촌 전원형과 도시 근교 도농복합형의 작은 학교 모델(전원형), 도심공동화 및 시지역 학교를 재구조화하는 새로운 학교 모델(도시형), 신설학교 등을 통해 미래형 교육과정을 운영하는 모델(미래형), 특성화 및 부적응 등 다양한 요구를 구현하는 모델(대안형)로 구분하여 볼 수 있다.

학교혁신 정책들에 관한 긍정적, 부정적 측면에 관한 논의가 진행되던 가운데 2010년 6·2 지방선거에서 소위 진보성향 교육감들이 대거 당선되면서 그들의 주요 공약인 무상급식과 함께 단위학교 개혁을 위한 혁신학교 정책의 시행은 교육계의 또 다른 관심사의 하나로 떠오르게 되었다(장훈, 김명수, 2011). 혁신학교는 2009년 이를 처음 도입한 경기도를 시작으로 이후 서울, 광주, 강원, 전북, 전남 등 진보 교육감들이 확대 운영해, 현재 354개 초·중·고교가 지정돼 있다(조선일보, 2012년 11월 30일). 혁신학교의 명칭은 각 지역마다 다르게 사용하고 있다. 서울시교육청과 경기도교육청은 혁신학교, 전남교육청은 무지개학교, 강원도교육청은 강원행복+(더하기)학교, 광주시교육청은 빛고을혁신학교라고 부른다. 경기도교육청에서 추진하고 있는 혁신학교는 단위학교 개혁을 제도적 개혁과 학교문화의 변화라는 두 가지 차원에서의 접근을 시도하면서 단위학교의 창의적이고 자기주도적인 학습 능력을 높여 공교육을 정상화시키는 것에 그 목적을 두고 있다(경기도교육청, 2010). 경기도에서는 혁신학교를 도입한 이후 2011년 71개의 혁신학교를 지정 운영하였고, 2012년 이후 혁신학교를 200개교까지 확대 지정하여 운영하고 있다. 한편 서울형혁신학교는 2011학년도에 처음으로 지정되었는데, 2011학년도 상반기에 초등학교 10개교, 중학교 10개교와 고등학교 3개교를 지정하였고, 이후 이를 계속 확대할 예정이다.

2) 혁신학교의 발전 방향

일반적으로 학교혁신은 '단위학교가 특정 계기에 의해서 학교 내 교육과정, 수업, 학급 운영, 교직 문화, 학교 경영, 조직 체계 등에 총체적으로 창조적인 변화를 일으켜 다른 학교에 영향력을 미칠 수 있는 성공적인 사례'로 정의하고 있다(허봉규, 2011). 혁신학교운동은 가치 목적적 교육운동이고, 실천 지향적 교육운동이다. 이러한 혁신학교 운동이 성공적인 사례가 되려면 교육주체의 만족도를 제고하든지 학업성취에 있어 기존보다 객관적 지표가 개선되어야 할 것이다.

혁신학교 운동에서 교사는 교육전문가로서의 자율성에 기반한 수업을 통해 혁신학교 운동의 철학이 실현될 수 있다고 본다. 경기도교육청의 혁신학교운영 사례는 짧은 기간에 교육계뿐만 아니라, 학부모, 지역사회의 주목을 받았으나, 반면 일부 혁신학교장의 교육 철학 부재와 추진 과정에서의 시행 착오, 소외된 지역의 일부 혁신학교에서 지속적으로 제기되는 저조한 학업 성취, 2009년 지정된 혁신학교만 승진가산점을 인정하여 2010년 이후 지정교에서는 상대적인 교사 동기부여의 결여 등 부작용도 함께 나타나고 있다. 그러나 짧은 시간 동안 혁신학교가 우리 사회와 교육계에 미친 긍정적인 파장을 고려해 볼 때, 공교육 체제 내에서 새로운 학교 교육의 대안을 제시한 혁신학교의 성공 사례는 공교육에 교육적 희망을 제시할 것으로 보인다.

활기차고 행복한 학교에서, 배우고 가르치는 일이 행복하고 참여와 소통의 생산적 문화를 만들어 가는 역동적인 학교로서의 순기능을 지속하기 위해 혁신학교 운동이 해결해야 할 과제들을 제시하면 다음과 같다(박봉서, 2012). 첫째, 현재 혁신학교운영으로 주목을 받고 있는 학교들이 교육청으로부터의 행·재정적 지원이 사라진 뒤에도 혁신학교의 특성을 유지할 수 있는지에 대한 연구와 고민이 있어야 한다. 둘째, 혁신학교는 일반학교에 비해 상대적으로 많은 교사들이 학교장과 함께 혁신학교에 대한 비전을 함께 공유하고 있었지만, 혁신학교의 교육 성취가 미흡할 경우에는 그 원인에 대한 책임이 온전히 교사에게 돌아올 우려가 있다는 점을 경계하고 살펴보아야 할 것이다. 셋째, 혁신학교 우수사례로 일부 초등학교 사례만이 부각되고 있다는 한계를 극복해야 한다. 공교육 체제 속에서 새로운 학교의 가능성을 모색하고 수평적 다양성을 실험하는 혁신학교 정책이 일부 학교급의 특수한 사례가 아닌 공교육 전체의 가능성으로 이해되고 확산해 나가기 위한 노력이 더욱 필요하다.

1. 미국 교육개혁과 학교혁신

1) 미국 교육개혁의 변천

미국의 교육이념은 자유와 평등(능력주의와 기회균등원리의 유지·보완을 통한 발전)으로, 19세기 중반에 자본주의 국가 교육의 기본틀을 제시한 것으로 여겨지는 미국의 공립학교운동(commom school movement)이 시작된 이래 미국의 교육은 크게 세 차례의 변동을 겪게 되었다(구자억 외, 1997). 세 차례의 주요 교육개혁의 동향을 살펴보면 다음과 같이 요약할 수 있다.

첫 번째 교육개혁은, 산업화 측면에서 독일에 의해 위협을 느끼면서 시작되었다. 1900년을 전후하여 독일 산업의 효율성에 위기를 느낀 미국은 직업교육 주창자들을 중심으로 하여 독일과의 산업효율성 경쟁에서 이기기 위해서는 미국교육을 보다 효율적인 방향으로 개혁해야 한다고 주장하였다.

두 번째 교육개혁은 1958년 러시아의 Sputnik 인공위성 발사와 Sputnik Shock에 따른 국가방위교육법 제정 및 연방정부의 고등교육 재정지원 강화와, 이를 통한 능력주의 교육의 강조로 요약할 수 있다. 우주경쟁에서 소련을 이겨 국가안보를 확고히 하자는 취지에서 시작된 '학문중심의 교육'과 수학 및 과학 중심의 수월성교육(또는 영재교육)을 중심으로 한 교육개혁의 논의는 1969년 미국의 달탐사우주선이 인류 최초로 달에 착륙하면서 미국인들의 자존심을 교육을 통해 해결하는 결과를 낳았다. 자존심을 회복한 미국의 관심은 다시 내부문제로 돌려졌고, 1970년대 시민권운동(civil rights movement)이라는 미국 역사상 최대의 민주적 전환기를 맞게 되었다.

세 번째의 교육개혁은 1983년 레이건 대통령이 신흥 공업강국인 일본의 자동차산업과 한국의 철강산업 등을 지목하여 학력저하, 낮은 성인 문해율(15세 이상의 3R's) 등 미국교육 상태를 고발하면서 미국의 경제적 위기를 극복하고자 한 A Nation at Risk(위기에 처한 국가)부터, 1991년 부시 대통령의 America 2000: An Education Strategy(미국 2000년대의 교육전략), 1994년 클린턴 대통령의 Goal 2000: Educate America Act(21세기 미국 교육의 지향), 2000년 부시 대통령의 No Child Left Behind(NCLB: 낙오학생방지법)를 거쳐 지난 2009년

대통령 취임에 이어 최근 연임에 성공한 오바마 대통령의 교육 정책에 이르기까지의 일련의 교육개혁을 들 수 있다.

2002년 1월에 부시대통령이 최종 서명하여 확정한 No Child Left Behind(NCLB)는 미국 연방정부의 적극적 개입을 보여주는 대표적인 교육개혁이라 할 수 있다(송경오, 2007). 1962년에 제정된 초·중등교육법을 재개정한 NCLB 교육개혁은 미국 내 모든 학생들의 학업성취를 향상시키기 위하여 교육기관의 책무성 강화, 학교선택, 교사의 전문성 강화를 그 어느 때보다 강조하였다. 2002년 NCLB 교육개혁의 주요 내용은 다음과 같이 요약할 수 있다.

- 수월성 제고를 위한 국가표준시험제도 도입
- 유능한 교원 확보
- 아동의 독서능력 향상
- 조기 유아교육 강화
- 학교교육의 책무성 강화와 학부모의 선택권 확대(단위학교의 자율성 확대, 다양한 종류의 학교 유형)
- 마약과 폭력이 없는 안전하고 질서 있는 학교 만들기
- 학교건물 신축과 현대화
- 대학의 문호개방 확대
- 평생교육 지원강화
- 교사와 학생들의 정보기술 소양강화

한편 2009년 1월에 취임한 미국 민주당의 오바마 정부는 경제침체기에 교육에 투자하고 사회경제적으로 어려운 계층을 보호해야 미래 성장 동력을 확보할 수 있다는 철학을 교육개혁안에 담고 있었다(염철현, 2010). 미국 민주당 오바마 정부의 교육개혁의 동향을 간략히 살펴보면 다음과 같다. 첫째, 낙오학생방지법(NCLB)과 같은 성과중심 교육개혁의 폐해를 개선한다. 둘째, 연방 정부의 예산배정을 학생의 학업성취도와 연계한다. 셋째, 우수교사를 적극 유치, 보상, 훈련, 근속케 하고 무능교사를 퇴출한다. 넷째, 공립학교 관료제의 폐단을 개선하기 위해 책무성이 명료한 charter school(공립형 자율고)로의 전환을 적극 권장한다. 다섯째, 2년제 community college를 개혁하여 국민의 고등교육기회 향상과 21세기형 직업을 준비한다. 여섯째, 대학생들의 사회봉사활동을 활성화하고 학비지원을 강화한다.

2) 미국 교육개혁의 동향

미국은 1983년 '위기에 처한 국가(A Nation At Risk)'를 공표하면서 이른바 수월성 추구를 위한 교육개혁을 지속적으로 추구하였다. 1990년대 이후에는 학교기반경영(School Based Management)과 총체적 학교 교육 질관리 모형(Total Quality Management Model) 등을 통한 학교의 변화를 추구하고 지원하면서 공립학교 교육체제의 변화를 시도하였고, 교사의 전문성을 신장시키기 위한 노력을 계속하였으며, 이후 학생들의 학업성취에 대해 단위학교가 책임을 지도록 하는 정책으로 이어졌다. 이후 21세기에 들어서면서 부시 행정부는 낙오학생방지법(NCLB)을 제정하여 모든 학생들에게 일정 수준 이상의 교육 수준을 유지하도록 하였고, 이는 연방정부의 교육정책 1순위로 책무성 정책을 채택하고, 학생의 학업성취가 향상된 학교에 재정적 지원을 확대하는 재정투자 정책으로 이어졌다(허봉규, 2011). 이러한 미국 교육개혁의 주요 성과는 특히 공교육체제의 재구조화와 관련하여 나타났고, 미국 공립학교 개혁안으로 차터스쿨(Charter school), 바우처스쿨(Voucher school), 마그넷스쿨(Magnet school) 등 다양한 학교 교육 형태가 도입되었다.

(1) NCLB 교육개혁

NCLB 교육개혁은 최근에 새롭게 등장한 개혁이 아니라 1965년에 처음으로 채택된 초·중등교육법(The Elementary and Secondary Education Act: ESEA)을 발전시켜 부시 정부가 재개정한 교육법이다. 초·중등교육법에 근거하여 연방 정부는 저소득층 학생이 많은 학교의 보조교사 채용, 교사 전문성 개발, 방과후 프로그램 시행 등에 필요한 예산을 지원하였다. 부시 행정부와 공화당 의원들에 의해 지지를 받고 있었던 NCLB 교육개혁안은 종전의 초·중등교육법과 비교해 볼 때, 학생의 학업성취에 대한 책무성 평가 시스템, 신임 및 현직 교사의 높은 자격요구, 연방재정 사용의 융통성 측면에 있어 상당한 차이를 보였다(송경오, 2007). 저소득층 학생들의 교육적 기회 확대와 학업성취 향상에 초점을 둔 기존의 초·중등교육법과 달리 NCLB 교육개혁안은 미국 내 모든 학생들의 학업성취를 위한 주정부와 지방교육청의 책무 강화에 연방정부가 적극적으로 개입하고자 하였다. 이는 교육에 대한 연방정부의 적극적 개입이 미국 학생들의 학업 성취 간격을 좁힐 수 있을 뿐만 아니라 단위학교 발전에도 큰 기여를 할 수 있을 것이라는 믿음을 나타낸 것이다.

이러한 2002년 NCLB 교육개혁의 주요 내용은 수월성 제고를 위한 국가표준시험제도 도입, 유능한 교원 확보, 아동의 독서능력 향상, 조기 유아교육 강화, 학교교육의 책무성 강화와 학부모의 선택권 확대, 마약과 폭력이 없는 안전하고 질서 있는 학교 만들기, 학교 건물 신축과 현대화, 대학의 문호개방 확대, 평생교육 지원강화, 교사와 학생들의 정보기술 소양강화 등으로 요약할 수 있고, NCLB 교육개혁의 주요 특징을 살펴보면 다음과 같다(송경오, 2007).

첫째, NCLB 교육개혁은 학생의 학업성취 향상을 위해 보상과 처벌을 강조하는 책무성 시스템(high-stakes accountability system)을 도입한다. 주정부는 연간 학업성취목표(Adequately Yearly Progress)를 수립하고, 모든 학교의 학생들은 이러한 학업성취 목표에 달성해야만 한다. 연간 학업성취 목표에 도달하는 학교와 주정부에게는 연방정부로부터 계속적인 지원이 주어지지만, 목표에 도달하지 못하면 학생은 유급되고, 학교는 폐교될 수 있으며, 지방교육청과 주정부는 연방정부로부터의 예산삭감을 감수해야 한다. 또한 주정부는 모든 학년의 학생들이 달성해야 하는 연도별 학업성취목표를 수립하고 학생의 학업성취를 감독하며, 3학년부터 8학년까지 모든 학생들을 대상으로 해마다 수학과 읽기 평가를 실시하며, 주정부는 연도별 학생들의 학업성취 보고서(Annual state and school district report cards)를 작성하여 학부모와 지역사회에 보고하도록 하고 있다. 지방교육청은 연도별 학업성취 목표에 도달하지 못한 학교들에게 교직원의 대체, 새로운 교육과정의 시행, 학교관리자의 권한 축소, 외부전문가의 임명, 수업일수 또는 학기의 연장, 그리고 학교내부의 재조직화 등으로 이루어진 시정조치를 취해야 한다. 둘째, NCLB 교육개혁 하에서 주정부와 지방교육청은 단순히 단위학교의 책무성을 감독하는 역할만이 아니라, 학생들의 학업성취향상과 학교발전을 위해 지원해야 할 책무성을 가진다. 셋째, NCLB 교육개혁은 교육기관의 엄격한 책무성과 상당한 지원을 요구하는 대신 연방정부에서 제공하는 재정사용에 있어 주정부와 지방교육청에게 융통성을 부여한다. 주정부와 지방교육청은 연방교부금재원의 최고 50%까지를 별도의 승인 없이 특정 프로그램을 위해 사용할 수 있다. 넷째, NCLB 교육개혁은 학업성취도가 낮은 학교에 다니는 학생들에게 학교를 선택할 수 있는 기회를 제공한다. 마지막으로, NCLB 교육개혁은 모든 교사들이 법에서 제시된 높은 교사자격 수준을 갖출 것을 요구한다. 신임 초등교사의 경우, 사범대학을 졸업한 교원자격증 소지자로 초등학교 교육과정에 관한 능력을 검증하는 주정부의 임용시험을 통과해야만 한다. 신임 중·고등학교 교사의 경우에도, 주정부의 임용시험을 통과하거나, 대학원을 졸업해야 한다.

(2) 오바마 행정부의 교육개혁

부시 정부와 오바마 정부 간에는 교육개혁의 추진 방식에서 상이한 점이 있다. 전임 부시 정부가 현실적인 재정 여건이나 개혁의 주체인 주정부와 지역 교육구, 교원 노조, 교사, 교육행정가, 학부모의 입장을 충분히 수용하기보다는 교육개혁의 대세를 쫓아 전면적으로 밀어붙이는 성격이 강했던 반면, 오바마 정부는 전임 부시 정부의 교육개혁을 현실적으로 검토하고 재정비하는 특성을 나타내고 있다(염철현, 2010).

2008년에 이어 2012년에도 대통령 선거에서 승리함으로써 연임에 성공한 오바마 정부도 역대 정부와 마찬가지로 저조한 학업성취도를 보이는 미국의 교육지표를 국가의 미래를 위협하는 위기로 규정하면서 교육의 문제를 국가의 위기(A Nation At Risk)로 인식하고, 교육개혁이 국가 경쟁력을 끌어올려 미국의 경제회복에 기여한다는 점을 강조한다. 오바마 교육개혁의 근본은 학교가 현재에 안주하지 않고 도전하고 성취하려고 할 때에 그에 따른 적절한 보상을 제공하는 것이다. 이런 교육개혁의 원칙과 철학에 따라 오바마 정부가 해법으로 제시한 교육개혁의 핵심은 초·중등교육과 고등교육 분야의 개혁이다. 세부 개혁과제로는 다섯 가지를 꼽을 수 있는데 첫째, 낙오학생방지법(NCLB)의 개혁, 둘째, 우수교사의 유치와 교원양성대학에서의 강도 높은 예비교사교육과 무능교사의 퇴출을 통한 학교경쟁력 강화, 셋째, 대학생의 학비지원 강화, 넷째, 전문대학의 문호 개방을 통한 고등교육기회 제공 확대, 다섯째, 대학생의 자원봉사 활성화로 요약할 수 있다(염철현, 2010).

NCLB의 문제점으로는, NCLB 시행 당시에 약속한 재원지원이 이행되지 않으면서 주정부와 지역 교육청(school district)에서 계획 혹은 추진 중인 교육프로그램이 제대로 운영되지 못한다는 점과, 성취지향일변도의 교육과정의 파행적 운영에 따른 교육현장의 도덕적 해이(moral hazard), 그리고 비현실적인 평가방식의 적용을 꼽을 수 있다(염철현, 2009). 예를 들면, 각 주마다 개별적으로 표준학력고사를 치루고 평가 결과를 인종, 성별, 영어수준, 장애 여부, 사회경제적 배경 등 10개 세부 집단으로 구분하여 분석하도록 하였는데, 만약 이들 세부 집단 중 집단 하나라도 목표에 도달하지 못하면 구조조정대상의 학교가 된다.

미국 경제가 위기에 봉착했을 때 임기를 시작한 오바마 정부는 경제가 어려울수록 교육 분야에 투자하고 사회경제적으로 어려운 계층을 보호해야 미래 성장 동력을 확보할 수 있다는 철학을 갖고 있다(염철현, 2010). 오바마 정부가 추진하는 교육개혁의 동향을 다음과 같이 정리할 수 있다.

첫째, 오바마 정부는 과도한 성과중심의 교육개혁에서 비롯된 폐해를 개선하고자 한다.

비록 NCLB의 제정 취지가 좋을지라도 과도한 성과중심의 교육개혁 목표를 시행하면서 드러난 성적 부풀리기(score inflation)나 학업성취도 향상만을 위한 주지교과 중심의 교육과정의 파행 운영 등의 부작용을 개선하고자 하고 있다. 둘째, 연방예산 지원의 기준을 학생의 학업성취도와 연계한다. 학업성적이 지속적으로 떨어지는 학교를 변화시키려면 교장의 리더십을 제고하고, 우수한 교사를 유치하는 등의 근본적 개혁을 단행해야 한다고 강조한다. 오바마 정부는 선택과 집중 전략에 따라 교육성과가 입증된 우수 학교와 능력 있는 교사에게는 성과급을 늘리는 한편, 그렇지 못한 학교에 대해서는 과감한 개혁조치를 취하고 있다. 다만 교육성과와 각각의 학교교육 환경과의 관계를 충분히 고려하지 못한 개혁조치로, 일부 사회경제적지위(socio-economic state)가 낮은 지역의 학교에서는 이에 대해 지속적으로 반발하고 있기도 하다. 셋째, 학교의 개혁의 성패가 우수 교원 확보에 달려 있다는 판단하에, 우수 교사를 유치하고 무능 교사를 퇴출할 계획이다. 이 역시 교원노조의 힘이 막강한 미국 교육현실에서 무능 교사를 퇴출하기가 쉽지 않을 것으로 보인다. 넷째, 학생의 학업성적이 낮은 공립학교를 단위학교의 교육책무성을 강조하는 자율형 공립학교인 차터스쿨(charter school)로의 전환을 적극 권장한다. 다섯째, 개방대학(community college)의 개혁이다. 오바마 정부는 고등교육개혁의 일환으로 2년제 개방대학에 많은 예산을 배정하고, 모든 국민이 고등교육의 기회를 제공받을 수 있게 하여 21세기에 적합한 직업을 준비시키겠다는 것이다. 여섯째, 오바마 정부는 경기가 어려울수록 대학생들의 사회봉사활동을 활성화하여 봉사를 하면서 학비를 마련할 수 있는 방안을 적극 추진하고 있다. 특히 미국봉사법을 제정하여 대학생이 사회참여를 통한 봉사정신의 실천과 높은 등록금 부담을 완화하는 데 도움을 주고자 한다.

(3) 미국 교육개혁의 시사점

기존의 교육개혁과 함께 최근의 부시 정부와 오바마 정부에 이르기까지, 미국 교육개혁은 집권 정당의 교육개혁 기본 철학과 그 추진 방식에서의 의견 상충으로 인해 그간의 미국 교육개혁에는 일관성이 부족한 것이 사실이다. 또한 전임 부시 정부나 현 오바마 정부 모두 학교를 교육개혁의 파트너라기보다 교육개혁의 대상으로 설정하고, 학교 경영 및 교육 성취에만 집중하여 성과 중심으로 학교라는 조직을 통제하려고만 하였기 때문에 교육개혁을 실현하기에는 한계가 있었던 것으로 보인다.

학교는 교육과정을 전개하는 곳이고, 학교의 가장 중요한 과업은 학교조직의 효율적 경영이 아니라 전인교육의 목표(goal)를 실현하고 이를 통하여 인격적으로 훌륭한 시민을 배출하여 그들이 사회의 발전에 기여하도록 하는 것이기에, 학교는 교육개혁의 대상이 아니라 교육개혁의 훌륭한 동반자가 되어, 교사와 학생이 또는 학생과 학생이 사람과 사람의 관계로 만나 서로 배려하고 존중하며 인격을 높이는 자아실현의 장이 되도록 해야 할 것이다.

2. 영국 교육개혁과 학교혁신

1) 영국 교육개혁의 변천

영국이나 미국 등 '지방분권적 교육 행정 체제'를 가지고 있는 나라의 경우에는 교육의 자치권을 강조하여 국가의 관여 없이 각 학교가 자율적으로 다양한 교육과정을 편성·운영하여 왔으나, 최근에는 국가 공통 교육과정(national core curriculum)을 제정하고 국가수준의 교육목표를 제시하는 등 국가의 관여를 통한 '교육의 질' 향상을 위해 노력하고 있다. 영국은 1920년대에 교육과정의 국가통제를 학교로 넘겼던 보수당이 1988년 교육개혁법(Educational Reform Acts)을 공포하고 이 법에 따라 모든 관할 학교에 국가 공통 교육과정(National Core Curriculum)을 도입하여 국가수준에서 학습내용 및 성취수준에 대한 기준을 제시하고 있다. 즉 영국의 교육개혁은 학교 조직의 '지방분권형 교육과정에 따른 행정 체제'에서 '중앙집권형 교육과정에 따른 행정 체제'로의 일련의 변화로 요약할 수 있다.

영국의 최근 교육개혁을 살펴보면, 영국은 교육의 수월성 제고와 국가경쟁력 강화를 목표로 1988년 교육개혁법(The Educational Reform Act)을 제정하였다. 물론 교육개혁을 통한 보다 수준 높은 교육을 제공하려는 교육개혁은 80년대 이전에도 있었고(강영혜, 2003), 주로 교육 관련 입법과 함께 추진되었다. 1988년 발표한 교육개혁법은 1944년에 체계화된 교육법 이래 가장 혁신적이고 광범위한 교육 관계법(구자억 외, 1997)으로 교육부문에서 자유경쟁체제를 강화하고 강력한 국가 공통교육과정의 도입, 학부모의 학교 선택권 확대, 학교의 자치권 향상, 지역교육청의 권한 축소 등 주요 개혁내용에 대한 법적 기반을 제시해 주고 있다.

이 교육법을 기초로 1992년에는 고등교육개혁법(Further and Higher Education Act)과 학교교육법(Education School Act)이 제정되었고, 교육표준청(Office for Standard in Education)을

신설하였으며, 학교평가제를 도입하여 평가결과 발표를 통한 단위학교의 책무성을 제고하고, 4년에 한 번 평가를 실시하며, 지속적으로 학부모의 학교 및 학습 선택권을 부여하는 등으로 교육개혁을 실시하였다.

이후 1998년에 영국 교육부의 '학습시대: 새로운 영국을 위한 르네상스'라는 의회보고서를 통해서 영국이 미래사회를 정보화 사회를 배경으로 한 무한경쟁 시대라 보고 교육정책의 방향을 정하였음을 알 수 있다. 즉 교육 단계별로 강조하는 이념은 다소 차이가 있겠으나, 다른 나라들과 마찬가지로 교육기관의 자율성, 교육내용의 사회적 적합성 및 연계성, 교육 기회의 형평성과 수월성을 강조하고 있다(김안나 외, 2007; 신현석 외, 2011 재인용).

2002년 교육법(Education Act 2002)에 따르면, 초등교육에서는 모든 아동들의 능력과 적성 그리고 학생들의 요구에 맞는 교육과정을 제공하는 것에 역점을 두고 있고, 중등교육 단계에서는 수월성과 더불어 교육과 직업세계와의 연계를 중시하는 사회적 적합성을 중시하고 있다(신현석 외, 2011). 이러한 교육이념의 구현을 위해 영국 교육기술부(DES; Department for Education and Skills)는 2006년 1월 7일에 5~16세의 어린이 및 청소년 교육에 대한 비전을 제시하기 위해 '교수·학습을 위한 비전 2020(A Vision for Teaching and Learning in 2020)'을 발표하였다. 이 보고서는 개인의 역량 개발, 즉 개별화된 교수·학습 활동을 통해 사회가 요구하는 인력 양성에 초점을 맞추고 있고, 이를 위한 관련 정책들이 추진되고 있다.

초등교육과정 개정과 관련된 Rose 개혁안(2009)과 Cambridge 개혁안(2010)은 구체적인 접근 방식에 있어서는 이견이 있으나, 국가교육과정의 적정화와 전체적인 학습내용을 축소함으로써 교사에게 교육과정을 계획하고 운영할 수 있는 더 많은 전문적 자유를 제공하고자 하는 궁극적인 목적(소경희, 2011)을 살펴보건대, 영국은 일련의 공교육 정상화와 교육과정의 적정화를 통해 교육개혁을 계속 전개하고 있음을 알 수 있다.

2) 영국 교육개혁의 동향

영국은 1970, 80년대부터 미국과 더불어 국가경쟁력 확보를 위해 교육에 많은 관심을 갖고, 국가교육과정의 제정, 학력평가의 개선, 자격제도와 자격인증제도의 개선, 특별한 교육적 필요의 정의와 그에 대한 준비, 교육기관 평가제도의 정비, 효율적인 학교운영을 위한 각종 정책과 같은, 교육의 수월성을 추구하기 위한 여러 교육정책을 마련하여 시행하고 있다(박영숙, 2010). 영국은 우리나라와 달리 오랫동안 지방분권적 교육과정 체제를 유지하다가 국가교육과정을 도입한 경우로, 이에는 통일된 국가수준의 교육과정을 영국 전체에 제공함으로써 영국 학생들의 학력을 제고하고자 하는 의도에서 비롯된 것으로 보인다.

1980년대 초반부터 영국 교육개혁의 핵심 방향은 강력한 국가수준의 교육과정을 제공함으로써 학생의 학력제고에 초점을 맞추어 진행되어 왔다고 볼 수 있다. 정부는 중등교육과정 졸업자들의 학업성취도 수준을 높이기 위해 안간힘을 써 왔고, 교육력 제고를 통한 양질의 노동력을 확보하려는 영국의 노력은 1988년에 도입한 국가교육과정(National Curriculum)으로 이어졌다. 영국은 5세에 초등학교에 입학하여 16세까지 국가교육과정 체제하에서 교육받게 되는데, 그 중 네 개의 주요 단계(Key Stages)가 끝날 때인 2, 6, 9, 11학년 말에 이른바 '핵심 교과'라 불리는 영어, 수학, 과학 교과에 대해 국가가 정한 학업성취도 시험을 치르도록 되어 있다.

영국 국가교육과정은 제공된 내용의 양이나 처방의 정도가 우리나라에 비해 상대적으로 비교적 적은 것으로 알려져 있으나, 영국 내부에서는 국가교육과정의 내용이나 처방이 과다하다는 지적이 계속되어 왔으며(Rose, 2008; CSFC, 2009a; Alexander, 2010; 소경희, 2011, 재인용), 몇 차례에 걸쳐 이루어진 교육과정 개정을 통한 영국의 교육개혁은 이 문제와 밀접히 관련되어 있다. 그러므로 다음에서는 영국 교육개혁의 동향을 최근의 국가교육과정 개정 변화를 살펴보는 것으로 대신하고, 고등교육의 개혁에서 중등교육과정의 개정, 최근의 Rose 보고서(2009)에 따른 초등교육과정의 개정 순으로 살펴보고자 한다.

먼저 고등교육 단계에서는 영국 대학이 교육 및 연구 부문의 수월성 면에서 세계의 어느 대학보다 앞서 가야 한다는 인식하에 영국 정부는 고등교육의 개혁을 적극 추진해 오고 있다. 미래사회를 학습사회로 규정한 Dearing 보고서(2007)를 토대로 고등교육기관의 다양화, 고등교육기관의 질 보장, 고등교육기관의 재정지원 및 경쟁시스템 도입 등과 함께 소외계층 학생들의 고등교육 참여 기회 확대, 형평성 증진, 재정지원 및 자율성 확보, 연구 및 산학 협력, 교수–학습 방법의 개혁 등을 지속적으로 추진하고 있다(신현석, 이경호, 2011).

한편 2008년 9월부터 적용되고 있는 영국의 중등교육과정 개정은 내용과 처방을 과감히 줄이고 교과의 핵심 개념(key concept)과 핵심 기능(key process)을 제공하는 데에 초점을 두는 방향으로 이루어졌다. 영국에서는 1988년 국가교육과정이 처음 도입된 이래 현재까지 총 다섯 차례에 걸쳐서 교육과정이 개정되었다. 2007년에는 중등교육과정에 해당하는 Key Stage 3과 Key Stage 4 교육과정이 개정되어 2008년부터 실제 학교현장에서 적용되는 중이다(한국교육과정평가원, 2009). Key Stage 3에서는 개정 이전의 15개 교과가 모두 개정되어 14개 교과(미술과 디자인, 시민교육, 디자인과 기술, 영어, 지리, 역사, 정보통신기술, 수학, 현대외국어, 음악, 체육, 과학, 개인·사회·보건교육, 종교교육 등)로 재편되었고, Key Stage 4에서는 기존의 10개 교과가 8개 교과(시민교육, 영어, 정보통신기술, 수학, 체육, 과학, 개인·사회·보건교육, 종교교육 등)로 조정되었다. 한편 평가와 관련하여 영국은 2007년 시험 성적이 낮은 중등학교는 폐교 조치하고, 공립 중등학교 학생들의 학력을 높이기 위해 GCSE(General Certificate of Secondary Education; 중등교육자격시험) 성적이 떨어지는 공립학교에 퇴출을 경고하기도 하였다. 또한 최근에 아카데미(Academy) 스쿨의 중등학교 제도를 도입하였는데, 이는 주로 경제적으로 낙후된 지역의 성적이 낮은 공립 중등학교를 대상으로 교육 방법과 교과서 채택, 교육과정 구성, 교사 채용 등에 있어서 정부의 간섭을 전혀 받지 않고 학교 자율로 운영할 수 있는 학교로, 정부와의 일정 계약 기간 내에 2~3회 평가를 받되, 학업성취도를 일정 수준 이상으로 높여야 하는 의무를 부과하였다.

영국 국가교육과정의 특징 중 하나는 국가에서 제작하는 국정교과서나 국가의 인증을 받은 검정교과서가 없다는 것이다. 즉, 국가교육과정은 학교교육과정의 기본 틀만을 제시하고, 학교 단위에서는 지역과 개별 학교의 특성을 반영하여 자유롭게 교육과정을 개발하여 운영하고 있다.

[표 4] 영국(잉글랜드) 중고등학교 교육과정 편제

	미술과 디자인	시민교육	디자인과 기술	영어	지리	역사	ICT	수학	현대외국어	음악	체육	과학	개인사회보건교육	종교교육
KS 3	○	○	○	○	○	○	○	○	○	○	○	○	○	○
KS 4		○		○			○	○			○	○	○	○

출처: 한국교육과정평가원(2009b).

뒤를 이어 초등교육과정도 국가교육과정 내용과 처방이 과다하다는 문제에 대처하기 위해, 3년여에 걸친 방대한 연구를 통해서 영국 초등교육과정을 총체적으로 진단하고 개혁안을 제시하였다(소경희, 2011). 본래 초등교육과정에 대한 검토는 당시 정부의 교육부문 자문가인 Rose 경에게 위임되어 2008년부터 본격적으로 착수되었다. 정부 측의 요청을 받은 Rose 경은 검토 결과를 2008년과 2009년에 각각 중간보고서와 최종보고서 형태로 의회에 보고하였다.

Rose 개혁안은 2007년 영국 정부가 발표한 '아동들을 위한 계획(Children's Plan)'에 토대를 두고 있다(소경희, 2011, 재인용). 이 계획은 영국의 초등교육을 세계적인 수준이 될 수 있도록 개혁하고자 한 것으로, Rose 개혁안은 초등학교를 지나치게 많은 양의 국가교육과정 내용과 처방으로부터 보호하는 데 주안점을 두고 있다. 국가교육과정에 담겨진 학습내용과 처방은 시간의 흐름에 따라 점차 길어지는 문제를 해결하기 위해, Rose 개혁안에서는 초등수준 국가교육과정을 조직하는 틀로 기존의 '교과(Subject)'가 아닌, 유관 교과들을 묶은 '학습영역(areas of learning)'이라는 범주를 사용함으로써 전체적으로 처방된 내용의 양을 줄였다.

Rose 개혁안에서는 기존 교육과정에 제시된 10개 이상의 교과들을 재범주화하여 '영어와 대화 그리고 언어에 대한 이해', '수학에 대한 이해', '예술에 대한 이해', '역사적, 지리적 그리고 사회 현상에 대한 이해', '신체적 발달 과정, 건강과 보건에 대한 이해', '과학과 기술적 영역에 대한 이해'의 6개 학습영역으로 제시하였다.

초등교육과정에 해당하는 Key Stage 1과 Key Stage 2는 Rose 개혁안(2009)과 Cambridge 개혁안(2010) 등 영국초등교육과정 개정에 관한 보고서를 바탕으로 영국교육과정평가원(QCA: Qualifications and Curriculum Authority)에서 개정 작업을 진행하였다. 즉 Rose 개혁안(2009)을 만든 Jim Rose 경과 교육과정평가원(QCDA; Qualifications and Communication Development Agency)의 자문을 걸친 초등교육과정에 대한 검토 결과를 바탕으로, 영국 정부가 2009년 4월에 Rose 경의 제안을 전면 수용하여, 초등교육과정의 개략적인 개혁방안 6개 학습 영역을 신설하였으며 이를 2011년 9월부터 시행하고 있다.

주요 내용은 7세 아동들에게 외국어를 학습할 권리를 부여하며, 말하기와 듣기에 보다 강화된 초점을 두고, ICT 능력에 대한 보다 강화된 목표를 설정하며, 모든 학부모들에게 그들의 자녀가 4세 이후에 9월에 학교에 취학시킬 수 있는 선택권을 부여하는 것이다(한국교육과정평가원, 2009b).

[표 5]   영국(잉글랜드) 초등학교 교육과정 편제

구분	영어와 대화, 언어에 대한 이해	수학에 대한 이해	예술에 대한 이해	역사, 지리, 사회 현상에 대한 이해	신체 발달, 건강, 보건에 대한 이해	과학과 기술에 대한 이해
KS 1	○	○	○	○	○	○
KS 2	○	○	○	○	○	○

또한 Rose 개혁안에 따르면, 여러 교과를 학습영역 내에 묶어서 제시하는 것은 국가교육과정의 전체적인 내용을 줄일 뿐만 아니라 범교과적 학습을 촉진함으로써 좀 더 의미 있는 학습을 이끌 수 있다(Rose, 2009: p.4). 이러한 학습영역의 연계 및 통합으로 범교과적인 학습영역은 시민성, 지속가능 발전, 건강과 참살이 등과 같은 중요한 문제들을 더 잘 다룰 수 있도록 하며, 개별 교과 수업에서 배운 것을 여러 교과에 걸쳐 활용하고 적용할 기회를 제공함으로써 교과의 틀을 벗어나 창의적으로 생각할 기회를 제공할 수 있게 되었다(소경희, 2011). 또한, Rose 개혁안은 필수 학습영역별 내용을 정선하여 각론 교육과정의 내용과 처방을 줄이고자 하였다. Rose 개혁안에서는 학습영역별로 내용과 처방을 감축하고자 할 때 학교의 지역적 상황이나 자원을 충분히 고려하여 교육과정을 계획하고 운영할 수 있도록 학교수준에서의 교육과정 편성·운영의 자율성을 확대시켜, 학교가 교육과정 내용에 대해 더 많은 전문적 판단을 행사할 수 있는 권한을 주는 방향으로 교육과정을 개정하였다.

유아교육의 개혁과 관련하여 최근의 개혁 정책을 살펴보면 지난 2011년 3월에 영유아 기초단계 교육과정(Early Years Foundation Stage: EYFS) 검토 보고서가 발간되었고, 보고서에서 제안한 내용을 토대로 영유아 기초단계 교육과정의 개혁 계획을 발표하였는데, 0~5세를 위한 교육보육과정 간소화, 언어 및 의사소통, 신체발달, 사회·정서적 발달의 세 가지 영역을 중점으로 한 학습목표 구성, 교사 업무부담 경감을 위한 기록 작업 간소화, 저소득층 아동을 위한 국가의 조기 개입, 취학 전 아동의 학교 적응을 위한 효율적 지원 등의 일련의 유아교육개혁 방안을 2012년 9월부터 실행하고 있다[1].

한편 교육과정 개정과 더불어 ICT 교육의 강화(2007년 11월 발표)와 STEM 교육의 소개(2008년 10월 발표) 등도 영국 교육에 있어서 새롭게 강조되고 있다. 2007년 11월 교육과정 평가원(QCA)에서는 초·중등학교에서의 정보통신기술(ICT) 교육과 평가를 지원하기 위

---

1) 영국 교육부(http://www.education.gov.uk/inthenews/inthenews/a00201173/reforming-early-years)

해 여러 자료들을 생산하고, 이를 문서 및 웹사이트 등을 통해서 모든 학교와 교사 및 학부모에게 정보를 제공하고 있다. 즉, Key Stage 1과 2(초등교육 단계), Key Stage 3과 4(중등교육 단계) 모두에서 ICT를 위한 학습 프로그램(Programmes of study)을 학생들에게 필수적으로 전달하도록 하고 있는데, 학습을 지원할 수 있는 하드웨어와 소프트웨어 및 조언 등을 교사 및 학생들에게 제공하도록 규정하고 있다[2]. 또한 ICT를 이용해 교사들이 학생들의 창의력 신장을 촉진하도록 창의력 신장(Encouraging creativity) 웹사이트를 개설하여, 교사들이 ICT를 이용해 교실 내 창의력을 신장시킬 수 있도록 돕고 있다.

이와 함께 최근 영국에서는 STEM 교육을 강조하고 있는데, STEM 교육은 Science(과학), Technology(기술), Engineering(공학)과 Mathematics(수학)의 통합교육으로, 현대 기술사회에서는 과학, 기술, 엔지니어링과 수학 영역(STEM)을 두루 배운 노동 인력에 대한 수요가 늘어나고 있고, 산업과 연구 분야에서는 혁신적이고 창조적인 방법으로 STEM 영역을 종합적으로 다룰 수 있는 인재를 필요로 한다는 교육적 필요성에 의해 영국 정부에서는 2008년 이후 STEM을 국가적인 우선 사항으로 정의하고 있다. STEM 문해 능력을 개발하는 일은 모든 과목의 교육과정을 통합적으로 다루거나 혹은 적어도 과학, 디자인과 기술, 공학과 수학, ICT로의 연계가 가능한 교과 등에서 통합적으로 접근하는 방법으로 적극 권장하고 있다.

3. 프랑스 교육개혁과 학교혁신

1) 프랑스 학교혁신의 변천

프랑스 교육의 기본 골격은 1789년 혁명에서 고취된 핵심적인 원칙을 바탕으로 정립되었다. 그리하여 교육의 자유, 교육의 무상성, 종교의 중립성, 교육의 의무성, 국가에 의한 자격증과 학위수여라는 일반 원칙이 모든 수준의 학교에 적용되고 있고(백종억, 1996), 이는 공립학교 교육에 우선권을 두는 정부의 정책으로 현재까지 지속되고 있다. 최근 프랑스는 장기 불황과 경기 침체가 지속되는 현 상황을 교육을 통해 해결하고, 나아가 국가 경쟁력 향상을 도모하고자 교육개혁을 추진하였다. 프랑스의 교육개혁은 사회의 불평등 해소와 기회균등, 고등교육의 보편화, 산업사회에 부응하는 전문성교육, 교원교육의 수월성

---

2) Becta 스쿨(www.school.becta.org.uk)

추구, 학력평가제의 도입에 강조점을 두고 진행되고 있다. 현재의 프랑스는 전통적인 엘리트 중심의 교육에서 벗어나 개방적이고 대중적인 교육으로 바뀌고 있는 중이다. 그러나 변화에 대한 저항이 뚜렷하여, 그동안 교육개혁에 대한 제안은 널리 확산되었으나, 교육 실제에서는 제한된 변화만을 초래한 채 교육개혁에 관한 여러 논의들이 공존하고 있다(백종억, 1996).

즉, 프랑스 교육개혁의 기초가 된 '1989년 교육법'과, '대학 2000'과 2001년과 2002년에 걸친 초 · 중등학교의 교육과정 개정, 최근(2012.10.09.)에 올랑드(Francois Gerard Georges Hollande) 대통령이 솔본느(Sorbonne) 대학교에서 제시한 '학교의 재출발'이라는 제목의 초등학교 개혁안 연설에 이르기까지, 프랑스의 교육개혁은 사회의 불평등 해소와 기회균등, 고등교육의 보편화, 산업사회에 부응하는 전문성 교육, 학력평가제 도입, 교원교육의 수월성 등에 중점을 두고 추진되고 있으나 일선 교육현장에서의 변화의 정도는 여전히 미미하다.

죠스팽(Jospin)은 1989년 '교육정립법'을 발표하여 현재 프랑스 교육의 구조적 틀을 마련하였다(황성원, 사영숙, 2006). 이 '교육정립법'은 1990년대에 프랑스 전역에 파급된 교육개혁의 바탕이 되었으며, 1882년의 초등교육의 의무화, 무상화, 비종교화 실시 이후 국가 교육 체제의 전반에 획기적인 변화를 이루었다고 평가되고 있다. 1989년의 교육개혁은 주로 각 학년의 조직을 유연하게 하는 학습 주기제의 도입, 중등학교 학생의 진로 지도 강화, 대입 자격 시험(Baccalaureate) 개편, 교원 양성 기관인 IUFM(Institut Universitaire de Formation des Maîtres)의 신설로 인해, 초등 교사와 중등 교사 양성 체제의 일원화에 집중되어 있었다. 특히 학습 주기 또는 학습 과정(cycles)으로 학년별 연계가 가능하도록 3년을 묶어 학년 조직을 편성하였다. 현재까지 프랑스 교육 정책은 '교육정립법'에 근거하여 조금씩 개혁되고 있다. 1989년 교육법은 '개인의 인성 계발 및 충분한 시민정신교육'이라는 프랑스 교육의 목적을 재정립하였다. 이는 모든 개인의 교육과 훈련에 대한 권리를 보장하는 것으로, 모든 사람을 위한 동등한 기회의 원칙에 기여하는 것이다(백종억, 1996). 주요한 목적은 개개 학생들이 점진적 과정에 의해 질 높은 수준에 도달할 수 있도록 하는 것이고, 다섯 명 중 네 명이 바깔로레아 수준에 도달하도록 하며, 대학입학시험인 바깔로레아에 합격한 자는 계속해서 고등교육을 받을 수 있도록 하였다.

현재 프랑스의 교육개혁은 강력한 중앙 집권적 교육행정 체제에서 탈 중앙집권화를 지향함으로써 지역 및 학교에 더 많은 자율권과 융통성을 부여하려는 방향으로 나아가고 있다. 프랑스 초·중등 교육개혁의 주요 특징은 언어, 과학, 예술, 컴퓨터 교육의 강화, 외국어 교육의 내실, 새로운 교수법의 개발 장려 및 보급 등으로, 특히 학업성취도 향상을 위한 혁신적인 교수방법 개발 및 보급을 위해 2000년 11월에는 '국립 교수법 개선 위원회'를 출범시켜, 학교현장에서 혁신적인 교수법이 정착될 수 있도록 계속 노력해 왔다.

이후에 2012년 10월 올랑드 대통령은 솔본느 대학에서 '학교의 재출발'을 연설하면서, 초등학생 숙제 전면 금지, 연간 수업일수 180일 이상 확보, 주 4일제에서 수요일 오전을 추가한 주 4.5일제로 주간 수업일수의 확대, 일일 수업시간 1시간 단축, 유급제도 폐지 등을 골자로 한 초등교육개혁안을 발표하였다. 이러한 일련의 공교육개혁 방안은 전통적인 보수주의, 엘리트 중심 교육에서 탈피하여 개방적이고 대중 지향적 교육으로의 전환을 시도하고, 공교육의 기능 확대를 통한 교육경쟁력을 강화하여 이를 통해 국가 경쟁력을 강화하고자 하는 프랑스 정부의 노력이 들어 있다고 볼 수 있다.

2) 프랑스 학교혁신의 동향

프랑스 초중등학교의 교육과정은 2001년과 2002년에 걸쳐 개정되었는데, 초등학교 교육과정 내에 유치원 교육과정을 포함하고, 기본 수업시간은 주 26시간을 원칙으로 하고 있다. 새 교육과정에서 전반적으로 강조하고 있는 교육개혁의 방향은 언어교육, 과학교육, 정보통신기술 교육의 강조이다. 언어교육에서는 말하기 능력과 읽기 능력을 강화하는 언어교육 정책을 초점으로 삼고 있다. 또한 언어교육의 일환으로 실용 외국어 능력을 통해 의사소통 능력을 키우고자 하고 있다. 이에 외국어 교육의 대상 연령을 점차적으로 하향화하여 2005년부터는 유치원 마지막 학년(grande section)에서도 실시하고 있다. 새 교육과정에서는 과학 교육을 강조하여, 유아 및 학령기 아동들에게 과학적 사고를 기르고자 초등학교 교육에 'Hands on' 프로그램을 도입하여 아동의 과학적 지식 획득뿐 아니라 사회적 행동, 표현, 정신 수양 등을 함께 도모하고 있다. 또한 정보통신기술 교육을 강조하며 모든 초등학생들이 중학교에 진학하기 전에 컴퓨터 활용 능력을 보장하는 자격증을 획득하도록 하고 있다.

중학교도 초등학교와 마찬가지로 과정별 운영이 이루어지는데 중학교 1학년은 관찰·적응 과정, 중학교 2학년과 3학년은 중심 과정(cycle central), 4학년은 진로(탐색 및 지도) 과정에 속한다. 2001년도 중학교 교육과정 개혁안은 학생 개개인의 학업 성취도와 학습 곤

란도를 빨리 파악하여 학생들을 효율적으로 지도하는 데 목표를 두고 있다(교육과정평가원, 2009b). 중학교 교육과정 개혁은 문화교육의 대중화를 실현하는 데에 초점을 두고 있으며, 언어 능력을 강조하고, 실용 외국어 교육에도 노력을 기울이고 있다. 중학교에서도 과학·기술 교과에 많은 비중을 두어 학생들이 관찰, 탐구, 실험을 통한 과학적 사고 능력을 키우고자 한다. 중학교 1학년은 최소 주당 26~28시간의 수업을 해야 하며, 학생들의 최소 수업 시간은 주당 25시간 정도 되어야 한다고 규정하고, 중학교 3학년의 경우에는 주당 29시간의 수업에 참여하도록 하고 있다.

발견 과정(itinéraires de découverte)은 학생들이 최소한 두 개 교과를 통합하여 한 가지의 문제나 주제를 중심으로 교육활동을 전개하는 것으로, 국가에서는 자연과 인간의 몸, 예술과 인류, 언어와 문화, 과학과 기술 등 모두 네 가지 주제를 제시하고 있다. 교사들이 세운 학습 계획에 따라, 학생들은 개별적으로 또는 그룹으로 학습한다. 학습의 결과물을 얻기 위해 교사는 학생들에게 과정을 안내하고, 시행착오를 겪도록 하면서 비판도 한다. 결국 학생들은 실물, CD, 신문, 영화, 보고서, 연극, 글을 완성하면서 자료 탐색의 방법을 심화할 수 있다. 발견 과정은 중학교 2, 3학년 동안 공통 과목 이외에 네 가지 토픽을 주당 2시간 동안 공부하는 필수 과정이다.

2000년에는 일반계, 기술계 고등학교의 새 교육과정이 나왔으며, 2000년 9월 초부터 고등학교 1학년에 새 교육과정을 적용하기 시작하였다. 프랑스의 고등학교는 일반계·기술계와 직업계 계열에 상관없이 고등학교 1학년에서 학습 부진아를 중심으로 개별화된 지도를 하고 있고, 모듈식 수업을 실시하고 있다. 고등학교 교육과정의 개혁에는 직업계 고등학교도 포함하고 있으며, 모든 계열의 고등학교에서 일반 교양교육, 직업 교육, 경제적 환경의 균형을 이루는 교육이 가장 중요하다고 보고, 민주시민 교육도 중요하게 여기며, 문화, 예술, 스포츠 교육도 강조하고 있다.

3) 프레네(Freinet) 교육

프랑스 교육은 프랑스 혁명 이후부터 평등적 보편주의를 기초로 모든 국민의 교육받을 의무와 권리를 강조하였으며, 19세기 말에서 20세기 초까지 유럽에서 진행된 일련의 학교 혁신 움직임은 사교육뿐만 아니라 공교육 체제 내에서도 많은 시도가 이루어졌었다. 그 가운데 공교육의 교실 개혁을 주장하면서 민중교육을 실천하고자 했던 프랑스의 교육자로 셀레스탱 프레네(Célestin Freinet, 1896~1966)가 있었다. 프레네는 프랑스적인 현대학교(Ecole moderne)를 건설하려 한 교육개혁가이자 학교혁신가로, 일부 부유층에 한정되어 있는 교육현실을 개탄하고, 프랑스식의 독특하면서도 유일한 교육적 특성을 형성하고 교실수업의 변화를 시도함으로써 공교육개혁에 일조한 교육실천가(황성원, 2005)로, 프랑스의 교육개혁의 전반적인 동향을 살펴보는 것과 함께 프레네 교육(Pédagogie Freinet)에 대하여 살펴보는 것이 프랑스의 학교혁신을 이해하는 데 있어서 매우 중요하다고 할 수 있다.

프레네는 교육실천가로 수업기술을 통해 학교현장을 과감하게 개혁하고자 했으며, 학교 교육의 개혁을 주장하되 '발도르프 교육'이나 '몬테소리 교육', '듀이 실험 학교' 등과 같이 자신의 교육이론을 실험하기 위한 사교육기관이나 대안교육기관을 통해 교육개혁을 실천한 것이 아니라, 공교육 제도 내에서의 변화와 교사의 실천을 강조한 점에서 특히 높이 평가할 수 있다. 프레네는 교육과 정치를 불가분의 관계로 놓으면서 학교 개혁을 통한 새로운 사회 건설을 목표로, 학교 개혁의 주체자를 교사로 보고 각각의 학급 내의 교육적 여건과 상황에 따라 교사가 실제로 추진할 수 있는 교실 개혁을 통한 교육개혁을 추구하였다. 이와 관련하여 수업기술의 변화를 가져오고, 학생들이 선천적으로 갖고 있는 작업의 욕구를 충분히 채워 주기 위해 협동체 중심의 학급 운영, 수평적인 교사와 학생 관계, 수업기술의 도입, 다양한 프레네식 작업 자료 등을 개발하고 제작하였다.

프레네 교육은 지식전달이 아닌 실천위주의 체험 노작 교육으로, 교육의 주체는 학생이며, 운영의 자율과 협동 작업을 통한 표현하는 교육을 목적으로 한다. 이에 따른 학습의 원리로는 실험적 모색원리(탐구조사, 실험 경작경험), 자유로운 표현의 원리(자유로운 글쓰기, 편지교환, 학교신문), 책임과 자발성의 원리(수업 내의 규율과 질서를 중요시, 학생의 자발적 학습활동계획, 자가수정카드, 작업카드), 협력과 소통의 원리(교사 – 학생간 대화, 토론 수업, 협동 작업, 학급 회의를 통한 협의) 등을 들 수 있다.

프레네 교육은 철저한 학생 중심의 교육이다. 학생은 주체적으로 학습할 수 있고, 실제 삶을 영위하며 현재의 집단과 미래의 사회에 속한 사회적 주체이다. 프레네 교육은 작은 학교 중심의 생활공동체 내에서 협동 노작 학습을 강조하는 교육으로, 학생들이 좋아하는 흥미로운 활동은 단순히 '놀이'가 아니라 '일'이고, 학생이 자생적 흥미를 활용하는 신체 활동을 많이 할수록 학교에 다니는 기쁨을 느끼고, 학습도 더욱 쉬워진다고 보았다. 또한 프레네가 제시하는 수업 기술과 도구들은 한국 교사들에게 그리 생소한 것들이 아니라, 학급 문집, 학급 회의, 탐구 조사 학습 등 한국의 교실에서도 다양한 형태와 체제로 이루어지고 있다. 그럼에도 불구하고 그의 교육론을 고찰하는 이유는 그것이 어떻게 개인의 동기를 이끌어 내고, 민주시민의식인 협력과 소통, 그리고 아동의 잠재력과 자발성을 이끌어 내는지에 대한 하나의 모범적인 예를 보여 주기 때문이다(신현화, 2011). 프레네 교육은 이미 결정된 모델이 아니라 교사들의 '실천'을 통해 끊임없이 변화 발전하고, 학급 내에서의 교사들의 인식과 역할에 따라 단위학급 내에서의 공교육개혁이 실현 가능함을 보여 준다.

4. 핀란드 교육개혁과 학교혁신

1) 핀란드 교육개혁의 변천

핀란드의 공교육은 19세기 후반 민족주의 운동과 함께 보급·정착되었고, 1921년 의무교육제도가 도입되었다(김민정, 2009). 오랜 식민지 기간을 거치면서 자신들에게 맞는 교육제도를 가질 수가 없었던 핀란드는 1970년대 초반까지 스웨덴과 독일식의 능력수준에 따라 진로를 조기에 구분하는 교육제도를 수입해서 시행했었다(박영숙, 2010). 그러나 국민 모두의 인력을 효율적으로 양성하고 활용하는 데 관심을 기울이면서 자신들만의 교육제도를 새롭게 정착시켜 나갔다. 그들이 택한 새로운 교육제도란 능력별 구분을 하지 않는 종합학교 제도로서 학생들의 잠재력을 최대로 발현시키기 위한 노력이었다. 핀란드의 학제는 기초교육(Basic Education)에 해당되는 9년제 종합학교(Comprehensive School)와 3년제 고등학교(상급 중등학교), 고등교육단계로 구분되고 여기에 성인교육이 뒷받침되고 있다(한국교육개발원, 2007).

종합학교는 7~16세까지 학생들이 10학년 과정을 이수한다(1~9학년까지는 의무, 10학년은 선택). 우리나라의 초등학교 시기에 해당하는 저학년 과정(1~6학년)에서는 학급담임교사로부터 모든 과목을 교육받으나, 우리나라의 중학교 시기에 해당하는 고학년 과정(7~9학년)에서는 과목별 교사가 교육한다. 외국어 과목의 비중이 높아, 3학년 때부터 공용어인 스웨덴 어나 영어, 독일어 등 외국어 중에서 1개 언어를 선택하여 배우도록 하고 있으며, 학년이 올라가면 외국어가 추가 교육되고 있다. 수업료, 교과서, 급식 등 모든 것이 무료이며, 학교운영비는 지방자치 단체에서 책임지나 국가보조금(100%까지 가능)을 지원받는다(후쿠다 세이지, 2009).

핀란드의 종합학교 교육과정(National Core Curriculum)은 개인과 공동체의 권리 신장이라는 가치를 지향하고 있음을 밝히고 있고, 학습은 개인적이고도 공동체적인(communal) 과정을 통해 지식과 기능을 발달시키는 의미로 개념화되어 있다(National Board of Education, 2004). 우리나라 교육과정 각론에 해당하는 내용은 교과군/ 교과별로 제시하는데 학습목표와 교육의 핵심내용으로 구성되고 있다. 또한 종합학교에서 가르쳐야 할 교과군 또는 교과를 제시하기 전에 통합교육과정 주제를 제시하고 있다. 통합교육과정 주제는 교과군/ 교과에 통합하거나 주제를 중심으로 통합수업을 계획할 수 있도록 하고 있는데, 주제는 (1) 인간의 성장, (2) 문화적 정체성과 국제주의, (3) 미디어 기능과 의사소통, (4) 참여적 시민정신과 기업가 정신, (5) 환경 · 복지 · 지속가능한 미래에 대한 책임감 다섯 가지이다. 그 다음에는 교과군/ 교과별로 학습 목표와 핵심내용이 학년군별로 제시된다. 교과에 대한 개관 다음에 학년군별로 목표, 핵심내용, 최종 수행 기준(good performance) 순으로 묘사되고 있다. 핀란드의 종합학교 교육과정에서는 교과에 따라 교과군과 학년군을 다양한 방식으로 묶고 있다. 종합학교 국가교육과정의 문서의 형식은 9개의 교육과정 구성요소와 부록으로 제시되고, 총론과 각론의 내용을 함께 제시하는 방식으로 구조화되어 있다(김경자, 2011).

핀란드는 초등교육과 중등교육을 나누지 않고 7~16세 학생들이 모든 같은 수준의 종합학교에서 공부하는데, 이는 학생들을 어렸을 때부터 나누지 않고 모든 학생들에게 9년 동안 일관성 있고 체계적인 교육과정으로 동등한 기회를 제공함으로써 좋은 결과를 가져올 수 있다고 믿고 있기 때문이다. 다른 나라와는 달리 PISA 평가의 결과는 의무교육 기간 내에 있는 기초교육 학제에 해당하는 종합학교 재학생(대부분 9학년)이므로, PISA 평가의 결과가 곧 핀란드 종합학교의 교육성취라고 볼 수 있다.

PISA(Programme for International Student Assessment)는 OECD(Organization for Economic Co-operation and Development; 경제협력개발기구)에서 주관하는 학업 성취도 국제 비교 연구로서, 만 15세 학생을 평가 대상으로 하며, 읽기, 수학, 과학적 소양의 측정 및 이들 소양과 배경 변인과의 관계 분석을 통하여 각국 교육 시스템의 강점과 약점에 대한 정보를 제공하는 데 그 목적이 있다. 즉 PISA의 평가 대상인 만 15세라는 연령은 대부분의 OECD 국가에서 의무 교육이 종료되는 시점으로, PISA는 의무 교육이 종료되는 시점에서 평가를 실시하여 참여국 교육 체제의 누적적 성과를 점검하고자 하는 것이다. PISA는 학교 교육과정에 근거한 지식보다는 실생활에 필요한 능력, 즉 지식을 상황과 목적에 맞게 활용할 수 있는 기본적인 '소양(literacy)'을 강조한다. 이런 관점에서 볼 때, PISA는 '각국의 학생들이 학교에서 무엇을 배우는가?'를 고려한 평가가 아니라 '학교에서 무엇을 배웠어야 하는가?'를 점검하기 위한 평가라고 할 수 있다(채선희 외, 2003).

PISA는 1998년에 시작되어 지금까지 PISA 2000(OECD 비회원국 대상 PISA PLUS 포함)과 PISA 2003, PISA 2006, PISA 2009 등 3년 주기로 네 번의 연구가 완료되었다. OECD에서는 3년 주기의 PISA 평가 결과를 주기별로 설정한 주영역 '소양'을 기준으로 순위를 발표하는데, 핀란드는 종합학교 교육의 성공지표인 OECD의 PISA 전회 평가에 걸쳐 1위를 차지하였다. 다만 95% 신뢰도구간 내에서의 순위로 발표한 PISA 2009에서는 '상하이 – 중국'이 전영역에서 1위를 차지하였으나, 상하이는 중국 내에서도 SES(socio-economic state; 사회 – 경제적 지위)가 가장 높은 지역이고, 한 자녀 정책에 의해 부모의 교육적 관심이 매우 높으며, 홍콩과 마카오 등과 함께 독립된 참가국으로 분류하므로 중국 전체의 교육적 성취로 보기에는 무리가 있어, 핀란드의 학업 성취는 여전히 세계 최상위 수준이라고 할 수 있다.

[표 6] PISA 영역별 소양 수준 비교 결과

PISA	읽기 소양			수학적 소양			과학적 소양		
	순위	국가명	평균점수 (표준편차)	순위	국가명	평균점수 (표준편차)	순위	국가명	평균점수 (표준편차)
PISA PLUS	1	핀란드	546 (89)	3	대한민국	547 (84)	1	대한민국	552 (81)
	6	대한민국	525 (70)	5	핀란드	536 (80)	4	핀란드	538 (86)
PISA 2003	1	핀란드	543 (91)	2	핀란드	544 (84)	1	핀란드	548 (91)
	2	대한민국	534 (83)	3	대한민국	542 (92)	4	대한민국	538 (101)
PISA 2006	1	대한민국	556 (88)	2	핀란드	548 (81)	1	핀란드	563 (86)
	2	핀란드	547 (81)	4	대한민국	547 (93)	11	대한민국	522 (90)
PISA 2009	2~4	대한민국	539	3~6	대한민국	546	2~3	핀란드	554
	2~4	핀란드	536	4~7	핀란드	541	4~7	대한민국	538

출처: 신문승(2011).

2) 핀란드의 학교혁신 동향

핀란드에서는 공식적으로 영재교육을 실시하지 않는다(강영혜, 2005). 핀란드에서는 개개인이 가진 잠재능력은 그 사람에게 내재되어 있는 원천적 자원이므로 모두의 능력을 극대화할 수 있도록 하는 교육하는 것이 바로 수월성 교육의 목표이다. 즉 누구나 적절한 교육을 받음으로써 각자가 훌륭한 인재로 자랄 수 있다는 신뢰가 밑바탕이 되는 수월성의 개념을 가지고 있다고 할 수 있다. 따라서 이와 같은 핀란드가 추구하는 교육이념은 사람마다 서로 다른 이질성을 인정하는 것과 그러한 특성에 맞는 교수 – 학습을 하는 것이라 할 수 있다. 핀란드의 대표적인 종합학교는 서로 다른 수준과 특성을 갖는 학생들이 모여 있는 학교에서 학생들의 수준에 맞는 개별화된 교수 – 학습을 제공하는 것에 정책의 초점을 두고 있다. 즉 질 높은 교육을 평등하게 제공하는 데 초점을 두고 있다.

핀란드의 수준별 교육의 특성은 통합교육과정의 운영 및 무학년제 교육과정 운영에 있다고 할 수 있다. 핀란드에서는 사람은 저마다 자기의 역량이 최대로 발휘되는 시기가 모두 다를 수 있다고 본다. 또한 이러한 능력 발달 속도에서도 차이가 있음을 인정하기에, 단지 조기에 나타나는 개인의 '학습' 능력만을 기준으로 교육기회를 제한하고 구분하는 일은 수많은 인적 자원을 포기하는 결과를 낳게 된다는 인식이 핀란드의 교육정책이다(박영숙, 2010). 핀란드 수월성 교육의 추진방법은 이질적인 것들의 통합과 물리적 여건 조성이라 할 수 있다. 핀란드는 소인수 학생으로 구성된 학급을 유지하고 있으며(OECD, 2004), 교사 대 학생 비율도 평균 1 : 15로 매우 양호하다(후쿠타 세이지, 2009). 이러한 물리적 여건은 모든 학생에게 맞는 맞춤식교육이 가능함을 시사해 준다. 핀란드의 정책은 경쟁의 개념이 상대적 경쟁이 아닌 자기경쟁의 개념으로 사용된다. 즉 다른 사람과의 비교를 통하여 발전이 이루어지는 것이 아니라 자기 스스로를 높이려는 노력이 곧 질의 고양이라고 보고 있다. 따라서 핀란드의 교육은 종합교육체제이면서도 획일적이거나 집단적인 것이 아니다. 왜냐하면 각자의 능력을 기본단위로 교육이 출발하는 것이 핀란드식의 교육이기 때문이다.

또한 핀란드에서는 학생 성적의 서열과 점수가 생산되지 않으며 협동학습을 권장하고 있다. 이처럼 핀란드는 형평성의 추구가 수월성을 제약하는 것이 아니라 오히려 학교 간 격차를 줄이고 교육의 형평성을 높이고자 노력할 때 수월성도 전반적으로 함께 올라갈 수 있음을 실증적으로 보여 주고 있다. 핀란드의 수월성 교육은 형평성을 고려한 맞춤형 교육기회의 확장을 통하여 즐겁게 스스로 참여하는 학교체제를 구축하고 있다고 할 수 있다.

학교 수준의 교육과정의 전개에 있어 주요한 두 가지의 특징은 사회적 구성주의에 기초한 학생의 직접 경험을 강조하는 경험학습(learning by doing)과 실생활 실천 중심의 노작학습(learning by carrying out chores)으로 요약할 수 있다(Korpela, 2008).

> 학습은 연령이 통합된 집단(group)의 협동학습으로 이루어지는데, 한 주간의 목표를 담임 선생님과 함께 정하고 과업을 선택하여 자신들의 속도(their own pace)로 실행한다. 그러므로 교과서보다는 다양한 내용을 기록할 수 있는 공책을 더 많이 활용하며, 연령이 통합된 집단의 협동학습이므로 평가는 무의미하다. 수업시간은 보통 90분이고, 학생들은 보통 30분의 휴식시간을 날씨에 상관없이 야외에서 보낸다. …… 학교는 활동을 통한 학습과 공동체 학습을 강조한 Célestin Freinet의 교육원칙을 따른다. …… 일상적인 여러 가지 활동을 통해 학습하는 것은 학교 교육과정의 핵심 요소이다. 이것은 학생들이 일상적인 일에 참여하는 것을 의미한다. 여러 집단은 차례대로 학교의 화초, 도서관, 폐휴지 수집, 재생, 혼합, 뒤뜰과 수족관을 주의 깊게 살핀다. 조리실과 특수학급 학생을 돕고 애완동물을 돌본다.

핀란드 종합학교 교육의 성공요인으로는 첫째, 핀란드의 국가 중핵 교육과정, 둘째, 통합교육(inclusive education), 셋째, 핀란드의 독특한 교육 정책, 넷째, 교사를 들 수 있다.

먼저, 핀란드의 중핵 교육과정을 살펴보도록 한다. 학교교육의 핵심은 교육과정이다. 핀란드 종합학교 교육의 주요 핵심 내용은 국가수준 교육과정에서 규정하고 이를 근거로 지역 및 학교의 특색에 맞는 교육과정을 마련함으로써, 국가수준 교육과정 – 지역 교육과정 – 학교 교육과정으로 계층구조를 이루고 있으며, 학년이 올라갈수록 학생 자신이 스스로 교육과정의 주체로서 자신에게 맞는 개별화 교육과정을 설계하고 실천할 수 있게 되어 있다. 또한 집단 중심의 협동 학습을 강조하는 핀란드 교육의 전통에 따라 무학년제의 통합교육과정의 전개가 가능하도록 교육과정이 구성되어 있다. 핀란드 교육과정의 특징은 학교와 교사에게 높은 자율성에 대응하는 높은 책무성을 강조하는 것이다. 교육과정의 구조를 목표, 내용, 방법, 평가로 나누어 볼 때, 핀란드 교육과정은 학교 급별로 교육내용과 방법의 자율성을 보장하면서도, 평가를 통한 성취목표를 분명히 제시함으로써 학교교육의 책무성을 강조하고 있다(서울시교육청, 2007). 종합학교에서 가르쳐야할 내용은 국가 중핵 교육과정에 통합교육과정 주제로 제시되어 있다. 통합교육과정 주제는 교과군/ 교과에 통합하거나 주제를 중심으로 통합수업을 계획할 수 있도록 하고 있다. 교과군 및 학년군별로 목표, 핵심내용, 최종 수행 기준(good performance) 순으로 묘사되고 있는 핀란드의 종합학교 교육과정은 교과에 따라 교과군과 학년군을 다양한 방식으로 묶고 있기 때문에, 기본적으로 학년 및 교과, 교육대상자 모두가 완전히 통합된 통합교육과정을 전개한다. 핀란드 종합학교의 성공은 교육과정의 분권화 및 자율성에 따른 책무성이다. 핀란드에서는 가르칠 내용과 해당 학년 배당이 교육과정으로 결정되면, 이를 어떻게 실현할지를 학교가 정하고, 어떻게 가르칠까는 전적으로 교장과 교사의 몫이다(후쿠타 세이지, 2008).

핀란드 종합학교 교육의 두 번째 성공요인으로는 통합교육(inclusive education)을 들 수 있다. 국가 중핵 교육과정(national core curriculum)에 나타난 종합학교 교육의 이념은 인권, 평등, 민주주의, 선천적 다양성, 환경 보존, 문화의 다양성 인정 등이다. 종합학교 교육은 책임, 공동체 의식, 개인의 권리와 자유의 존중을 장려한다. 종합학교 교육의 기초는 토착문화, 노르딕, 유럽 문화 등과 상호 작용하면서 발전해 온 핀란드 문화이다. 종합학교 교육은 학생이 문화적 정체성을 형성하고 핀란드 사회 및 세계화 속에서 자신의 역할을 찾을 수 있도록 하며 또한 관용 정신을 기르고 타문화에 대한 이해력도 신장시킨다. 종합학교 교육은 지역과 개인의 평등을 증진시키는 데 기여한다. 학습자의 다양성을 고려하고 사회, 직장, 가정생활에서 동등한 권리와 책임을 바탕으로 행동할 수 있는 능력을 남녀학생에게 부여함으로써 양성 평등을 조성한다. 종합학교 교육의 다양한 주제는 특정 종교에 관계하지 않고 정치적으로 중립적이다(Finland national core curriculum, 2003, pp. 4-5).

다음으로는 교사양성, 평가, 수업방법 등에 있어서 타 국가와 비교되는 핀란드 특유의 교육정책을 들 수 있다. 먼저 우수한 교사의 양성과 제공이다. 핀란드에서 교직 희망자는 평균 10 : 1 정도의 경쟁을 거쳐서 교사양성과정에 선발되는데, 대입자격시험 성적, 고교 내신, 교직적성 테스트 등이 선발과정에서 활용된다(강영혜, 2005). 특히 초등과 중등 모두 정규 교사가 되기 위해서는 석사학위과정을 이수해야 할 정도로 교사의 질을 관리하고 있다. 교사교육은 석사학위의 취득까지 교육학과 교과교육 이론과 실제에 대해서 배우도록 구성되어 있으며 최소 5년간 160학점을 이수하도록 되어있다. 다음으로, 석차 산출없는 평가이다. 핀란드 학생들은 성취기준에 도달하였는가 정도에 대한 여부만 파악되고 있으며 어느 학년에서든지 학기 말에 또는 그 중간에 국가수준 학업성취도 평가를 치르지 않는다. 대신 국가교육위원회(National Board of Education)에서 각 필수 교과에 대해서는 국가수준의 단일 평가기준을 개발하여 학교에서 자체적으로 활용하도록 제공하는 것으로 대체한다. 이는 각 국가의 성취기준과 유사한 것인데 매 학년도 말에 성취해야 할 지식, 능력, 태도를 제시하고 이에 따라 등급화된 점수를 산정하게 한다. 마지막으로, 수업방법에 있어서는 계열화나 능력별 집단화를 지양하고 이질집단 편성(heterogeneous grouping)을 원칙으로 하고 있다. 또한 동시에 개별학생의 요구와 흥미에 기반한 교수법을 채택하고 있다. 교사는 서로 다른 배경, 서로 다른 능력으로 서로 다른 진로를 향해 나아가는 학생들에게 '지극히 개별화된 배움'의 기회를 준다. 다양한 학력을 가진 학생들에게 개별화된 수업을 실시하기 위해 핀란드는 학급당 평균 학생 수를 15명 이내로 유지하고, 교사들에게는 수업 이외의 부담을 최소화하며, 담임을 맡은 교실이나 교과를 준비하는 준비실에 많은 자료를 비치해 놓고 교사 개개인의 판단과 행동에 따라 이를 활용한다(후쿠타 세이지, 2008).

핀란드 종합학교 교육의 네 번째 성공 요인이자 가장 중요한 것으로 핀란드의 종합학교 교사를 들 수 있다. 한국교육개발원(2007)의 연구에서는 핀란드 교육 성공의 첫 번째 요인으로 '질 높은 교원양성과 체계적인 연수'라고 하였다. 즉 국가의 교사양성체계의 수월성에 관한 부분을 강조하고 있다. 핀란드에서는 1971년 통과된 교원교육법(Teacher Education Act)에 의해 종합학교와 고등학교 교원의 양성을 사범대학이 아닌 일반 고등교육기관에 맡기되, 초등의 학급교사와 중등의 과목교사로 분리하여 양성하고 있다고 한다. 핀란드에서 교직은 청소년들이 가장 선호하는 직업으로 경쟁률(10 : 1 정도)이 매우 높다. 대학입학을 위해서는 대입자격시험성적과 고교 내신성적 이외에도 각 대학이 주관하는 교직적성테스트를 실시하고 있다. 교사양성은 현재 11개 대학에서 담당하고 있으며, 대학의 교육학부와 일반 전공학과가 역할을 분담하고 있다(성열관, 2009). 학급교사와 과목교사 모두 석사과정까지 이수해야 교직에 나갈 수 있다. 양성과정에서는 교수방법론, 이론적 관점, 학교에서 가르치는 과목의 응용능력을 강조한다. 한편, 후쿠타 세이지(2008, pp.143-146)는 핀란드의 '교사 역량 향상과 사회적 존경'이라는 관점에서 서술하였는데, 학력차가 있는 학생들을 동시에 가르치는 일은 교사에게 있어서 큰 부담이 아닐 수 없다. 이를 위해 핀란드는 우선적으로 우수한 교사를 양성하고, 교사 개개인의 전문성을 신뢰하며, 교육활동을 전면적으로 지원하고 위임하는 것부터 시작하였고, 무엇보다 교사가 일하기 쉬운 교육환경을 만드는 데 힘써왔다. 핀란드 교육의 성공에는 교사의 자율성 보장과 사회적 존경 분위기가 작용하고 있다. 교사의 전문성 신장과 자율성 보장을 위한 다양한 방안이 제시되고 있다.

핀란드는 '기회의 평등(equity of an opportunity)'을 보장하는 것을 기반으로 '개별화된 학습(differentiated learning)'을 통해 수월성을 추구해가고 있다. 또한, 핀란드 교육은 자발적 학습을 교육의 기본으로 삼고 있다. 핀란드는 언제 어디서나 마음만 있으면 배울 수 있도록 교육 여건이 잘 갖추어져 있기 때문에 '어떻게 배울까'하는 부분은 본인이 하기 나름이다(Korpela, 2008). 핀란드 교육은 교사의 자율성을 존중한다. 국가는 교육 관리 권한을 최소한으로 하면서 지방자치단체와 학교, 교사 개개인에게 교육 권한을 이양했다. 교사의 질은 매우 높다. 교사가 되기 위해서는 석사학위가 필요하며 국가 차원에서 통일적인 교사 양성 제도를 채택하고 있다. 하지만 일단 현직에 들면 제도적인 개인별 교사 평가는 이루어지지 않고, 교사의 근무 조건이나 연수에 초점이 맞추어진 교원 역량 강화 중심의 교원 평가를 실시한다. 교사들의 전문성 및 지도성을 신뢰하고, 교육자로서의 자율성과 권위를 존중하며, 창의적인 교육활동을 격려하고, 더 좋은 교육을 위해 필요한 교원의 지위 향상 및 교육 여건을 조장하고 지원하는 것이야말로 핀란드 교육이 시사하는 핵심이라고 할 것이다.

2

경기도교육청의 학교혁신 사례

1. 미래사회의 변화

미래사회의 특징은 지식과 정보가 폭증할 뿐만 아니라 이러한 지식과 정보의 생성 주기가 급속히 단축된다는 것이다. 이로 인해 사회의 변화 또한 기간과 내용에 있어서 과거와 비교할 수 없을 정도로 급격하게 이루어질 것으로 예측된다.

즉, 과거에 우리가 상상했던 정도의 변화와는 전혀 다른 세상이 펼쳐질 것이다. 이러한 새로운 사회에 대응하기 위해서 사회적으로는 지속적인 학습을 지원하는 평생학습사회로의 전환이 필요하다. 그리고 개인적으로는 스스로 지식과 정보를 확보하고 생성하는 자율적 학습 능력과, 타인과 협력하여 문제를 해결하는 협동적 작업 능력이 요구된다.

미래사회에서 요구되는 인간의 능력을 구체적으로 정리하고 범주화한 것으로 'DeSeCo 프로젝트'를 예로 들 수 있다.

OECD(OECD, DeSeCo(Defining and Selecting Key Competencies) 프로젝트, 2003)가 규정하는 미래사회의 핵심 역량은 크게 다음의 세 가지 범주이다.

범주 1: 도구의 상호 작용적 이용
- 언어나 상징, 텍스트를 상호 작용적으로 사용할 수 있는 능력
- 지식과 정보를 상호 작용적으로 사용할 수 있는 능력
- 기술을 상호 작용적으로 이용할 수 있는 능력

범주 2: 이질적인 집단 내에서의 상호 작용
- 다른 사람들과 좋은 관계를 맺는 능력
- 협동할 수 있는 능력
- 갈등을 관리하고 해결하는 능력

범주 3: 자율적으로 행동하기
- 큰 그림(big picture) 안에서 행동할 수 있는 능력
- 생애 계획과 개인적 프로젝트를 만들고 수행할 수 있는 능력
- 권리와 흥미, 한계와 필요성을 주장할 수 있는 능력

이러한 정의는 단순한 지식의 습득이 아니라 언어, 정보, 기술을 활용할 수 있는 능력, 다른 것에 대한 이해와 타자와의 관계 능력 그리고 자율적으로 행동할 수 있는 능력이 필요함을 강조하고 있는 것이다. 즉, 과거에는 우리가 학교에서 배운 내용을 가지고 평생을 살아갈 수 있는 사회였지만, 이제는 학교에서 배운 지식의 수명이 너무 짧아져서 새로운 지식을 지속적으로 다시 배우지 않으면 안 된다는 것이다. 따라서 학교에서 배우는 지식의 성격은 달라져야 하며, 이러한 지식을 스스로 학습해 나갈 수 있는 개인적 능력과 사회적 지원 시스템이 중요해지고 있다. 그리고 복잡한 사회에서 요구하는 문제들이 개인이 혼자 해결하기 어려운 복잡한 내용을 포함하고 있으므로 타인과의 협력이 필수적이다.

또한 개인과 개인, 개인과 사회, 사회와 사회를 연결하는 네트워크의 중요성이 무엇보다 강조된다. 사회가 다양해지고 복잡해질수록 우리가 직면하는 문제 또한 다양한 성격을 가지며 복잡해진다. 이런 성격의 문제를 해결하기 위해서는 한 개인의 능력이 아닌 다양한 분야의 전문성과 경험이 통합되어야 한다. 이러한 전문성과 경험을 가진 다양한 사람들의 협력을 가능하게 하는 것이 서로를 연결하는 네트워크이다. 따라서 미래사회에서는 네트워크의 중요성이 증대될 것이다.

그리고 미래사회는 복잡성의 사회이다. 따라서 다중의 참여와 소통에 의해 지식과 정보의 생산과 유통이 이루어지고 있다. 또한 생산자나 공급자 중심으로 이루어지던 제품의 기능과 서비스도, 불특정 다수인 이용자의 참여와 기여를 통해 개인의 필요에 따라 예측할 수 없는 방향으로 발전해나가는 특징을 보이고 있다. 이러한 현상의 대표적인 사례로는 'Wikipedia', 'Lunch2.0', '아이폰'의 성공 요인을 들 수 있다.

이러한 현상은 미래사회가 기존의 폐쇄적이고 경쟁 중심의 사고가 지배하는 구조에서 개방과 협력의 사고가 강조되는 사회로의 변화가 이루어지고 있음을 보여 주고 있다. 이러한 개방과 협력의 문화는 분과 학문의 경계 파괴와 학문과 지식의 융·복합으로 이어지는 결과를 가져오고 있다. 다원화되는 사회의 특징과 지식 자본의 확대로 이질적인 집단(전문가)과의 소통과 협력은 선택이 아닌 필수가 되고 있다.

다원화와 지식자본의 확대에 따라 한 개인의 능력으로 해결할 수 있는 문제는 점점 줄어들고, 집단적 작업에 의한 경우에 비하여 효율도 많이 떨어진다. 따라서 학교 교육이 사회의 변화에 대응하여 적응하기 위해서는 건강하게 경쟁하면서 협력하는 새로운 패러다임에 적합한 가치를 교육하여야 한다.

그러나 앞서 언급한 핵심역량론에 따른 역량기반 교육과정에서 강조하는 역량은 인간의 능력에서 포괄적이고 기반이 되는 능력보다 기능적 성격이 강하므로, 이러한 역량을 지향하는 교육과정이 각각의 기능적 성격을 강화하여 분절화, 형식화될 가능성을 경계하여야 한다. 이러한 이유로 혁신교육은 창의지성요소를 전체적인 교육과정에서 늘 추구해야 할 목표(수업의 과정을 통해서 자연스럽게 얻어지며, 경청을 통해서 소통의 능력을 높이고 토론식수업 방법을 통해서 의사소통 능력을 높이는 등)로 설정하고, 교과의 목표는 각 교과에 얻어야 할 핵심적인 지식을 창의적으로 내면화할 수 있도록 창의지성텍스트를 적절히 활용하여 교육내용을 구성하고 이를 평가할 수 있는 창의적평가 시스템을 만드는 창의지성교육을 제안하고 있다.

이러한 미래사회의 변화에 대해 학교가 적응하지 못하여 시대에 뒤떨어지거나 오히려 역행하는 경우마저 있기 때문에, 학교와 교육은 비판에 직면하고 있다. 학교 교육의 문제는 학습내용(지식)의 객관성·절대성에 대한 맹신에 기인한다.

오늘날 지식은 완성된 것, 고정불변하는 것이 아니라 늘 다양하게 변화하고 새로운 생성의 과정을 거쳐 신지식으로 창조되고 있으며, 이 지식이 재창조의 과정을 거쳐 확대, 발전되는 것으로 이해되고 있다. 그럼에도 불구하고 여전히 학교에서는 다양성과 창의성을 자극하는 교육이 아니라 획일화된 Text(교과서)를 이용한 교사위주의 일방적 가르침이 이루어지고 있다.

학교는 성적 경쟁과 입시에서의 성공을 위해 교육의 다른 중요한 측면을 외면하고 있다는 비난을 받고 있고, 각종 규칙과 권리의 제한으로 학생들을 대상화하고 타율적인 존재로 길들이고 있다. 이러한 학교의 특성들은 교사들의 자기효능감과 자발적이고 능동적인 참여의지를 저하하는 원인이 된다. 교사들의 사기 저하는 직접적으로 학생들에게 전파된다. 그리고 이러한 학교일수록 학생의 인권이나 자율권이 심하게 제한되므로 학생들이 점점 학교에서 멀어지게 만드는 결과를 초래한다. 이로 인하여 학부모의 학교에 대한 불신과 불만이 함께 높아지면서 사교육을 통한 개별적인 자구책을 강구하도록 내몰고 있다.

그렇다면 바람직한 학교, 미래를 준비하는 학교는 어떤 모습이어야 할까? 많은 교육계의 전문가뿐만 아니라 다양한 분야의 전문가들이 교육과 학교에 바라는 모습은, 구성원 모두가 함께 성장하는 공동체로서의 학교를 미래지향적이며 바람직한 학교로 상정하고 있다. 공동체적인 학교라는 용어에는 여러 가지 의미가 포함되어 있다. 학교운영의 민주성, 자율성, 학생들의 다양한 가능성이 실현되고 교사의 전문성을 신장하기 위한 교육과정과 여건, 교육과정을 중심으로 운영되는 학교시스템, 인권이 존중되고 공동체 문화가 형성된 평화로운 학교 분위기, 그리고 보편적 복지의 실천 등이 공동체적 학교를 이루는 중요한 요소일 것이다.

　그중에서도 가장 중요한 요소는 교육과정이 중심이 되는 학교의 운영이라고 할 수 있을 것이다. 다른 어떠한 거창한 말보다도 교실, 수업의 변화가 그 중심에 있어야만 실질적인 학교의 변화, 교육의 변화가 가능하기 때문이다.

　그러나 여기에도 중요한 전제조건이 있다. 교육과정을 중심으로 하는 학교라고 하더라도 학습을 어떻게 정의하고 그 속에서 학생들의 배움이 어떻게 이루어지는지에 따라 그 결과는 너무도 다르게 나타난다.

　미래사회를 준비하는 학교 교육에서는 학습이 단순히 교과교육에만 국한되는 것이 아니라 학생이 삶의 실존문제에 대해 통찰하고 사유와 경험, 실천을 통해서 자아정체감을 확립하며 자기를 실현하는 과정이 되어야 하므로 교육과정, 교육방법 및 평가는 전체적으로 교육과정이라는 큰 틀에서 상호연결성을 갖고 통합적 시스템으로 완성되어야 한다.

　물론 단위학교 수준에서는 국가수준의 교육과정에 제약을 받고, 학교가 처한 환경에 따라 수업방법에 있어서도 적용 가능한 방법에 한계가 있다. 또한 평가(일제고사, 고입, 대입 시험)에 의하여 교육의 내용과 방법에 제한이 가해지는 것이 현실이다. 그럼에도 불구하고 교육과정에 대한 교육현장의 인식은 지나치게 수동적이며 잘못된 인식이 팽배해 있는 것도 사실이다.

　이로 인해 단위학교의 교육이 외부(국가, 교육청)에서 강요된 내용을 가르치는 것으로 인식되기 때문에 획일적이고 절대적으로 통일된 내용을 가르치는 것이 학교현장에 일반화되어 있다. 이로 인해 교사들은 교과서의 내용을 절대적으로 인식하고 수업을 통해 교과서에서 다루고 있는 모든 내용을 빠짐없이 전달하는 것에 최고의 가치를 두어 왔다. 이런 환경에서 교과의 내용을 재구성하거나 주제 중심으로 스스로 탐구하고, 비판적이고 성찰적인 사유를 통해 지식을 형성하고 창조하는 과정은 상상할 수 없는 일이 되고 있다.

　게다가 교과서만이 절대적이고 유일한 학습자료로 여겨진다면, 학생들은 교과서 내용을 반복적으로 암기하는 것만으로 학습이 완성된다고 인식하게 된다. 이로 인해 지식은 자신의 탐구적 노력과는 무관하게 전문가에 의해 형성되는 것이며, 학습을 삶과 괴리된 별개의 과정으로 인식하게 되어 학습으로부터 흥미를 잃어 가게 되는 것이다.

　일정 부분 한계나 제약이 있기는 하지만, 교육과정은 학교가 처한 환경이나 교사의 교육목적에 맞게 변화 가능하다는 점을 인식하여야 한다. 즉, 교육과정은 학습활동을 통해 학생들 스스로 세상을 인식하는 자기 체제를 갖추고, 스스로의 성장이 일어나도록 자극하며, 각 개인이 가지고 있는 재능이나 전문성, 지식과 기술을 서로 공유할 수 있는 시스템이 되어야 하는 것이다.

2. 새로운 사회를 위한 교육의 혁신

혁신교육의 기본 철학과 지향은 바로 이러한 미래에의 전망과 이를 위한 우리 교육의 올바른 방향에 대한 고민에 근거하고 있다.

혁신교육의 기본 철학에서 교육이란, 미래사회를 준비하는 과정일 뿐만 아니라 한 개인이 인간으로서 행복한 삶을 실현하고 인류 공동의 지속적인 공존에 기여할 수 있는 힘을 기르는 과정이어야 한다.

이런 관점에서 학교는 진정한 삶의 공간이며, 사회적 삶에의 참여와 진정한 의미 소통을 위한 교육환경을 구축하여야 한다. 이를 통해서 진정한 사회관계를 형성하고 더불어 살아가는 과정을 통하여 서로가 서로를 교육하는 것이 진정한 의미의 교육이기 때문이다.

또한, 이러한 의미의 교육을 실천하기 위해서는 교육을 통해서 인간이 가지고 있는 어떤 능력을 발굴하고 길러 낼 것인지에 대한 사회적 합의와 공통의 노력이 매우 중요하다.

Daniel Pink에 의하면 지금껏 인류를 이끌어 온 것은 주로 논리와 이성을 주도하는 좌뇌의 역할이었고, 감성과 정서를 주도하는 우뇌는 좌뇌를 보조하는 역할을 해 왔다. 하지만 미래사회는 지식과 정보와 기술 중심의 좌뇌중심형 사회에서 창조와 공감의 능력을 필요로 하는 우뇌 중심의 하이컨셉, 하이터치 시대로 옮겨 가고 있다. 하이컨셉에는 예술적·감성적 아름다움을 창조하는 능력, 트렌드와 기회를 감지하는 능력, 훌륭한 스토리를 만들어 내는 능력, 언뜻 관계가 없어 보이는 아이디어들을 결합해 뛰어난 발명품으로 만들어 내는 능력 등과 관련이 있다. 하이터치는 마음의 공감을 이끌어 내는 능력, 인간관계의 미묘한 감정을 이해하는 능력, 어떤 사람의 개성에서 다른 사람을 즐겁게 해 주는 요소를 도출해 내는 능력, 평범한 일에서 목표와 의미를 이끌어 내는 능력과 관계가 있다.

따라서 새로운 학교는 미래사회의 변화에 따른 창의성과 감성을 키우는 교육이 이루어지고 공동체적 삶의 형식이 실현되는 학교의 조직과 운영이 필요하다. 이를 위해서 교사의 교직수행과 학교행정조직의 책임이 엄격히 분리되지 않고 모든 의사결정과정에 구성원 전체가 참여하는 자치가 보장되어야 한다. 교사, 학생, 학부모가 학교운영에 자율과 책임의식을 갖고 참여하여 학교가 모든 사람의 성장을 도모하는 민주적인 공동 삶의 장이 되어야 한다.

그러나 현재의 학교는 생명의 기운을 상실하고 삶과 유리된 죽은 지식의 교수 – 학습 기관으로 전락하여, 상징화된 정보의 학습에 있어서만 빈틈없는 이기적인 전문가를 양성하는 것에는 나름대로의 역할을 하고 있지만 진정한 삶의 교육은 불가능하다.

이로 인해 우리 사회의 학교와 교육에 대한 불만은 늘 존재해 왔으며 학교와 교육에 대한 비판의 핵심은 다음에 제기되는 문제로 집약된다.

- 학생들의 '배움의 퇴행' [1]
- 다른 나라 학생들에 비해 많은 시간을 학습에 투자하지만, 투입 시간 대비 학습 효율성, 자기주도적 학습 능력, 학습 흥미도 및 학습 가치 인식도는 국제 평균 이하임.
- 학교에서는 다양성과 창의성을 자극하는 교육이 아닌 획일화된 Text(교과서)를 이용한 교사 위주의 일방적 가르침이 이루어지고 있음.
- 학부모의 학교에 대한 불신과 불만이 높아져 학부모들은 사교육을 통한 개별적 자구책을 강구함.
- 단위학교 수준에서는 국가수준의 교육과정에 제약을 받고, 학교가 처한 환경에 따라 수업방법에 있어서도 적용 가능한 방법에 한계가 있음.
- 평가(일제고사, 고입, 대입 시험)에 의해서 교육의 내용과 방법에 제한이 가해지는 현실적 한계
- 단위학교의 교육이 외부(국가, 교육청)에서 강요된 내용을 가르치는 것으로 인식되기 때문에 획일적이고 절대적으로 통일된 내용을 가르치는 것이 학교현장에 일반화됨.
- 교과의 내용을 재구성하거나 주제 중심으로 스스로 탐구하고 비판적이고 성찰적인 사유를 통해 지식을 형성 창조하는 과정은 상상할 수 없음.

이러한 한계를 극복하고 교육본래의 모습인 사회적 삶에의 참여와 진정한 의미의 소통을 통한 교육환경을 구성하기 위한 즉, 배움의 학교공동체를 형성하는 학교문화 혁신운동이 절실히 요구되고 있다. 이것이 경기도교육청의 혁신교육의 출발점이자 지향하는 지점

---

[1] 쓸데없는 것을 과잉 학습하는 과정에서 정작 배워야 할 내용들을 등한시한 나머지, 자신의 성장 동기를 상실하는 부조리 상황을 이르는 말이다.

이다.

그동안 수많은 교육개혁이 시도되고 추진되어 왔지만 실질적인 성과를 얻지 못하고 지속되지 못한 요인에는 크게 관주도의 개혁으로 진행되어 현장으로부터의 자발적인 참여를 이끌어 내는 데 실패하였고, 획일화된 성과위주의 사업으로 변질된 것이 주된 원인이지만 그 외에도 수많은 장애요인들이 존재하는 것이 현실이다.

따라서 이러한 장애를 극복하고 현장으로부터의 자발성을 이끌어 내기 위한 올바른 개혁의 방향을 제시하고 실천을 위한 방안을 학교현장과 함께 고민하는 것이 진정으로 수업과 학교와 교육의 변화를 이끌어 내고 성공적인 교육의 모델을 만들어 낼 수 있는 길이 될 것이다.

이를 위해서 학교의 교육시스템이 전면적으로 바뀌어야 한다. 현재의 과도한 입시경쟁으로 인한 학교 교육의 왜곡을 바로잡고, 학교 교육이 스스로의 문제를 설정하고 이를 해결하기 위해 문제의 해결 방법을 기획하고 실천해 나가는 자기주도적인 능력을 기르며, 타인과의 소통을 통해서 더 높은 수준의 지식을 획득할 수 있다는 경험을 바탕으로 자연스럽게 협력과 소통의 능력을 길러 갈 수 있는 능력을 기르는 방향으로 전환해야 한다.

인문학(문·사·철)교육을 강화하고, 학문 간 교류와 통합적 사고력 배양에 중점을 두어야 한다. 이와 동시에 개인의 욕망을 절제하고 상대방에 대한 배려와 소통이 가능한 성찰적 인재의 양성이 개인과 사회의 조화로운 발전을 위해서 필수적임을 명심해야 한다. 우리는 이미 미국의 금융위기를 통해서 통제 불능의 개인적 욕망 추구가 결국은 사회의 '야수의 정글'화를 초래하여, 사회뿐만 아니라 개인의 몰락으로 이어진다는 값진 교훈을 얻었던 것이다. 더불어 성장하고 학습하는 배움의 공동체를 통해 자기 절제, 신뢰와 협력의 정신을 갖춘 창의적 리더를 양성하는 것이 미래사회의 학교 교육의 목표가 되어야 한다.

1. 경기도 혁신교육의 기본 정신

학교 교육의 혁신을 위한 미래사회의 올바른 학교는 창의성, 공공성, 민주성, 국제성, 역동성의 다섯 가지 기본 정신이 바탕이 되어야 하며, 이것은 '혁신교육'이라는 새로운 개념으로 정리될 수 있다.

[그림 4] 혁신학교의 철학

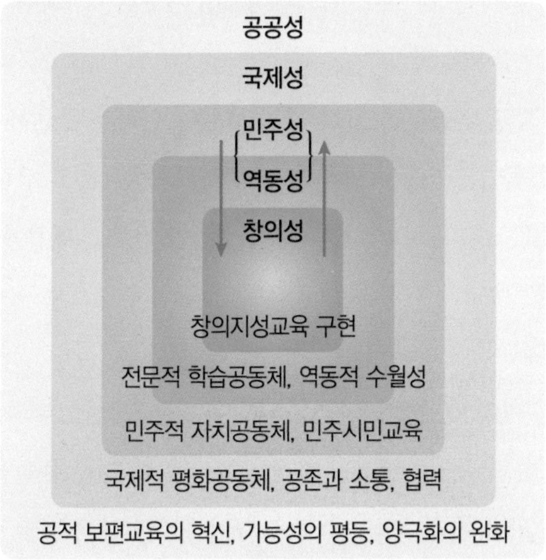

공공성

국제성

민주성

역동성

창의성

창의지성교육 구현

전문적 학습공동체, 역동적 수월성

민주적 자치공동체, 민주시민교육

국제적 평화공동체, 공존과 소통, 협력

공적 보편교육의 혁신, 가능성의 평등, 양극화의 완화

미래사회에서는 창의적인 인재만이 리더로 그리고 집단적 창의성을 발휘할 수 있는 능력이 강조되는 사회가 될 것이다. 이미 경기도교육청에서는 사회의 변화에 대응하는 미래형 교육과정을 창의지성교육으로 명명하고 구체적인 교육의 내용을 포함한 전반적인 교육시스템의 변화를 시도하고 있다. 창의지성교육은 인류사회의 다양한 지적 전통, 문화적 소양, 경험과 실천을 바탕으로 비판적(반성적, 성찰적)인 사고활동을 통해 창의성을 함양하는 교육이다.

혁신교육은 새로운 패러다임으로 우리 사회와 공교육이 직면한 문제에 답하려는 총괄적 혁신 운동이다(김상곤, 2012). 혁신교육은 공교육의 내용과 방법을 미래지향적으로 한 차원 높게 변화, 발전시킴으로써 교육 현장에 새로운 바람을 불러일으켜야 한다. 그를 위해, 혁신교육은 몇 가지 분명한 철학적 관점과 원리를 바탕으로 하는 종합적인 교육개혁

방안이 되어야 한다(김상곤, 2012).

첫째, 혁신교육은 무너진 교육 공공성의 가치를 구현하는 일이다. 사회의 양극화와 교육의 특권화 · 서열화, 그로 인한 공교육의 마비 상황을 극복하고 모든 사회계층이 질 높은 공교육의 성과를 폭넓게 향유하고, 교육이 사회 전체의 건강성 회복에 기여할 수 있어야 한다.

둘째, 혁신교육은 교육의 내용 면에서 창의성을 가치를 실현해야 한다. 학생들이 지적 호기심을 바탕으로 스스로 탐구하는 과정에서 생겨나는 창의성은 무너진 교실을 회생시키고 교육의 질을 혁신할 수 있는 혁신교육의 핵심 원리가 되어야 한다.

셋째, 혁신교육은 교육목표를 성취하는 과정에서 집단적 · 사회적 협력을 통한 역동적 발전의 가치를 원리로 삼아야 한다.

넷째, 혁신교육은 학교공동체 운영 및 학생 생활의 원리와 관련하여 민주성을 가치를 실현하는 일이다. 나아가 민주주의 교육과 민주적 학교생활은 학생들이 미래의 민주 시민으로서, 그리고 우리 사회의 지도적 주체로서 소양을 키우는 과정이다.

다섯째, 혁신교육은 개혁의 가치와 인재에 대한 열린 관점으로 협력과 소통의 국제적 가치를 추구해야 한다.

혁신교육은 교육을 미래 백년을 기약하는 사회적 자원, 재산으로 파악하는 공공성을 강조하는 개념이다. 대한민국이 발전적인 미래를 확보할 수 있는 유일한 방안은 사람에 투자하는 것이며 이를 위해 미래사회의 역량을 강화하기 위한 구조로 공교육을 혁신하고, 공교육 속에서 모든 인재들이 차별 없이 육성될 수 있도록 정책이 설계되어야 한다. 공교육혁신의 모델인 혁신학교의 확대, 무상급식과 무상교육 등 교육복지 확대, 사교육의 획기적 감소 등은 공공성의 정신을 구현하기 위한 정책이다(김상곤, 지승호, 2011).

혁신교육의 또 다른 중요한 철학적 기반은 민주성이다. 학교현장과 교육현장의 의사결정과 운영을 민주화해서 경기교육에 내재해 있는 잠재능력을 극대화하는 것이다. 학생의 인권과 교권, 그리고 학부모의 참여권을 보장해 의욕 있고 생동감 있는 학교현장을 만드는 것이 교육을 바꾸는 일이다. 선생님들이 자존감을 가지고 학생 지도에 전념할 수 있도록 하고 학부모들이 학교문화를 만들어 가는 주체로 참여할 수 있도록 하여 함께 교육하는 '참여협육'을 실현해 나갈 것이다.

글로벌시대 무한경쟁사회에서 학생들이 진정한 경쟁력을 갖도록 키워 나가야 하는 것이 학교의 책임이다. 자신에게만 가두어진, 자신만을 아는 학생들은 진정한 애국자가 될 수도 없고, 국제사회를 건설적으로 주도해 갈 수도 없다. 진정한 국제사회의 인재를 기르기 위해서는 국제적으로 다른 문화를 이해하고, 타자와 공존하고 소통하는 능력을 키우는 국제화 교육이 필요하다.

창의적 지성교육으로 학력을 대혁신하겠다는 것은 단순한 학습 성적의 향상을 의미하는 것이 아니다. 다수의 수월성, 역동적 수월성, 다양한 수월성의 추구를 통해 미래사회 핵심역량을 갖춘 다양한 인재를 키우는, 진정한 학력신장을 추구하는 것이 혁신교육이 담고 있는 역동성의 원리이다.

[표7] 혁신교육의 기본 철학

공공성	• 혁신학교는 공교육의 사회적 역할과 관련해 공공성의 가치를 추구함. • 사회의 양극화와 교육의 특권화 · 서열화, 그리고 이로 인한 공교육의 기능부진을 극복하고 질 높은 공교육의 성과를 시민들이 보편적으로 향유하도록 하며 교육이 사회전체의 건강성 회복에 기여할 수 있도록 해야 함. • 사회적 차별 없이 향유할 수 있는 공교육 그 자체의 질적 수준을 향상시킴으로써 우리 사회 전반의 문화 – 지식기반을 강화하고 기회의 평등을 넘어서 '가능성의 평등(the equality of possibilities)'을 추구해야 함. • 궁극적으로 균형 있고 다양성이 살아 있는 건강한 사회를 회복하는 데 학교가 적극적으로 기여해야 함.
창의성	• 혁신학교는 교육의 내용과 관련해 창의성의 가치를 추구함. • 입시위주, 서열화 교육 때문에 척박해진 한국교육을 개혁하기 위해 '창의성'은 한국교육개혁의 기준이 될 수밖에 없음. 창의성은 최근 한국 및 세계 교육계에서 가장 큰 화두가 되고 있음. • 학생들이 세계에 대해 통찰을 갖고 자신의 삶과 사회에 대한 기획능력을 갖추고 민주시민으로서의 자질과 사회적 책무성, 리더십을 갖는 창의적 인재로 성장할 수 있도록 비판적 사고와 지성을 함양하는 창의지성교육을 추진해야 함. • 학생들의 민주적 자치공동체를 구현하고 지성과 지혜를 키우는 행복한 배움이 실현될 수 있도록 해야 함. 초 · 중등 교육에서의 지성교육을 강화함으로써 우리사회의 지식 · 문화적 기반을 근본적으로 강화하려는 노력을 경주해야 함.
민주성	• 혁신학교는 학교공동체 운영 및 학생생활의 원리와 관련해 민주성의 가치를 추구함. • 학교의 전반적인 혁신을 위해서는 학교 구성원들의 자발적 참여와 창의적 아이디어가 적극적으로 학교운영에 반영되어야만 함. 이를 위해 학교는 민주적 자치공동체로 자리매김되어야 함. • 학교교육의 일차적 주체인 교사들이 의사결정에 적극적으로 참여할 수 있도록 제도화되어야 함. 교장은 교사들이 교육의 본질적 측면에 집중할 수 있도록 대폭적으로 권한을 위임하고 교사의 적극적인 참여를 통해 학교운영 방향에 대한 합의(consensus)를 형성할 수 있도록 해야 함. 이를 통해 교사의 창의적 구상이 교육현장에서 실현될 수 있도록 보장해야 함. 학부모와 학생의 학교운영 참여를 제도화하고 학교공동체의 일원으로서 적극적인 역할을 할 수 있도록 해야 함. • 혁신학교는 민주화, 저출산, 정보화라는 시대적 상황에 직면한 학생들에게 자신의 권리인식에 기초한 민주적 책무성과 리더십 교육을 제공하고, 학생들 스스로가 학교 민주주의(school democracy) 속에서 독립된(자립적인) 민주적 시민으로서 성장해 갈 수 있도록 해야 함. • 창의성의 극대화를 위해서 교사, 학생, 학부모가 자주적 협력을 추구하는 민주적 학교공동체를 구축해야 함. 학생들의 자존감과 인권은 학교 민주주의의 출발점이므로 학교공동체 결정에 대한 구성원 전체의 참여가 실질적으로 보장되어야 함. 민주적 학교공동체는 미래 우리 사회의 창의적시민과 민주적인 리더십을 육성하는 가장 강력한 실천적 교육현장임.

역동성	• 혁신학교는 교육내용과 방법적 측면에서 전문적 학습공동체를 구축하도록 함으로써 역동성의 가치를 추구함. • 교사들의 전문성과 연구역량, 수업에서 구현되는 교육역량을 질적으로 제고하고 학생 개개인의 성찰적 사고와 집단지성을 키움으로써 모두의 수월성이 구현되도록 함. 이를 위해 혁신학교는 교사들의 개별적 연구와 전문적 교육역량 제고를 위한 집단적 노력을 권장하고 지원해야 함. 혁신학교는 신자유주의의 이기적이고 경쟁적인 인간관의 한계를 직시하고, 소수의 우월한 승자그룹에 모든 관심을 집중하는 왜곡된 수월성 개념을 극복하기 위해 노력해야 함. • 배움과 지성활동은 사회적 지혜를 모으는 협력을 통해 가장 잘 실현됨. 학문적 성장을 의미하는 수월성 개념은 다수의 학생들을 목표로 하되 선두그룹과 중위그룹, 하위그룹이 서로 발전될 수 있도록 재설계되어야 함.
국제성	• 혁신학교는 교육개혁의 방향 및 인재육성의 지향성과 관련해 평화와 소통, 협력을 중시하는 국제성의 가치를 추구함. • 오늘날 세계화는 다양한 국가와 경제주체를 중심으로 불균등하고 복잡하게 진행되고 있음. 탈냉전은 복잡한 문화관계, 국가 간 관계, 다양한 비국가행위자들을 등장시켜 안정적 평화보다는 복잡한 갈등과 위험을 증대시키고 있음. 이 상황에서 복잡하게 전개되는 국제관계의 특징을 정확히 인식하고 그 속에서 평화와 협력을 이끌어 낼 수 있는 경쟁력 있는 인재를 육성해야 함. • 국제사회에 대한 민주적 이해와 우리사회의 다양성에 대한 천착을 통해 공존과 협력, 소통의 국제적 소양을 갖는 참된 국제적 · 평화적 인재를 육성해야 함.

2. 혁신교육의 모델 혁신학교

1) 혁신학교란 무엇인가?

혁신학교는 민주적 자치공동체[1]와 전문적 학습공동체[2]에 의한 창의지성교육을 실현하는 공교육 혁신의 모델학교이다. 혁신학교는 우리 학교가 안고 있는 여러 가지 구조적 모순을 극복하고 학교가 본래의 가치를 추구할 수 있도록 방향을 제시하고 지원하는 개혁적 교육모델이며 이를 통해서 새로운 교육의 만들어 가려는 혁신적 교육운동이자 사회운동이다.

이를 위해서 혁신학교는 학생의 흥미에 기초한 배움이 일어나고 학교가 진정한 삶의 공간, 사회적 삶에의 참여와 진정한 의미의 소통을 위한 교육환경을 갖춘 곳이 되도록 만들어 가는 과정이라고 할 수 있다. 진정한 사회관계의 형성으로 더불어 살아가는 과정을 통하여 서로가 서로를 교육하는 것이 진정한 의미의 배움이므로 이러한 이상의 구현을 위해

---

1) 민주적 자치공동체라 함은 학교장의 소통과 전문성에 입각한 리더십을 바탕으로, 민주적인 회의체계와 운영원리를 통해 학교의 비전과 교육목표를 함께 만들고 함께 실현하며, 학생들의 적극적인 자치활동 보장과 자치역량 강화, 그리고 학부모와 지역사회의 자발적이고 적극적인 참여와 협력이 활발하게 일어나는 공동체를 말함. 이러한 구조와 운영 과정에서 교사를 비롯한 학교 구성원들은 상호 소통하고 신뢰하며, 자아존중감과 자아효능감을 높여 전체적인 교육력을 강화하는 것을 중시함.
2) 전문적 학습공동체라 함은 교사들의 동료성을 강화하여 서로의 수업에 대해서 개방하고, 교육활동에 대하여 대화하고 협의하는 과정에서 교사가 함께 성장하는 원리와 철학을 담고 있는 교사 전문성 향상을 위한 공동체를 말함. 교사는 자신의 수업을 성찰하고 나아가 새로운 시도를 하여 끊임없이 성장하는 과정을 통해 교사와 교사, 교사와 학생, 학생과 학생 사이에서 배움이 일어나는 것을 목적으로 함.

서는 공동체적 삶의 형식이 실현되는 학교의 조직과 운영이 필요하며, 적절하고 유효한 교육의 내용과 방법은 고정되어 있지 않다.

혁신학교에서는 학생들의 능동적인 태도와 탐구에 대한 관심을 유지하고 발전시켜 나가는 것에 최대의 관심을 기울여야 하며, 지식의 학습과 기능적 숙달이 흥미를 기반으로 한 자기주도적 활동의 자연적인 부산물이 되어야 한다. 또한 교사의 교직수행과 학교행정조직의 책임이 엄격히 분리되지 않고 모든 의사결정과정에 구성원 전체가 참여하는 자치가 보장되어야 한다. 교사, 학생, 학부모가 학교운영에 자율과 책임의식을 갖고 참여함으로써 학교가 모든 사람의 성장을 도모하는 민주적인 공동 삶의 장이 되어야 한다.

이러한 혁신학교의 지향은 혁신학교 기본문서에서 제시하고 있듯이, 혁신학교는 새로운 학교 유형을 제시하는 것이 아니라 기존 공교육을 본래의 기능과 역할에 충실하게 하는 내부의 변화에 집중한다는 측면에서 기존의 새로운 사업 위주의 개혁정책과 구별된다. 즉 학교 유형의 다양화가 아닌 다양한 가능성을 가진 우리 아이들의 미래를 위한 학생 중심의 교육과정 다양화를 지향하는 학교이다.

또한 혁신학교의 '혁신'(innovation)이라는 말은 공교육 '정상화'(normalization)에서 한 단계 더 나아가, 공교육의 내용적 개혁(transformation)과 발전(progress)이라는 전향적 의미를 내포하고 있다.

혁신교육은 학교교육의 수준과 환경을 질적으로 향상시켜 교육기회와 가능성을 보편적으로 차별 없이 향유하도록 하고(공공성), 교육의 내용과 방법 모두를 혁신한 창의지성교육을 실천하고(창의성), 민주적 자치공동체의 형성을 통해 교사와 학생의 참여문화를 실현하고 권리의식과 책무성을 자각한 민주시민을 육성하며(민주성), 전문적 학습공동체의 형성을 통해 집단 지성이 발휘되도록 하고 다양한 교육역량을 계발하여 역동적인 수월성을 추구하고(역동성), 평화와 소통, 협력을 추구하는 미래지향적인 세계인(국제성)을 키워 나가는 총체적 교육개혁을 추구하고 있다.

혁신학교는 이러한 가치를 기본철학으로 하여 이를 실천하기 위한 추진주체의 형성과 훈련, 지역적 특성을 고려한 전략과 지역의 자원을 극대화하기 위한 협력, 혁신학교의 지속적인 성장과 확대를 위한 혁신학교의 역할과 연대와 같은 실천적 원칙을 일관성 있게 견지하기 위한 전략이 뒷받침 되는 가운데 성공할 수 있다. 이 원칙은 혁신학교 추진 초기 단계부터 논의되어 왔던 혁신학교 성공을 위한 기본 조건이며 앞으로도 학교의 변화를 추구하는 어떠한 노력에서도 참고로 하여야 할 중요한 실천원칙이기도 하다.

[그림 5] 혁신학교 가치의 건축개념도

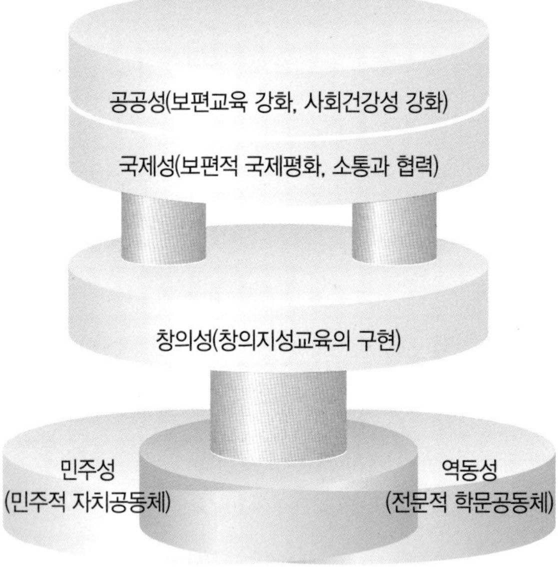

공공성(보편교육 강화, 사회건강성 강화)

국제성(보편적 국제평화, 소통과 협력)

창의성(창의지성교육의 구현)

민주성
(민주적 자치공동체)

역동성
(전문적 학문공동체)

    추진 주체의 문제는 기존의 교육개혁을 위한 시도가 위로부터의, 관주도의 방식으로 인해 실패한 경험으로부터 얻은 반성에 기반을 두고 있다. 학교의 변화나 교육의 변화를 위한 어떠한 시도도 학교현장의 공동체성과 이들의 자발적이고 주체적인 참여 없이는 불가능하다. 물론 정부나 교육청의 제도개선이나 재정지원적인 뒷받침이 필요하기는 하지만, 이것은 어디까지나 지원의 수준에 머물러야 하며 중앙정부나 지방교육자치가 이를 견인할 수 있다고 생각하고 주도하는 순간부터 실패는 시작되는 것이다.

    따라서 혁신학교는 일선 현장의 교사, 관리자, 학부모와 지역사회가 추진의 주동력이 되어야 하며 이들 추진주체들은 관주도를 벗어나 새로운 교육운동으로서 자기정체성을 분명히 해야 한다. 즉 혁신학교의 추진주체들은 공통적인 가치와 철학을 공유하되 다양한 전략을 구사할 수 있어야 하며, 현장에서의 주도성과 헌신성, 자발성을 기초로 지속가능성과 역동적 발전 잠재력을 얻어야 하는 것이다. 이것이 혁신학교 실천을 위한 자주성의 원칙이다.

    현대사회에서 학교는 혼자 독립적으로 존재할 수도 없을 뿐만 아니라 학교가 사회와 분리되어 배타적 집단이 되는 것은 교육을 위해서도 학교의 발전을 위해서도 바람직하지 않다. 학교는 지역사회와의 교류와 협력을 통해서 학교교육을 더욱 풍부하고 다양하게 발전시켜 나갈 수 있으며 이것은 학생들의 다양한 사고와 자신의 미래에 대한 상상력으로 이어질 수 있다.

이를 위해서 혁신학교는 학교, 지역 시민사회, 학부모와 연대한 참여협육 모델을 통해 지역 연대적 주체를 형성하고 이를 기초로 새로운 민주적 거버넌스를 구축해야 한다. 지역의 시민사회, 학부모의 역량을 학교 교육을 위한 자원으로 포괄하는 공적 재구성이 필요하며, 지자체 및 지역청을 매개로 한 공적 성격의 교육 비정부기구(NGO, Nongovernment Org.), 비영리기구(NPO, Nonprofit Org.)를 재구축할 필요성이 있다. 지역사회와 학교를 연결하기 위한 전략적이고 체계적인 시스템 구축으로 시민사회 및 학부모의 재능 기부와 참여 역할을 확대하고, 지역 차원의 참여협육을 모델화해야 한다. 이러한 학교와 지역사회의 연대를 통해서 혁신학교의 지속적인 성장과 확대가 이루어질 수 있다.

교육은 학생들의 삶의 실천의 과정이며 학교는 구성원의 경험의 공유의 장이므로 학교가 위치한 지역적 특성은 학교 교육에서 고려해야 할 매우 중요한 요소 중 하나이다. 따라서 혁신학교도 지역적 상황을 반영하고 그 지역의 역사적, 지리적, 문화적, 그리고 사회경제의 특수적인 자산을 활용한 혁신학교 구축 전략을 추진해야 한다. 특히 혁신학교를 추진함에 있어서 농산어촌, 도시 주변부, 전통적 도심지역, 저소득 지역, 신흥 도시주거지역, 중산층 지역 등 지역에 따른 문화적 배경이나 성장배경의 특징이 잘 반영되어야 그 지역의 학생의 특성에 제대로 적합한 교육시스템을 구축할 수 있다. 그것은 학생들의 학업 성취에 가장 큰 영향을 미치는 것이 학생 개개인을 둘러싼 사회경제적 배경이며, 학교의 교육을 생기 넘치고 흥미롭게 만드는 것은 그 학교가 위치한 지역사회의 문화적 특성을 잘 연계한 교육과정이기 때문이다.

혁신학교의 교육과정은 학교현장 및 지역의 교육적·문화적 자산을 활용하고 이를 교육과 연계시킬 수 있도록 설계되어야 한다. 그러므로 지역발전의 요구와 결부된 다양한 창의지성교육의 유형적 디자인이 모색되어야 한다. 이것이 혁신학교 추진 전략에서 지역성의 원칙에 해당되는 원리이다.

혁신학교는 개별학교의 성공으로만 그쳐서는 안 된다. 혁신학교는 또 다른 유형의 학교, 특별한 학교가 아니라 공교육의 올바른 발전 방향을 제시하기 위한 파일럿 스쿨, 모델 스쿨이기 때문이다. 따라서 혁신학교는 다른 공교육 학교의 지향점으로서의 지역적 역할을 충실히 해야 하며 일반학교와 혁신학교의 일상적 커뮤니케이션과 협력관계가 구축하는 구심점이 되어야 한다. 혁신학교에서 실천되는 교육정책이나 모델은 다른 일반학교에 전파되고 확산되어야 하며 이를 위해서 적극적인 역할을 담당하는 것 또한 혁신학교의 몫이다. 이러한 역할을 다할 수 있도록 혁신학교 자체의 노력뿐만 아니라 지원체계가 갖추어져야 한다. 또한 혁신학교 교사들이 교육혁신 리더로서의 역할을 할 수 있도록 제도적 · 문화적 조건이 정비되어야 한다. 이러한 조건들이 갖추어져야 혁신학교가 그 위상에 걸맞은 역할을 수행할 수 있을 것이다.

2) 혁신학교의 운영원리

혁신학교의 운영원리는 혁신학교의 철학을 바탕으로 중점 추진과제를 실현하기 위해서 학교의 교육과정, 학교경영과 관련하여 핵심적으로 고려해야 할 사항들로 혁신학교 구현을 위해서 일반적으로 지켜야 할 사항이다.

(1) 교육과정 운영 원리

혁신학교운영에 있어서 가장 핵심은 교육과정이다. 혁신학교가 추구하는 제일의 가치가 학생들이 미래사회에서 인간으로서 행복한 삶을 영위하는 것이고, 이를 위해서는 스스로의 삶을 개척할 수 있는 힘, 즉 진정한 학력을 길러야 한다. 즉 혁신학교의 최고의 가치는 진정한 학력의 추구이다.

학생들의 삶을 의미 있게 하는 내용의 교육, 미래사회를 살아갈 수 있는 능력을 길러 주는 내용의 교육, 개개인의 가능성과 재능을 찾아내고 키워 나갈 수 있는 내용의 교육, 더불어 살아가며 공존을 가치를 배우도록 하는 내용의 교육으로 교육과정을 만들어 갈 때 진정한 의미의 학력이 길러질 수 있다.

혁신교육에서 추구하는 진정한 학력을 기르기 위한 교육과정은 세 가지의 중요한 원리로 구성된다. 이 세 가지 원리는 학습자 중심의 원리, 미래 핵심역량 성취의 원리, 공동 성장의 원리이다. 이 세 가지 원리는 다음과 같은 가치를 담고 있다.

가. 학습자 중심의 원리
- 학습자를 배움의 권리를 가진 실질적인 교육의 주체로 인정하고 이들을 중심으로 학교를 운영한다.
- 학생들이 동등한 배움의 기회와 희망을 갖고 교육활동에 즐겁고 능동적으로 참여할 수 있는 여건을 조성한다.
- 학생들이 협력하여 자기주도적으로 학습해 나가고 배움과 성장의 즐거움을 향유할 수 있도록 조력한다.

- 학교 교육을 통해 잠재적 능력이 최대한 발현될 수 있도록 학습의 다양화와 선택 기회를 보장한다.

나. 미래 핵심역량 성취의 원리

- 교원의 전문성과 집단지성을 통하여 창의지성을 함양할 수 있는 다양하고 특성화된 교육과정을 편성·운영한다.
- 미래사회에 요구되는 핵심역량 함양을 목표로 하여 체계적인 프로그램을 마련하여 적용한다.
- 교과서 위주의 획일적인 수업을 지양하고 학생의 특성과 소질에 따라 교육과정을 적극적으로 재구성하여 운영한다.
- 학습의 양과 결과보다는 배움의 과정과 질적 수준 제고를 중시하고, 모든 학생들이 내적 변화와 성장을 이룰 수 있도록 협동하여 조력한다.

다. 공동 성장의 원리

- 지나친 경쟁과 입시위주의 획일적이고 단편적인 교육을 탈피하고, 학습자 개인차를 고려한 교육으로 학생 모두가 성장하도록 지원한다.
- 소수의 성적우수자를 위한 수월성 교육에서 벗어나 모든 학생들이 잠재적 능력을 발휘할 수 있도록 맞춤형 교육을 실현한다.
- 사회·경제적 여건 등에 따라 교육성과의 불평등이 일어나지 않도록 학습부진아와 소외계층을 위한 교육적 배려를 확대해 나간다.
- 학생과 학생, 학생과 교사 간의 상호 협력과 배움으로 학습공동체를 구축하고 학부모와 지역사회의 성장을 적극적으로 지원한다.

(2) 학교운영 원리

혁신학교는 학교가 학생들의 올바른 배움과 성장을 지원하는 역할을 충실히 수행하며 구성원의 공동체성을 회복하고 구성원 모두가 더불어 성장하는 공동 삶의 장이 되도록 하기 위한 몇 가지의 원칙을 강조하고 있다.

혁신학교의 학교운영 원리는 교수·학습 우선의 원리, 자발적·자생적 노력의 원리, 소통과 협력의 원리, 자율과 책임의 원리 등의 네 가지 원리로 구성되며 이 원리들은 다음과 같은 내용을 추구한다.

가. 교수 · 학습 우선의 원리

- 학교의 행정 · 재정 운영은 학생들의 학습활동을 돕고 교사의 교수 · 학습 지원을 최우선적으로 고려해야 한다.
- 형식주의 및 권위적 리더십, 잘못된 관행 등을 탈피하여 교육활동을 촉진하고 효과성을 증진할 수 있도록 업무체제를 재구조화한다.
- 교육과정 및 수업 혁신에 대한 체계적이고 전문적인 지원을 통하여 교사들이 수업에 전념할 수 있도록 여건과 환경을 조성한다.
- 학생 배움 중심의 수업이 운영될 수 있도록 다양한 수업 모형 및 프로그램에 대한 지원을 강화한다.

나. 자발적 · 자생적 노력의 원리

- 학생, 교사, 학부모가 학교의 주체로서 자리매김하고 학교혁신을 위한 보편적인 가치와 방향성을 공유하도록 지원한다.
- 교육주체들의 소통과 자발적 협력에 의하여 학교의 현안을 창의적으로 해결하고 만족도를 높여 나간다.
- 자생적인 연구 모임 등을 활성화하고, 자발적인 헌신과 민주적 리더쉽에 의하여 구성원들의 잠재된 역량을 극대화한다.
- 교사의 전문성에 의한 자발적인 교육활동을 존중하고 이들에 대한 동기 부여와 참여의지를 고양하기 위한 노력에 최선을 다한다.

다. 소통과 협력의 원리

- 학교 구성원 간의 소속감과 연대감을 바탕으로 상호 간의 신뢰와 협동적 관계를 형성해 나간다.
- 모든 구성원들이 동등하게 학교운영에 참여할 수 있는 권리를 보장하고, 민주적이고 합리적인 의사 소통체제를 마련한다.
- 학교와 교실을 외부에 적극적으로 개방하고 학교 교육에 학부모 · 지역사회가 적극적으로 참여하는 거버넌스 체제를 구축한다.
- 지역사회의 기관이나 단체가 학교에 참여할 수 있도록 유기적이고 협력적인 관계를 형성해 나간다.

라. 자율과 책임의 원리

- 외부의 통제방식에 의존하기보다는 학교가 추구하는 가치와 규범, 동료성과 상호 작용에 의한 자율적인 통제로 전환한다.
- 인센티브, 평가, 경쟁 등의 요소를 배제하고 교원의 자발성과 전문성에 의해 교육의 질적 수준을 제고하기 위한 노력에 최선을 다한다.
- 학교장에게 집중된 권한을 대폭적으로 하향 위임하고 구성원 각자에게 부여된 권한을 행사하되, 이에 대한 책임을 함께 부과하는 방식으로 전환한다.
- 교육의 과정과 질적 수준, 참된 학업성취에 대하여 학교공동체가 책임을 지는 학교를 만들어 간다.

3) 혁신학교가 추구하는 가치는?

(1) 교육 본질, 정규교육과정에 충실한 학교: 창의지성교육

혁신학교는 교실이 새롭게 살아 움직이는 학교를 만드는 것이다. 교실이 살아 움직이기 위해서는 수업이 살아 있어야 한다. 살아 있는 수업이 되기 위해서는 단순한 수업의 기술에 대한 관심이나 수업방법의 변화로 이루어지지 않는다. 수업의 기술도 물론 중요하지만 그보다 먼저 수업을 채워 가는 내용이 우선되어야 한다. 교사가 배움의 내용에 대한 진지한 고민으로 교육과정에 대한 새로운 시각으로 접근하고, 교육과정을 학생들의 배움이 가장 잘 일어날 수 있는 형태로 재구조화하고 이를 위한 수업내용을 준비하는 과정을 통해서 학교의 정규수업만으로도 교육이 완성될 수 있을 것이다.

학교현장에서 교육과정의 중요성은 늘 강조된다. 그래서 모든 학교가 교육과정에 대한 관심을 가지고 교육과정의 개선을 위해 노력하고 있다고 이야기한다. 어느 학교도 교육과정이 중요하지 않다고 하거나 소홀히 하고 있다고 이야기하지는 않는다. 그러나 현장에서 얼마나 교육과정에 대해 잘 이해하고 교육과정 편성을 위해 애정과 노력을 쏟고 있는지에 대해서는 회의적일 수밖에 없다. 여전히 교육과정은 학교에서 관리자가 지정한 일부 담당자가 중심이 되어 짜는 것이 대부분이기 때문이다.

최근 들어 단위학교 교육과정 편성을 위한 교내 협의회나 학기말 교사연수를 교육과정 협의회로 개최하고 있는 학교들이 늘어나고 있지만, 이것도 단순한 교내 논의를 통한 전체적인 학교교육과정의 틀(과목별, 교사별 시수배정, 전체적인 학교의 행사중심의 교육과정 논의)을 만드는 수준을 벗어나지 못하고 있다.

교육과정에 대한 새로운 접근을 요구하는 것도 바로 이런 이유 때문이다. 기존의 학교들이 교육과정에 대한 근본적인 접근은 상상할 수 없는 분위기에서 교육과정은 국가수준의 교육과정이 지정하는 내용을 그대로 따라서 단위학교에서는 교육과정을 단순한 시수 배정이나 수업계획안 정도의 좁은 의미로 해석하는 경향이 있었다. 이러한 수동적이고 단순한 교육과정에 대한 인식이 교사들로 하여금 교육의 내용에 대한 구체적 고민 없이 단순히 수업의 변화에만 몰두하게 하는 결과를 초래한 현재의 학교 상황에 대한 반성 없이는 교육내용의 변화를 기대할 수 없다.

교육과정에 대한 접근은 '무엇이 요점인가? 주요 아이디어는 무엇인가? 우리가 이해하는 것이나 이해할 수 있도록 돕는 것은 무엇인가? 이것은 무엇과 관련되어지는가? 왜 이것을 공부하는가?' 와 같은 질문으로 시작해야 한다. 즉 교육의 과정에서 일어나는 사고의 발전과정과 결과적으로 학생들의 변화의 모습을 중심으로 고민되어야 한다. 교육을 통해서 아이들을 어떻게 변화시키고 어떤 수준의 배움이 일어나도록 할 것인가에 대한 끊임없는 고민이 바탕이 되어야 한다.

교육과정 설계는 바라는 결과를 진술하는 것으로 시작해야 하며, 설정한 결과에 도달하고 있는지를 지속적으로 확인하기 위한 수단으로서의 평가에 대한 계획이 이루어져야 한다. 평가의 방법이 결정되면 이러한 평가가 이루어지기 위한 수업의 방법에 대해서 고민하고, 그러한 수업을 가장 효과적으로 만들 수 있는 수업을 내용적으로 채우는 교육내용, 교재의 구성을 고민하는 것이 교육과정의 설계이다. 그런데 여기서 바라는 결과란 성과나 성취도와 같은 객관적인 측정을 의미하는 것이 아니다. 교육과정에서 바라는 결과란 교육을 통해서 기대하는 학생들의 성장, 변화의 모습, 그 과정에서 학생 각각의 재능과 가능성을 발견하는 것을 의미한다.

교육과정의 설계가 이런 지향성을 갖고 이루어질 때 수업이 진정한 의미의 배움을 일으키고 그것을 경험하는 과정이 되는 것이다. 그러므로 수업의 혁신은 단순한 수업기술에 대한 고민이 아니라 교육과정 전체에 대한 통합적 사고와 고민 속에서 이루어져야 한다.

교사는 교육과정에 대한 끊임없는 고민과 탐색으로 새로운 개념의 수업을 창조하는 역할을 담당해야 한다. 교육과정에 대한 새로운 접근이 이루어질 때 교사는 교과를 창의적으로 재구성하고, 교재를 스스로 집필하고 평가를 설계하려는 안목이 생기게 되며, 이러한 능력이 교사의 핵심적인 역량임을 자연스럽게 인식하게 될 것이다.

교육과정을 새롭게 재해석해야 하는 이유는 교사 중심 일제식·강의식 수업, 교과서 암기 위주의 학습으로는 미래 역량을 갖춘 학생을 길러 내기 어렵다는 것을 이미 인식하며 공감하고 있기 때문이다. 이제 남은 변명은 단 하나, 대학입시라는 극복되지 않는 현실적인 벽이다. 그러나 대학입시도 이미 많이 바뀌었다. 수능이 암기식 지식을 요구하지 않는다는 것을 알고 있다. 앞으로 더 많은 변화가 일어날 것이다. 더 이상 암기식 문제풀이 위주의 공부로는 대학입시조차 좋은 결과를 얻을 수 없게 될 것이다.

학교 교육이 자신의 행복을 추구하고 지속가능한 인류의 삶을 위해 기여하는 민주적인 시민을 길러 내는 것이 목표라면 학생 중심의 탐구·토론식 수업, 다양한 협동학습, 교과통합 및 프로젝트 수업 등이 실현되어야 하고, 창의적 평가 체제가 도입되어야 하며, 개별 학생들의 특성에 적합한 학습 능력을 신장시키고, 지적 호기심과 학습 동기를 강화해야 한다.

나아가 학교 교육과정의 특성화·다양화를 통해 학생들의 능력·적성·흥미를 고려한 수준별·맞춤형 학습이 실현되어야 한다. 기초 학력 부진 학생에 대한 다양한 처방과 지원이 이루어져야 하고, 우수 학생에 대한 심화 학습이 정규 수업과정 내에서 이루어져야 한다. 소통과 협력의 능력을 강조하면서 학생들을 특정한 과목의 성적에 따라서 우열반으로 분류하고 위화감을 조장하고 똑같은 시험 내용으로 평가하여 다시 줄을 세우는 시스템은 전형적인 학교의 자기기만의 모습이다.

이런 이유로 수업의 혁신을 위해서는 교사별 창의적 평가체제의 도입을 전제로 한다. 단편적 지식을 측정하는 선다형 객관식 문항에서 벗어나 종합적 이해능력·창의적 문제해결력을 측정하는 서술형·논술형 평가를 확대해야 한다. 초등학교부터 배움이 일어나는 과정과 학생들의 발달을 정확하게 파악할 수 있는 상시평가와 교사별 평가를 도입·확대하여, 교사의 자율성을 확대하고 암기 위주의 일제식 시험을 축소하여야 한다. 교사별 평가는 단순히 줄세우기 경쟁의 폐해를 막기 위한 수동적인 의미만이 아니다. 오히려 교사가 자신의 수업에 대한 진지한 고민을 하도록 하며 자신의 수업의 내용과 관련한 평가를 하도록 함으로써 창의적이고 다양한 방식의 평가가 가능하도록 한다는 적극적인 의미가 강한 것이다.

교사는 학생을 지도하고 이끌어 나가는 역할이 아니라 학생 개개인의 관심과 지적호기심을 자극하고 다양한 개성의 발달과 자유로운 상화작용이 이루어지도록 주의 깊게 관찰하고 적절히 개입하는 노력이 필요하다. 수업은 학생의 흥미와 관심에서 교육적 동기를 자극하고 현재의 삶의 통합적 경험을 바탕으로 확장된 경험을 향해 연속적 통합적으로 발달하는 장이 되어야 한다.

혁신학교에서는 무엇보다 학력의 신장을 중심개념에 두고 있다. 물론 여기서 의미하는 학력이란 단순한 교과지식의 습득만을 의미하는 것이 아니라 자신의 삶과 사회의 변화와 흐름에 대한 통찰을 통해 진정으로 미래의 삶을 의미 있게 살아갈 수 있는 힘을 기르는 것을 의미한다. 따라서 진정한 학력의 신장을 위해서는 인문학적 상상력과 철학적 사색을 바탕으로 사고력을 기르고 자신만의 고유하고 비판적인 시각으로 폭넓은 지식의 습득이 이루어지는 교육을 추구해야 한다. 단순히 교실에 갇히는 교육이 아니라 도서관을 활용한 수업, 박물관을 적극적으로 교실로 끌어들이는 수업과 같은 다양한 방법이 시도되어야 한다. 교실 밖의 세상과 두려움 없이 만나고 다양한 체험활동과 봉사활동, 진로탐색의 기회 등 창의적 체험활동이 제공되어야 한다. 이 과정에서 앎과 삶이 연계된 살아 있는 교육이 이루어지고, 사회적 감수성이 신장될 뿐 아니라, 진로의식에 기반을 둔 학습을 위한 내적동기의 유발과 학습의 집중도 향상이 이루어질 것이다.

혁신학교에서는 창의적 체험학습의 내실화를 위해 지역별 학습자원지도를 제작·보급하고, 다양한 외부 전문가의 연계를 통한 교육 프로그램을 개발·운영하고 있다. 또한 학생들의 다양한 흥미에 기초한 동아리 활동을 확대하여, 학생의 성장 동기를 자극하고 몰입과 열정의 즐거움을 경험할 수 있도록 하는 것이 중요한 교육의 한 부분으로 이루어지고 있다.

(2) 수업혁신 : 배움중심의 수업

배움중심의 수업은 학습자 중심의 수업 개념이 갖는 한계를 보완하여 진정한 지식의 형성과 자기 내면화를 지향하는 수업이다. 학습자 중심의 수업(Leaner-centered education)은 아동중심주의에서 출발하여 미국의 진보주의 교육학자들에 의해 결실을 맺은 교육방법이라고 할 수 있다. 배움 중심의 수업은 학습자의 자발성과 자기 주도성을 기초로 하는 학습자 중심의 수업의 의미를 충분히 살리되 교사와 학생이 끊임없이 교류하고 소통하면서 함께 지식을 창조, 형성해나가는 과정이 존재해야 하는 수업이다. 이 과정에서 교사는 학습자의 학습과 성장이 자연스럽게 이루어지도록 지켜보고 지원하는 역할(학습자 중심의 수업에서 강조하는)을 넘어서 학습자의 학습과 성장의 과정에 함께 관계하면서 자신의 학습과 성장이 동시에 이루어지는 경험을 추구해야 한다.

따라서 교사는 수업을 계획하고 준비하지만 수업이 계획대로 진행되는 행사의 과정이 아니라, 그림을 완성해 가듯이 처음의 구상은 있었지만 그려 가는 과정에서 변화되고 발전되어 가는 창조의 과정으로 이해해야 한다. 이것은 목표의 설정이 구체성보다는 추상성이 강조되어야 한다는 의미이며 참여자(학생, 교사) 모두의 기여를 통해 지식이 형성, 확장되는 과정이어야 한다는 것이다. 그러나 이러한 수업은 자칫 혼란에 빠져 버리거나 소외를 양산하고 배움의 질을 저하시킬 수 있다. 따라서 교사의 수업설계는 수업을 안전하게 이끌어 갈 수 있도록 학생 상호 간의, 학생과 교사 자신과의 깊이 있는 관심과 신뢰관계형성, 진정한 배움이 일어날 수 있도록 문제를 제기하고 배움의 과정을 조직하며 비판적 사고와 경험을 통해 지식을 내면화하는 과정이 체계적으로 진행될 수 있도록 준비하는 과정이다.

교실에서 학생과 학생 간, 학생과 교사 간의 활발한 소통과 토론이 이루어지는 브레인스토밍의 과정을 통해 지식을 형성해 나가는 창조의 과정을 경험해야 한다. 이것이 바로 아이들의 창의성을 길러 가는 과정이고, 서로의 갈등을 조정하고 협력하는 방법을 배우는 민주시민으로 성장해 가는 과정이며, 이렇게 해서 형성되는 것이 창의지성이다.

(3) 혁신학교의 핵심동력, 교사

모든 학교에서와 마찬가지로 혁신학교에서도 학교 교육의 질은 교사의 질을 뛰어넘지 못한다는 진리는 유효하다. 이 말은 교육의 질은 교사의 역량과 노력이 무엇보다 중요한 핵심적인 요소라는 것을 강조하는 의미일 것이다. 학생 개개인의 재능과 가능성을 발견하고 꽃피게 하는 창의적 교육, 세상을 바라보는 통찰력과 지식의 본질을 꿰뚫는 직관적 사고를 키우고 협력하고 소통하는 건강한 시민으로서의 미래 역량을 기르는 교육을 위해서는 교원 전문성 신장이 필수적이다.

미래를 위한 학교에서 요구되는 교사의 교과 전문성이란 미래사회의 변화에 대한 안목, 학생들의 배움과 성장에 대한 섬세한 이해와 돌봄, 끊임없이 탐구하고 동료와 협력하며 새로운 교육과정을 창조할 수 있는 능력을 의미한다. 하지만 안타깝게도 현재의 교원 양성 시스템에서는 그러한 역량을 제대로 갖추기가 어렵다. 또한 기존 학교 조직의 수직적·관료적 통제 구조에서 교사들은 수동적 존재로 개별화되어 자신의 창조적 역량을 마음껏 발휘하지 못하고 있는 것이 현실이다.

혁신교육에서 구체적으로 혁신학교에서는 학교 조직 문화의 수직적·관료적 통제 구조를 수평적·민주적 운영 시스템으로 혁신하고, 교원의 행정업무를 경감시켜 수업과 학생의 돌봄에 집중하고 자율적으로 연구하는 교사상을 회복하기 위한 노력을 강화하는 학교문화의 변화를 제일의 목표로 제시하고 있다.

이를 위해서 교원의 업무경감을 위한 정책적 지원뿐만 아니라 단위학교에서 불필요한 행사나 업무를 줄여서 교사들이 수업과 학생지도, 교육활동과 직결된 업무 이외의 모든 업무에서 벗어날 수 있도록 하고 있다. 또한 업무경감이 교사의 업무만을 줄이는 것이 아니라 줄어든 업무의 부담을 수업과 학생지도에 투여할 수 있는 시간으로 연결하기 위해서 교사의 전문적 역량을 강화하는 프로그램을 확대하고 있다.

교사들의 전문역량을 강화하기 위해서 연수의 체계적이고 수준 높은 운영을 위해서 연수원 간의 협력체계를 구축하고, 교사들의 다양한 요구와 필요에 의한 맞춤형 연수 프로그램을 개발·운영하는 것을 골자로 하는 교원역량 혁신 프로그램에 집중적으로 투자하고 있다.

교사의 성장, 교원 전문성 신장은 학교별, 교과별, 업무별, 주제별 학습과 연구를 통해 효과가 극대화된다. 이를 위해 자율적인 교사연구회를 확대하고, 체계적인 지원과 컨설팅을 통해 교사연구회의 질적 수준을 높여야 할 것이다. 또한 학교 단위 연수를 확대하여, 교사 간 협력 문화를 향상시키고 교사들이 상시적이고 자발적으로 함께 교육에 대해 고민하고 의견을 나누는 전문적 학습공동체를 만들어 가는 것이 필요하다.

모든 직업이 그러하듯, 교사 역시 연령과 경력 등에 따라 학교에서 요구되는 역할과 능력이 달라진다. 따라서 교사의 교직생애주기별 성장 프로그램을 개발·운영해야 한다. 이를 위해서 교직생애주기에 따른 연계성을 갖는 연수프로그램을 개발하여, 교사의 지속적 성장을 지원하여야 한다.

경기도교육청이 핵심 사업으로 운영하고 있는 교원 전문성 신장 프로그램 'NTTP (New Teachers Training Program)'[3]는 이러한 점에서 매우 중요한 의미를 갖고 있다. 2011년부터 시작된 NTTP 연구년제를 비롯해서 교사들의 전문적 학습공동체인 교과교육연구회에 대한 지원과 역할부여 확대로 실질적인 교과교육연구회로의 성장을 지원하고 있다. 다양한 연수프로그램을 통해서 교사의 학습욕구를 충족하고 전문성을 높이는 역할을 하며, 단위학교의 학습공동체 형성을 위한 '배움과 실천공동체'를 도입하여 학교의 교육문제에 대한 내부 교사들의 자발적인 참여와 논의와 소통을 통한 협력의 문화를 이끌어 낼 수 있도록 입체적인 지원으로 교사의 지속적 성장을 촉진하고, 교사 조직을 전문적 학습공동체로 전환시키는 중요한 역할을 하고 있다. 교사에 대한 집중적이고 지속적인 투자를 계획하는 이유는 '가르치는 일'에 자부심과 소명의식을 갖고 끊임없이 노력하는 교사, 지속적으

---

3) 경기도교육청이 교원의 성과혁신을 통한 학교 교육력 제고를 위해 개발한 '신개념 교원역량 강화 프로그램'으로서 교원의 생애주기 단계별 교원 전문성 신장 프로그램을 말함.

로 성장하는 교사만이 학생들의 진정한 배움과 성장을 지원할 수 있기 때문이다.

(4) 교육의 질을 높이는 보편적 교육복지

핀란드 등 교육선진국의 학교개혁사례는 배움과 돌봄, 즉 학습과 복지가 동전의 양면처럼 결합되었다는 것을 알려 준다. 학생에 대한 돌봄과 복지를 통해 학생들의 자존감을 형성하고 학습동기를 신장시킴으로써, 학습 능력과 효율성을 극대화하는 것이 핵심이다. 이러한 교육복지는 자아가 형성되는 유아기부터 전사회적 관심과 지원 속에 이루어져야 한다. 경기도에서는 친환경 무상급식을 통해 교육의 공공성과 차별 없는 보편적 교육복지를 실현하기 위한 초석을 다졌다면, 학교기본운영비 증액, 학생의 학습준비물 일체 제공, 중학교의 학교운영지원비 지원 등 일체의 교육비·급식비가 필요 없는 명실상부한 의무교육의 실현을 통해 보편적 교육복지를 완성해 나갈 것이다.

저소득 가정의 위기 학생, 정서장애학생, 학습부진학생 등에 대한 개인별 맞춤형 돌봄시스템도 보다 촘촘히 구축해 나갈 계획이다. 학교뿐만 아니라 지방자치단체, 사회복지기관 등과의 연계를 통한 종합적이고 체계적인 지원시스템을 갖추기 위한 노력이 필요하다. 지방자치단체와의 협력관계에 대한 새로운 모델을 정립하여 상호 협력을 강화하고 재정 활용의 효율성을 높여 나갈 것이다. 이를 통해 지방정부의 재정이 꼭 필요한 교육지원에 사용될 수 있도록 유도하고, 지역의 인프라를 적극 교육활동에 활용할 수 있도록 시스템을 구축할 계획이다. 대표적으로 지역의 자원을 활용한 지역공부방의 확대와 'Wee 스쿨, Wee 센터'의 확대 및 내실화로 한 명의 학생도 배움과 돌봄에서 소외되지 않고, 자신의 가능성과 잠재력을 실현할 수 있는 사회연계 복지망을 실현해 나갈 것이다. 이를 위해서는 근본적으로 교육에 대한 학교의 책임에 대해 새로운 사고가 필요하다. 지역 간 격차 해소와 취약 계층 학생들을 위한 심리적 치유와 돌봄, 위기 가정에 대한 소통 및 지원, 학습동기 및 학습능력 신장 프로그램 등을 적극적으로 지원하는 affirmative action을 실천하는 것이 진정한 의미의 책임 교육이 될 것이다. 교육소외의 극복을 위해서 소외의 원인을 정확하게 진단하고 그에 따른 개별화된 프로그램의 지원이 필요하다. 교육과정의 유연화와 개별화, 교육소외학생을 위한 '심리 치유'와 '돌봄', 학습능력 신장 등을 위해 적극적으로 개입하려는 노력이 혁신학교에서 추구하는 진정한 책임교육을 실천하는 길이며 교육의 질을 높이는 결과를 가져올 것이다.

앞에서 언급한 것과 같이 학교의 의미와 학교를 바라보는 시각은 크게 달라지고 있다. 과거의 단순한 지식전달 학습중심의 역할에서 이제 학교는 진정한 삶의 공간이며, 사회적 삶에의 참여와 진정한 의미 소통을 위한 공간으로서의 역할이 요구되고 있으므로 이러한 새로운 역할에 맞는 교육환경을 구축하여야 한다.

나를 발견하고 나와 타인의 관계를 통한 사회적 관계의 형성으로 더불어 살아가는 삶의 의미를 터득해 가는 과정을 통하여 서로가 서로를 교육하는 것이 진정한 의미의 배움이 일어나는 교육의 모습이다. 따라서 새로운 학교는 상호 작용을 통해서 함께 배움을 일으켜 나가는 공동체적 삶의 형식이 실현되는 학교의 문화가 중심이며 이러한 문화를 기반으로 민주적인 자치공동체를 운영 원리로 삼아야 한다.

이러한 학교의 문화는 학교의 구성원이 자발적으로 참여하는 가운데 이루어질 수 있으며 학교의 조직이 수직적 위계질서에 의한 의사결정구조에서 수평적으로 소통하며 권한이 위임되는 구조로의 변화를 의미하게 된다. 관리자, 교사, 학생, 학부모뿐만 아니라 지역사회가 학교운영에 자율과 책임의식을 갖고 참여함으로써 학교는 성장할 수 있고, 구성원 모두의 분명한 역할에 대한 인식과 저마다의 충실하고 책임감 있는 역할 수행을 통해서 학교가 모든 사람의 성장을 도모하는 민주적인 공동 삶의 장이 될 수 있다.

1. 학교공동체 구성원의 역할

학교공동체는 구성원 상호 간의 '배움'과 '돌봄'을 균형적으로 달성하기 위한 활동이 중심이 되어야 한다. 이러한 학교공동체의 형성을 위해서는 관리자, 교사, 학부모, 학생의 역할이 중요하지만 무엇보다 교사의 역할이 핵심적이다.

학생은 자신과 다른 학생에 대한 이해와 존중의 태도를 유지하면서 교사에 대한 존경과 친밀감을 그리고 외부인사에 대한 친절과 강한 애교심을 갖도록 교육되어야 한다.

관리자(교장, 교감)는 수평적 리더십으로 학교의 특성에 맞는 공동체의 비전을 제시하고 구성원의 자발적인 협력을 유도하는 역할을 충실히 수행하여야 한다.

학부모와 지역사회는 학교공동체의 중요성을 인식하고 학교운영에 적극 참여하며 기부 및 자원봉사자 활동 등과 같은 지원의 역할을 담당하여야 한다.

무엇보다 중요한 것은 교사의 역할인데, 교사는 단순히 자신이 맡은 수업을 충실히 하고 학교의 업무를 처리하며 학생지도를 하는 역할에서 그쳐서는 안 된다. 교사는 교육 전문가로서 자신의 수업뿐만 아니라 학교의 교육을 발전시키기 위한 학교 내의 전문적 학습 공동체 구축에 적극적인 참여와 협력, 학교 교육을 풍부하게 하기 위한 노력으로 학교가 가지지 못한 외부 자원을 끌어들일 수 있도록 학부모와 지역사회의 동의와 참여를 이끌어 내는 역할을 수행해야 한다. 이러한 교사의 역할은 다음과 같다.

첫째, 수업개선을 위한 개개인 또는 교사 그룹 내의 전문성 향상의 노력, 학교공동체 구축을 위한 자발적이고 적극적인 자세, 관리자(교장, 교감)와의 긴밀한 협조관계 형성이 필요하고,

둘째, 교육과정 공동 개발 및 수업협의회 등을 통한 동료 교사 간의 협력과 유대관계를 형성하고,

셋째, 의미 있는 '배움'과 서로 돕는 '돌봄'이 실현되는 수업을 위해서 교육과정, 수업 방법, 평가 등을 개선하며,

넷째, 상담과 개인적인 관계 형성을 통해 학생 개개인에 대한 이해를 높임으로써 평등하고 공정하게 관심과 세심한 배려를 제공하고,

다섯째, 학부모에게 수업을 공개하고 상담을 통한 자녀의 정보제공 등의 노력을 기울임으로써 학부모의 다양한 교육 참여를 유도해야 한다.

미래의 학교의 상은 교실이 새롭게 살아 움직이는 학교를 만드는 것이며, 교실이 살아 움직이기 위해서는 수업이 살아 있어야 한다. 이러한 의미에서 수업은 학생의 흥미와 관심에서 교육적 동기를 자극하고 현재의 삶의 통합적 경험을 바탕으로 확장된 경험을 향해 연속적 · 통합적으로 발달하는 장이 되어야 한다. 배움의 중심에는 학생 자신이 서 있어야 한다. 학습에의 동기도 학생의 내부에서 일어나야 하며 현재의 자신의 삶으로부터 경험의 확장을 일으키는 것도 학생의 주도적인 자세가 기본이 되어야 한다. 그러나 아무리 학생이 배움의 중심이라 하더라도 배움이 일어나는 교실은 교사의 준비와 노력에 의해서 전혀 다른 모습을 보이게 된다. 그래서 교실에서 교사의 역할은 무엇보다 중요하다고 할 것이다. 이 두 가지 교실의 모습(배움에서 학생의 중심성과 교실에서 교사의 주도성)은 수업에서 교사의 역할에 대한 혼란과 갈등을 불러일으키게 된다. '배움의 중심이 학생이므로 교사는 전혀 준비나 개입 없이 수업을 자유방임적으로 이끌어 나가야 하는 것인가? 교실에

서 교사의 철저한 준비와 개입으로 교사의 의도대로 수업을 이끌어 나갈 것인가? 에 대한 수없는 질문과 시행착오를 일으킬 것이다. 적절한 타협점이나 절충점은 없을까? 이러한 판단은 매우 어려운 문제이며 아무리 경험이 많고 노련한 교사라 할지라도 자신 있게 답을 할 수 없을 것이다. 다만 수업에서 배움을 일으키는 학생의 주도적 자세를 이끌어 내고 유지하는 노력을 하면서 수업이 학생들의 배움에 기여하도록 조절하는 역할을 교사가 잘 견지해 나가는 것이 해답에 가깝게 가는 길일 것이다. 따라서 수업을 기획하고 준비하는 교사는 학생을 지도하고 이끌어 나가는 역할이 아니라 학생 개개인의 관심과 지적호기심을 자극하고 다양한 개성의 발달과 자유로운 상화작용이 이루어지도록 주의 깊게 관찰하고 적절히 개입하는 자세를 견지하여야 한다. 학생이 배움을 주도하고 적극적으로 배움의 과정에 참여하고 다른 학생과의 소통과 협력에 의해서 지식을 창조하는 역할을 할 수 있게 하는 살아 있는 수업이 되기 위해서는, 교사가 학생 개개인의 개성과 특성을 파악하기 위해 노력하는 자세가 필요하다. 학생 개개인에 대한 이해는 끊임없는 관심과 대화를 통한 관계의 형성으로부터 얻어진다. 학생들 상호 간의, 교사와 학생 간의 상호 작용에 의해서 다양한 시각과 견해를 수용하고 이해하며 이를 바탕으로 새로운 아이디어와 지식을 창출하는 경험을 할 수 있도록 수업을 기획하고 준비하는 역할이 교사에게 부여된다.

그래서 교사는 학생에게 일방적으로 지식을 전달하는 기능 전달자가 아니라 함께 배움을 계속하는 공동체의 구성원으로서, 학생을 격려하며 다양한 시도를 제안하고 질문할 수 있도록 공부의 과정을 도와주는 조력자(facilitator)가 되어야 하는 것이다. 아무리 잘 짜인 새로운 교육과정이라 하더라도 그것을 활용하는 교사의 질을 넘을 수는 없다는 것이 정설이다. 교사의 역할은 연극 공연에서의 연출가의 역할과 같으며 교사는 아동이 매일매일 자신의 경험을 다시 시도해 보고 재발견하고 재구성해 가는 과정에서 지혜로운 해석자(interpreter)이고 안내인(guide)이 되어야 한다.

수업 전반에서 진정한 지적활동과 정서적 표현을 위한 비형식적이고 자유로운 분위기를 조성함으로써, 교사들은 학생들의 진정한 참모습을 보게 되고 학생들에게는 자기주도적 학습능력을 길러 줄 수 있다. 또한 학교 밖 세계에서 이루어지는 사람들 간의 사회적인 관계, 의사소통과 상호교제의 교육적 의미와 가치에 특별한 주의와 관심을 기울임으로써 지적, 인격적으로 균형 잡힌 발달을 추구하여야 한다.

이러한 수업은 그 형태가 고정되거나 특정한 모델로 정의될 수 없다. 또한 한 차시의 수업에도 여러 가지 형태의 수업모델이 혼합되어 진행될 수 있다. 수업 형태의 결정은 전적으로 교사의 선택에 달려 있다. 교사가 교육과정으로부터 각 차시의 수업목표를 이끌어 내고 자신이 목표하는 바에 따라서 수업의 형태와 텍스트, 평가방법을 결정하는 것이 가장 훌륭한 수업을 만드는 길이다. 따라서 교사는 자신의 수업을 설계하는 전문가로서 교육과정을 분석, 재구성하고, 이에 따른 수업목표를 설정하며, 학생들의 수준과 상황에 따른 적절한 수업방법과 텍스트를 선정한다. 그리고 이렇게 진행된 수업의 방법과 텍스트를 고려한 창의적인 평가를 시행하는 것이 학생들의 배움을 극대화할 수 있는 접근 방법이다.

이러한 일련의 과정은 모든 개인의 능력, 관심, 경험에 있어서의 차이와 다양한 개성을 존중하며, 학생들이 교사와 함께 학습 계획이나 책임과 일상의 태도에 대해서뿐만 아니라 개인적인 문제들을 상의함으로써 형성되는 유대감으로부터 가능해진다.

현장의 교사들은 좋은 수업을 만들기 위해서 여러 가지 이론을 공부하고 자료도 찾아보고 다른 수업을 보기도 하면서 수업 기술을 어떻게 바꾸어 볼지에 대한 고민을 주로 하게 된다. 그러나 많은 수업들을 관찰해 보면, 누구나 공통적으로 인정하는 좋은 수업의 특징은 교실이 주는 분위기가 다르다는 것이다. 무엇보다도 교사와 학생들 간의 편안한 관계에서 오는 느낌을 받게 된다는 것이 대부분의 수업참관자들이 느끼는 일치된 소감이다. 이렇게 좋은 수업을 만드는 첫 번째 조건은 교사와 학생들 간의 신뢰관계 형성이다. 학생들이 교실에서 선생님이 자신들을 가능성을 인정하고 한 사람, 한 사람의 목소리에 관심을 기울이며 각자의 의견을 최대한 존중하려 한다는 믿음이 있을 때 학생들은 수업으로 돌아오게 된다. 아이들은 늘 관심을 받고 싶어 하고 자신도 한 사람의 인간으로서 존중을 받고 싶어 하는 것이다. 혁신학교에서 교사가 가장 만족을 느끼는 점은 다름 아닌 학급당 학생 수를 낮추어 주는 것이다. 한 교실 당 학생의 수가 줄어들면 그만큼 학생들의 눈빛과 몸짓을 더 잘 보게 된다는 것이다. 이런 교사의 변화는 그대로 학생들에게 전달된다. 학생들은 교사가 자신을 바라보고 관심을 두고 있다는 사실만으로도 많은 변화를 가져오게 되더라는 것이 교사들의 경험으로부터 이야기되고 있다. 수업이 눈에 띄게 변하는 것을 교사들이 몸으로 실감하고 있는 것이다.

교사가 수업에서 아이들을 존중하고 관심을 기울이게 되면 아이들의 관계도 달라진다. 이것은 교실의 문화가 민주적이고 소통이 가능한 구조로 바뀌는 것을 의미하는데 이러한 관계가 교사와 학생 사이로만 그치는 것이 아니라 아이들 상호관계도 평화적으로 바뀌어 간다는 것이다. 이렇게 학생들 상호 간의 관계가 평화적인 관계로 바뀌어 갈 때 비로소 소통과 협력을 통한 집단지성이 발현되게 된다. 이러한 영향은 단순한 수업의 변화로만 그치지 않는다. 학생과 교사의 관계가 달라지면 학생들은 수업과 관련된 이야기뿐만 아니라 자신의 일상과 고민의 문제를 교사에게 열어놓기 시작한다. 진정한 의미의 돌봄이 시작되는 것이다.

학교현장에서 최고의 상담자는 교사이며 최후의 상담자도 교사라고 말한다. 위기의 학생들이 마지막으로 모든 것을 포기하고 극단적인 선택을 하는 이유의 대부분이 선생님마저 자신을 외면한다는 느낌이 들었을 때라는 조사결과가 있다. 늘 교실에서 만나는 선생님은 학생과 가장 끈끈한 관계를 맺을 수 있는 존재이며, 학생들과 믿음이 잘 형성되면 아이들의 많은 면을 발견할 수 있다. 이것은 교사는 일차적 상담자로서 위기 학생의 징후를 가장 빠르고 정확하게 발견할 수 있는 위치에 있다는 것을 의미한다. 교사가 늘 학생들에 관심을 가지고 돌볼 수 있는 환경이 갖추어져야 한다. 학생과 교사의 신뢰와 연대감은 학생의 학교 적응과 성취에 결정적인 영향을 미치기 때문이다.

이렇게 교사는 학생들에게 가장 중요한 영향을 미치고 학교문화의 변화에서 핵심적인 역할을 수행하여야 하므로 교사의 자발적이고 헌신적인 노력이야말로 새로운 학교문화의 정착을 위해 가장 필요한 요소이다.

학부모는 최초의 교사이며, 교육의 소비자일 뿐만 아니라 공급과 생산에도 참여하는 교육의 프로슈머(prosumer)다. 따라서 학부모의 참여와 역할 또한 학교혁신과 새로운 학교문화 정착을 위해 매우 중요하다. 그러나 현재 우리 학교의 모습에서 학부모는 단순한 교육의 소비자일 뿐, 학교 교육에 능동적이고 주체적으로 참여하지 못하고 있다. 학부모의 학교 참여는 학교운영위원회를 통해서 열려 있지만 실제 학교운영위원회는 학부모들의 의견을 대표해서 학교운영에 반영하는 역할을 충실히 하지 못하고 있다. 이런 구조 속에서 학부모는 단순히 학교가 필요로 하는 일에 수동적으로 참여하게 된다.

학부모의 학교 참여를 활성화하기 위해서는 학부모회의 지위 확보가 우선적으로 이루어져야 하며 학교운영위원회가 민주적으로 구성되고 운영되어야 한다. 지금까지의 학부모의 역할은 급식지원, 아침교통지도 등 학교에서 필요로 하는 일을 지원하는 일이 중심이고 학교의 교육에 대한 실질적인 참여는 일상화되어 있지 않다. 이런 이유로 맞벌이 부부 등 학부모회에 참여하지 못하는 학부모들에게 죄의식을 강요할 뿐만 아니라, 학부모회에 참여하여 활동하는 하는 학부모들조차도 수동적으로 만들어 왔다. 이러한 한계를 극복하기 위해서는 학부모들이 자발적으로 참여할 수 있는 다양한 경로를 제공하고 의무적인 할당을 배제하여 학부모들이 참여를 통해 보람을 느끼고 지속적인 활동이 가능하도록 지원해야 한다.

최근에는 교원능력개발평가에 학부모들이 참여하도록 보장하고 학부모의 자발적이고 독립적인 활동을 지원하기 위한 정책들이 시행되고 있는 것이 긍정적인 신호라고 할 수 있다. 그러나 이러한 제도들이 학부모들의 의식의 변화나 학부모들이 자연스럽게 학교의 교육에 참여할 수 있는 문화의 조성이 아닌 사업 중심으로 추진되고 있어 적극적인 학부모의 참여를 이끌어 내지는 못하고 있다. 이러한 한계를 극복하고 학부모들의 적극적인 학교 교육 참여를 위해서는 학부모 연수와 성장프로그램을 통해 학부모의 자기 발전과 자아 성취감을 높일 수 있도록 하는 것이 중요하다.

학부모의 학교 참여를 활성화하기 위해서는 무엇보다 학교에 대한 정보를 적극적으로 공개하고 이해를 구하는 노력이 필요하다. 정보의 공유를 통해서만이 올바른 소통이 이루어지고, 원활한 소통은 적극적인 참여를 이끌어 낼 수 있기 때문이다.

학생의 성장과정에 대한 고민을 함께 하는 학부모 상담을 정례화하고 일하는 부모들의 참여를 높이기 위한 '학부모의 밤'을 개최하여 학교의 교육목표와 교육과정 운영에 대한 학부모의 이해를 돕고 학생들의 학교생활에 대한 부모들의 궁금증을 해소하며 학생의 지도 방향을 협의하는 기회를 갖는다. 이런 과정을 통해서 학부모들은 학교와 교사의 노력에 대한 이해가 높아지고 학교와 학교의 교육과정 운영에 대해 적극적인 지원자로 변하게 된다.

이렇게 소통과 참여가 원활하게 되면 학부모는 학교의 운영과 교육목표에 대한 이해가 높아지고 교육과정의 운영 방향과 원리에 대해 관심을 가지고 직접 교육과정 편성과정에까지 의견을 제시하는 실질적인 학부모의 교육과정 참여가 가능해진다. 또한 학부모가 참여하는 학교 자체 평가도 실시할 수 있게 되어 학부모가 진정한 동반자이자 지원자로서 학교의 주체로서 역할을 다 할 수 있게 될 것이다.

학부모에게 학교의 운영을 공개하고 교실을 여는 일은 처음에는 학교나 교사들에게 부담이 될 수 있지만 장기적으로는 이렇게 학교에 대한 이해와 교사의 노력에 대한 이해를 통해 학부모를 학교의 지원자로 만들 수 있는 최선의 방법이다. 결론적으로 학부모가 진정한 학교의 주체로서 학교운영에 적극적으로 참여하고 학교를 지원할 때 새로운 학교의 문화가 올바르게 정착될 수 있을 것이다.

2. 학교문화 혁신운동으로서의 혁신학교

학교가 학생들이 자신들의 삶을 실천하는 공간이 되고 교사와의 상호 작용뿐 아니라 학생들 상호간의 소통과 협력을 통해서 함께 배우고 더불어 성장하는 진정한 배움을 실천하는 장이 되어야 한다. 이것이 진정한 의미의 교육이며 이를 실천하기 위해서 학교는 학생의 배움을 교육목표의 중심에 두고 모든 학교의 조직과 운영 시스템이 이를 지원하기 위한 형태로 바뀌어 가는 새로운 학교의 문화를 만들어 가야 한다. 혁신학교에서 추진하고 있는 교직원 업무경감도 바로 교사들이 수업과 학생의 돌봄에 집중할 수 있도록 교육과 직접적으로 관련된 업무 이외의 행정업무를 제로화하기 위한 노력의 일환이다. 또한 단위학교의 자율성의 초점을 교육과정의 자율적 구성과 운영에 맞추어 학교가 학생들에게 진정한 배움이 일어나도록 끊임없이 교육의 내용을 점검하고 보완해 나가도록 하고 있다. 이것은 학교 내에서 교사들 상호 간의 협력을 자연스럽게 이끌어 냄으로써 학교에 학습공동체가 생겨나고 정착되는 새로운 학교문화를 만들어 가는 계기가 되고 있다.

그러나 대다수의 학교는 여전히 생명의 기운을 상실하고 삶과 유리된 죽은 지식의 교수 – 학습기관으로 전락하여 상징화된 정보의 학습에 있어서만 빈틈없는 이기적인 전문가를 양성하는 역할에만 충실하고, 진정한 삶의 교육은 이루어지지 못하고 있다. 이러한 한계를 극복하고 교육본래의 모습인 사회적 삶에의 참여와 진정한 의미의 소통을 통한 교육 환경을 구성하기 위해서는 배움의 학교공동체를 형성하는 학교문화 혁신운동이 절실히 요구되고 있다. 이것이 경기도교육청 혁신학교의 출발점이자 지향하는 지점이다.

그러나 혁신학교를 추진하기 위해서는 넘어야 할 과제들이 적지 않았으며 이것은 교육 개혁이나 사회개혁의 과정에서 반드시 통과해야 할 필수적인 관문이다. 그 이유는 그동안 역대 정부에서 수많은 교육개혁이 시도되고 추진되어 왔지만 실질적인 성과를 얻지 못하고 지속되지 못하였던 것이 가장 큰 요인이다. 역대 정부에서 야심차게 추진한 교육개혁 정책들이 성공을 거두지 못하고 정권이 바뀔 때마다 새로운 정책들이 쏟아지게 된 이유는 크게 관주도의 개혁으로 진행되어 현장으로부터의 자발적인 참여를 이끌어 내는데 실패하였고, 획일화된 성과위주의 사업으로 변질된 것이 주된 원인이다. 하지만 이런 이유 외에도 교육개혁을 위한 수많은 장애요인들이 존재하는 것이 현실이다.

학교문화의 혁신을 위한 교육개혁 운동의 장애요인은 여러 가지가 있겠지만 주된 요인을 정리하면 다음과 같다.

■ 정부나 교육청의 교육정책에 대한 불신

역대정부의 교육개혁 운동이 현장과 괴리된 관주도로 진행되고 성과위주의 사업 중심으로 추진되어 매번 실패로 점철되었다. 그리고 정권이 바뀔 때마다 기존의 정책은 폐기되고 새로운 교육정책이 쏟아져 학교현장만 혼란스럽게 함으로써 교육개혁 운동의 지속성에 대한 불신이 누적되어 어떤 정책이 제안되어도 쉽게 받아들이고 시도하기를 꺼리는 분위기가 학교현장에 자리 잡고 있다.

■ 사회로부터 고립된 외로운 섬 학교

학교를 외부에 열어 놓기를 꺼리는 학교의 문화, 특히 자신의 교실에 갇혀서 누구의 관심도 거부하는 교사들은 변화에 대한 요구에 매우 강한 저항감을 표시한다. 이것은 교사들이 외부의 변화에 거의 반응하지 않거나 아주 느리게 반응하는 현상을 야기하여, 정책이 현장에 전달되는 데 큰 장애로 작동한다. 이런 현상을 지칭하는 '정현지제'라는 용어가 나올 정도로 현장의 변화에 대한 속도감은 정책입안자들을 곤경에 빠뜨리는 경우가 많다.

■ 공립학교의 인사 시스템

교사들의 이동이 없이 오랜 기간 동안 함께 근무하는 사립학교의 경우 공동체 의식이 높고 학교의 문화가 확립되어 있는 경우가 많아서 시스템이 잘 정착된 학교의 경우 매우 안정적이고 체계적인 교육과정 운영이 가능하고 학교 전체가 방향을 정하면 학교의 변화가 쉽게 이루어진다. 이런 점과 비교하면 공립학교는 잦은 순환인사로 인해 학교 구성원이 수년 내에 모두 교체되는 경우가 많아서 특정한 시기에 학교의 변화에 동의하고 이를 추진하였어도 이것을 지속하는 힘을 유지하기가 쉽지 않다. 이러한 이유로 공립학교의 경우 학교를 일관성 있게 운영함으로써 생겨날 수 있는 학교문화 형성에 어려움이 있어 교육의 변화에 대한 동의를 얻기도 힘들지만 이를 지속적으로 추진하는 것은 더 큰 어려움이 따른다.

■ 거대학교 과밀학급

현재의 학교는 양극화 현상을 보인다. 젊은 층의 인구가 감소하고 있는 농어촌 지역의 경우 학생 수의 감소로 자연적으로 작은학교, 적은 학급당 학생 수가 달성되는 것을 넘어서 학생 수가 줄어들어서 폐교의 위기를 맞거나 작은학교의 특성으로 인한 자원부족으로 교육활동에 한계를 보이고 있다. 이에 반해서 도시의 인구밀집 지역의 학교들은 학교의 수용능력을 초과하는 수준까지 학급을 늘려서 학교의 교육환경이 크게 열악해져 있을 뿐만 아니라 과밀학급으로 인해 학생들 하나하나에 대한 돌봄의 손길이 미치지 못하는 한계를 보이고 있다. 이러한 문제들로 인해서 소규모 학교나 거대 학교 모두 현재의 수준에서 교육과정 운영에 급급하고 새로운 변화를 시도하는 것을 기대하기 어려운 상황이다.

■ 업무 부담과 업무분장의 공정성

학교현장에서 교육의 혁신을 가장 어렵게 하는 요인의 하나로 과중한 교사들의 업무를 꼽는다. 우리의 학교는 업무조직의 구성부터 행정을 중심으로 이루어지고 있어서 교사들이 아이들을 가르치는 것보다 행정업무 처리에 더 많은 시간과 관심을 쏟는다고 하는 것이 전혀 근거 없는 이야기가 아님을 보여 주고 있다. 현재 경기도교육청을 시발로 많은 교육청에서 교직원의 업무를 줄이는 것이 학교 교육을 살려내는 길임을 인식하고 이를 위한 다양한 정책을 추진하고 있어서 교사들이 과중한 행정업무로부터 상당 부분 벗어나고 있다. 그러나 학교에서 교사들이 행정업무를 전혀 하지 않을 수 있는 구조를 만들기는 어렵고 따라서 여전히 누군가는 행정업무를 담당해야 한다. 이런 경우 어렵고 귀찮은 업무는 신입교사에게 주어지고, 열심히 일하는 교사에게 더 많은 일이 주어지는 문제점이 발생하고 있다. 그렇지 않아도 경험이 부족해서 수업 준비나 학생지도를 위해 더 많은 시간을 투자해야 할 신입교사들에게 어려운 업무가 주어지면 이들이 학교에 적응하는 것이 더 어려워지며, 열심히 일하는 교사에게 더 많은 일이 주어지면 이들을 소진시켜 누구도 학교의 변화를 위해서 나서려고 하지 않는 부정적인 분위기를 만들 수 있다. 따라서 업무 분담의 합리성 및 공정성의 문제에 대한 구성원들의 세심한 배려가 있어야 한다.

■ 수업과 교육에 전념하는 교사에 대한 비전 부족

교직사회에 자리 잡고 있는 자격제도와 수직적 승진구조는 여러 가지 문제점을 낳고 있지만 특히 수업과 학생을 돌보는 일에 몰두하는 교사들에게 비전을 주지 못하는 것이 가장 큰 부작용이다. 물론 최근에 수석교사제의 실시를 통해서 교육과정과 수업에 전문성을 갖춘 교사들에게 새로운 돌파구를 마련해 주고 있지만 여전히 수석교사의 위상이 명확하지 않고 학교 내에서의 입지가 불분명한 이유로 이것이 교사들에게 충분한 비전을 제시하기는 어렵다. 평생 수업에 전념하고 학생을 돌보는 일에 보람을 느끼며 평교사로 살아가는 것이 개인의 무능력으로 치부되는 학교의 문화가 교사들이 수업을 혁신하고 학생을 돌보는 일에 몰입할 수 없도록 하는 원인이 되고 있다.

■ 교사들 간에 수업의 전문성을 향상하기 위한 노력 부족

교사들은 독립된 공간에서 혼자 권한과 책임을 가지고 수업을 진행한다. 이런 이유로 교사들은 외부와의 소통이나 협력보다는 혼자서 고민하고 일을 하는 것에 더 익숙해져 있

다. 그러나 사회가 복잡해지고 학생들이 다양한 관심과 흥미를 나타내는 교실에서 수업을 하는 교사는 혼자서 질 높은 수업을 만들어 내기가 점점 어려워지고 있다. 이제 학생들만 협력을 하는 가치를 배우는 것이 아니라 교사들도 집단지성을 발휘해서 자신의 수업을 더 풍부하고 알차게 만들어 가야 한다. 이것은 전문가인 교사들이 서로 협력하고 함께 고민을 나눔으로써 교사 스스로도 성장하면서 수업을 혁신하는 공동체 문화의 형성을 의미한다.

■ 배움의 가치에 대한 교사들의 관심 부족

우리 사회에 오랜 기간 동안 자리 잡아 온 학교의 역할에 대한 무비판적인 수용이 교실에서 학생들의 배움과 성장에 교사들이 관심을 가지지 않아도 되는, 고민을 하지 않게 만드는 문화를 만들고 있다. 학교는 과도한 입시경쟁이라는 사회현상의 뒤에 숨어서 교육의 왜곡에 대한 책임을 회피하고 있다. 주입식 교육을 강행하는 것도, 문제 풀이 위주의 수업 내용에 대해 교사 스스로 진지한 고민을 하지 않는 것에 아무런 죄책감을 느끼지 못하는 것도 바로 이런 학교의 문화가 공고히 자리 잡고 있기 때문이다. 많은 아이들이 학교에서 엎드려 자는 순간에도, 대학입시에서 중요하지 않은 과목의 수업에서 다른 주요교과의 문제집을 풀고 있어도 교사가 수업을 계속 진행할 수 있는 것은 잘하는 아이들 중심의 수업으로 외형적 성과만을 추구하는 것이 학교의 목표이기 때문이다. 이런 환경에서 교사들이 진정한 배움의 의미와 가치에 대해서 고민하도록 요구하는 것조차 무리한 일로 받아들여지고 있으며 이로 인해 새로운 미래를 위한 교육혁신에 걸림돌이 되고 있다.

1) 혁신학교는 배움과 돌봄의 학교공동체

혁신학교의 지향점은 학교가 구성원 상호간의 '배움'과 '돌봄'을 균형적으로 달성하기 위한 중심적인 활동으로서의 공동체로 전환되어야 한다는 것이다. 이러한 배움과 돌봄의 학교공동체는 학생들이 학교에서 누구도 소외되는 사람 없이 타인과 협력하면서 자신의 삶을 실천하고, 자신의 가능성을 인정받고 더불어 살아가는 구성원의 한 사람으로 존중받는 '배움'과 '돌봄'에 집중하는 학교이다. 학교가 학생들의 참된 배움을 일으키고 한 사람의 개인으로서 바라보고 존중하는 돌봄을 위해서 학교가 집중하고 갖추어야 할 학교의 운영체제와 교육적 활동에는 교육과정 개발, 수업개선, 다양한 특별활동기회 제공, 학생자치활동의 보장, 생활지도 및 상담 등이 있다.

혁신학교가 지향하는 이러한 배움과 돌봄의 학교공동체를 구축하기 위해서는 우선적으로 학교가 이러한 역할과 운영이 가능하도록 학교의 조직과 운영을 바꾸는 학교문화를 혁신하는 것이 필수적이다. 학교문화의 혁신은 정부나 교육청의 지시에 의해서 혹은 관리자가 주도하거나 학교와 교사에 의해서 학생들과 학부모에게 강요되는 형태가 아닌, 학교의 주체인 교사, 학부모, 학생으로 이루어진 구성원의 참여와 자발성에 기반을 둘 때 가능해지며 구성원 상호관계와 역할의 설정 무엇보다 중요하다.

학교문화의 혁신을 위한 구성원들의 역할은 다음과 같다.

(1) 학생의 역할과 자세

가. 차이와 다양성에 대한 이해

- 자신과 다른(능력, 성적, 사회적 배경, 성격, 지역 등의 분야에서) 학생에 대한 이해와 관심을 가지고 배려하는 태도를 가져야 한다. 특히 태어난 국가와 언어, 피부색의 차이에 대한 편견을 버리고 더불어 살아가는 수용의 자세가 필요하다.

- 경청과 존중의 자세: 소통과 협력의 능력은 자신과 다른 것을 수용하고 인정하는 태도로부터 길러지게 된다. 이러한 태도의 기본은 다른 학생의 의견이나 발표를 경청하고 그 입장에서 바라보고 존중하는 자세이다.

- 교사에 대한 존경과 친밀감 형성: 교사와 학생 간의 신뢰와 친밀감 없이는 좋은 수업이 이루어질 수 없으며 학생의 진정한 배움이 일어날 수 없다. 다양한 생각의 발현과 소통과 협력은 상대방에 대한 존중과 인정이 바탕이 된 민주적이고 평화로운 교실의 문화가 형성될 때 극대화될 수 있다. 교실의 평화로운 문화는 학생에 대한 교사의 애정과 존중, 교사를 존경하고 믿고 따르는 학생의 태도에 달려 있다. 따라서 학생은 교사가 자신을 가장 사랑하고 헌신하는 존재로 인식하고 교사에 대한 존경과 신뢰를 가져야 한다.

- 애교심과 우리라는 감정(we-feeling) 형성: 스스로에 대한 자신감과 자존감은 강한 소속감과 자신이 속한 공동체에 대한 애정과 자부심으로부터 나오게 된다. 학교는 학생들이 공동체에 대한 소속감, 즉 '우리'라는 감정이 형성될 수 있도록 다양한 활동을 지원해야 한다.

나. 교사의 역할과 자세

- 수업을 개선하기 위한 노력

교사의 핵심적인 역할은 수업과 돌봄이다. 따라서 교사는 끊임없이 수업개선을 위한 전문성 향상에 노력을 기울여야 한다. 이러한 수업개선은 교사 개개인의 노력으로 이루어 내는 데는 한계가 있다. 학교의 구성원들이 함께 참여하고 동의하는 가운데 학교 전체의 교육과정과 수업 문화를 바꿀 때 학교에서의 수업혁신이 가능해진다. 이를 위해서 교사는 학교공동체 구축을 위한 자발적이고 적극적인 자세를 보이며 관리자, 학부모를 포함한 학교 구성원 전체와의 긴밀한 협조관계를 유지하기 위한 지속적인 노력이 필요하다.

■ 동료 교사 간의 협력과 유대형성

학교의 교육은 교실 내에서 교사 혼자만의 시도나 노력으로 변화시키기가 쉽지 않다. 학교 교육과정은 유기적으로 연결되며 전체적인 학교의 교육방향과 학년 간의 연계, 동학년·동교과 간의 상호 일관성이 있어야 하므로, 단순히 교사 개인의 판단과 선택이나 교사 개인의 변화 노력만으로는 수업의 혁신에 한계가 있다. 학교 내에서의 문제뿐만 아니라 수업의 질을 높이기 위해서는 교육과정에 대한 근본적인 분석과 이해, 교육과정의 재구성 및 수업 설계와 평가에 대한 고민과 연구가 필요하다. 이것은 교사 개인이 혼자서 풀어내기 어려운 문제이며, 그래서 교사에 대한 연수와 다양한 지원이 필요하기도 하다. 특히 이러한 노력은 교사 동료들 간에 자발적으로 이루어질 때 더 큰 효과를 얻을 수 있다. 그러므로 학교 내의 교육과정협의회, 동아리, 수업협의회 등을 활성화하고, 지역이나 전체 교과단위의 교과교육연구회 참여를 통해서 함께 성장하는 경험이 필요하다.

■ 수업 혁신을 위한 노력

학교의 핵심적인 역할은 학생들의 진정한 학력을 높여 나가는 것이다. 그러므로 당연히 교사의 역할도 수업을 통한 학생들의 제대로 된 배움을 일으키는 것이다. 학생들이 자발적인 내적 동기를 통해서 스스로 배움을 일으키게 하기 위해서 교사는 기획자로서 조력자로서 수업을 기획하고 수업의 과정에서 학생들의 배움을 자극하는 다양한 지원을 해야 한다. 이를 위해서 교사는 교육과정을 재구성하고 수업의 내용을 새롭게 채워나가며 이 과정에서 학생들의 배움을 확인하기 위한 평가를 계획해야 한다. 수업혁신을 위한 교사의 역할은 이렇게 교육과정, 수업방법, 평가에 대해 종합적으로 고민하고 실천하는 것이다.

■ 관심과 이해로 학생 개개인을 돌봄

교사가 존재하는 이유는 학생들이 있기 때문이다. 학생들이 교사를 존경하고 따르는 이유는 기본적으로 교사가 자신들에 대해 애정과 기대를 가지고 있다고 믿기 때문이다. 교사가 단순한 직업인이 아닌 이유도 바로 이런 학생들을 길러 내고 그 개개인에 특별한 영향을 미치기 때문이다. 학교에서 교사의 역할은 수업을 혁신하고 학생들을 제대로 된 배움으로 이끄는 것이기도 하지만, 학생들의 고민과 문제를 세심하게 읽어 내고 그들의 이야기를 들어주고 함께 고민하는 것이 더 중요한 역할일 수도 있다. 교사는 가장 오랜 시간을 학생들과 함께 하기 때문에 관심을 가지고 학생들을 지켜보면 가장 잘 학생들을 파악할 수 있다. 교사가 관심과 이해로 학생들을 바라보면 학생들을 누구보다 제대로 바라볼 수 있으며, 교사의 이런 태도는 학생들에게 신뢰감을 심어 주어서 그들 스스로 교사에게 다가올 수 있게 만든다. 교사들이 먼저 아이들에게 손을 내밀고 그 아이들이 내미는 손을 놓치지 말아야 한다. 이런 신뢰관계는 수업에서도 아이들을 변화시키고 적극적으로 수업에 참여하게 한다. 학생을 이해하게 되면 그 학생이 무엇을 원하는지, 무엇을 잘하는지를 볼 수 있게 된다. 이것은 단순히 결과적으로 나타나는 현상인 학생들의 태도나 학업성적으로 판단하는 것이 아니다. 드러나지 않는 학생의 잠재력과 행동의 원인까지 이해함으로써 그에 맞는 교육과 지원이 이루어질 수 있다. 진정한 의미의 돌봄이 실현되는 것이다.

■ 학부모와 함께 하는 교육

학교 교육에서 학부모의 역할은 매우 중요하다. 학교에서 많은 노력을 통해 교육을 하여도 성과가 제대로 나지 않는 경우에 대부분이 학부모에 원인이 있다. 학교에서 추구하는 교육의 목표와 학부모의 교육 철학이 다른 경우, 학교에서 집중적으로 지원해서 변화를 보이는 학생이 가정에서 돌보지 않아서 원점으로 되돌아가는 경우들이 교육에 있어서 학부모의 역할이 얼마나 중요한지를 잘 보여주는 사례이다.

특히 학부모가 학교 교육에 대해 이해하지 못하고 반대하고 문제제기를 하는 경우에는 학교나 교사가 수업의 변화를 추구하기가 쉽지 않다. 그런데 이런 경우 대부분은 그 원인이 학부모들이 학교 교육이 어떤 방향과 내용을 담고 있는지 제대로 이해하지 못하기 때문이다. 그래서 교사는 늘 학부모에게 수업을 열어서 이해를 구하고 도움을 청해야 한다. 함께 학생의 문제를 이야기하고 서로의 정보를 공유하여 학생이 제대로 성장하기 위한 공동의 노력을 해야 한다. 학부모가 학교 교육에 대해서 이해할 때 그 학부모는 학교와 교사의 최대의 지지자와 후원자가 되기 때문이다.

다. 관리자(교장)의 역할

■ 변혁적 리더십

관리자는 학교의 비전을 이끌어내고 이를 교육을 통해서 실천하고 달성할 수 있도록 학교의 조직을 운영하고 지원하며 그 결과에 대해 책임을 지는 역할을 한다. 이런 과정에서 관리자는 강력한 리더십으로 학교를 이끌어 가야 하지만 그것이 독단이나 강제적인 방법이 아니라 구성원의 동의와 자발성에 기초해서 구성원이 스스로 이루어 가도록 격려하고 지원하는 역할을 해야 한다.

■ 학급 간, 학생 간, 교사간의 협력과 경쟁을 조정하는 조정자와 리더로서의 역할

관리자는 학교의 전반적인 발전을 위해서 때로는 학급 간, 학생 간, 교사 사이에서의 긍정적인 경쟁을 유도하기도 하고 상호 협력을 통해 성장을 이끌어 내기도 해야 한다. 경쟁의 과정에서 뒤처지거나 포기하는 구성원이 없도록 세심히 살피는 것과 협력의 과정이 지나친 상호 배려로 인해서 앞으로 나아가지 못하고 정체로 이어지지 않도록 조정하고 방향을 제시하는 리더의 역할이 요구된다.

■ 수업혁신과 학교공동체 형성을 위한 장학과 지원 강화

학교의 핵심적인 역할과 존재의 목적이 학생들의 제대로 된 학력의 추구이므로 관리자의 핵심적인 역할도 바로 학교에서 학생들이 제대로 배움을 일으킬 수 있도록 학교의 조직과 운영을 학생들의 배움에 초점을 맞추고 이를 실현하기 위한 장학에 두어야 한다. 관리자(교장과 교감)가 장학보다는 행정에 더 많은 비중을 둔다면 그 학교의 교육은 기대할 것이 없을 것이다. 교사들의 업무경감을 위해서 관리자가 업무처리에 매달리느라 학교의 교육과정과 수업에 관심을 가질 시간이 없다고 푸념하는 학교는 교사의 업무경감이 무엇 때문에 추진되고 있는지를 제대로 이해하지 못하고 있는 것이다. 관리자가 학교의 교육과정에 관심을 쏟고 교사들의 수업을 함께 고민하는 과정에서 교사들도 교육과정과 수업에 더 많은 관심을 갖고 고민하게 될 것이다. 이런 문화가 학교에 형성되면 자연히 교사들은 교육과정과 수업에 대한 고민을 함께하는 전문적인 학습공동체를 만들어가게 될 것이고 이것이 학교를 강하게 하나로 묶는 학교공동체로 발전해 나갈 것이다.

■ 학생들에 대한 적극적인 상담과 훈육

관리자가 학생들의 이름을 다 기억하는 학교에서는 학교폭력이 일어나지 않는다는 말이 있다. 물론 전적으로 사실이라는 말은 아니지만 학생지도와 상담에서 관리자의 역할을 제고하게 하는 의미가 있다. 학생들의 생활지도나 상담은 교사의 몫으로만 둘 수 없는 부분이다. 학교 전체가 함께 협력해야 할 중요한 문제이다. 관리자의 인식과 적극적인 자세가 학생의 생활지도나 상담에 크게 영향을 미치는 것을 학교현장에서 자주 목격하게 된다. 관리자의 학생 인권과 자율성에 대한 인식도 학교의 학생문화에 매우 큰 영향을 미치며, 생활지도와 상담의 방향과 지원의 정도가 학생지도의 질적 수준을 결정한다.

■ 학부모 지역사회의 학교참여 유도

학교는 고립된 섬으로 존재할 수 없다. 또한 사회의 변화와 교육의 패러다임 전환으로 실생활과 연계된 교육, 학생의 진로와 연계한 교육이 핵심적인 교육 내용이 되고 있다. 이러한 변화로 인해 학교는 학교 내부의 자원만으로 교육의 수준을 높이고 교육 내용을 풍부하게 할 수 없다. 지역사회와의 긴밀한 유대, 학부모의 적극적인 참여를 통한 학교 교육에 대한 이해를 높이지 않으면 학교의 교육을 발전시키기 어렵다. 관리자는 이제 학교 내부에서 학교운영에만 전념하거나 단순한 재정지원의 확보를 위한 활동으로는 제 역할을 다 했다고 평가받기 어렵다. 학교를 지역사회와 연결하고 학부모의 이해와 참여를 통해서 학교의 교육인프라를 확대하는 종합적 관리자의 역할을 담당해야 한다.

■ 교육행정 기관과의 긴밀한 관계 유지

관리자는 교육행정 기관과의 긴밀한 협조관계를 통해서 다양한 정책적 지원을 받고 이러한 지원에 대해서 학교가 교육발전을 위한 역할을 충실히 할 수 있도록 노력해야 한다. 교육행정기관은 정책을 추진함에 있어서 학교 교육에 제대로 정책이 반영되는 것을 기대하고 학교는 이러한 정책들이 학교 교육의 내실화에 기여하기를 기대한다. 따라서 교육행정기관과 학교가 서로 긴밀하게 협력하면서 정책의 실효성과 현장성을 높이기 위해서 함께 노력해야 한다.

라. 학부모의 역할

■ 학교운영에 적극 참여하는 공동체의 구성원

학부모가 학교 교육에 대해서 제대로 이해하고 이를 지원하는 것이 학교 교육의 효과를 높이기 위한 중요한 요소이다. 학교의 교육과정 운영에 참여하고 함께 학교의 교육목표를 설정하며 학교와 가정이 함께 협력해서 교육적 목표를 실천하는 가운데 아이들의 성장은 더욱 빨라진다. 그러므로 학부모는 수동적인 학교 교육의 소비자가 아니라 공동의 책임을 지는 학교 교육의 구성원으로서 역할을 담당해야 한다. 또한 학교의 교육활동이 다양해지고 국가나 지방정부의 지원에만 의존하는 것이 한계를 보이고 있기 때문에 학부모들은 더 실질적으로 학교 교육에 참여해야 한다. 학부모들의 전문성을 살린 다양한 활동을 통해서, 학교 교육을 깊이 있게 이해하고 학교 교육에 능동적으로 참여해야 한다.

■ '내 아이' 중심에서 '우리 아이들'을 위한 교육으로의 인식전환

학부모들이 교육의 문제를 객관적으로 바라볼 때는 학교교육이 학생들의 다양한 가능

성을 발견하고 재능을 키워가는 진정한 배움을 일으키는 교육이 되어야 한다는 것에 동의하지만 자기 자녀의 문제가 되면 더 이상 이성적인 판단이 이루어지지 않는다. 따라서 학부모가 교육의 문제를 내 자녀의 문제가 아닌 우리 자녀들의 문제로 바라보아야 한다. 이런 인식의 전환을 통해서 학생들 간의 경쟁이 아닌 배려하고 협력하는 문화의 형성이 무엇보다 중요하다는 것에 동의하게 될 것이다.

- 단순한 지원자에서 적극참여자, 의사결정과정의 주체

학부모의 역할은 단순히 학교가 필요로 하는 일을 지원하는 단순한 지원자에서 학부모 스스로가 학교 교육을 위해서 무엇을 할 것인지를 결정하고 적극적으로 학교 교육에 참여하는 주체로서의 역할이어야 한다.

학교운영위원회뿐만 아니라 실질적으로 전체 학부모의 의사를 반영할 수 있는 학부모회의 활성화를 통해서 모든 학부모가 학교운영의 과정에 자신들의 목소리를 낼 수 있도록 해야 한다. 학부모회의 실질적인 운영으로 학교운영위원회가 학부모들의 의사를 반영할 수 있는 형태로 구성이 되고 학부모회의 결정이 학교운영위원회에서 반영되도록 함으로써 학부모들이 진정한 의사결정의 주체로 자리 잡아야 한다.

마. 지역사회의 역할

학교는 단순히 학생을 교육하는 기능에 머물러서는 안 된다. 학교가 가진 다양한 인프라를 바탕으로, 그 위에 지역사회의 지원을 더해서 지역사회를 하나로 묶어 내는 생활과 문화의 중심 역할을 담당해야 한다.

학교는 방과후 학습, 창의적체험활동, 진로교육, 문화예술교육 등 다양한 교육프로그램을 통해서 학교와 지역사회를 연결하고, 이 과정에서 학교가 지역사회의 다양한 활동의 중심으로 자리 잡고 지역의 자원들은 학교 교육을 지원한다. 학교는 이들이 학교를 중심으로 학생들뿐만 아니라 지역의 주민까지 지원하는 유기적 관계를 형성하는 구심점의 역할을 해야 한다.

지역사회는 학교의 이런 기능을 지원하기 위한 인적 물적 인프라를 학교 교육지원을 위해 재구조화하고 학교와 함께 학생교육과 지역주민을 위해 학습하는 사회 구축의 역할을 담당해야 한다.

바. 교육행정기관의 역할

■ 학교에 보다 많은 자율권 부여, 적극적 지원

교육행정기관의 역할은 단위학교가 자율성과 책임성을 갖고 학생들의 진정한 배움을 위한 교육활동을 전개할 수 있도록 조언하고 지원하는 것이다. 물론 큰 틀과 방향에서의 정책을 수립하고 이를 학교현장에서 정착하도록 안내하고 지원하는 것은 교육행적기관이 해야 할 일이지만 구체적인 학교 단위의 실천은 단위학교의 구성원이 자신들의 교육목표에 맞게 재해석해서 가장 적절한 방안으로 추진해야 한다. 그것이 진정한 의미의 단위학교 자율경영이며 단위학교의 자율성이 보장될 때 다양하고 창의적인 교육정책의 운영 사례를 만들어 낼 수 있다. 교육행정기관의 역할은 단위학교에서 올바르게 교육정책을 이해하도록 돕고 학교를 신뢰하며 단위학교에서 자율적인 학교운영이 정착되도록 지원하는 것이다.

■ 공동체 구축을 지원하는 제도 개선

교육행정기관의 또 다른 역할은 학교가 민주적인 공동체를 구축할 수 있도록 정책적 지원과 제도 개선을 추진하는 것이다. 학교가 창의지성교육을 실천하고 진정한 의미의 배움을 일으키는 구성원 모두의 성장을 이루어 내는 공동체로서의 역할을 수행할 수 있도록 하기 위해서는, 공동체로서의 학교의 상에 대한 학교의 이해를 유도하고 학교의 공동체성을 가로막는 여러 가지 제도적·행정적 한계를 개선해 나가야 한다.

인간적인 학교, 인간적인 교실에서 모두가 서로를 인정하고 다양한 가능성을 발견할 수 있도록 하기 위해서는 학교 규모의 축소와 학급당 학생 수를 줄여 나가야 한다. 또한 교사들의 교육과정 편성·운영의 독립성을 강화하고 관리자의 과감한 권한 이양, 수업개선을 위한 행정업무 경감과 같은 행정 개선을 추진해야 한다. 그리고 교사들의 수업개선 노력을 지원하기 위한 전보유예, 보상강화 등의 제도 개선에 대한 노력도 동시에 이루어져야 한다.

2) 학교혁신을 위한 실천영역과 과제

학교혁신을 위해서는 구성원들의 역할과 구체적으로 실천해야 할 과제의 설정이 핵심적인 성공의 조건이다.

(1) 교육과정의 편성 및 운영의 자율권 부여

학교의 교육을 단위학교의 환경과 교육목표에 따라 특성화하기 위해서는 학교 교육과정의 편성과 운영에 최대한 자율권을 부여하여야 한다. 교육과정의 편성은 교육의 내용을 규정하고 교육 내용이 달라지면 수업의 방법과 평가가 달라지게 된다. 따라서 교육과정 편성과 운영에 대한 자율권은 학교마다의 다양한 교육과정의 운영을 가능하게 하며 교육과정에 대한 단위학교와 교사의 깊은 이해가 이루어지므로 단위학교와 교사의 목표에 따라서 교육과정의 재구성과 수업 내용의 재구조화가 이루어질 수 있게 된다. 교육과정에 대해 깊이 고민하고 분석하는 것은 교사가 수업에 대해 새로운 시각을 가지게 하고 이에 대한 전문적 학습을 필요로 하게 된다. 교사는 단위학교 내에서의 수업협의회, 자체 연수, 동아리활동, 학교 외부에서의 연수, 교과교육연구회 등의 활동 등을 통해서의 전문성을 높여가게 된다. 결국 단위학교와 교사의 자율성의 확대는 학교혁신을 위한 학교의 공동체성과 교사의 전문성을 높이는 결과로 나타나게 된다.

가. 진정한 배움이 일어나는 교육의 실천

교사는 "자신이 무엇을 가르칠 수 있느냐?"가 아닌 학생들에게 무엇을 배울 수 있도록 해야 하며 학생들에게 어떤 배움이 일어나는 지에 중점을 두어야 한다. 단위학교와 교사의 교육과정에 대한 이해와 고민도 바로 학생들의 배움에 초점을 맞추어야 한다.

학교 교육의 목표가 학생들의 진정한 배움과 소통하고 존중하는 돌봄의 실천에 맞추어지고 수업을 통해서 학생들이 이러한 경험을 할 때 교육의 혁신이 가능해진다.

나. 지역사회의 인프라를 최대한 수업에 활용, 지역사회에 대한 관심과 이해 증대

학생들의 배움이 자신의 삶을 실천하고 자신의 경험(이미 취득한 지식)을 다른 이와의 경험의 공유를 통해서 새로운 경험으로 확장시켜 나가는 과정이다. 과거의 교과서 속의 지식으로만 학습을 할 때와 달리 학교가 학생들의 삶을 실천하는 과정이 되기 위해서는 지역사회와의 협력을 통해서 학교가 가지지 못한 자원을 지역사회로부터 지원받아야 한다. 따라서 늘 지역사회와의 소통과 긴밀한 협력관계를 유지하면서 지역단체의 역량을 최대한 학교 교육에 끌어들이기 위한 프로그램을 개발하고 상시적인 협의 체제를 구축해야 한다.

(2) 수업방법의 개선

가. 학생 개개인에 집중하는 교육

학생들이 학습에 흥미를 잃고 심지어 수업시간에 거리낌 없이 엎드려 자는 문제는 수준과 관심이 다른 다수의 학생들이 한 교실에서 수업을 받는 구조와 주어진 교육과정에 따라서 교과서의 진도를 모두 나가야하는 구조로부터 기인한다. 이런 이유로 수준별로 학생들을 나누어서 가르치는 것이 학생들에게 도움이 되며 특히 뒤떨어지는 학생들을 위해서 수준별 수업을 해야 한다고 강변하기도 한다. 그러나 익히 알고 있듯이 수준별로 학생들을 나누어서 수업을 한다고 학생들의 학습흥미가 높아지지도 않거니와 특히 뒤떨어지는 학생들의 자존감 저하의 문제는 매우 부정적인 결과를 낳고 있다.

따라서 문제의 접근은 학생들의 학습에 대한 흥미를 어떻게 높일 것인지에 맞추어야 한다. 학생 개개인의 흥미와 개인적 목표를 설정하고 그에 맞는 스스로의 배움을 추구해야 학생들의 흥미를 높이고 학습에 집중할 수 있게 한다. 따라서 학생 개개인의 흥미와 재능을 면밀하게 파악하고 학생들을 수준에 따라 우열반으로 나누는 것이 아니라 같은 수업에서 개개인마다의 목표를 설정하고 이에 따라 학습하도록 하는 것이 모든 학생들에게 배움이 일어나게 하는 올바른 길이다.

나. 수준별 학습보다는 협력하는 학습

학생들은 저마다 다른 재능과 적성과 흥미를 가지고 있다. 학생들의 재능에만 초점을 맞추면 학업수준에 따라서 수준별로 반을 편성해서 운영하는 것이 효율적으로 보일 수 있다. 하지만 학생들의 적성과 흥미에 초점을 맞추면 학생들 저마다의 관심과 적성에 따라 다양한 교육과정을 제공하고 학생들의 각각의 생각을 공유하고 그것을 자신의 생각을 발전시켜 나가는 경험을 하도록 하는 것이 진정한 배움에 이를 수 있다는 것을 알 수 있다. 따라서 학생들이 서로 소통하고 협력하는 가치를 배울 수 있도록 수업을 기획하고 학생들의 자신의 관심과 수준에 따라서 개별적으로 다른 목표를 설정하고 이를 성취해 나가도록 해야 한다.

다. 활동과 체험을 중심으로 한 수업 강화

이론을 통해서 배운 지식이나 사고의 과정을 통해서 형성된 지식은 실제적인 경험과 실천을 통해서 자기 안에 내면화된다. 지식이 자기 내면화의 과정을 거칠 때 비로소 기존의 지식을 바탕으로 새로운 지식을 창조하고 발전시켜 나갈 수 있게 된다. 이런 이유로 활동과 체험을 강화하는 것이 학생들의 배움을 촉발하는 중요한 수단으로 인식되고 있다. 그러나 단순히 활동과 체험을 하는 것으로는 배움으로 연결될 수 없다. 활동과 체험이 의미와 이유로 연결될 때 지식의 내면화로 발전되는 배움이 일어날 수 있다. 따라서 교사는 학생들의 지식의 내면화를 위한 활동과 체험을 강화하는 수업을 기획해야 하지만 이것들이 배움의 의미와 연결되는 내용으로 구성될 수 있도록 세심하게 준비해야 한다.

라. 토론을 통해서 소통의 능력과 사고력 신장

우리의 학교 교육에서 가장 부족한 부분 중 하나가 토론의 문화이다. 최근에는 토론, 토의 식 수업, 디베이팅 수업 등이 시도되고 있지만 여전히 자연스러운 토론의 문화가 자리 잡기에는 부족하다는 느낌이다. 많은 수업에서 학생들이 자신의 의견을 발표하는 것은 많이 발전했지만 여전히 서로의 생각을 더 깊숙이 파고드는 질문이나 토론은 제대로 이루어지고 있지 않다. 토론을 통해서 다른 사람의 의견을 잘 경청함으로써 자신의 생각을 다시 재정리하고 다른 사람의 의견을 더해서 자신의 생각을 발전시키는 훈련을 하도록 한다. 또한 경청의 태도는 다른 사람을 이해하고 배려하는 마음을 길러서 소통하고 협력하는 능력을 기른다.

마. 창의지성교육과 배움중심수업

창의지성교육을 실천하기 위해서는 인류의 위대한 업적(고전을 포함한 독서, 문화예술 작품)을 정규 수업에서 활용하고 비판적사고를 통해 창의적으로 내재화하는 교육을 교사 스스로가 고민해야 한다. 또한 이를 경험과 실천을 통해서 자신의 삶과 연결되는 살아있는 지식으로 만들어갈 수 있는 교육과정의 구성이 요구된다.

지식은 전문가인 교사가 학생에게 전달하는 가르치는 것이 아니라 학생이 스스로 지식을 탐구하는 방법을 배워 나가고 학생들 간의 상호 작용을 통해서 학생들이 서로에게 배우고 확장해 나가는 것일 뿐만 아니라 교사도 학생과의 상호 작용을 통해서 학생과 함께 배워 나가는 과정을 통해서 얻어지는 것이다.

(3) 교과 외 특별활동

학생들이 서로 협력하고 존중하는 가치를 체험하도록 하는 특별활동, 프로그램, 행사를 적절하게 운영하여 자연스럽게 서로를 돌보고 협력하는 문화를 만들어 간다.

또한 학교에 대한 소속감과 자부심은 학생들의 학교 적응을 높이고 이에 따른 학업 흥미와 집중도를 높이고 학생 상호 간의 유대감을 높여 학교 내의 폭력 문제를 상당히 줄여나갈 수 있다. 학생들을 비롯한 학교 구성원들의 소속감과 유대감을 높이기 위한 특별프로그램이나 행사를 활성화하며 이를 구성원(특히 학생, 학부모)이 스스로 주체가 되어서 준비하고 운영하는 경험을 통해서 서로를 이해하고 끈끈한 유대를 형성하도록 지원한다.

학생들이 지역사회의 단체나 직업에 대한 체험 및 다양한 형태의 봉사활동을 통해 사회에 대한 이해와 자신의 진로에 대해서 진지하게 고민하고 이를 통해서 학습의 이유를 찾고 자신의 삶을 실천하는 과정으로서 학교를 이해하도록 하는 것이 중요한 교과외 활동으로 자리 잡아야 할 것이다.

(4) 학생인권 및 자치활동 강화

가. 학생 인권존중 문화정착

학생들이 스스로에 대한 자존감이 생기면 자신의 소중함을 깨닫게 될 뿐 아니라 다른 사람의 소중함에 대해서도 인식하게 된다. 즉, 자신이 존중받는다는 느낌을 통해서 타인을 존중하는 마음이 생기게 되고 이것이 서로를 인정하고 배려하는 평화적인 문화가 형성되어지는 첫걸음이 된다. 교사가 학생을 어떤 마음과 태도로 대하는지에 따라서 학생들의 태도는 매우 크게 달라진다. 선생님이 억압적이고 체벌을 동원해서 학생들을 통제하려고 할 때 학생들은 스스로의 자존감이 낮아지는 것에서 그치지 않고 동료 학생들에 대해서도 존중가 배려가 아닌 억압과 폭력을 행사하려는 태도를 보이게 된다. 이러한 태도로 인해 학교 폭력의 문제도 줄어들지 않고 창의적인 사고를 기르는 기본이 되는 자율성과 자기주도성마저 저하된다. 이렇듯 학생인권을 존중하는 문화는 학생들이 서로를 존중하는 가운데 평화의 문화가 학교에 자리 잡도록 함과 동시에 학생들의 창의지성을 기르는 길이 된다.

나. 학생들의 자치조직과 활동 강화

학생들이 적극적이고 능동적으로 배움에 임하는 것은 단지 학습에 임하는 자세를 가르치는 것으로 도달되지 않는다. 일상에서 자신의 삶에 자율적이고 책임지는 자세로 임하는 훈련이 필요하다. 따라서 학교에서 학생들의 자치활동이나 동아리 활동은 매우 중요한 교육적 의미를 가진다. 학생 자치활동은 학생회의 회의를 진행하고 의견을 건의하거나, 학급의 회의를 통해서 의견을 수렴하는 것을 넘어서 자신들의 규칙을 스스로 정하고 학교의 행사를 스스로 기획하고 운영하며 이를 평가하는 것을 의미한다. 이러한 자치활동을 통해서 학생들은 소통하고 협력하며 자율적인 인간으로 성장하게 되는 것이다.

학생들의 동아리 활동은 자신의 관심과 재능을 적극적으로 발현하는 계기가 되고 학생들이 학교에 대한 소속감을 높여 학교에 잘 적응하게 하며, 자신의 가능성을 실현하는 계기로 작용하게 된다. 학교에 대한 애정이 높아지고 자신의 가능성을 인식하게 되면 학생들의 배움에 임하는 자세가 달라진다. 학생의 동아리 활동은 학습활동에만 치우치기 쉬운 학생들이 다양한 활동과 경험을 통해서 감성과 정서를 기르고 세상을 통합적으로 볼 수 있도록 하는 중요한 과정이 될 것이다.

3) 교육개혁운동으로서의 혁신학교

(1) 공교육이 당면하고 있는 문제점을 정확하게 인식하고 미래사회의 변화에 대응할 수 있는 전략으로, 학부모와 학생의 요구를 만족시키고 학교를 바로 세울 수 있는 일관된 철학이 있는 교육개혁운동으로 혁신학교 운동이 자리 잡아야 한다.

(2) 모든 출발은 학교현장의 요구와 필요를 기반으로 한 단위학교 구성원의 민주적인 의사결정에 의해서 이루어지는 자발적이고 능동적으로 실천의 힘으로 지속되는 학교문화를 바꾸는 아래로 부터의 교육개혁운동이어야 한다.

관주도의 위로부터 일방적으로 지시되고 주도되는 개혁이 아닌, 학교현장의 자발적인 참여를 바탕으로 하는 개혁이어야 한다. 하나의 정교한 이론이나 고정된 프레임으로부터 강요되는 수동적 접근이 아니라 교육개혁의 주체로서 학부모, 교사, 지역사회의 참여를 통한 실험적 실천의 힘과 집단적 지성에서 나온 개혁의 방향과 과제의 설정이 교육개혁을 위한 살아 움직이는 힘으로 운동의 확산 동력이 되도록 해야 한다. 다양한 실천 속에서 학부모, 교사, 지역사회의 자발적인 연대를 강화하고 단위학교를 중심으로 각 단위의 역량이 모여지고, 확대·재생산되는 창조적인 실천 운동으로 발전하여야 한다.

(3) 교육개혁운동이 단순히 학교나 교육계 내부의 갇힌 운동으로 배타적으로 전개되는 것을 경계하며 사회개혁적 전망을 갖고 사회의 다른 부문과 연대하는 교육개혁운동으로 발전할 수 있도록 하여야 한다. 기본적인 접근은 교육 본질의 변혁을 추구하지만 좁은 범위의 교실과 학교의 변화에만 관심을 제한 할 것이 아니라 우리가 희망하는 사회에 대한 비전을 여러 사회개혁적 담론의 주체들과 더불어 대화하고 공유함으로써 사회 제도적 변화를 수반하도록 노력하여야 한다.

창의지성교육은 자본주의 4.0 시대, 즉 미래사회가 요구하는 능력인 지식을 아는 것 보다 지식과 정보를 새로운 방식으로 연결해 부가가치를 창출하는 능력을 기르는 것에 교육의 초점이 맞추어져야 한다는 것을 강조하고 있다. 즉, 객관적인 사실이나 정보를 머릿속에 주입하는 것은 이미 의미 없는 행위가 되고 우리 주위에서 습득하게 되는 과잉정보들에서 유용한, 그리고 적절한 정보를 찾아내고 이를 활용하여 새로운 아이디어를 생성하는 능력이 미래사회에서 요구하는 능력이라는 사실이다. 이를 위해서는 교육을 통해서 이러한 능력을 기를 수 있도록 교육과정을 설계하여야 한다는 것을 말하고 있다.

창의지성교육은 창의지성을 기르는 것이 목표이며 이 창의지성은 앞에서 정의한 그러한 인간이 가져야 할 전반적인 인간상을 목표로 하고 있다. 따라서 이러한 인간상이 이루어지면 어떤 상황에서 특정한 능력이 필요로 할 때 그에 맞는 적절한 능력이 극대화되어서 나타날 수 있다는 것이다.

역량론과 창의지성의 차이는 특정한 능력을 목표로 그것을 기르기 위한 교육이 아니라 전반적인 창의지성을 바탕으로 필요한 순간에 특정한 능력이 발현될 수 있도록 창의지성의 요소인 통찰력과 직관력, 문제발견능력, 문제해결능력, 소통과 협력의 능력을 길러나가는 것이다.

마치 축구 선수가 경기장에서 특정 상황에 볼을 처리하는 기술은 그 능력을 기르기 위해서 특정한 상황을 계속해서 반복 훈련함으로써 얻어지는 것이 아니라 볼을 다루는 기본 능력과 경기를 읽는 시야, 상황 판단 등을 기르는 지속적인 훈련의 결과로 특정한 상황에 그 기술이 표출되는 것과 마찬가지이다.

그러나 우리 학교현장은 수업 환경이 여전히 주입식 중심[1]이며 학생들 역시 수업시간에 수동적으로 참여하고 있는 것이 현실이다. 이러다 보니 학생들에게 학교 공부란 유익하고 재미있는 것이 아니라 억지로 잘해야 하는 것이 되어 버렸고, 입시와 관련된 문제풀이 위주의 점수 올리기에만 급급한 교육을 하다 보니 정작 사회에 나가서 부딪치게 되는 현실적인 문제를 해결할 능력을 갖추지 못하게 되는 결과를 낳게 된다.

---

1) 미디어리서치 조사 결과에 따르면 학교에서 교사가 일방적으로 가르치는 것이 아닌 토론이나 학생들이 발표를 많이 하는 수업의 비율은 어느 정도인지를 묻는 질문에 67.3%의 학생들이 '없거나 10% 미만'이라고 답했다. 수업 시간에 질문을 어느 정도 하느냐는 질문에 절반 가까운 응답자(42%)가 '한 번도 안 한다.'라고 답했다. 또 전체 응답자 가운데 45.4%는 수업 시간에 교사에게 질문을 하거나 교사 의견과 반대되는 의견을 냈다가 꾸중을 듣거나 무시당한 경험이 있다고 답했다.

또 학교 수업이 개인의 수준, 적성과 상관없는 일방적인 강의식 수업이고 대학입시와 관련된 국·영·수 위주의 수업으로 이루어지다 보니 다른 분야에 재능과 적성을 가진 아이들에게는 관심도 없고 이해할 수 없는 어렵기만 한 내용을 배우게 되는 것이다. 이런 과정이 지속되다보면 대다수의 학생들에게 학교란 자신들의 가능성을 억누르는 심지어는 실패자로 조기에 낙인찍는 불행한 공간이 되고 고등학교쯤 가면 상당수 학생들이 공부를 포기해 버리는 현상을 초래하는 것이다.

학부모들도 교육 현실에 불만족스럽기는 마찬가지이다. 우리나라 학부모들의 높은 교육열은 학생들의 개성·특성을 반영하지 못하는 교육환경에 대한 불만으로 이어져 사교육이나 조기 유학 등의 탈출구를 찾는 형태로 나타나게 되고 이것은 막대한 사회적 손실이 되고 있다.

이렇게 한국의 교육은 모든 학생이 똑같은 목표(대학 진학)를 향해 달려가는 지나치게 단순화된 교육 모델로 인해 교육이 학생들이 가진 다양한 재능과 가능성을 억누르는 역기능조차 하고 있다. 이러한 입시 위주의 정답 맞추기, 암기식 교육은 학생들에게 학습에 대한 동기와 호기심을 주지 못하고 실패를 용납하지 않아 학교가 불행의 공간이 되고 창의적인 사고의 발달을 저해하게 된다.

그러나 변화하는 사회는 단순한 지식의 습득이 아닌 유비쿼터스 환경에서 어디에서나 습득 가능한 지식과 정보를 가공해서 새로운 지식으로 창출하는 능력을 필요로 한다. 이러한 사회에서는 획일화되고 정해진 정답을 요구하는 것이 아니라 영감과 창의적인 사고를 통한 다양한 해답을 요구하는 교육이 이루어져야 한다. 즉, 다양한 재능과 능력을 가진 학생들에게 그들의 가능성을 극대화할 수 있는 다양한 진로를 제공할 수 있는 교육과정이 필요하다. 학생들이 자신의 가능성과 재능을 발견하고 이를 성장시켜갈 수 있도록 하기 위해서는 세상을 이해하고 자신의 눈으로 해석할 수 있는 능력, 자기 가치체계로 사물과 현상을 이해할 수 있는 능력이 필요하다.

이러한 교육을 위해서는 현재의 학교교육의 전면적인 변화가 필요하며 이것은 표피적이거나 제도적인 변화에 그치는 것이 아니라 내용적인 변화를 동반하지 않으면 성공할 수 없다. 바로 그런 점에서 창의지성교육은 교육의 내용적인 변화를 지향하고 있다.

앞에서 살펴본 바와 같이 경기도교육청이 지향하는 창의지성은 학생들의 가치감수성 기르고, 존재와 삶에 대한 실존적 고민을 자극하는 내용을 대폭 강화하고 이러한 내용이 개별 교과목에서 통합적으로 다루어질 수 있도록 교육과정을 새롭게 만들어갈 때 길러질 수 있다. 또한 스스로 문제를 설정하고 해답을 찾아 갈 수 있도록 자기주도성과 실천역량을 신장시킬 수 있는 교육내용과 진로나 적성 관련 교과목이나 특정분야에 대한 전문적 탐구를 위한 교과목으로 구성된 교육과정을 통해 길러질 수 있다.

그러나 경기도교육청의 기본 문건(2012)에서와 같이 현재의 학교에서 이루어지고 있는 교육은 창의지성을 배양하기에는 대표적으로 두 가지 걸림돌이 있다고 볼 수 있다.

그 첫 번째는 일반적으로 이루어지는 학습오류의 사례이다. 이것은 피상적학습(진도위주의 학습)과 창의적 체험활동 오류인데 전자는 정해진 시간 내에 모든 실제 자료를 자세히 다루어 나가는 학습으로 교과서를 통해 모든 학생이 같은 내용을 페이지마다 진행해 나가는 접근 방법이다. 후자는 체험에만 초점을 맞춘 활동지향의 설계로서의 체험활동으로 성찰적 사고가 결여된 즉각적인 실제를 의미한다. 교사는 학습의 중요한 아이디어와 적절한 증거에 대한 고민이 없이 수업을 진행하게 되고 학생은 단순한 참가에 초점을 두게 되어, 학습이 활동의 의미를 고려하도록 탐구하는 것이 아니라 학습 자체가 바로 활동이라고 생각하게 된다.

그러면서 동시에 창의지성을 기르기 위한 올바른 학교교육의 형태에 대해서는 다음과 같이 기술하고 있다.

그러나 창의지성을 배양하기 위한 바람직한 학습형태는 무엇이 요점인가? 주요 아이디어는 무엇인가? 우리가 이해하는 것은 또는 이해할 수 있도록 돕는 것은 무엇인가? 이것은 무엇과 관련되어 지는가? 왜 이것을 공부하는가?에 대한 고민과 성찰이 이루어지는 경험이 되어야 한다.

이것은 수업의 방법이나 교수법에 의해서 이루어지는 것이 아니라 수업을 채우는 내용에 대한 고민에서 나오는 것이다. 따라서 교육과정에 대한 새로운 접근이 필요하며 교육과정을 중심으로 이루어지는 사고로부터 수업이 출발되어야 함을 의미한다.

1. 창의지성교육이란?

'창의지성교육'은 한국의 창의성 담론의 한계를 뛰어넘기 위한 새로운 시도이다. '창의지성교육'은 간단히 말해 '지성교육이라는 방법을 통해서 창의성을 달성하는 것'을 의미한다. 여기에서 말하는 '지성교육'이란 "인류사회의 다양한 지적전통, 문화적 소양, 경험과 실천을 바탕으로 비판적(반성적, 성찰적)인 사고력(critical thinking)을 키우는 교육방법론"이라고 정의할 수 있다.

결국 '창의지성교육'이란 인류사회의 누적된 지식체계, 문화적 업적, 다양한 경험, 사회적 실천 등을 지적 재료(text)로 하여, 비판적 사고과정을 통해 스스로 높은 차원의 지식으로 소화하고 재구성하는 방법으로 '창의성'을 신장하는 것이다.

1) 방법으로서의 지성교육

여기에서 '지성교육', 즉 '인류사회의 지적 성과에 기초한 비판적 사고활동'을 특별히 강조하는 이유는 교육의 궁극적인 목표가 세계의 이치나 의미, 그리고 삶의 본질이나 맥락을 이해하는 것이며, 그에 따라 교육방법 또한 경험적 세계와 비경험적 세계 모두에 걸치는 보편적 인식을 발전시켜야 한다고 판단하기 때문이다.

실험의 학문, 경험의 학문이라고 알려져 있는 과학, 특히 그중에서 '이론물리학'이 주는 시사점을 음미해 볼 필요가 있다. 이론물리학의 세계에는 스티븐 호킹과 같은 천체물리학자도 있지만, 베르너 하이젠베르크나 아인쉬타인 같은 작은 세계를 연구대상으로 하는 물리학자도 있다. 무한대와 무한소의 세계가 연구대상인 셈인데, 이 두 개의 세계는 실험이나 경험만으로 그 질서를 알아낼 수 없다는 점에서 공통적이다.

이 세계들을 과학자들이 실험도 하지 않고 어떻게 알 수 있었을까? 기본적인 것은 동일한 연구 분야의 뿌리 깊은 연구 성과의 축적이 있었을 것이다. 그러나 정작 중요한 것은 그 축적된 연구업적들을 뛰어넘는 새로운 발견을 가능하게 한 특별한 상상력, 혹은 통찰력이 작동했다는 것이다. 특히 이 통찰력을 스피노자는 '직관'이라는 말로 표현했다. 이 직관은 선행 연구 성과와 수많은 철학적 사고가 뒷받침 되에 형성되는 또 하나의 과학적 인식방법이다.

지성교육은 세계의 이치, 세계의 본질적 원리를 '이성'이라는 비판적 사고활동을 통해 인식하려고 했던 서양철학의 전통과도 접맥된다. 하이젠베르크도 고전적인 철학적 사고와 비판적 사고훈련이 자신의 과학적 통찰력 형성에 얼마나 큰 영향을 미쳤는지에 대해 말하고 있다.

2) 창의성 개념의 구체화 및 확장

지금까지 비판적 사고(critical thinking)라는 지성교육의 방법론적 연원에 대해서 말했지만, 앞선 논의에 기초해 창의지성교육의 개념을 조금 더 구체화하고자 한다.

먼저 교육의 목표로서 '창의성'을 어떻게 정의할 수 있는가? 단순히 새로운 것을 발견하는 행위로 국한시킬 것인가? 심리학에서 협의의 사고기능으로 창의성을 논의하고 있기도 하지만, 교육목표와 관련해서 창의성 개념은 보다 포괄적이고 확장적인 의미를 갖는 다음과 같은 요소들을 중심으로 재정의 될 수 있다.

첫째, 창의성은 세계의 이치(본질이나 법칙, 혹은 의미나 맥락)를 꿰뚫어 보는 통찰력이나 상상력을 의미한다. 이러한 능력은 경험의 세계에서는 의미나 맥락, 법칙성을 발견하도록 할 뿐만 아니라, 경험을 넘어서는 세계에 대해서도 그 본질을 깨닫는 것이 가능하도록 한다.

둘째, 창의성은 인식을 넘어서 독창적인, 즉 의미 있고 새로운 문제발견 및 해결능력을 뜻하기도 한다. 여기에서 창의성이란 자신의 삶, 사회, 세계의 발전을 위한 기획능력을 의미하며, 창조적 생산을 지향하는 문화적 능력을 의미하기도 한다.

셋째, 창의성은 민주적 시민가치 및 덕성, 책무성, 그리고 리더십을 기르는 것을 의미하기도 한다. 교육과 배움 그 자체가 사회적 과정의 산물이고, 사회의 발전을 위해 시민들의 기본자질을 육성하는 과정이기도 하다. 그리고 새롭고 독창적인 발견이 반드시 사회적으로 옳은 것은 아닐 수도 있다. 아인쉬타인의 연구 성과가 핵폭탄을 만들었고 인간 배아에 대한 연구가 인간 존엄성에 대한 근본적인 의문을 제기하는 등 역사적으로 새로운 연구 성과가 사회적 가치를 훼손시킨 사례를 무수히 많이 발견할 수 있다. 이런 면에서 볼 때 창의성 개념에 민주적 시민가치 및 책무성이 포함되어야 하는 것은 당연하다.

결국 창의성은 단지 지적-인식적 측면만을 갖는 것이 아니라, 보다 큰 사회적 인격의 완성을 의미하는 시민교육의 목표와도 연계된다. 물론 이러한 창의성 개념은 잠정적이고 임의적으로 정의한 것이기 때문에 추후 보다 세밀한 연구를 거쳐 개념을 더욱 정교화 해야 하나 창의성에 대한 정의가 기존의 협소한 범위를 넘어 삶의 본질적인 개념으로서 그 의미를 더욱 적극적으로 해석하고 적용될 필요가 있다.

3) 창의지성요소

창의지성교육의 개념이 '지성교육이라는 방법을 통해서 창의성을 달성하는 것'으로 정의할 때 지성교육을 통해 어떠한 요소를 중점적으로 육성하고자 할 것인가? 비판적(반성적, 성찰적)인 사고활동(critical thinking)을 통해 지식을 소화하고 스스로 높은 차원의 지혜와 지성으로 재구성할 수 있는 능력의 계발이 필요하다. 이것을 '창의지성요소'이라고 한다.

'창의지성요소'는 사고-인식영역에서 통찰력과 상상력, 삶과 문화영역에서 문제발견·해결력(기획능력), 건설적 생산능력, 문화적 창조력, 그리고 사회생활영역에서 민주적 시민가치와 책무성, 리더십 등이며, 이것은 창의성의 핵심 요소들이기도 하다. 이러한 '창의지성요소'들은 각 영역별로 보다 세분화된 하위의 기능들로 구성될 수 있다. 창의지성교육의 핵심은 비판적 사고력의 증진이므로 이 요소들은 단편적, 분절적으로 계발되는 것이 아니며 종합적으로 지성 및 사고력의 성장과 연계해서 달성될 수 있다.

'창의지성요소'는 OECD의 DeSeCo 프로젝트에서 제안하는 핵심 역량이나 여러 나라들의 교육과정에 반영되고 있는 핵심 역량과 비교하여 그 영역에 있어서는 얼핏 유사하다. 그러나 '창의지성요소'는 총체적 성격을 지닌다. 즉, 독립적 사고력과 판단력을 갖는 '창의적 인재'를 기르기 위한 과정으로서의 성격을 갖는다. 반면, OECD에서 제시한 미래핵심역량 등은 제시된 역량이 분절적이고 단편적으로 제시되었다는 점에서 경기도교육청이 제시한 창의지성요소와 차이가 있다.

2. 창의지성교육의 추진 방향

1) 교육과정 재구성

창의지성교육을 실천하기 위해서는 먼저 '창의지성교육'을 중심으로 '교육과정'을 재구성해야 한다. 이를 위해 우선 전체 국가교육과정을 유연하게 재해석하고 의미내용을 재규정, 구체화해야 한다. 나아가 배움중심의 지성교육 방법론에 따르는 수업과 평가의 혁신을 추진하고, 학문적 여유(schole)를 중심으로 하는 교육과정의 재구성이 이루어질 필요가 있다.

2) 교수 · 학습 방법의 혁신

표면적 지식과 교과서를 중심으로 하는 진도교육에서 탈피해서 학생들이 지식의 본질을 맛보고 지혜와 생각을 키울 수 있도록 교육방법을 변화시켜야 한다.

이를 위해 반드시 교육되어야 하는 교육내용(핵심질문과 과제)을 취사선택하고 관련된 고전, 명저, 명작, 영상자료 등을 중심으로 한 텍스트를 재구성하며 과제와 수업이 면밀하게 연계된 설계를 통해 비판적 사고력을 키울 수 있도록 해야 한다.

3) 창의지성교육의 연계성

초등학교 1학년부터 고1까지 창의지성교육과정을 운영하고, 특히 중1~고1까지는 '인류의 위대한 업적들(The Great Works)'을 텍스트로 하는 본질적인 창의지성교육을 수행하며, 이에 기반해 고등학교 2년을 창의형 진학 · 진로과정으로 연계한다.

4) 교육본질에 충실한 교육

창의지성교육이 현행 입시와 정확히 일치하지 않기 때문에 정착에 어려움이 있을 것이라는 지적도 사실이다. 그러나 경기도를 필두로 추진되고 있는 창의지성교육의 흐름은 전 세계의 추세이고, 또 이러한 추세는 한국의 대학교육이 나아가려고 하는 방향이기도 하다.

사교육과 암기형 지식, 문제풀이식 학습에 매몰된 학생은 더 이상 대학과 기업이 요구하는 인재상이 아니라는 점은 분명해지고 있다. 최근 한국의 대학들은 인문학과 교양교육을 대폭적으로 강화함으로써 상상력과 창의성이 풍부한 미래형 인재를 키우기 위한 방향으로 대학개혁을 시도하고 있다. 나아가 학벌중심의 대학구조를 일신하고 지성 중심의 학문을 생산해 내는 구조로 혁신하기 위한 노력도 적극적으로 진행되고 있다.

경기교육이 육성하려는 창의지성형 인재들은 한국의 대학들이 요구하는 학생들이다. 따라서 창의지성교육은 행복한 배움의 학교를 구현하면서도, 진로진학에도 가장 큰 효과(impact)를 갖는 새로운 유형의 교육이 될 것이다.

5) 창의지성형 교사 양성

한편 이러한 창의지성교육이 본격적으로 이루어지려면, 새로운 교육의 목표와 방향, 방법론을 정확히 인식하고, 이를 창의적으로 운영할 수 있는 전문적이고 능력 있는 교사들이 필요하다.

교사들은 교육현장에만 관심을 둔 소위 '미시적 관점의 교사'들이 아니라, 한국사회의 발전전망을 명확히 인식하고 스스로의 일관된 철학적 방향에 따라 자신의 교과과정과 수업을 설계하고 성공적으로 실행할 수 있는 '사회변화를 주도하는 교육전문가'들이어야 한다. 이러한 점에서 창의지성교육을 위한 교사들은 교육개혁뿐만 아니라 사회적 혁신을 위한 전문가여야 한다. 이를 위해 중장기적으로 교육대학, 사범대학 등 교원양성기관들과도 창의지성형 교사양성을 위해 적극적인 협력을 모색할 것이다.

3. 창의지성교육의 목표

첫째, 무엇보다 창의지성교육은 교육행태주의(실증주의)와 입시교육에 의해 질식되고 있는 교육의 본질을 살린다.

양적 성장, 수량화된 점수경쟁, 경험주의에 근거한 '창의성' 담론에서 탈피하여 새로운 교육 패러다임을 제시해야 한다. 이러한 교육 패러다임의 변화는 교육내용의 근본적 개혁을 통한 교육의 질적 수준을 높임으로써 공교육의 신뢰성을 회복하고, 나아가 사교육의 필요성을 반감시킬 것이다.

둘째, 창의지성교육은 지금까지 박약했던 한국의 지적 · 문화적 풍토를 재구축하는 기회를 제공한다.

'창의성'이란 일련의 비판적 지성활동을 통해 재구성되고 새롭게 의미 부여된 '지식 · 문화체계'이다. 이런 창의성 계발을 위한 창의지성교육이 대학까지 연계되어 보다 집중적이고 중장기적으로 이루어진다면, 외국의 지적자산이 초기 창의지성교육의 텍스트로 투입된다고 해도, 궁극적으로 우리의 지적 · 문화적 자산을 굳건히 형성하도록 해줄 것이다. 이리하여 스스로 재생산되고 축적되는 한국의 지식 · 문화구조가 형성될 것이며, 이는 장기적으로 한국사회의 지식경쟁력을 획기적으로 강화시켜주는 계기가 될 것이다.

초 · 중등에서 창의지성교육의 토대가 없다면 대학교육의 인문교양교육 역시 그 열매를 거두기 어렵다. 나아가 초중등교육에서 창의지성교육이 보다 발전된 형태로 이어지기 위해서는 인문, 교양, 기초학문(과학)을 획기적으로 강화하는 학문정책이 필요하며, 이를 기초로 지적ㆍ학문적 기반을 획기적으로 강화시키려는 대학교육제도의 혁신이 필요하다.

셋째, 창의지성교육은 단기적 기술 및 기능중심의 진로교육이 아니라 창의성에 뒷받침된 새로운 진로교육을 가능하게 한다.

현재의 사회는 급속한 변화의 와중에 있고, 장래에도 더욱 그러할 것이다. 따라서 학교의 기능교육과 사회의 요구 간에는 상당한 간극이 지속될 것이고, 학교는 사회적으로 요구되는 기능변화에 언제나 뒤처질 가능성이 크다. 학교에서 기능을 배우더라도 사회에 진출할 즈음이면 이미 낡은 것이 되어 있거나, 얼마 지나지 않아 곧 낡은 것이 되어버릴 처지다. 따라서 학생들에게 구체적인 기능을 가르치는 것도 중요하지만, 기능을 새로 창조하거나 새로운 기능에 창의적으로 적응할 수 있도록 지성과 비판적 사고능력을 함양시키는 것이 보다 중요하다.

넷째, 창의지성교육은 합리적 민주사회의 기반을 강화시킨다.

학생들은 창의지성교육을 통해 사회적 실천경험을 쌓고 강한 책무성과 리더십을 형성할 수 있을 것이다. 또한, 협력적 지성과 집단지성을 통해 소통과 배려의 문화를 몸에 익힐 것이다. 따라서 이러한 인재들로 구성되는 미래의 우리사회는 논리적 시민들로 구성된 합리적 사회원칙하에서 보다 안정화된 민주질서가 작동될 수 있을 것이다.

4. 창의지성교육의 내용

1) 내용 구성: 경기도형 교육과정

경기도형 교육과정은 초ㆍ중등 교육의 '내용'을 전면적으로 살펴 재구성하고, 창의지성을 성장시킬 수 있는 프로그램을 추가하여 교육 내용과 방법을 풍부하게 한 교육과정이다.

이 교육과정은 경기교육의 지향점인 창의지성교육을 실천하기 위한 교육과정이며 창의지성역량 계발에 중점을 둔다. 초등학교 1학년부터 고등학교 1학년까지 10년간 초, 중, 고 학교급을 연계하여 '창의지성교육과정'으로, 고등학교 2~3학년은 창의형 진로ㆍ진학 과정으로 운영한다.

창의지성역량을 기반으로 한 비판적 사고력과 판단력은 직ㆍ간접 체험과 이를 바탕으

[표 8] 경기도형 교육과정

경기교육의 지향점	창의지성교육		

↑

창의지성 역량	• 사고 – 인식영역: 통찰력, 상상력 • 삶과 문화영역: 문제발견 · 해결력(기획능력), 건설적 생산능력, 문화적 창조력 • 사회생활영역: 민주적 시민가치와 책무성, 리더십		

↑

교육과정 운영	창의형 진학 · 진로과정 (고2~고3; 2년)	• 진로 집중 과정의 점진적 분화 및 과정별 학습 영역, 수준의 차별적 설계 제시 • 과제 지향형 프로젝트 학습
	↑	
	창의지성교육과정 (초1~고1; 10년) (중등: 중1~중3; 3년)	• 기초교양 창의지성 프로그램(인문과학, 자연과학, 철학, 예술 등) • 교과별 창의지성 프로그램 • 융합 창의지성 프로그램(커뮤니케이션 프로그램, STEAM 등)

로 한 반성적 사고훈련을 거쳐 점진적으로 발전한다. 창의지성역량의 지속적이고 점진적인 계발을 위해 '창의지성교육과정'은 다음과 같이 단계(Step)적으로 운영한다. 그리고 각 단계 말에 얻게 되는 결과를 구체적으로 제시하여 창의지성역량과 이에 기반을 둔 고등 사고 능력 계발이 점진적으로 심화 확대될 수 있도록 운영한다.

[표 9] 고등 사고 능력 계발 단계

초등			중등	
1단계	2단계	3단계	1단계	2단계
초1~초2	초3~초4	초5~초6	중1~중2	중3~고1

'창의지성교육과정'은 기초 교양 창의지성 프로그램, 교과별 창의지성 프로그램, 융합 창의지성 프로그램 등을 주요 내용으로 하며 박물관, 미술관 등 다양한 현장 체험학습을 통한 실천적 지식 교육, 프로젝트 학습, 토론 학습 등을 통한 집단지성 창출 교육 등 직 · 간접적 체험활동을 실시하고 체험 과정과 결과에 대한 반성적 사고 과정을 통해 고등 정신 능력을 신장시킬 수 있는 교수 – 학습 방법을 적용한다.

'창의형 진학·진로과정'은 '창의지성교육과정'을 기반으로 하여 학생들이 총체적 삶의 맥락 속에서 자신의 진로를 탐색하고 선택할 수 있도록 다양한 재능과 적성을 전문적으로 성장시키기 위한 교육과정이다. 이를 위해 일반고등학교에서는 인문사회/자연과학 과정을 기본으로 하여 학생들의 진로에 따라 과정을 점진적으로 분화, 발전시키고, 각 과정별로 학습할 영역, 수준 등을 학습의 특성을 고려하여 차별적으로 설계하여 제시한다. 또한 직업 교육 위탁과정, 예체능 등 특수한 진로를 희망하는 학생에 대해 진로 및 전공과 관련된 공공성 있는 외부기관 위탁교육 프로그램을 적극 도입한다.

전문계열 특성화고등학교에서는 학생들이 배워야 할 교육 내용을 과제 중심으로 재구조화하고 전문교과와 보통교과를 융합한 과제 지향형 프로젝트 학습 방법을 도입하여 지식 중심의 기술교육에서 벗어나 새로운 기술을 창조할 수 있는 미래 산업수요에 적응할 수 있는 창의적 인재를 육성하고자 한다. 예를 들어 자동차의 엔진에 대해 학습할 경우, 엔진의 구조, 운동역학, 전기 장치, 디자인 등 여러 학습요소를 융합하여 공부함으로써 자동차 엔진의 작동 원리를 종합적인 시각에서 파악할 수 있도록 하여 새로운 형식의 엔진에도 쉽게 적응할 수 있는 기술교육을 실시한다.

2) 내용 영역

[그림 6] 지성교육

지성교육: 지식(텍스트) + 비판적 사고(방법적 과정)

텍스트 1) 인류의 지적 전통(핵심적 지성교육)

텍스트 2) 문화적 소양(확대된 지성교육)

텍스트 3) 경험과 체험(확대된 지성교육)

텍스트 4) 사회적 실천(확대된 지성교육)

- 방법적 과정: 비판적 사고(스스로의 평가능력, 지성)
  Reading-Thinking(비판사고유발)-[Writing/Creating]-
  Presentaion-Discussion-Writing/Creating-Presentation
- '여유'(schole)의 의미: 다독, 다상량, 다작, 다론

지성교육은 인류사회의 다양한 지식기반을 텍스트로 하는 비판적 사유활동이며, 이를 통해 창의성을 달성하는 것으로 정의했다. 그러면 이 비판적 사고활동의 텍스트에는 무엇이 포함될까?

여기에서 비판적 사고를 함양하기 위한 네 가지 유형의 텍스트를 검토할 수 있을 것이다. 인류의 지적전통, 문화적 소양, 경험과 체험, 사회적 실천 등 4개의 텍스트가 그것들인데, 그중에서 가장 핵심적인 창의지성교육의 텍스트는 인류의 지적전통이다.

이러한 텍스트들을 재료로 읽기 – 사고 – 쓰기 – 발표 – 토론 – 사고재정립 등으로 이어지는 비판적 사고를 전개함으로써 세계의 이치를 파악하는 통찰력, 문제발견 및 해결능력, 문화 – 예술적 창조력, 그리고 시민적 품성과 리더십을 키울 수 있다.

비판적 사고는 많이 읽고(감상 혹은 체험 실천하고), 생각하고, 쓰고, 그리고 마지막으로 많이 토론하는 과정일 수밖에 없는데 이를 위해 학교교육은 '여유'를 회복해야 한다. 그리스 어로 여유를 뜻하는 말은 스콜레(schole)다. 이 스콜레가 오늘날 학교(school)의 어원이 되었다. 여기서 우리는 여유가 교육의 본질과 깊숙이 연결되어 있음을 알 수 있다.

비판적 사고를 키우는 지성교육을 위해서는 교과서와 진도에 막연히 쫓기는 교육이 아니라 아이들이 텍스트를 읽고 즐기고, 생각을 할 수 있는 충분한 여유와 시간이 필요하다.

[그림 7] 텍스트 1(인류의 지적 전통)

텍스트 1 인류의 지적 전통(핵심적 지성교육)

• 문학, 역사, 철학, 자연과학, 사회과학 고전과 현대 명저
(The Great Books–Robert Maynard Hutchins)
• 고전동화, 철학동화, 삶의 지혜, 역사지혜
• 문학, 역사, 철학, 과학, 사회과학 다큐멘터리, 영상물 등

첫째, 핵심적 지성교육 텍스트에 해당되는 인류의 지적전통에는 20세기 전반기 위대한 자유교육학자인 로버트 허친스(Robert Maynard Hutchins)가 말한 '세계의 명저(The Great Books)'와 같은 문학, 역사, 철학, 자연과학과 사회과학의 고전과 현대명저가 포함될 수 있으며, 고전동화와 철학동화, 그리고 아이들의 다양한 지혜를 일깨워줄 수 있는 책들이 포함될 수 있다. 동서양의 고전과 현대적 명저들이야말로 인류역사가 누적하고 발전시켜온 지식과 지혜, 사상의 보고이다. 이 지식과 지혜, 사상의 도움을 얻어서 학생들은 통찰력과

직관력, 분석력과 논리력을 키울 수 있다. 이러한 다차원적인 사고능력은 감성 활동, 그리고 체험, 실험 속에서 발생한 실험적 지식에 총체성을 부여하고, 한 단계 높은 본질적 발전을 인도한다. 지성교육의 텍스트는 활자화된 서적에 국한될 필요는 없다. 이미지와 영상을 통해서 고급사고력 신장이 가능하기 때문이다. 미디어 세대의 특성을 고려할 때 텍스트는 다양한 형식을 가질 수 있다. 그런 점에서 다큐멘터리와 같은 영상물도 좋은 교육적 소재로 활용될 수 있다.

책 읽는 즐거움, 그리고 독서에서 지혜와 이치, 의미를 발견하는 것, 영상을 통해 사고력이 자극될 때 학생들은 비로소 텍스트를 통해 세계를 만나게 된다.

[그림 8] 텍스트 2(문화적 소양)

텍스트 2 문화적 소양(확대된 지성교육)

- 평론: 예술철학, 예술사회학, 예술평론 하기
- 감상: 음악작품(고전적/현대적 음악), 미술작품, 무용작품, 공예작품
- 창작(생산): 음악, 미술 등

둘째, 지성교육은 단지 협소한 지식영역에만 머무르는 것이 아니라 문화적 소양의 영역으로 보다 확대될 필요가 있다. 학생들은 다양한 예술작품과 조우하고 이를 체계적으로 감상하고, 이것을 기초로 새로이 자기를 표현하는 창조적 작업을 해 보아야 한다. 이 과정은 학생들에게 내재해 있는 다양한 수월성(잠재력)을 발견하고 보다 잘 키워 낼 수 있는 방안이기도 하다.

[그림 9] 텍스트 3(경험과 체험)

텍스트 3 경험과 체험(확대된 지성교육)

- 실험: 과학적 실험, 사회적/심리적 실험
- 경험: 직접적 사회, 자연 조사, 노작
- 간접경험: 박물관, 과학관, 역사관 등(실체, Cyber)

셋째, 다양한 지적내용을 텍스트로 한 지성교육은 경험 및 체험활동과 결합됨으로써 보다 현실적이고 풍부한 내용을 획득할 수 있다. 여기에서 비로소 '창의체험'론의 한계가 극복될 수 있다. 지성교육은 체험활동을 한 가지 핵심적 교육활동의 요소로 인식한다. 의

미와 맥락이 충분히 고려된 체험활동은 학생들의 추상적 사고 능력을 발전시키는 데 기여할 수 있으며, 배우는 교육 내용을 자신의 삶과 연관시켜 받아들일 수 있도록 한다.

이를 위해서는 체험을 위한 체험 활동이라든지 의미와 결합되지 않은 체험활동과 같은 이벤트성 행사에 그쳐서는 안 된다. 체험은 종합적 학습설계 안에서 올바로 배치될 때, 그 교육적 의의가 배가된다.

잘 짜인 지성교육 안에서 직접적 실험과 사회적 경험, 그리고 박물관 견학 등과 같은 직간접적 체험들이 유기적으로 결합될 때 비로소 커다란 의미를 발휘하게 될 것이다.

[그림 10] 텍스트 4(사회적 실천)

텍스트 4 사회적 실천(확대된 지성교육)

- 사회적 체험과 봉사
- 평화와 소통, 협력: 테마 체험, 역사쟁점의 현대적 체험
- 민주적 시민생활(학교생활 교육)

마지막으로 네 번째 텍스트는 사회적 실천이다. 학생들은 다양한 지식 및 예술교육, 체험교육을 하면서, 궁극적으로 그 자신이 사회적 존재이며 사회 속에서 성장하고 미래사회를 책임져야 한다는 것을 자각해 갈 필요가 있다.

이를 위해 학교생활은 사회생활의 다양한 측면과 접촉할 수 있는 기회를 제공해야 한다. 이는 배움이 교과서와 교실에만 머무르지 않음을 의미한다. 배운 내용은 삶의 공간으로 적용되어 진리에 대한 실천적 공간을 창출해야 한다. 학생들은 배운 내용을 봉사, 인턴십, 시민활동 등 다양한 사회적 실천으로 연결해야 한다. 이 과정에서 학생들은 타인에 대한 배려심과 인권감수성을 기를 수 있다. 무엇보다 사회 속에서 자신의 책무성에 대한 심화된 인식을 통해 성숙된 민주시민을 기를 수 있다.

3) 내용 체계

(1) 창의지성교육 심화 체계

창의지성교육 중심의 교과과정은 국가수준의 교과과정의 토대 위에 창의성을 지닌 인재들을 육성하기 위한 구체적 프로그램이라는 특성을 갖는다. 기초수리, 기초과학, 언어

등 기초교육의 토대 위에서, 비판적 사고력을 증진시키기 위해 각 교과의 내용을 창의적이고 적극적으로 재구성하고, 나아가 인문학, 사회과학, 자연과학, 문화예술 등의 분야 간 통섭학문을 교과목으로 흡수하는 것이 근간을 이루고 있다. 즉, 국가수준의 교육과정에서 필요한 핵심개념과 지식을 창의지성교육의 방법으로 재구성함과 동시에, 이를 통섭적 융합학문과 접합하고 다양한 체험과 실습을 통해 교육을 심화시켜 나아가는 역동적 순환구조가 창의지성교육이 지향하는 내용 체계이다.

(2) 교과별 내용 체계 – 지성교육적 재구성

교과별 창의지성교육은 기본적으로 국가수준의 교과교육과정의 내용체계를 반영한다. 다만 국가수준의 교육과정을 유연하게 재해석하여 창의지성교육 관점에서 내용을 재구성하는 것을 고민해야 한다. 교육내용 재구성은 개별 교과 내에서 창의지성교육의 관점에서 교과 내용을 재구성하는 것과 여러 교과들을 간학문적, 탈학문적 관점에서 통합하려는 것이다. 이런 통합의 수준은 교사, 학교, 학생의 조건에 따라 다양하게 시도될 수 있으며, 앞서 제시한 창의지성교육의 심화 체계에 따라 내용을 재구성할 수도 있다.

경기도교육청 차원에서 필요한 역할은 교육과정 재구성에 도움을 주기 위한 교과별 창의지성 프로그램, 기초교양 창의지성 프로그램, 융합 창의지성 프로그램, 커뮤니케이션프로그램, STEAM(Science, Technology, Engineering, Art, Mathematics) 프로그램의 예시 자료를 개발하여 보급하는 것이다.

[표 10] 교육과정 재구성에 도움이 되는 프로그램

기초교양 창의지성 프로그램	철학, 사회과학, 자연과학, 예술 영역에서 인류의 지적, 문화적 자산 혹은 체험이나 사회적 실천 활동을 활용하여 구성한 교육 프로그램
교과별 창의지성 프로그램	각 교과별 교육에서 단순한 지식, 기능학습을 넘어 지성교육의 방법론에 따라 교육내용을 체계화하고 심화
융합 창의지성 프로그램	교과 혹은 영역을 융합한 프로그램(커뮤니케이션 프로그램, STEAM 프로그램 포함)

5. 창의지성교육의 실천

창의지성은 학생들의 가치감수성을 강조하는 교과목, 존재와 삶에 대한 실존적 고민을 자극하는 교과목, 자기주도성과 실천역량을 신장시킬 수 있는 교과목, 진로개척 능력 함양을 위한 진로 교과목, 적성 관련 교과목이나 특정분야에 대한 전문적 탐구를 위한 교과목으로 구성된 교육과정을 통해 길러질 수 있다.

그러나 일반적으로 학교에서 이루어지고 있는 교육은 창의지성을 배양하기에는 대표적으로 두 가지 측면에서 문제가 있다고 볼 수 있다. 그 첫 번째는 일반적으로 이루어지는 학습오류의 사례이다. 이것은 피상적학습(진도위주의 학습)과 창의적 체험활동 오류인데, 전자는 정해진 시간 내에 모든 실제 자료를 자세히 다루어 나가는 학습으로 교과서를 통해 모든 학생이 같은 내용을 페이지마다 진행해 나가는 접근 방법이다. 후자는 체험에만 초점을 맞춘 활동지향의 설계로서의 체험활동으로, 성찰적 사고가 결여된 즉각적인 실제를 의미한다. 교사는 학습의 중요한 아이디어와 적절한 증거에 대한 고민이 없이 수업을 진행하게 되고 학생은 단순한 참가에 초점을 두게 되어, 학습이 활동의 의미를 고려하도록 탐구하는 것이 아니라 학습이 바로 활동이라고 생각하게 된다.

그러나 창의지성을 배양하기 위한 바람직한 학습형태는 "무엇이 요점인가?", "주요 아이디어는 무엇인가?", "우리가 이해하는 것은 또는 이해할 수 있도록 돕는 것은 무엇인가?", "이것은 무엇과 관련되어 지는가?", "왜 이것을 공부하는가?"에 대한 고민과 성찰이 이루어지는 경험이 되어야 한다.

이것은 수업의 방법이나 교수법에 의해서 이루어지는 것이 아니라 수업을 채우는 내용에 대한 고민에서 나오는 것이다. 따라서 교육과정에 대한 새로운 접근이 필요하며 교육과정을 중심으로 이루어지는 사고로부터 수업이 출발되어야 함을 의미한다.

이런 관점에서 현재의 학교 교육은 대부분 교육과정을 협의로 해석하는 경향이 있음을 비판하지 않을 수 없다. 많은 학교에서 교육과정을 단순히 시수 배정의 개념으로 수업진도표의 개념으로 접근하는 경향을 보이고 있어 진정한 의미의 수업혁신이 이루어지지 않고 있다. 수업의 혁신을 위한 그리고 창의지성교육을 위한 교육과정은 교육 결과를 중심으로 고민되어야 한다. 교육을 통해서 아이들을 어떻게 변화시키고 어떤 수준의 배움이 일어나도록 할 것인가에 대한 끊임없는 고민이 바탕이 되어야 하는 것이다. 즉, 교육과정 설계는 바라는 결과를 진술하는 것으로 시작해야 한다. 따라서 평가에 대한 계획으로부터 교육과정이 출발해야 하며, 이러한 평가를 위한 수업의 방법에 대해서 고민하고, 그 수업의 내용을 채우는 교육내용, 교재의 구성을 고민하는 것이 교육과정의 설계라고 할 수 있을 것이다. 이러한 과정을 통해서 교실에서 진정한 의미의 배움이 일어나며 수업이 바뀔 수 있다. 즉, 수업의 혁신은 단순한 수업기술에 대한 고민이 아니라 교육과정 전체에 대한 통합적 사고와 고민 속에서 이루어져야 하는 것이다.

또한 교육과정 설계 시의 교사가 스스로에게 던져야 할 중요한 질문으로는 다음과 같은 내용이 핵심이 되어야 할 것이다.

"적용된 내용이나 활동의 결과로 학생들은 무엇을 이해해야 하는가?", "경험이나 과정은 학생들로 하여금 무엇을 갖추도록 하는가?", "활동이나 토의는 바라는 결과를 성취하기 위해서 어떻게 형성되고 처리되는가?", "학습자들이 바라는 능력과 통찰을 이해하는 과정에 있다는 것을 나타내는 증거는?", "모든 활동과 자원은 학습목표가 충족되고 적절한 증거가 제공되었다는 것을 어떻게 보증하는가?"

이러한 질문을 통해서 교사는 교육과정과 수업을 창조하는 역할을 담당해야 한다. 교사에게 교과 재구성, 교재 집필, 평가권이 보장되어야 창조적 수업이 가능해지며, 그러한 수업이 이루어지는 교실 안에서 창의지성이 길러질 수 있다.

이렇게 교육과정은 단순히 수업시수 배정이나 수업 계획안을 작성하는 수준이 아니라 학생들이 교실에서 수업을 통해서 어떻게 변화하고 어떤 수준의 배움이 일어나도록 할 것이냐 하는 목표를 설정하는 것이다. 이러한 목표를 성취하기 위해서 어떤 내용으로 배움이 일어나도록 하며 그것을 위한 교재의 재구성이나 수업방법을 어떻게 설계할 것인지가 고민의 중심이 되어야 하며, 이에 못지않게 앞서 설정한 목표를 제대로 실천하고 있는지에 대한 확인 작업으로서의 평가도 매우 중요한 요소이다. 이것이 진정한 의미의 배움을 일으키는 수업혁신이라고 할 수 있다.

이렇게 수업을 혁신하여 참된 배움을 일으키는 것은 단순한 수업기술이나 또는 교재를 바꾸는 것만으로 이루어지지 않는다. 수업의 내용과 방법 그리고 이를 확인하는 평가가 유기적인 관계를 갖고 일관성 있게 구성되어야 즉 시스템화 되어야 가능한 일이다.

이것이 창의지성교육을 체계화하는 올바른 길이다.

1) 창의지성교육 실천방안

이미 기술한 것과 같이 창의지성교육은 교육과정에 대한 새로운 접근이다. 교사를 중심으로 하는 교육의 실행, 운영이 주된 관심이 아닌 학생들의 배움이 관심이 되는 교육의 결과를 중심으로 사고하는 교육과정의 편성이 전제 조건이다. 따라서 창의지성교육의 실천을 위해서는 교육의 목표를 명확히 하고 이 목표를 실현하기 위한 방안으로 평가, 학습의 내용과 방법, 교재의 재구성 등이 고민되어야 한다.

이를 위해 먼저 단위학교 교육과정을 창의지성 중심으로 전환하기 위한 실천방안에 대해서 단위학교 구성원의 논의와 노력이 필요하다. 학교가 가르쳐야 할 지식은 '미래중심 지식', '의미중심 지식', '인간관계 지식'이 되어야 한다. 이런 차원에서 학교교육과정을 창의지성을 기르고 이를 통해서 필요한 순간과 상황에서 미래사회가 요구하는 핵심적 역량을 발휘할 수 있도록 하는 체제로 개편해야 한다.

[표 11] 지식기반사회에서의 교육의 모습과 학생들이 갖추어야 할 능력

지식기반 사회에서의 교육의 모습	• 지식을 획득하고 내면화하는 능력을 갖추는 것이 교육에서 최우선적인 과제가 될 것이다. • 2020년에는 문제해결을 가능하게 하는 지식이 순수한 전문지식보다 중요하게 될 것이다. • 인터넷 등 대중 통신매체의 도움으로 지식의 획득이 어느 곳에서든 가능한 상황이 도래함에 따라 학습장소가 다양화될 것이다. • 지식의 팽창이 전통적인교과 위주의 수업을 해체시키고 변화시킬 것이다. • 학습한 내용의 수명이 길지 못하기 때문에 교육의 과정을 계획하는 데 있어 단계별로 구분하기가 어렵게 될 것이다. • 교육의 내용과 방법을 결정하는 데 있어 개개인의 특수성이 매우 중요하게 고려될 것이다 • 학습자들의 자기주도적이고 자기 책임적인 학습이 교육에서 매우 강조될 것이다. • 교육의 기초였던 교사 – 학생 간의 관계가 인터넷 등 학습 네트워크에 의해 보완되거나 부분적으로 와해될 수 있을 것이다. • 평생교육의 원칙이 모든 분야에 적용될 것이다. • 교육기관의 효용성에 대한 외부평가가 자명한 사실로 받아들여질 것이다.
지식기반 사회에서 학생들이 갖추어야 할 능력	• 학습 기술적이고 학습 방법적인 능력 • 심리 – 사회적인 능력 • 외국어 구사 능력 • 대중 매체 활용 능력

2) 창의지성교육과정 실천전략

창의지성교육과정은 삶의 문제와 직결된 내용을 중심으로 비판적사고력을 기르는 교

육이 이루어지도록 구성되어야 한다. 따라서 핵심적인 교육내용을 설정하고 이와 관련된 고전, 명저, 명작, 영상자료 등을 중심으로 한 텍스트를 재구성하며, 스스로 생각하고 자신의 가치체계를 정립할 수 있도록 수업의 주제와 연결된 과제를 제시하여야 한다.

경기도교육청에서 제시한 경기도형 교육과정에 따르면 현재의 입시구조와 진로교육의 필요성에 따라 초등학교 1학년부터 고1까지 창의지성교육과정을 운영하고, 고등학교의 나머지 2, 3학년 과정을 창의형 진학 · 진로과정으로 운영하는 것으로 교육과정의 재편을 의미하는 것으로 볼 수 있다. 이를 내실 있게 운영하기 위해서는 초등학교과정부터 체계적인 독서와 교육과정에 연계된 체험활동 등을 설계하여야 할 것이다. 특히 중1~고1까지는 고전을 통한 인문학적 상상력이 전반적인 교과교육과 어떻게 연계되도록 할 것인지가 창의지성교육의 성패를 좌우할 것이다.

이런 관점에서 교육과정에 대한 패러다임 변화를 주장하는 비판은 상당한 의미로 해석되어야 할 것이다(경기도교육청, 2012).

현재의 학교 교육은 대부분 교육과정을 협의로 해석하는 경향이 있음을 비판하지 않을 수 없다. 교육과정에 대한 접근에 새로운 변화가 필요하다. 국가교육과정과 시도교육청 수준의 교육과정에 종속되어 온 기존의 관행에 머물러서 교육과정을 단순히 수업시수 배정이나 수업진도표를 작성하는 수준으로 이해해서는 교육의 내용을 바꾸어야 하는 창의지성교육이 실현될 수 없다.

그럼에도 불구하고 많은 학교에서 교육과정을 단순히 시수 배정의 개념으로, 수업진도표의 개념으로 접근하는 경향을 보이고 있어 진정한 의미의 수업혁신이 이루어지지 않고 있다. 수업의 혁신을 위한 그리고 창의지성교육을 위한 교육과정은 교육 결과를 중심으로 고민되어야 한다. 교육을 통해서 아이들을 어떻게 변화시키고 어떤 수준의 배움이 일어나도록 할 것인가에 대한 끊임없는 고민이 바탕이 되어야 하는 것이다. 즉, 교육과정 설계는 바라는 결과를 진술하는 것으로 시작해야 한다. 따라서 평가에 대한 계획으로부터 교육과정이 출발해야 하며, 이러한 평가를 위한 수업의 방법에 대해서 고민하고, 그 수업의 내용을 채우는 교육내용, 교재의 구성을 고민하는 것이 교육과정의 설계라고 할 수 있을 것이다. 이러한 과정을 통해서 교실에서 진정한 의미의 배움이 일어나며 수업이 바뀔 수 있다. 즉, 수업의 혁신은 단순한 수업기술에 대한 고민이 아니라 교육과정 전체를 바라보는 통합적 사고와 고민 속에서 이루어져야 하는 것이다.

그리고 학생의 배움이 일어나는 교육의 결과와 목표를 중심으로 사고하는 교육과정설계가 필요하다. "학생들이 수업을 통해서 어떤 역량을 얻게 될 것인가?", "어떤 수준의 배움이 일어나도록 할 것인가?"를 중심으로 교육과정을 사고하는 것이 필요하다. 이러한 목표를 성취하기 위해서 어떤 내용으로 배움이 일어나도록 하며 그것을 위한 교재의 재구성이나 수업방법을 어떻게 설계할 것인지가 고민되어야 하며 단순한 수업기술이나 또는 교재를 바꾸는 것이 아닌 수업의 내용과 방법 그리고 이를 확인하는 평가가 유기적인 관계를 갖고 일관성 있게 구성되어야, 즉 시스템화 되어야 가능한 일이다. 이것이 창의지성교육을 내실 있게 실천할 수 있는 전략이 될 것이다.

6. 배움중심수업의 정의

1) 왜 배움중심수업인가?

이 질문에 대한 대답은 현재 학교에서 일어나고 있는 수업으로부터 찾을 수 있을 것이다. 대표적으로 우수수업동영상을 자세히 들여다보면 먼저 화면의 대부분을 차지하는 주인공은 다름 아닌 교사라는 것을 쉽게 발견할 수 있다. 많은 사람들이 학습자 중심, 학생중심을 이야기하고 있지만 여전히 수업을 바라보는 우리의 시각은 교사에 고정되어 있다. 이것은 비단 수업동영상의 장면뿐만은 아니다. 교육현장에 유통되는 수많은 문건들에서 교사를 중심으로 하는 사고가 역력히 드러나고 있음을 발견할 수 있다. 심지어 학생중심, 학습자 중심이라는 제목의 문건에서도 교수, 가르침 등의 교사가 중심이 되는 수업의 진행을 의미하는 내용들이 주류를 이루고 있는 것이 현실이다.

2) 배움중심수업은 무엇을 지향하는가?

배움중심수업은 글자 그대로 배움이 중심이 되는 수업이다. 여기서 배움이란 용어에는 주체성이 내포되어 있다. 즉 배우는 자가 중심이 되는, 배우는 자의 내적 변화와 성취에 초점이 맞추어지고 있는 것이다. 배움중심수업의 의미에는 지식전달의 경로나 방법—즉 누구로부터 누구에게로(교사로부터 학생에게 또는 학생간의 협력적인 방법의) 지식이 전달되는가 하는 경로나 전달식수업 모형이나 협력수업모형 등의 지식전달 방법—이 아닌 지식이 이해되고, 형성되고, 창조되어 가는 과정이 핵심이 되는 그래서 배움이 단순히 학생들에게만 일어나는 것이 아니라 교사에게도 일어나는 것을 상정하는 새로운 의미의 수업을 지향하고 있다.

7. 창의지성교육의 실천방안, 배움중심수업

배움중심수업은 창의지성교육을 수업을 통해 제대로 실천하기 위한 방법론적 접근이다(경기도교육청, 2012). 창의지성교육은 비판적 사고를 통해 통찰력과 상상력을 기르고 문제를 발견하고 해결하는 기획능력, 건설적 생산능력, 문화적 창조력을 기르는 교육을 의미한다. 이러한 창의지성교육을 위해서는 학생들이 자기주도적으로 문제를 설정하고 탐구하며 자신의 가치체계를 정립하도록 꾸준히 자극하는 교육이 필요하다. 이런 의미에서 새로운 내용과 방향의 수업이 요구되며 이를 실현하기 위한 것이 배움중심수업이다.

1) 배움중심수업의 특징

배움중심수업은 기존의 '학습자 중심 수업'이 갖는 장점을 수용하되 지식의 전달과정과 지식습득의 주체에 대한 새로운 규정을 요구한다. 수업은 학생 – 학생, 교사 – 학생의 협업에 의한 지식의 탐구와 새로운 지식의 형성과 창조하는 과정이 된다. 그래서 배움중심수업은 지식과 기능의 학습에 그치지 않고, 비판적 사고력을 갖춘 창의적인 인재를 기르기 위한 교육활동이다. 배움중심수업은 수업 기법이나 기능을 의미하는 것이 아니다. 이는 학습자 중심수업과 달리 수업 방법에 초점을 둔 것이 아니라 교육과정 재구성, 평가혁신과 더불어 총체적인 교육내용의 변화와 배움이라는 의미의 실천이 중심이 된다.

(1) 배움중심수업의 핵심철학

배움중심수업의 핵심은 지식을 어떻게 구성할 것인가 하는 질문으로 부터 출발한다. 지식이 완성된 것으로 즉 고정되고 불변하는 것이라는 생각에 대한 문제제기인 것이다. 즉 지식의 권위에 도전하는 학습문화를 만들어가는 것이다. 우리가 알고 있는 지식은 현재 우리의 수준에서 이해하고 파악하는 정도를 반영할 뿐이다. 그 증거는 우리가 진리라고 배워왔던 수많은 사실들이 오류를 드러내고 허물어져가는 과정을 목격한 것으로 충분하다. 멀리 천동설의 오류에서 부터 최근의 특수상대성이론의 위기까지 그러한 사례들은 일일이 열거할 수 없을 정도로 많다. 이러한 사례들은 지식의 속성과 한계를 고스란히 보여주는 것이다. 따라서 지식이라는 것이 끊임없이 창조되고 형성되는 그래서 인간의 인식 영역이 확대되는 것을 의미한다는 사실에 기반하여 배움중심수업이 출발하여야 하는 것이다.

두 번째 핵심적인 요소는 배움중심수업에서 배움이란 학생들이 어떤 내용을 배우는가 하는 것이 아니라 어떻게 지식을 탐구해나가는 가를 배우는 것이 중심이 되어야 한다는 것을 강조한다는 점이다. 이런 주장은 배움중심수업의 첫 번째 철학인 지식의 속성에 대한 정확한 이해를 기반으로 하고 있다. 즉, 지식이 우리가 이해하는 수준이며 우리의 인식의 범위 내에서 파악되는 것이기 때문에 배움을 통해서 학생들이 자신의 인식의 범위를 점진적으로 확대해 나가는 훈련 속에서 자신만의 사고를 확립해 나가도록 유도하는 과정이 수업에 준비되고 이러한 탐구의 과정을 통해 지식의 기본구조에 대해 파악해 나가는 방향으로 내용이 준비되는 것을 배움이라고 정의할 수 있다.

(2) 배움중심수업의 차별성

배움중심수업은 배움의 내용을 강조하고 있다는 점에서 여타의 수업방법론과 차별성이 강조되어야 한다. 유사한 명칭으로 인해 배움중심수업은 자칫 배움의 공동체와 같은 의미로 혼동하기 쉬운데 두 개념은 전혀 다른 내용을 담고 있다. 이는 경기도교육청의 다음 기본 문건을 통해 확인할 수 있다.

배움의 공동체가 수업의 방법에 초점을 맞추고 이러한 수업 방법을 개선하기 위한 학생과 학생 간, 교사들 간의 학습공동체를 강조하는 것이라면 배움중심수업은 수업에서 담아낼 내용, 즉 어떤 배움이 수업에서 일어나도록 할 것인가에 중점을 두는 개념이다. 이것은 미래사회의 지식과 핵심역량에 대한 정의의 재정립을 통해서 발전된 개념으로 미래사회에서 지식이 고정되거나 완성된 것이 아니라 지속적으로 확장되고 발전되어 가는 과정으로 보는 것이다. 따라서 교실에서 학생과 학생 간에 일어나는 소통과 협력을 통한 지식의 상승작용뿐만 아니라 교사와 학생 간의 지식의 창조와 형성의 과정이 일어나는 것을 진정한 배움이라 정의할 수 있다. 즉 배움의 공동체 수업에서 여전히 벗어나지 못하는 한계는 교사의 역할에 대한 프레임이다. 교사는 여전히 학생에 대해서 지적우위에서 학생을 지도해 나가며 학생과 학생 간의 협력이 이루어져야 한다고 강조하지만 공부를 잘하는 학생이 선생님을 대신해서 지식을 전달하는 위치에 서 있는 것이다. 이런 모습을 진정한 협력의 관계라고 볼 수는 없다. 따라서 학생과 학생간의 협력을 통한 학습적 도움이 일어나도록 수업을 기획하고 학생들 간의 상호 작용을 유도하는 역할과 이를 넘어서 교사와 학생간의 관계의 역전을 수시로 경험하는 장면이 일어나는 것을 가정해야 한다.

2) 배움중심수업의 이론적 배경

배움중심수업의 철학적 지향점은 듀이의 경험이론과 부르너의 지식의 구조에 대한 해석과 상당한 부분 맥을 같이하지만 이들의 주장을 비판적으로 재해석하였다.

(1) 듀이와 배움

듀이는 교육을 '계속적인 경험의 재구성'으로 정의하고 경험을 발생하는 경로에 따라서 감각에 의하여 외부 세계를 그대로 받아들이는 가공되지 않은 경험을 1차적 경험, 반성과 사유의 결과로 의식의 내부에서 발생하는 반성적 경험을 2차적 경험이라 불렀다. 그러면서도 이 두 가지 경험이 모두 활용되어서 탐구가 이루어지는 경우만을 경험적 방법이라고 부르고, 1차적 경험이나 2차적 경험이 단순히 각각의 경로에서 끝나는 경우는 비경험적 이라고 규정했다. 또, 경험의 과정에서 상징매체의 사용여부에 따라 직접 경험과 간접경험으로 구분하고 주체에 따라 개인경험과 공동경험으로 구분하였다.

이 경험은 그 내부에 상화 작용의 원리와 연속의 원리가 작용하며, 끊임없이 성장하는 것으로 보았으므로 듀이의 경험이론을 단순히 체험이나 활동을 통한 교육으로 보는 것은 제대로 된 인식으로 볼 수 없다.

그리고 흥미를 학습자의 자아가 학습 대상에 몰입되는 통합적 활동으로 해석하며, 따라서 학습 목표는 학습 과정에서 학습자 자신의 필요에 의해서, 그리고 교사와의 협력과 상호 작용에 의해서 제안되어 나오는 자연적인 것이어야 한다고 강조했다.

가. 1차적 경험(primary experience)

듀이는 1차적 경험을 인간의 감관을 통해서 인식되는 거칠고 거시적이며 가공되지 않은 소재들, 최소한의 우발적인 반성의 결과로 경험되는 것으로 정의했다. 즉, 우리 일상에서 마주치는 소재들(돌, 식물, 동물, 질병, 건강, 온도, 전기 등)과 같은 자연물을 우리 감관을 통해서 직접 보고, 듣고, 느끼면서 경험하는 것을 의미한다. 아직 사유나 반성을 거쳐서 체계적인 지식으로 정착되지 않은 경험, 실제적 경험으로 외적경험이라고 부르기도 한다.

나. 2차적 경험(secondary experience)

정제되고 추론된 반성의 대상들을 계속적으로 조정된 탐구의 결과로서 경험되는 것을 의미한다. 사유만을 통해서 얻어지는 경험으로 내적경험이라고 부른다.

1차적 경험을 소재로 마음에서 반성과 숙고를 통해서 이루어지는 관념이나 판단 등의 내적 경험을 듀이는 반성적경험(reflective experience)이라고 했다. 그러나 내적경험만으로 이루지는 경험은 경험적 방법이라고 인정하지 않아서 듀이의 경험이 정의하는 바가 무엇인지 정확히 드러내고 있다.

다. 경험적 방법과 비경험적 방법의 의미

1차적 경험과 2차적 경험을 밀접하게 연결시키는 방법을 '경험적 방법', 1차적 경험에서 격리되거나 이탈된 채 2차적 경험에만 매달려 탐구하는 방법을 '비경험적 방법'으로 구분하였다. 듀이는 경험적 방법을 사용해서 철학을 탐구하는 것이 올바른 길이며, 비경험적 방법은 그릇된 길로 간주하였다.

어떤 의미에서 과학이나 철학은 고도로 정제된 2차적 경험세계에 관련된 탐구 대상을 다룰 수밖에 없지만 그들은 항상 탐구재료를 1차적인 경험에서 끌어온다. 이것을 2차적으로 탐구한 결론은 그 타당성을 검증하기 위해서 다시 1차적 경험으로 되돌아와서 검토하는 것이 당연한 과정이다. 2차적 경험을 다루는 것은 1차적 경험을 더욱 정교하게 이해하고 설명하기 위해서이지 2차적 경험 그 자체를 탐구하기 위해서는 아니다. 즉 과학과 철학의 탐구는 1차적 경험계에서 시작되어 1차적 경험계에서 끝맺는다고 주장한다.

라. 2차적 경험의 한계

듀이는 대표적인 합리론자인 데카르트가 cogito(사유)를 철학의 제1원리로 내세워 본유관념을 믿었다는 점에서 출발부터 2차적 경험에서 시작하고 있음을 비판하고 있다. 철학에서 2차적 경험 그 자체의 탐구에만 매달림으로써 발생하는 문제점을 세 가지의 측면에서 문제점으로 파악했다.

- 실증이라는 것이 없음. 검증하고 점검해 보려는 노력조차 하지 않는다는 것.

- 더 큰 문제로 일상생활에서 경험되는 사물들의 의미가 확장되고 풍부해지지 않는다는 것.
- 이것은 철학 자체에도 영향을 끼치게 되는 악순환의 반복

따라서 철학은 기본적으로 1차적 경험에서 시작해서 반성을 통한 2차적 경험 과정을 거치면서 그 의미를 확장시키고, 모든 반성의 과정을 마친 2차적 경험은 또다시 직접적이고 감각적인 1차적 경험에서 검증해보는 조합적인 순환과정을 거쳐야만 참된 지식이 될 수 있다는 논리이다.

듀이는 과학의 탐구결과 보다는 탐구의 절차, 즉 실험적 방법에 관심을 두었다. 과학의 탐구 결과는 절대적 사실로 보지 않고 단지 '잠정적 사실'로만 간주하면서 과학적 탐구의 결과는 지속적으로 새롭게 다른 경험에 의해서 확장되어 가는 것으로 보았다. 따라서 그들의 탐구 방법, 실험적 방법에 중요한 가치를 부여하여 철학의 방법론으로 이용하려 하였다.

마. 직접경험과 간접경험

직접경험(Direct experience)은 자신이 몸소 겪는 경험을 의미한다. 자신이 참여하여 생생하게 얻는 경험, 즉 '매개되지 않는'(immediate) 경험을 의미한다. 체험으로 말할 수도 있다. 본인이 사물과의 상호 작용 장면에 온몸으로 대면하여 몸소 참여함으로써 실감(realizing sense)이 나도록 직통으로 경험하는 것, 절실한 현실감(mental realization)이나 '절감'(appreciation)과 같은 생생한 느낌을 통한 경험을 의미하므로 직접경험은 시간과 공간의 제약으로 인해 범위가 제한될 수밖에 없다.

이에 반해서 간접경험은 남을 통해 습득하는 경험이다. 인간과 사물사이에 연결시켜 주는 기호, 언어, 문자 등의 상징매체를 통해서 이루어지는 즉, '매개되는'(mediated) 경험을 의미한다. 그러므로 일체의 언어와 일체의 상징은 간접경험의 도구이다. 시간과 장소의 제약을 받지 않고 범위를 확장하고 풍부하게 할 수 있는 것으로, 우리 경험의 많은 부분이 이 간접경험으로 이루어진다. 상징매체로 인해 과거의 경험과 타인의 경험이 나 자신의 경험이 되고, 각 개인의 경험은 전체의 경험으로 통합되고 인류의 모든 경험이 누적되고 연속적으로 이어지며 성장한 것이 인류의 문화나 지식이다.

바. 상호 작용의 원리

상호 작용의 원리란 경험의 주체인 유기체와 경험 객체인 환경이 서로 주고받는(give and take) 작용을 함으로써 경험이 이루어진다는 것을 의미한다. 경험은 인간이 환경에 가하는 작용(능동적 요소, active element: 해 보는 것, 실험적 성격)과 그 결과 환경의 반응 또는 반작용(수동적 요소, passive element: 겪는 것)의 결합이다. 이 과정에서 단순히 해보는 활동도 변화를 유발하지만 그 변화가 되돌아오는 결과와 관련되지 않으면 그것은 경험으로 이르지 못하는 무의미한 변화일 뿐이다. 경험이란 이 두 가지 요소가 결합되고 그들의 관련성이 의식 내재화 될 때에만 성립된다. 듀이는 경험이란 행하는 것(doing)과 당하는 것(suffering) 사이의 밀접한 관계로부터 형성된다고 정의하고 있다. 행하는 것은 시도해 보는 것으로서의 실험, 겪는 것은 배우는 것 즉 사물들 간의 인과 관계를 알게 된다는 것이다.

사. 연속성의 원리

연속성의 원리란 시간적 차원에서 경험이 순환된다는 것을 의미한다. 즉 이미 이루어진 선행 경험은 경험 주체의 의사에 관계없이 후속 경험에 영향을 준다는 것으로 이런 과정을 통해서 경험은 단절되지 않고 사회적으로 연속된다는 것이다.

(2) 부르너와 배움

이러한 견해는 부르너의 학습자 모형에서도 일단을 발견할 수 있다.

부르너는 아동을 사고주체모형으로 해석할 때 아동이 순진하고 소박한 이론들의 모방이나 교훈적 가르침을 통해서가 아니라 이야기의 교환, 협력, 그리고 교섭에 의해서 부모나 교사의 이론과 조화를 이루어가는 일관된 이론을 소유하는 사람으로 정의한다.

이러한 부르너의 견해는 "진실은 텍스트적이거나 교수적인 권위의 산물이 아니라 오히려 구성과 논쟁, 증거의 산물이다. 이러한 교육 모델은 상호부조론적이고 변증법적이며, 사실적 지식 혹은 숙달된 수행의 성취와 관련되기 보다는 해석이나 이해와 더 관련이 있다."라는 인식에 근거하는 것이다(강현석, 이자현 역, 2005). 지식은 정당화된 신념이라고 보는 관점의 접근인 것이다.

그리고 아동을 지식을 알고 있는(갖고 있는, 찾아낼 수 있는) 유식자로 보는 입장에서는 교수 혹은 가르치는 것은 "문화적으로 알려진 지식 — 객관적 3차원세계 — 과 개인적인 지식의 차이를 알게 해 주는 것"이며 학생이 지식을 가진 존재이므로 객관적 지식의 역사를 이해하고 스스로 그에 대한 새로운 신념, 다시 말하면 창의적 지식을 구성하도록 하는 과정이 되어야 하는 것이다.

3) 배움중심수업 적용

　듀이는 학습에서 1차적 경험과 2차적 경험의 균형적인 조화, 그리고 상호보완 및 발전적 과정에 대해서 기술하고 있는 것이다. 따라서 수업에서 이러한 1차적 경험과 2차적 경험의 정교한 설계와 상호 연결성을 어떻게 구성할 것인지가 면밀하게 검토되고 어떠한 내용으로 이 두 요소를 결합하고 관련성을 의식 속에 내재화 할 것인지 고민해야 한다. 이를 통해 학생들의 내면에서 배움이 일어나며 주체적인 가치체계가 정립되는 과정이 바로 배움중심수업의 핵심이 되어야 할 것이다.

　즉, 기존의 텍스트 위주의 암기식 교육의 특징인 비경험적 방법이 가져올 수 있는 한계와 오류를 극복하기 위한 1차적 경험과 2차적 경험을 밀접하게 연결시키는 '경험적 방법'으로 학습을 구성하는 방안은 단순히 수업의 기술적인 측면뿐만 아니라 내용을 바꾸는 일이 병행되어야 한다. 수업에서 다루어야 할 핵심적인 내용(또는 주제)을 중심으로 교재를 재구성하고 내용을 상호연결시키며 이를 효과적으로 실천할 수 있는 수업방법론적 접근을 통해서 진정한 배움을 일으킬 수 있다.

　이는 일반적으로 학교에서 진행되고 있는 단순한 1차적 경험 위주의 창의적체험활동이나 재량활동으로 사고가 제한되는 것을 우려하는 것이다. 창의적체험활동이나 재량활동을 충분히 활용하면서도 이를 2차적 경험으로 발전할 수 있도록 하는 장치가 수업에서 준비되어야 한다.

(1) 배움의 형성과 경험이론

　경험이론에 따르면 지식이란 기본적으로 감각에 의한 1차적 경험을 통해서 얻어진 단편적이고 표피적인 지식으로 부터 시작해서 이를 이성에 의한 반성을 통한 2차적 경험 과정을 거치면서 그 의미를 확장시키고 모든 반성의 과정을 마친 2차적 경험은 또다시 직접적이고 감각적인 1차적 경험에서 검증해 보는 조합적인 순환과정을 거쳐야만 참된 지식이 될 수 있다.

　이를 참고로 배움의 형성의 과정을 수업에서 상상해 보면 교육의 내용을 우리의 삶과 연결된 지식으로 구성하고 이를 학생들의 1차적 경험으로부터 출발하되 그 경험의 행위가 가지는 의미를 이해하도록 한다. 실제로 자신의 행위에 의미를 부여하는 과정으로부터 배움이 시작되는 것이다. 의미 있는 행위로부터 취득되는 정보에 대해 이를 기존의 지식과 결합 또는 비판적인 사고를 통해 자신의 지식체계를 형성하는 것이 경험이론의 2차적 경험으로 대치될 수 있을 것이다. 그러나 경험이론에서는 이를 다시 1차적경험으로 검증하는 조합적 순환과정만을 상정했지만 배움중심수업에서는 지식체계의 형성과정을 발전시켜서 맥락적 상상을 통한 지식 창조의 단계까지를 배움의 완성으로 보아야 할 것이다. 이렇게 맥락적 상상의 과정을 통해서 얻어진 창조적인 지식이 다시 1차적 경험을 통해 검증되는 순환적과정이 이루어져서 지식의 확고화 단계로 이루어져야 함은 마찬가지이다.

또한, 포스트모더니즘 구조와 가치의 세상에서 스마트 월드 키드인 학생들은 이미 객관적 지식을 많이 소유한 존재로서 이해되어져야 한다. 따라서 지금까지 교사들이 가르쳐온 객관적 지식은 배움을 위한 재료이지 배움 그 자체가 될 수 없다. 교사는 그 재료를 학생들이 이용해서 요리하게 하고 자신만의 레시피를 작성하게 하거나 음식을 완성하게 이끌어가는 존재가 되어야한다. 학생들이 재료를 살펴보고 선생님이 만든 요리를 감상하는 것이 아니라 요리하고, 레시피를 써 보고 음식을 완성해 내는 그런 수업이 배움중심수업이다.

그러나 모든 수업을 배움중심에서 강조하고 있는 방식으로 진행할 수 있다고 생각하는 것에는 무리가 있다. 미래사회에서는 정보의 양이 폭증하고 그 생성 주기도 점점 짧아지므로 정보를 습득하는 것보다 유통되는 정보에서 유용한 정보를 파악하고 그 정보를 활용하는 방법을 배우는 것이 중요하다. 이러한 정보는 사물이나 현상을 이해하기 위한 기초지식으로서 기초지식 습득 위주의 수업도 당연히 필요하다. 따라서 배움중심수업이라 하더라도 사고의 영역만을 강조하는 것이 아니라 기초지식의 습득과정으로서 학생 스스로 정보를 습득하는 과정도 학습의 과정이 되어야 한다.

(2) 지적자극과 흥미의 지속성

지적 자극을 어떻게 할 것인가에 대한 고민이 필요하다. 대표적인 오류의 사례로 인센티브와 인위적인 동기유발이다. 일반적으로 인센티브에 의한 효과를 과신하지만 그것은 과학적인 근거가 없는 맹신에 가깝다. 즉 검증되지 않은 일반적인 이론에 불과한 것이다.

아래에 예시한 여러 가지 실험결과를 살펴보면 인센티브에 대한 우리의 맹신이 얼마나 근거 없는 허약한 논리인지를 알 수 있다.

가. 물개 쇼의 교훈

동물원에 가면 물개 쇼를 볼 수 있다. 물개 쇼를 자세히 보면 조련사의 역할이라는 것이 굶주린 물개에게 생선을 보상으로 주는 것이다. 물개는 생선을 더 받아먹기 위해서 온갖 재롱을 떨어 댄다. 조련사들은 보상을 주어 원하는 행동을 이끌어 내는 데는 전문가이다. 이것을 보고 보상이야 말로 원하는 결과를 얻는 효율적인 수단이라고 판단할 수 있다. 즉 원하는 행동을 할 때 보상을 하면 그 행동이 반복될 확률이 높아진다는 것이다. 그러나 여기에 허점이 있다. 조련사가 사라지는 순간 더 솔직하게 물고기 통이 사라지는 순간 물개 쇼는 끝나고 만다. 보상이 어떤 행동을 할 가능성을 높일지는 모르지만 그것은 보상을 줄 때 뿐이다.

나. 돈을 준다고 동기를 유발할 수 있을까?

퍼즐문제를 해결할 때마다 금전적 보상을 한 그룹과 금전적으로 보상하지 않은 그룹 간의 차이를 실험한 결과 금전적 보상을 하지 않은 그룹이 내면의 동기가 훨씬 높아지는 결과를 보였다. 미국의 경우 출석할 경우 금전적인 보상을 하는 안이 시도되고 있지만 우려의 목소리가 높은 것도 사실이다.

다. 붉은털 원숭이 사례

붉은털원숭이를 걸쇠와 고리, 경첩이 달린 상자를 우리에 넣고 원숭이를 한 마리씩 들여보내었더니 어김없이 큰 관심을 보였다. 여러 번 시도를 통해서 어떻게 하면 상자가 열리는지 알아내고 다시 잠그고 이런 행동을 반복한다. 이 행동에는 아무 보상이 없었지만 호기심 많은 원숭이들은 문제해결에 매달렸다. 어쩌면 즐기는 것처럼 보였다. 이것이 내면의 동기부여(intrinsic motivation)가 행동의 보상이 되는 예이다.

어린아이들의 왕성한 활력은 호기심에서 나온다. 이 호기심이 아이들을 미지의 세상을 탐험하게 하는 것이다. 이것이 바로 아이들이 자연스럽게 하는 학습의 과정이다. 배가 고프거나 부모가 놀아 줄 때가 아니면 아이들은 늘 열성적으로 학습한다. 문제는 아이들이 클수록 학습열이 온데간데없이 사라지는 것이다. 그것은 외적인 동기부여 즉, 인센티브가 부족해서가 아니라 내면의 동기가 부족한 것이 원인이다.

그림 그리기의 목적은 그림을 만들어 내는 데 있지 않다. 혹시 그림이 만들어졌다 하더라도 그것은 부산물일 뿐이며 그리기 과정이 유용하고 흥미롭고 가치 있다는 것을 보여주는 증거이다. 진정한 예술 작업의 목적은 언제나 평범한 존재의 순간보다 더 높은 차원으로 존재하는 것, 그 순간에 이르는 데 있다. 흥미를 지속하게 하는 내면의 동기부여상태는 어떤 행동 그 자체에 완전히 빠져드는 것이지, 돈을 버는 것이든 그림을 완성하는 것이든 간에 목표를 달성하는 것과는 무관하다.

어린아이들은 학습을 하면서 무언가 다른 것을 성취하겠다는 생각을 하지 않는다. 그저 호기심을 느끼기 때문에, 알고 싶기 때문에 학습한다. 그것이 설령 어려운 과정이고 재미와 관계없는 것이라 하더라도 포기하지 않고 그 행동을 지속하는 것은 아이들의 학습에 내면의 동기가 부여되어 있는 것이 분명하다. 따라서 아이들의 흥미를 단순한 재미로 해석하거나 아이들의 학습에 대한 관심을 이끌어 내기 위해서 재미있는 무엇인가를 해야 한다는 생각은 잘못된 방향설정이다. 그래서 대부분의 수업 동영상에서 도입부의 흥미유발을 위한 활동이 게임으로 구성되는 것은 학생들의 학습의 동기를 지속시키는 데는 적절하지 못하다. 어려운 과제의 해결을 통해서 희열을 느끼고 재미가 없는 것이라도 지속적으로 할 수 있는 힘은 바로 내적인 동기, 자기만족감이다. 다양한 인센티브의 방식이 있겠지만 지적희열을 통해 만족감을 높이는 방향의 보상이 최고의 인센티브 전략임을 명심해야 한다.

4) 교사의 역할

배움중심의 수업은 학습자의 자발성과 자기 주도성을 기초로 하는 학습자 중심의 수업의 의미를 충분히 살리되 교사와 학생이 끊임없이 교류하고 소통하면서 함께 지식을 창조, 형성해 나가는 과정이 존재해야 하는 수업이다. 이 과정에서 교사는 학습자의 학습과 성장이 자연스럽게 이루어지도록 지켜보고 지원하는 역할(학습자 중심의 수업에서 강조하는)을 넘어서 학습자의 학습과 성장의 과정에 함께 관계하면서 자신의 학습과 성장이 동시에 이루는 경험을 추구해야 한다. 교사는 수업을 계획하고 준비하지만 수업이 기획된 계획대로 진행되는 행사의 과정이 아니라 그림을 완성해가듯이 변화와 발전이 일어나는 창조의 과정으로 이해해야 참된 의미의 배움이 교실에서 일어날 수 있다. 이것은 교사의 목표 설정과정에서 구체성보다는 추상성이 강조되어야 한다는 의미로 이해되어야 하며, 참여자(학생, 교사) 모두의 기여를 통해 지식이 형성 확장되는 과정으로 인한 다양한 가능성을 수용할 수 있는 수업의 설계가 필요하다는 것이다. 이러한 배움중심수업의 특징 때문에 교사의 수업설계는 자칫 혼란으로 빠져버리거나 소외를 양산하고 배움의 질을 저하시킬 수 있는 수업을 안전하게 이끌어 갈 수 있도록 학생 상호 간의, 학생과 교사 자신과의 깊이 있는 관심과 신뢰관계형성, 진정한 배움이 일어날 수 있도록 문제를 제기하고 배움의 과정을 조직하며 비판적 사고와 경험을 통해 지식을 내면화하는 과정이 체계적으로 진행될 수 있도록 준비하는 과정이다. 그 결과로 배움중심수업은 교실에서 학생과 학생 간, 학생과 교사 간의 활발한 소통과 토론이 이루어지는 브레인스토밍의 과정을 통해 지식을 형성해 나가는 창조의 과정을 경험하면서 아이들의 창의성을 길러가는 과정이며 서로의 갈등을 조정하고 협력하는 방법을 배우는 민주시민으로서 성장해가는 과정이다. 이렇게 해서 형성되는 것이 바로 창의지성이다.

결론적으로 배움중심수업을 통해서 실제적인 깊이가 있는 학습, 학생이 도출하는 영속적 학습, 이해를 기초로 하는 학습의 과정이 완성되어야 한다. 교사는 교재에 전적으로 의존하는 것이 아닌 다양한 교육 내용을 다루는 가운데 교과서를 하나의 자원으로 채택하는 하며, 학생들은 많은 것을 배우는 것이 아니라 주요 아이디어에 대해서 깊이 이해하며 성찰적 사유(비판적사고)와 탐구의 과정을 통해 창의적 내면화가 일어나는 것이 참된 배움이라고 할 수 있다.

수업을 준비하고 설계할 때 교사가 스스로에게 던져야 할 중요한 질문으로는 다음과 같은 내용이 핵심이 되어야 할 것이다.

"적용된 내용이나 활동의 결과로 학생들은 무엇을 이해해야 하는가?", "경험이나 과정은 학생들로 하여금 무엇을 갖추도록 하는가?", "활동이나 토의는 바라는 결과를 성취하기 위해서 어떻게 형성되고 처리되는가?", "학습자들이 바라는 능력과 통찰을 이해하는 과정에 있다는 것을 나타내는 증거는?", "모든 활동과 자원은 학습목표가 충족되고 적절한 증거가 제공되었다는 것을 어떻게 보증하는가?"

이러한 질문을 통해서 교사는 교육과정과 수업을 창조하는 역할을 담당해야 하며, 교사에게 교과 재구성, 교재 집필, 평가권이 보장되어야 창조적 수업이 가능해지며 그러한 수업이 이루어지는 교실 안에서 창의지성이 길러질 수 있다.

무엇보다 중요한 것은 교사가 스스로를 전문가로 인식해야 한다는 것이다. 교사가 단순한 지식전달자에 그친다면 학생들에게 진정한 의미의 배움이 일어날 수 없다. 그런 교사들은 스스로가 아이들의 재능을 키우고 있다고 생각하지만 실제로는 아이들의 재능을 망치고 가능성의 싹을 자르고 있는 것이다. 교사는 아이들에게 학습에 대한 진정한 동기부여와 창의력을 키워 주는 사람이 되어야 한다.

[표 12] 배움중심수업에서 교사들이 특히 염두에 두어야 할 사항

신뢰하기	학생의 능력을 믿고 있다는 느낌을 전달함. 문제가 어려운 경우 통제를 가하려는 유혹에 빠지지 않고 목표를 달성하고 성공을 거두었을 때 기쁨을 표시함.
수용하기	학생들의 생각에 열린 마음으로 귀 기울이는 자세를 가짐. 다양한 의견에 관심을 갖고 경청하고, 질문하고, 정보와 의견을 이끌어 내고, 자세하게 파고들며, 진실한 마음과 관심을 보여 줌.
격려하기	기여한 부분들을 기록하고 목표 달성과 성공에 대한 긍정적인 피드백을 제공함. 학습 과정에서 겪게 되는 어려운 점들에 공감함. 문제 해결과 행동 계획에 지침을 줌.
개발하기	학생들의 사고를 자극하고 배움을 일으킬 수 있는 핵심적인 내용을 발굴하고 체계적으로 지식을 확장할 수 있도록 수업을 준비함.
도전장려	새로운 관점, 가능성 및 아이디어를 추구하는 학생들을 격려하고 그들의 관점과 아이디어가 발전될 수 있도록 유도함.
존중하기	정확하고 구체적인 피드백을 제공하며 모든 학생들이 자신들이 기여한 부분과 노력이 높이 평가되고 있다는 느낌을 갖도록 함.
참여하기	학습자의 학습과 성장이 자연스럽게 이루어지도록 지켜보고 지원하는 역할을 넘어서 학습자의 학습과 성장의 과정에 함께 관계하면서 교사 자신의 학습과 성장이 동시에 이루어지는 경험을 추구해야 함.
참아내기	학생들에게 더 많은 기회를 부여하여 학생들이 수업을 채워 갈 수 있도록 참고 기다려야 함. 학생들이 두려움 없이 자신의 생각을 드러낼 수 있는 편안한 분위기를 만들어서 적극적으로 참여할 수 있게 함.

배움중심수업은 우리 교육의 지향, 교육내용, 평가 등의 교육활동 전반에 대한 문제점을 극복하기 위한 것이다. 배움중심수업은 기존의 전달 수업 모형에 대한 반성에서 비롯된다. 산업화 시대에서는 지식을 빨리 암기하고, 남의 지식을 잘 모방하는 존재가 필요했었다. 그러나 지식기반사회에서는 모방하는 인재는 필요하지 않다. 미디어의 발달은 지식과 정보를 쉽게 접할 수 있게 만들었기 때문이다. 지식의 폭발적 증가는 암기형 학습을 무의미하게 만든다. 결국 다양한 지식과 정보를 잘 찾고, 의미를 파악하고, 활용하고, 그것을 바탕으로 생각할 수 있는 학습이 필요해지고 있다. 이처럼 지식의 성격과 시대의 변화는 자연스럽게 수업에 대한 관점 변화를 요구할 수밖에 없다.

이러한 관점에서 이제 학력이란 말은 교과 성적으로 국한되지 않는다. 그것을 포함하여

학교에서 관심을 가져야 할 개인마다의 특성과 적성, 그리고 다른 삶의 능력까지를 포함하는 말이다. 미래사회에서 세상의 이치를 이해하고 인간으로서의 가치를 실현하기 위해 모든 학생들에게 새로운 학력을 익힐 수 있도록 '인간의 폭넓은 정신활동'을 포괄한 역량을 키우는 것이 교육목표가 되어야 한다. 지식을 탐구하는 것이 "왜?"라는 근본적인 질문에서 출발하여 자신의 인식의 범위를 확대해 가는 과정이 되어야 한다. 따라서 배움중심 수업은 참된 학력 — 창의지성역량 — 을 길러 우리 교육의 질적 변화를 위한 적극적인 시도이다.

8. 평가의 혁신

교육과 관련된 현상과 모든 것의 가치와 질, 장점 등에 대한 주관적 가치 판단을 교육평가라고 할 때 교육평가는 교육과 관련된 모든 것에 대한 의사결정을 위하여 정보를 사용하거나 수집하는 과정이 포함되어야 하고 수집한 정보에 의하여 교육적 의사결정을 하거나 이를 도와주는 기능을 가지고 있어야 한다. 그러므로 교육평가는 학습과 교육과정에 최대한 도움을 주어 학습을 극대화시키는 데 그 목적이 있다고 할 수 있다.

교육평가는 평가를 통해 교육을 발전시키려는 근본적인 목적을 가지고 있음에도 우리나라 학교교육에서 평가는 여러 문제를 안고 있다.

1) 우리 학교교육의 평가 문제점

지식과 기능, 이해력은 높으나 고등정신능력(분석력, 비판력, 판단력, 종합력 등)은 약하다. 특히 정의적 능력(호기심, 흥미, 성취욕구, 가치나 태도 등)이 낮은 편이다. 평가에서 중요시해야 할 질적평가는 신뢰도가 낮다는 이유로 배척되고 있으며 여전히 단순 지식의 이해와 암기 중심의 객관식 평가가 주를 이룬다.

평가가 국어, 영어, 수학 등의 주요 교과 중심으로 편중되어 있어 다양한 교과 역량이나 교과 외의 역량에 대해서는 중요하고 의미 있게 평가하지 않는다.

학력의 개념이 단순히 교과 성적을 의미하는 것으로 왜곡되어 있다. 그러므로 시험지로 평가할 수 없는 정의적 능력이나 학생마다 다른 방식으로 표현되는, 삶을 영위할 수 있는 역량의 평가는 무시되고 있다.

평가의 목적이 분류나 서열화만을 위한 것으로 제한되어 있다. 결국, 우리나라 평가는 서열화를 위한 목적에서 피드백을 위한 목적으로, 양적 평가 체제에서 질적 평가 체제로, 결과 중심에서 과정 중심으로 평가 패러다임이 바뀌어야 한다.

2) 평가혁신의 필요성

(1) 서술형, 논술형 평가 제한
- 제한적인 범위에서 서술형, 논술형 평가 문항 출제
- 서술형, 논술형 평가 문항에 대한 신뢰성 · 객관성 문제 제기 가능성 때문에 창의적인 문제 출제 기피

(2) 정기고사에서 선택형, 단답형, 완성형 문항 출제가 많이 이루어짐
- 평가의 신뢰성, 채점의 편의성 등으로 선택형 평가 문항 선호
- 고사시간(50분 이내), 채점 부담 등을 고려하여 단답형, 완성형을 일부 출제
- 학생들은 단편적 지식 암기에 치중하게 되어 입시 위주 · 점수 위주 교육 강화

(3) 양적평가 중심의 평가 문화로 인해 사교육비 증가
- 객관식, 단답형, 일제형의 양적 평가로 인해 사교육의 의존성 강화

(4) 단선적인 평가체제로 인해 단위학교 차원의 교육과정 특성화 미흡
- 학교 간 차이가 없는 균질화된 교육과정 운영
- 교과 간 통합이나 프로젝트 수업 등의 실험성 부족

(5) 입학사정관제에 대한 능동적인 대응 부족
- 대학에서 요구하는 학생에 대한 정보 제공 미흡
- 입학사정관제에 대비한 다양한 체험실적 쌓기를 위해 사교육 의존

3) 평가혁신의 방향

평가의 혁신을 통해서 교수–학습 방법 개선을 기대할 수 있다. 단순히 지필고사 형태의 서술형, 논술형 평가에 그치는 것이 아니라 교육과정 중심의 상시평가 체제로의 전환

을 통해 전달식 수업에서 학생 탐구 토의식 수업으로의 전환이 가능해질 것이다.

또한 평가혁신의 방향은 단위학교에서 다양한 평가 방법을 적용하여 교육과정 운영을 더욱 풍부하게 하는 것을 상정하고 있다. 단위학교에서 선택할 수 있는 평가의 방법은 선택형 평가, 서술형·논술형 평가, 수행평가, 과제평가 등 다양한 평가 방법의 적용이 가능하며 이러한 평가의 도입은 이런 방식의 평가가 가능한 수업의 형태를 강제하게 될 것이다. 이것은 수업에서 교사가 각 평가방법에 적합한 형태의 내용과 주제, 그리고 수업방법을 선택하게 될 것을 의미한다.

따라서 이러한 평가의 혁신은 수업을 진행하는 교사가 직접 설계하고 준비하지 않으면 안 되므로 교원의 전문성 신장이 핵심적인 요소가 된다. 교원이 갖추어야 할 능력은 학생들의 사고를 자극하고 통합적이고 논리적인 사고를 유도할 수 있는 평가 문항 개발 능력뿐만 아니라 이를 위한 교과 지도 전문성이 포함된다.

평가의 혁신을 위해서는 학력에 대한 고정 관념의 변화도 필요하다. 학생들을 변별해내기 위한 상대적 점수 중심의 학력관에서 학생 성취 도달 중심의 학력관으로 변화가 필요하다.

그러나 평가혁신은 교사들의 업무가중을 불러올 것이다. 교사들은 새로운 방식의 평가를 위한 문항을 개발하고, 학생들을 수시로 평가하고 그 결과를 기록하며, 평가 결과를 상시적으로 피드백 하는 등의 부담이 가중될 것이다. 이러한 문제점을 해결하기 위해서 교육 외 교원의 업무를 과감하게 경감하고 교사가 가르치는 일에 전념할 수 있도록 해야 할 것이다. 평가혁신은 수업의 변화를 수반하게 되는데 수업의 변화를 위해서 교사는 교재의 재구성과 수업구성에 대한 끊임없는 고민을 해야 하기 때문이다.

이러한 고민을 바탕으로 한 올바른 평가혁신의 방향은,

(1) 중간고사, 기말고사 위주의 학생평가체제(assessment of learning)에서 학습을 돕기 위한 조력 차원의 평가체제(assessment of learning)로 전환
- 학습주제와 관련된 지식이나 사고력에 있어서 학습자 개개인의 성취수준 파악
- 학습자 각 개인이 수업 과정에서 배울 수 있는 기회를 제공 받은 후 수행능력이 얼마나 향상되었는가를 확인
- 학습자가 자신이 지니고 있는 능력수준에 비추어 볼 때 얼마나 성실하게 최선을 다했는가를 평가

- 각 학생들이 다른 학생들과 상호 작용하고 협동하여 함께 일할 수 있는 능력과 팀의 구성원으로서 효과적으로 기능할 수 있는가를 확인하기 위해 평가
- 학습자 개개인의 학습만족도를 파악하기 위해 평가

[표 13] 학생평가의 변화 방향

학생평가의 변화 방향	
전통적인 학교학습상황에서의 학생평가	미래지향적 학생평가
결과 중시	결과 및 과정 중시
선발과 배치 강조, 단면적인 지식 평가	조언을 통한 학습 모니터링 강조
선택형 지필검사 유형의 객관적 평가	지식의 적용에 관한 평가
평가준거와 평가기준의 비명시	수행평가와 관찰 등 주관적 평가 강조
피드백의 부재	즉각적이며 빈번한 피드백 강조
교사에 의한 학생평가	학생 자기평가(self-assessment) 강조
학습의 평가(형식적, 총합평가 강조)	학습을 위한 평가(비형식적, 형성평가 강조)

(2) 창의적 평가방법 도입으로 교수 · 학습문화의 전면적 변화 유도

- 정기고사에서 선택형, 단답형, 완성형 문항보다 학생의 창의성과 표현력을 키워 주는 서술형 평가 도입 및 반영 비율 확대
- 특정 주제에 대한 논술, 실험 · 관찰보고서 등 교과의 특성에 적합하게 교육과정 속에서 이루어지는 수행평가의 활성화
- 협력적 교수 · 학습문화 정착을 위한 모둠별 장기 프로젝트 수행평가 도입

9. 배움중심수업과 창의지성역량

배움중심수업의 방법론은 비판적 사고를 육성하는 지성교육의 구체적 방법론이라고 할 수 있다. 곧 '창의지성요소'를 기르는 것이다. 창의지성요소를 기르기 위한 비판적 사고의 주요 내용으로는 비평하면서 읽기, 작문하기(표현하기), 토론하기 등이 있다.

이러한 것들을 염두에 두면서 학생들이 비판적 사고력을 갖도록 키우는 방안들의 예를 들어 보면 다음과 같다.

첫째, 학습을 되새기고 의미를 연관시키기 위해 짧은 글을 쓰도록 하는 것이다.

둘째, 사고의 진전을 위해서 동료로부터의 도움과 문제제기, 피드백을 중시하는 협력학습의 방안을 활용한다.

셋째, 질문을 적극적으로 활용한다.

넷째, 질문을 기초로 그룹과 개인을 대상으로 하는 다양한 글쓰기 숙제를 활용할 수도 있도록 한다.

다섯째, 대화를 통해 분석을 심화하거나 역할을 지정한 논쟁(debate)방식을 활용할 수 있다.

여섯째, 실험과 정보, 그리고 다양한 체험영역을 텍스트로 결합할 수 있다.

마지막으로 한 가지 강조할 점은 교사의 역할과 관련해 명시적인 답보다는, 학생들의 주체적 사고를 유도하기 위해 '모호성'의 태도를 전략적으로 활용해야 한다.

이러한 창의성 목표와 지성교육의 방법론을 종합적으로 연계해 '창의지성교육'의 개념도를 만들면 다음과 같다.

[그림 11] 창의지성교육의 개념도

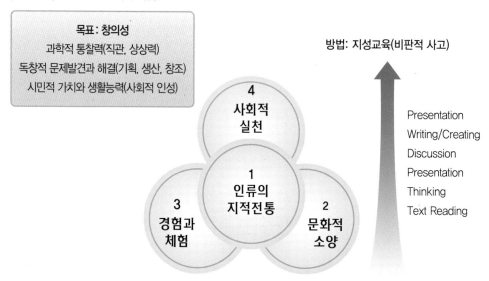

미래사회는 기존 지식의 암기나 단순 반복보다는 스스로 독창적인 지식을 창조하는 것이 중시된다. 따라서 미래사회는 지식을 객관적이고 고정된 것이라기보다는 새로운 경험을 통하여 끊임없이 형성되고 창조되는 것으로 이해되어야 한다. 학생들이 무엇을 배우는가가 아닌 어떻게 지식을 탐구하고 결론에 도달해 가느냐 하는 것이 중요하다. 이런 이유로 사물과 현상에 대한 질문을 통해 세상 이치를 터득하고, 타인에 대한 감수성을 익히고, 스스로 기획할 수 있는 능력을 중시하게 된다. 이런 과정에서 개별적인 우수성을 넘어서는 '집합적 창의성'이 형성될 수 있기 때문이다.

따라서 개별 단위학교는 미래교육 코드를 담지하는 배움과 돌봄의 공간, 삶을 함께 나누는 공간, 더불어 사는 노력을 조직하는 공간으로 전환되어야 한다. 이를 위해 일차적으로 기존의 학교문법 체제를 넘어서는 새로운 운영원리가 채택되어야 할 것이다. 즉 학생의 '성장우선주의'를 중시해야 한다. 개별·학생들이 스스로 세상을 살아갈 수 있는 의지와 힘을 갖출 수 있도록 '성장 동기'를 자극하는 일에 주목해야 하며, 나아가 성장 동기 신장을 위한 교육활동을 어떻게 조직할 것인가를 고민하는 것이 필요하다.

따라서 지식학습과 체험학습의 조화, 의존형 학습과 자기주도적 학습의 조화, 사유와 실천의 결합을 조직화가 필요가 있다. 이러한 원리가 채택될 때 개별학생들의 실질적인 성장이 가능할 교육활동이 기획될 수 있기 때문이다.

교육활동의 변화를 위해서는 기본적으로 창의지성교육과정의 편성·운영에 대한 단위학교의 관심과 노력이 필요하다. 미래형 학교가 가르쳐야 할 지식은 '미래중심 지식', '의미중심 지식', '인간관계지식'이 되어야 한다. 이런 차원에서 학교교육과정은 핵심역량 신장체제로 재편되어야 한다. 이를 위해 '교과별 통합 교육과정' 운영, '창의적 체험활동'의 고품질화, '창의적·협력적 교수·학습 모델' 개발, '학점제 방식의 고교 교육과정' 운영, 학교교육과정 질 관리 체제의 구축, 지역사회 교육자원 네트워크 구축(휴먼웨어 구축), 교육과정 서비스 체제(교육과정 요람제작 등) 등이 구축되어야 한다.

창의지성교육과 배움중심수업을 통한 교육혁신의 방향은 다음과 같다.

- 바람직한 학교 또는 미래를 준비하는 학교는 구성원 모두가 함께 성장하는 공동체로서의 학교이다. 민주적인 의사결정과 운영, 구성원의 자율성, 학생들의 다양한 가능성이 실현되고 교사의 전문성을 신장하는 연구하는 학교 분위기, 교육과정을 중심으로 운영되는 학교시스템, 인권이 존중되고 공동체 문화가 형성된 평화로운 학교 분위기, 그리고 보편적 복지의 실천 등이 공동체적 학교를 이루는 중요한 요소이다. 그중에서도 가장 중요한 요소는 학생의 배움과 성장을 중심으로 운영되는 학교이다. 학교의 변화는 다른 어떤 거창한 말보다 교실, 수업의 변화가 그 중심에 있어야 실질적인 학교의 변화, 교육의 변화가 가능하기 때문이다.

- 학교 교육은 암기형 지식과 문제풀이식 학습을 벗어나서 학생이 자신의 삶의 실존의 문제와 관련된 문제에 대해 통찰하고 사유와 경험, 실천을 통해서 자아정체감을 확립하고 자기실현을 하는 과정이 되어야 한다. 그리고 이를 실천하기 위한 교육과정, 교육방법 및 평가는 전체적으로 교육과정이라는 큰 틀에서 상호 연결성을 갖고 통합적 시스템으로 완성되어야 한다.

- 학교는 교육과정의 다양화 · 특성화를 통한 모든 아이들의 가능성을 키우는 교육, 학생 개개인 중심의 개별화 학습을 지향해야 한다. 또한 학생 · 교사 · 학부모 등 교육 주체들의 민주적 소통과 자발적 헌신, 협력적 문화를 중시하며 학생들의 다양한 잠재력과 성장 가능성이 실현되고, 학교 구성원들의 상호 이해와 존중하는 공동체가 되어야 한다.

- 교육과정은 학교가 처한 환경이나 교사의 교육목적에 맞게 변화 가능하다는 점을 인식하여야 한다. 따라서 교육과정이 학습활동을 통해 학생들이 세상을 인식하는 자기 체제를 갖추고 스스로의 성장이 일어나도록 자극하며, 각 개인이 가지고 있는 재능이나 전문성, 지식과 기술을 서로 공유할 수 있는 시스템이 되어야 하는 것이다.

- 창의지성교육의 실천 방안으로서 배움중심수업은 배움이라는 의미에 대한 제대로 된 이해가 없이 단순한 방법론적으로 접근해서는 성공하기 어렵다. 배움이란 주체적 의미를 담고 있으므로 배움이 일어야 하는 당사자 즉, 수업의 참여자의 지적 발전과 변화에 관심을 집중해야 한다. 배움중심수업에서는 기존의 지적전문가로서의 교사의 역할을 함께 지식을 창조해 가는 참여자로 변화시키고 교사와 학생이 소통하면서 지식을 형성, 창조하는 경험이 일어나도록 수업을 설계해야 한다. 여기에는 단순한 방법론적인 수업 기술의 변화가 아니라 내용의 변화를 통한 지식 창조의 희열을 느낄 수 있도록 해야 한다.

- 배움중심수업은 학생 상호 간의, 학생과 교사 자신과의 깊은 관심과 신뢰관계를 통해 안전하고 자유로운 소통의 문화를 교실에서 형성하여야 한다. 또한 지식의 불완전성, 발전가능성이라는 속성을 제대로 이해하고 지식의 권위에 도전하며 비판적이고 다른 시각으로 사물과 현상을 이해하는 가운데 진정한 배움이 일어날 수 있도록 한다. 비판적 사고를 통해 문제를 제기하도록 배움의 과정을 조직하며 비판적 사고와 경험을 통해 지식을 내면화하는 과정이 체계적으로 진행될 수 있도록 준비하는 과정이 되어야 한다. 그 결과로 배움중심수업은 교실에서 학생과 학생 간, 학생과 교사 간의 활발한 소통과 토론이 이루어지는 브레인스토밍의 과정을 통해 지식을 형성해 나가는 창조의 과정

을 경험하면서 아이들의 창의성을 길러가는 과정이며 서로의 갈등을 조정하고 협력하는 방법을 배우는 민주시민으로서 성장해 가는 과정이다. 이렇게 해서 형성되는 것이 바로 창의지성이다.

■ 교육활동 결과에 대한 평가에 있어서도 혁신적이 필요하다. 즉 단순한 지식습득의 유무를 묻는 형태의 평가가 아니라 지식에 대한 이해를 바탕으로 새로운 아이디어를 창조하고 이를 논리적으로 발전시킬 수 있는 능력을 파악하기 위한 평가방법이 필요하다. 이를 위해서는 획일적인 지필 평가에 의한 평가 보다는 수업의 과정에서의 평가, 즉 수행평가를 통한 평가가 더 효과적이다. 그러나 수행평가는 자기탐구 보고서, 모둠 프로젝트 보고회, 작품발표회, 공연, 전시회, 논술문 쓰기 등을 여러 가지 방법을 통해 이루어질 수 있지만 반드시 이것이 수업으로 이어져 자신의 생각이 제대로 확립되었는지에 대한 확인이 있어야 한다. 이러한 과정을 통해서 학생들은 자신의 경험을 언어화하고, 서로의 생각을 공유하게 된다. 즉 '개인체험의 지식화' 및 '개인지식의 공유화' 과정을 거치게 된다.

■ 지필평가에 있어서도 선택형 문제에서 서술형·논술형 평가로 전환하는 것만으로 만족해서는 안 된다. 단순히 선택형 문제의 형태를 서술형으로 바꾸는 것만으로 학생들의 통합적이고 논리적인 사고를 기르고 이를 창의적인 사고로 발전시킬 수는 없다. 주어진 정보를 충분히 활용해서 유용한 정보를 골라내고 이를 통해서 새로운 아이디어를 창출하며, 이를 논리적으로 연결하고 사고의 발전을 통해 적절한 결론에 도달하는가 하는 것을 확인하는 작업을 통해서 진정한 배움을 확인할 수 있게 되는 것이다.

■ 평가는 학생들을 변별하는 수단이 아니라 교사가 자신의 수업이 제대로 목표를 향해 진행되고 있는지, 학생들 안에서 지적 발전과 변화가 일어나는 진정한 배움이 이루어지고 있는지를 확인하는 과정이 되어야 한다. 즉, 평가는 학생들을 대상으로 이루어지지만 진정한 의미에서는 교사 자신에 대한 확인 작업이 되어야 하는 것이다.

■ 교사는 단순한 지식의 전달자가 아니라 교육과정을 설계하고 수업의 내용과 교재를 재구성하는 전문가이다. 따라서 국가수준의 교육과정과 시·도 교육청 단위의 교육과정의 틀 안에서 진정한 배움이 일어날 수 있도록 다른 교과와의 연계와 진지하고 깊이 있는 성찰이 가능한 교육과정을 설계해서 통합적사고력과 창의력을 기를 수 있도록 준비하는 역할을 수행해야 한다. 교사는 이러한 교육적 역할 외에 '돌봄'의 역할도 등한시할 수 없는 위치에 있다. 학생 개개인의 특성과 배경, 그리고 재능과 적성을 깊은 관심

을 가지고 살펴볼 수 있는 애정이 필요하다. 교사의 주의 깊은 관찰과 관심을 통해서 위기선상에 있는 학생들을 조기에 파악할 수 있고, 학생의 어려움을 해결하기 위한 노력을 통해서 진정한 의미의 돌봄 즉, 더 큰 교육적 역할을 할 수 있다.

이런 의미에서 창의지성교육의 교육내용, 수업, 평가, 교사요건의 특징을 요약하면 다음과 같다.

[표 14] 창의지성교육의 특징

영역	문제점	창의지성교육
교육내용	단순지식, 기능 중심	가치교육, 창의지성 핵심역량(통찰력, 상상력, 문제해결력, 민주시민적 가치)
	분절 – 개별적, 분과학문적	구체 – 총체적, 융합학문적
수업	주입식, 암기식	독서, 토론, 글쓰기, 체험, 실천 등 지식, 가치의 내면화와 자기사고 형성
	교사 중심(학습자 중심)	학생 – 학생, 교사 – 학생 협력
	지식의 전달 및 축적	지식창조 및 재생산
평가	정해진 답을 찾는 객관식, 단답형의 일제고사	기획력과 과정, 논리를 중시하는 — 지식창조 — 논술형평가와 교사별평가

- 창의성의 개념은 고정불변이 아닌 계속적으로 확장되고 창조해 가는 개념이다.
- 창의지성교육의 내용은 고정된 것이 아니다.
- 창의지성교육의 방법 역시 제시된 내용은 일반적인 경향일 뿐이며 내용과 여건에 따라 다양하게 전개된다.
- 배움중심수업은 교육활동의 관점이나 지향이지 수업 모델이 아니다.
- 획일적 내용이나 방법은 창의성을 기르는데 적절하지 않다.
- 창의지성교육의 평가는 주어진 답을 찾는 것이 아니라 보다 깊고 넓은 자기 생각 만들기이다.

10. 외국의 창의적 교육사례

1) 프랑스 경제·사회 교과서의 예

프랑스 경제·사회 교과서에서는 단순한 지식의 전달에서 머무르지 않고 우리 사회와 일상의 문제와 연결되어서 경제적 지식의 활용과 의미를 생각하게 하는 내용으로 구성하고 있다. 관련된 학습내용을 제시하고 여기에 학생들의 사고를 이끌어 낼 수 있는 질문과 다양한 매체나 자료들을 활용하여 개념에 대한 이해를 높이도록 하고 있다.

(1) '경제활동의 주체들, 그리고 그들 간의 관계'에 관한 학습 사례

가. 학습주제 발견하기: 파올라, 자급자족경제

작은 섬나라 파올라에서 국민은 자급자족경제를 영위한다. 이 지역의 모든 소비재는 그 지역에서 생산된 것이다. 이러한 지역적 수요에 부응하기 위해 기업은 다른 기업으로부터 원재료를 구입한다. 기업들은 일부 국민을 고용하고 급여를 지불한다. 기업은 판매수익 덕분에, 재료구입비를 마련하려고 은행에서 빌린 대출금을 갚을 수 있다. 동시에 기업에 출자한 주주에게도 배당금을 지급한다. 이러한 소득(급여와 배당금)으로 가계(한 집에서 기거하는 사람들로 이뤄진 사회경제적 단위)는 일상적으로 필요한 물건을 사고 집을 구할 수 있다.

또한 사회정의(社會正義)에 따라 파올라에서는 일하지 않아도 생계를 유지할 수 있도록 노인에게 퇴직연금을 지급하는데, 이는 국민의 세금으로 조달한 것이다. 또한 국민에게 생계유지에 필요한 1차 필수소비재를 공급하기 위해 정부가 필수소비재를 생산하는 기업에 정부보조금을 지급한다. 이러한 지원 덕택에 기업은 1차 필수소비재에 한해서는 판매가를 원가 이하로 책정할 수 있다.

나. 관련 질문

A. 첫 번째 단락을 읽고 생산·소득·분배·소비지출 간의 관계를 도표로 그려 보시오.

B. 마지막 단락에서는 어떤 새로운 경제활동이 소개되고 있습니까?

C. 이러한 경제활동을 도표로 단순화할 때 그 행위주체는 무엇입니까?

위의 프랑스 경제교과서에서 보듯이 교과서는 단순한 지식을 전달하는 기능에 치우치

12
장

창의지성교육과 배움중심수업

기 보다는 구체적 경제적 현상을 중심으로 생산, 소득, 분배, 소비지출 간의 연관 관계를 이해하도록 하고 이를 통해서 우리 사회에서 경제활동의 의미와 사회적 파급효과에 대해 체계적으로 파악하도록 하고 있다. 또한, 지문에 딸린 질문도 단순히 지식 암기하고 있는가를 평가하는 것이 아니라 제시된 지식의 의미를 이해하고 스스로 가치를 정립하도록 하고 있다.

2) 미국의 창의적교육 사례(뉴저지 평가)

우리의 일제고사에 해당하는 미국 뉴저지주의 표준테스트의 사례를 통해서 창의적인 교육을 추구하는 평가의 모델을 소개한다. 이 사례에서는 특히 문제의 유형이 정해진 답, 즉 정답을 요구하는 것이 아니라 다양한 생각을 요구하는 열린문제(open-ended problem)의 출제 방향과 채점의 기준이 문제 출제 의도에 맞게 다양한 해답을 인정할 수 있도록 기획되어 있다는 점을 유의 깊게 살펴보아야 할 것이다.

또한, 채점 기준안에서 특정한 답안이 요구하는 단어나 문장이 들어있는가를 평가 기준으로 삼기보다는 문제가 요구하고 있는 사고의 요소들이 답안에 들어 있는지를 평가의 기준을 삼아서 다양한 생각을 유도하되, 이것이 객관적 근거를 기반으로 논리적이며 독창적인 사고로 이어지고 있는지가 주된 평가의 관점이다.

(1) 답안 무제한형의 평가기준안(읽기, 듣기, 관찰 등): 채점 기준안
- 4점: 제대로 이해하고 모든 것에 대해 명쾌한 설명/의견을 제시할 경우
- 3점: 제시된 내용을 활용하여 설명/의견을 제시할 경우
- 2점: 부분적으로 이해하거나, 일부를 제대로 이해하지 못하고 답할 경우
- 1점: 최소한의 것에 대해서만 이해하고 반응할 경우
- 0점: 답이 부적절하거나 주제에서 벗어난 경우

(2) 뉴저지주의 공인 총체적 평가표(수정본)
- 내용 및 구성: 의도된 메시지를 전달할 수 있는지 여부. 주제와 관련되어 있고 서와 결이 있으며 일관성이 있고, 생각의 구성이 일목요연하고 세부사항과 기타의 정보가 적절한지 여부 등

- 활용: 시제 변형, 주어 동사의 일치, 대명사의 사용과 일치 여부, 단어의 선택과 의미 등의 적절성 및 변형의 여부 등
- 문장 구성: 다양한 형태의 문장 구성과 길이인가, 정확한 구성인가의 여부
- 용법(기법): 철자, 대소문자, 구두법

[표 15] 뉴저지주의 공인 총체적 평가표

구분	부적합한 표기	제한된 표기	부분적인 표기	적합한 표기	매우 훌륭한 표기
점수	1	2	3	4	5
내용 및 구성	• 서와 결이 없음. • 주제에 대한 최소한의 내용만 존재. 요점이 없음. • 계획되지 않고 조직화되어있지 않음. • 세부사항들이 들쑥날쑥하며 적절하게 제시되지 못함.	• 서와 결이 없음. • 요점을 잡으려고 시도함. 요점이 왔다 갔다 함. • 조직화하려고 시도함. • 세부사항들의 정교함이 부족함.	• 서와 결이 없음. • 일관된 요점 • 구조상 약간의 결함 등이 있음. 아이디어들 사이의 전개가 매끄럽지 못함. • 세부적인 내용이 자주 반복되며 정교화되지 않음.	• 서와 결이 있음. • 일관된 요점을 가짐. • 아이디어들이 느슨하지만 연결되어 있고 맥락이 있음. • 세부사항이 매끄럽지 않음.	• 서와 결이 있음. • 일관된 요점 • 통실성과 일관성 • 주요 아이디어들이 잘 발전됨. • 아이디어의 논리적 전개 • 대체적으로 유창함.
활용	• 통제되지 않음. • 많은 오류	• 많은 오류	• 명백한 오류 존재함.	• 오류가 있으나 의미의 전달을 방해하지는 않음.	• 오류 거의 없음.
문장 구성	• 미완성되고 제대로 되지 않은 문장들의 구성	• 단순하고 같은 구조 • 많은 오류	• 구문상의 다양성이 부족하고 가끔 오류 있음.	• 약간의 다양성, 대체적으로 잘 됨.	• 다양한 구문과 적절하고 효율적인 사용
용법	• 오류가 심각하여 의미를 왜곡함.	• 많은 오류	• 오류 있음.	• 지속적인 오류는 없음, 의미를 방해하지 않는 수준의 오류 있음.	• 오류 거의 없음.

(3) 답안 무제한형의 채점 가이드(읽기, 듣기, 관찰 등)

- 4점: 내용이나 이야기를 종합한다, 적절하고 논리적인 결론을 도출한다. 텍스트를 적절하고 통제적으로 활용한다. 세부적인 것에 대하여 적절하고 정확한 설명을 한다.
- 3점: 단지 주어진 자료를 활용하여 이야기를 종합한다. 정확하지만 단순한 설명을 제시한다. 텍스트를 설명도는 보충하여 사용한다. 주어진 자료를 활용하여 결론은 도출한다.

- 2점: 일반적인 설명 또는 다소 틀린 것들과 연결하여 자료를 설명한다. 연관성이 적거나 사소한 것들에 초점을 맞춘다. 자료에 주어졌던 이야기를 반복해서 말한다. 경험이나 자료에서 주어진 자료들과 연관하여 이야기를 구성한다.
- 1점: 과업을 잘못 이해하거나 설명하는 데 실패한다. 하나 정도의 단순한 아이디어만 제시한다. 설명을 하지 못한다. 명쾌하게 제시하지 못한다.
- 0점: 주어진 과업을 완전히 잘못 이해한다. 제목이나 과업에 제시된 주요 단어 정도만 고를 수 있다. 이야기를 읽었다는 아무런 증거도 제시하지 못한다.

이 채점 가이드라인이 시사하는 것은 학생들에게 특정한 유형의 정답이나 유사답안을 요구하지 않는다는 것이다. 평가에서 채점가이드라인이 중요한 이유는 요구하는 답안이 어떤 형태이냐에 따라서 학생들의 학습방법 심지어는 사고의 방법을 제한할 수 있기 때문이다. 제시된 채점가이드 라인은 답안에 무엇을 담고 있느냐에 초점을 두는 것이 아니라 학습자가 어떻게 했는가에 시각을 맞추고 있기 때문에 학습자의 다양한 사고를 수용할 기본적인 토대가 만들어져 있다 평가할 수 있다.

학습자는 자신의 답안을 확인하는 과정에서 교사나 평가기관이 요구하는 지식의 형태를 가장 확실하게 인식하게 된다. 따라서 창의지성교육과정을 바탕으로 배움중심수업을 통해서 학습을 한 학습자를 평가하는 것은 무엇을 알고 있느냐가 아니라 어떻게 자신의 사고를 논리적으로 펼쳐나가고 표현하는가에 중심을 두어야 할 것이다. 그런 점에서 뉴저지의 사례는 창의지성교육에서 평가가 어떤 방향으로 나아가야 하는지에 대한 중요한 고민의 지점을 보여 주고 있다.

(4) 작문 문제 사례

문제지에는 제시된 문제와 조건에 대한 설명이 포함되어 있다.[2] 아래는 문제와 포함된 조건을 설명하는 내용이다.

4쪽의 그림을 이용하여 무슨 일이 일어났는가에 대한 이야기를 만든다.

5쪽과 6쪽에 제시된 공간에 요약, 연결망 그리기 등을 활용하여 쓰기 전 활동을 한다.

7쪽과 8쪽에 자신의 이야기를 쓴다.

글을 제대로 쓰고 있는지를 확인할 수 있는 체크리스트가 있다.

---

2) 단순한 문제가 제시되는 것이 아니라 이 문제를 해결하기 위한 절차와 다양한 조언이 포함된다.

- 체크리스트[3]: 답안을 작성하는 과정에서 기억해야 할 것을 제시함.

  ☐ 마음속에 중심 생각과 주제를 유지해라.

  ☐ 마음속에 너의 청중을 잊지 마라.

  ☐ 너의 아이디어에 세세한 것들, 설명, 예시 등을 제시해라.

  ☐ 명확한 연계성을 가지고 너의 아이디어를 진술해라.

  ☐ 시작과 종결을 포함해라.

  ☐ 다양한 단어와 여러 가지 문장 구조를 활용해라.

  ☐ 너의 의견이나 결론을 명확히 써라.

  ☐ 대소문자, 철자, 구두법 등을 정확히 해라.

  ☐ 간결하게 써라.

  이야기를 쓰고, 자신의 소리로 읽어 보아라. 위의 체크리스트를 활용하여 확인한다면 최고의 글이 될 것이다.

- 4쪽에서 문제의 주제인 그림을 제시함.

[그림 12] 문제에서 제시된 페이지 4

이 그림을 보고 스스로 이야기를 만들어 보는 문제이다.

학생들에게는 그림이 제시되고 25분 동안 그림을 바탕으로 한 글을 쓰게 한다.

쓰기 전 활용/계획 등의 활동은 학생들의 글쓰기에 큰 도움이 된다. 또한 체크리스트 제공이 학생들이 자신이 쓴 글에 대한 교정 및 보완을 스스로 할 수 있도록 도와준다.

모든 학생들의 초안은 다른 사람의 도움이나 사전 등의 외부 자료의 도움 없이 쓰이기 때문에 학생들의 기초적인 쓰기 능력에 대해 확인할 수 있는 기회가 되기도 한다.

3) 이 체크리스트는 시험 문제에 포함되어 제시된다.

[그림 13] 답안을 작성하는 페이지 6, 7

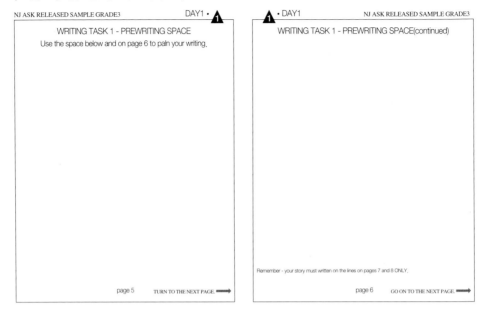

NJ ASK RELEASED SAMPLE GRADE3   DAY1 •

WRITING TASK 1 - PREWRITING SPACE
Use the space below and on page 6 to paln your writing.

page 5   TURN TO THE NEXT PAGE.

• DAY1   NJ ASK RELEASED SAMPLE GRADE3

WRITING TASK 1 - PREWRITING SPACE(continued)

Remember - your story must written on the lines on pages 7 and 8 ONLY.

page 6   GO ON TO THE NEXT PAGE.

(5) 채점결과 사례

가. 1점으로 채점된 경우(Score Scale Point 1)

이 반응의 범주는 작문의 적절하지 못한 기술의 예를 나타내 준다.

- 내용/조직: 서와 결이 없다. 이 글의 주제나 내용의 기술은 주어진 내용을 중심으로 최소한의 시도만을 한 정도이다. 좀 긴 글의 경우에는 조직화되어져 있지 않아 그 글을 계속 따라가기가 쉽지 않다. 주제와 연관된 글의 경우라도 포커스가 불명확하다. 독자는 무엇이 주제인지를 스스로 추론해야만 한다. 들쑥날쑥한 것들로 인하여 조직화, 계획화 등이 부족하다. 세부내용은 적절하지 못하고 명백하게 드러나지도 않는다.
- 용법: 용법에 있어서 많은 실수가 보인다. 시제구성, 주술관계, 대명사, 일치, 단어의 선택 및 변형 등에 있어서도 문제가 나타난다.
- 문장구조: 문법적으로 부정확/미완성 문장, 바르지 않은 화법의 구성들이 나타나며 일관성도 없고, 지적이지도 않은 글들이다.
- 어법(기법): 어법상의 많은 실수들로 인하여 의미가 왜곡되기도 한다.

나. 2점 답안의 경우(Score Scale Point 2)

이 반응의 범주는 작문의 제한된 기술의 예를 보여 준다.

- 내용/조직: 서와 결이 없을 수도 있다. 글을 구성하기 위한 시도를 보여 준다. 다시 말해서, 저자가 세부적인 것들을 통제하려고 했던 시도의 증거가 조금 있다. 내용은 주제와 연관성이 있기는 하나, 아주 기초적인 수준의 초점 정도에 맞추어져 있다. 주제가 통일된 경우도 있고, 아닌 경우에는 들쑥날쑥하여 여전히 아이디어를 따라가기가 쉽지 않다. 세부적인 것들은 아주 조금 등장하기도 한다.
- 용법: 용법에 있어 많은 실수가 있다. 그러나 그것들이 완전 통제 불능 수준은 아니다.
- 문장구조: 구문론상 매우 단조롭고, 화법상도 그러하다. 문장구조에 많은 실수가 보인다.
- 어법: 많은 실수가 존재한다.

다. 3점 답안의 경우(Score Scale Point 3)

이 반응의 범주는 작문의 부분적인 완성도를 보이는 기술의 예시에 해당된다.

- 내용/ 조직: 서와 결이 없을 수도 있다. 글의 내용은 주제와 관련되어 있으며 주제도 존재한다. 포커스가 왔다 갔다 하기도 한다. 그래도 적어도 하나의 주제는 명확하다. 그러나 전체적으로 아이디어와 그 덩어리들 사이의 전이가 부족하고 자연스럽지 않다.
- 용법: 용법에서 구문상의 에러가 나타난다.
- 문장구조: 몇 가지 구문 구조와 화법 형태가 등장한다. 문장구조의 실수도 나타난다.
- 어법: 여전히 에러가 나타나기도 한다.

라. 4점 답안의 경우(Score Scale Point 4)

이 반응의 범주는 작문의 적절한 작성의 경우에 해당된다.

- 내용/조직: 대개 서와 결이 있다. 주제와 연관성이 있는 글이다. 한 가지의 주제에 맞춰 잘 조직되어 있다. 간혹 아이디어에서 아이디어로의 전환에 약간의 어려움이 나타나기도 한다. 아이디어와 그 덩어리들의 결합이 다소 느슨한 경우도 나타나나 전체적으로 잘 조화되어 있다. 글의 전개가 다소 매끄럽지 못하고 정교한 아이디어들이 그렇지 못한 것들 사이에 배치되어 있기도 한다.
- 용법: 몇 개의 실수는 나타날 수 있으며, 일관성 있는 패턴이 명백히 드러나지 않는다.
- 문장구조: 구문론에서 일반적으로 옳은 편이다. 지나친 단순성은 피하며, 문장 구조상의 약간의 실수는 존재한다.
- 어법: 약간의 실수는 존재하나, 글의 구성에 영향을 주거나 의미를 방해할 정도는 아니다.

마. 5점 답안의 경우(Score Scale Point 5)

이 답안의 범주는 작문의 훌륭한 사례에 해당된다.

- 내용/조직: 서와 결이 있으며, 주제는 연관성이 있고, 일관성을 지닌다. 글의 처음부터 끝까지 논리적인 전개와 조직화가 되어 있다. 핵심 아이디어가 적절하며 다양한 방식으로 전개되고, 아이디어의 덩어리들도 잘 연관되어 있다. 작문적인 위협도 있지만 대부분 성공적으로 수행한다. 이 글은 결점이 없고, 완전하며, 통일성을 지닌다.
- 용법: 용법상 에러가 거의 없다.
- 문장구조: 구문론적으로 화용론적으로도 매우 다양하며 잘 조직되어 있다. 문장 구조상의 에러도 거의 없다.
- 어법: 어법상의 실수도 거의 없다.

11. 창의지성교육을 위한 교사역량개발

1) 교사 성장의 중요성

교사는 수업에서 학생을 직접 만나는 사람이므로 교사가 학교교육의 질을 결정하는 핵심 요소이다. 이러한 교원에 대해서 사회는 교직자로서의 전문성, 자발성과 헌신성을 요구하게 된다. 교원은 전문가로서 자신의 성장을 위해 늘 '학습을 즐기는 존재'이어야 하며, 타인과의 어울림을 통해 '삶을 나누는 존재'이어야 하고, 무엇보다도 교사로서의 소명과 자발적인 교육혁신의 선도자가 되어야 한다.

사회적인 인식과 평가와 달리 우리나라 교사들의 '자기효능감'은 매우 낮은 상태이다.[4] 교사의 자기효능감은 교사 스스로 자신의 직무에 대해 자긍심을 갖고, 직무 가치를 확인할 때 가능하다. 따라서 교사들이 전문가로 인정받을 수 있도록 역량을 강화할 수 있는 방안을 비롯하여 제도적인 지원과 교육과정을 비롯한 수업에 대한 전적인 권한의 부여를 통해 교사들의 자기효능감을 높이고 수업의 변화를 꾀하도록 해야 한다.

---

4) "한국교사들의 직무만족도는 조사국 중에서 중간수준이다. 그러나 교사의 자기효능감(self-efficacy: 자신의 능력과 효율성에 대한 자신감)은 조사국 중 최하위다. 이는 자기효능감을 묻는 질문, 즉 '나는 내 학생들의 삶에 중요한 변화를 주고 있다고 느낀다.', '내가 열심히 노력하면 가장 다루기 힘들고 동기가 부족한 학생도 지도할 수 있다.', '나는 우리 학급의 학생들을 성공적으로 지도하고 있다.', '나는 일반적으로 학생을 어떻게 다뤄야 하는지를 알고 있다.'는 질문에 대해 가장 낮게 응답한 것이다." (한국교육개발원,「한 – OECD국제 세미나 – 새천년 학습자 및 교원」세미나 자료집, 2009. 10. 14, p. 153)

교사들에게는 새로운 시대에 맞는 전문성이 요구된다. 인간존재에 대한 철학적 이해 능력이 있어야 하며, 인간의 성장 경로와 심리적 변화에 대한 안목, 학생의 잠재력을 발견할 수 있는 교육적 식견, 교육활동의 의미를 구성해 낼 수 있는 사유능력, 그리고 자신의 담당 교과에 대한 탁월한 학문적 깊이가 있어야 하는 것이다. 따라서 이러한 전문 역량을 갖추기 위해서는 새로운 프레임의 성장 프로그램을 정교하게 조직할 필요가 있다.

미래사회에서도 교원은 학교교육의 질을 결정하는 핵심 요소이다. 교원에 대해 교직자로서의 전문성, 시민으로서의 자질, 생활인으로서의 태도 등에 대한 사회적 기준이 엄격한 것은 이런 맥락에서 이해될 수 있다. 이런 점에서 본다면 교원은 늘 '학습을 즐기는 존재'여야 하며, 타인과의 어울림을 통해 '삶을 나누는 존재'여야 하고, 무엇보다도 시대적 사명과 요구에 민감한 '시대정신의 담지자'가 되어야 한다. 따라서 단위학교 차원에서는 '교직효능감' 증진을 위한 워크숍 운영, 수업공개를 매개로한 수업연구회 일상화, 다기능 (MFO) 역량 신장을 위한 학교단위 HRM 연수 실시, 교과협의회의 학습ㆍ연구 조직화, 교사 리더십 프로그램의 개발 운영이 필요하다.

2) 교사역량 강화 프로그램

(1) 전문가로서의 교사 정체성 회복 증진 프로그램

- 교사 스스로 자신이 전문가이며 중요한 존재라는 인식이 선행되어야 함.
- 교사 스스로 학습하고 교육과정, 수업, 평가를 창조하는 사람이라는 정체성에 대한 인식 전환
- 교사는 자신이 학생과 함께 학습하고 성장하는 중요한 존재임을 인식하여야 함.
- 교사상에 대한 단위학교 차원의 인식 공유의 작업 필요

(2) 학습공동체에서의 교사의 역량 강화 프로그램

- 미래사회에서는 '학습공동체'로서의 학교 역할이 중시됨.
- 교사들은 이 공동체의 주체가 되어야 하며, 기존의 독립적이고 고립적이었던 교사의 모습에서 탈피하여 협력적으로 전문성을 신장하는 교직문화 필요
- 수업을 매개로 한 연구 및 토론(수업연구회)을 조직할 필요가 있음.

(3) 교과교육연구회 활성화 및 연구 단위로의 전환

- 교과협의회를 교육프로그램, 수업방법, 교재의 재구성, 평가에 대한 교과별 전문적인 연구 단위로 육성
- 대학 및 전문연구자와의 네트워크 구성
- 교과협의회에서 배움중심수업을 실천하기 위한 연수 실시
- 교과직무연수의 주체로서 교과교육연구회
- 교과교육연구회가 교육개혁의 주체가 되어야 함.

(4) 교사 학습동아리 활성화 및 활동 지원

- 교사 학습동아리에 대해서는 일정한 활동비 지원

(5) 단위학교 교과협의회를 중심으로 한 교사 연구분위기 확산

- 교육과정, 수업, 평가에 대한 공동 학습 및 연구
- 학년 및 교과별 공동작업을 통한 교육프로그램 연구
- 교과협의회에 학부모 참여 유도

3) 교사역량 강화 프로그램의 사례

(1) 혁신학교 연수 프로그램: 혁신학교 아카데미

혁신학교의 핵심은 혁신학교에서 창의적인 학력을 추구하고 혁신적인 수업을 담당한 교사에 있다. 이러한 교사 양성을 위해 체계적인 교사연수프로그램을 운영하고 혁신학교를 지속적으로 이끌어 갈 전문가 그룹을 양성하는 혁신학교 아카데미를 운영하고 있다.

혁신학교 아카데미의 운영은 [그림 14]와 같이 이루어지고 있다.

[그림 14] 혁신학교 아카데미 운영체계

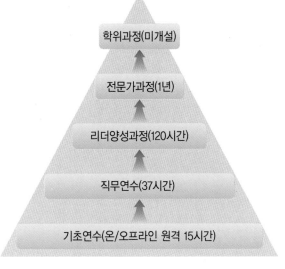

가. 혁신학교 교사 프로그램: 전문적인 혁신학교 교사 양성과정

- 혁신학교 기초연수과정

    - 대상: 초 · 중 · 고 교원 중 혁신학교 철학과 내용, 운영 등에 관심이 있는 교사

    - 기간: 15시간(강의 및 토론 12시간, 혁신학교 탐방 3시간)

    - 내용: 혁신학교에 대한 교원의 마인드 제고 및 공감대 형성

    - 방법: ON/OFF line 연수 중 선택

- 혁신학교 직무연수

    - 대상: 혁신학교 구성원(교장, 교감, 행정실장, 교사)

    - 기간: 33시간(상반기, 하반기 각 1회씩 총 2회 실시)

    - 내용: 혁신학교 구성원의 학교혁신역량 강화

    - 방법: 합숙과정으로 강의 및 토론식 수업

- 혁신학교 리더양성과정

    - 대상: 직무연수를 이수하고 혁신학교를 선도하는 교사

    - 기간: 120시간

    - 내용: 혁신학교 전문교사 양성을 위한 교육과정

    - 방법: 합숙 및 비합숙 과정으로 강의 및 토론식 수업

■ 혁신학교 전문가과정

- 대상: 리더양성과정을 이수한 교사 중 우수교사

- 기간: 1년(NTTP연수 6개월＋현장연구 6개월)

- 내용: 혁신학교 전문가 양성

- 방법: 합숙 및 비합숙 과정으로 강의 및 토론식 수업

나. 혁신학교 관리자 프로그램

■ 혁신학교 최고관리자과정(혁신학교대상)

- 대상: 혁신학교 교장 및 교감

- 기간: 2박3일 과정(1회)

- 내용: 혁신학교운영에 필요한 리더십 및 경영비전 공유

- 방법: 합숙과정으로 강의 및 토론식 수업

■ 혁신학교 최고관리자과정(일반학교대상)

- 대상: 혁신학교에 관심이 있는 일반 학교 교장(80명)

- 기간: 1박2일 과정(1회)

- 내용: 혁신학교의 올바른 이해 및 사례공유

- 방법: 합숙 과정으로 강의 및 토론식 수업

■ 혁신학교행정실장 연수

- 대상: 혁신학교의 행정실장

- 기간: 1일

- 내용: 혁신학교 마인드 공유 및 업무쟁점 논의

- 방법: 비합숙과정으로 강의 및 토론식 수업

(2) 경기도교육청 교원역량혁신 프로그램(NTTP) 사례

가. 추진 배경

■ 교원의 요구를 반영한 체계적 교육 시스템 부재

■ 수업 전문성 및 현장 리더십 역량강화를 위한 맞춤형 연수지원 요청

■ 학교현장이 요구하는 장학 인력의 부족

나. 추진 목적

- 교직 생애 단계에 따른 체계적 교원역량 강화 기회 제공
- 다양하고 심층적인 현장연수로 업무혁신 리더십 함양
- 학교혁신을 위한 컨설팅 장학담당자의 전문성 제고

다. 추진 방향

- NTTP의 체계적 구축과 단계별 교육 프로그램의 정교화
- 교원능력 개발평가 결과에 따른 교육기회 확대
- 학생지도 및 학교경영 등 단위학교 간 상호 연수지원 체제 구축
- 교육지원청 중심 운영의 시·공간적 편의성으로 연수 내실화 도모
- 교원 전문성 신장을 통한 교과과정, 수업 평가 분야 교원 연구 능력 제고

라. 교원역량혁신을 위한 중점과제

- '교직효능감' 증진을 위한 교사연수 및 워크숍 운영
    - 배움·돌봄·복지 담당자로서의 자긍심 함양 프로그램 운영
    - 교사회 차원에서 공동체 프로그램 운영(성찰 및 꿈 나눔 프로그램)
    - 교사조직을 업무조직에서 우정과 환대의 삶의 조직으로 전환
- 수업 공개를 매개로 한 '교과교육연구회'의 일상화
    - 동료 교사 간 수업공개
    - 공개된 수업에 대한 동료 컨설팅의 정례화(수업연구회)
    - 수업연구회 자료집 발간
- 다기능(MFO) 역량 신장을 위한 학교단위 HRM 연수 실시
- 교수·학습, 상담, 돌봄(caring) 역량 강화를 위한 전문가 초빙 연수
- 교사와 학부모가 함께하는 연수로 확대 가능
- 연수 자료집의 일반화
- 단위학교 내 교과협의회의 활성화와 역할 강화
- 평가계획 수립, 평가도구 개발, 교과목 개설 여부는 동 교과협의회에서 결정
- 교과협의회의 학습·연구 조직화

- 교사 동아리 활성화
  - 교사 취미 및 학습동아리 지원
  - 학교 간 교사연합 및 학부모 참여 동아리 운영
  - 동아리 활동 자료집 발간(대중서로 출간)
- 교사 리더십 프로그램 개발·운영
  - 교육행정 리더십 함양 프로그램 개발 운영
  - 수업 리더십 개발 프로그램 개발 운영
  - 심리상담 및 학습상담 리더십 프로그램 개발 운영

1. 혁신학교의 정의

혁신학교는 민주적 자치공동체와 전문적 학습공동체에 의한 창의지성교육을 실현하는 공교육 혁신의 모델학교이다.

혁신학교의 첫 번째 중요한 구조인 민주적 자치공동체라 함은 학교장의 소통과 전문성에 입각한 리더십을 바탕으로, 민주적인 회의체계와 운영원리를 통해 학교의 비전과 교육목표를 함께 만들고 함께 실현하며, 학생들의 적극적인 자치활동 보장과 자치역량 강화, 그리고 학부모와 지역사회의 자발적이고 적극적인 참여와 협육이 활발하게 일어나는 공동체를 말한다.

이러한 구조와 운영 과정에서 교사를 비롯한 학교 구성원들은 상호 소통하고 신뢰하며, 자아존중감과 자아효능감을 높여 전체적인 교육력을 강화해야 한다.

전문적 학습공동체란 교사들의 동료성을 강화하여 서로의 수업에 대해서 개방하고, 교육활동에 대한 대화와 협의를 하는 과정에서 교사가 함께 성장하는 원리와 철학을 담고 있는 교사 전문성 향상을 위한 공동체를 말한다.

이 과정에서 교사는 자신의 수업을 성찰하고, 나아가 새로운 시도를 하여 끊임없는 자신의 성장이 일어나는 것을 통해 교사와 교사, 교사와 학생, 학생과 학생 사이에서 배움이 일어나도록 상호 작용을 하는 주체가 되어야 한다.

창의지성교육이라 함은 인류의 문화에 대한 가치를 소중히 여기고, 지식의 습득을 자신의 삶과 견주어 성찰하며 인간이 인간답게 살 수 있도록 하는 인문학을 바탕으로, 미래핵심역량을 길러 주는 교육으로 요약할 수 있다.

이러한 교육을 위해서는 구성원 모두 함께 협력하여 각 교과를 재구성하는 과정이 필요하며, 협력적이고, 교과 통합적이며, 문제해결력을 높이는 교육과정과 수업의 내용에 대해서 준비하는 노력이 필요하다.

공교육 혁신의 모델학교라 함은 학교가 교육의 본질에 충실할 수 있도록 지지와 지원을 하여 공교육에서도 수준 높은 교육과정이 존재하고, 창의적이고 재미있는 수업이 이루어지며, 학생들의 흥미와 재능을 자극하는 다양한 교육 프로그램이 진행되어 21세기 한국 교육이 나아가야 할 미래지향적 가치를 오늘의 학교 현실에서 구체적으로 실현하는 학교의 본질적인 모습을 찾는 모델이 되는 학교를 의미한다.

이를 통해 일반학교에 적용할 수 있는 사례와 원리를 생산해 내는 공교육 혁신 모델학교, 즉 파일럿(pilot) 스쿨로서의 의미를 부여할 수 있다.

2. 혁신학교의 특징

1) 공교육 희망 만들기 프로젝트로서의 혁신학교

혁신학교는 혁신교육의 철학인 교육의 공공성을 바탕으로 강의식, 문제풀이식 수업보다는 참여와 소통, 협동을 강조하는 수업을 진행하고 학생들의 학습 흥미도와 참여도를 높여 학습부진아를 줄이고 21세기를 살아갈 수 있는 핵심역량을 길러 주는 미래지향적인 교육을 추구해야 한다.

아울러 학교사회복지사, 사서, 상담 교사 등 학생 지원 인력의 확보와 유기적 활동을 통해, 학교생활과 수업에 적응하기 어려운 학생들에게 섬세한 돌봄을 실천하는 보편적 교육복지가 실현되는 희망의 교육공동체를 지향한다.

2) 우리 교육의 지속적인 변화와 발전을 담보하는 학교

혁신학교에서의 교장은 학교의 비전과 교육목표를 교사들과 함께 만들어 공유하고 소통하며, 교감은 교원들의 교육과정과 수업 혁신의 노력을 지원하고 이를 위한 교원의 행정업무경감을 위해 노력하는 혁신의 진정성을 추구하여, 교사들의 자발성을 일으키는 구조를 기본으로 하고 있다.

이는 교사들의 자아효능감과 자신감을 높여 전문적학습공동체를 통한 교육과정과 수업, 평가, 프로그램의 질을 높이는 학교혁신으로 이어져, 위로부터의 개혁이 아닌 아래로부터 필요에 의해 자발적으로 혁신하는 지속 가능한 변화와 발전의 원동력이 되어야 한다.

3) 다양한 집단들에게 다양한 교육을 시키는 학교

혁신학교는 특목고나 자사고처럼 전반적으로 공부를 잘하는 학생들이 모여 균질 집단을 이루고 학교의 효과보다는 학생효과에 기대는 학교의 노력이 덜 요구되는 학교들과 달리 다양한 계층 배경을 가진 학생들이 함께 모여 있어 학생의 성장을 위해서는 학교의 노력이 더 필요하다. 이런 다양한 학생들이 경쟁보다는 협동의 가치를 통해서 서로의 다름과 차이를 이해하면서 성장하는 다양한 교육을 실현하는 학교로서 이 과정을 거친 학생들이 다양한 가치를 가진 소통과 협력의 능력을 가진 민주시민으로 성장하게 된다.

4) '좋은 학교'의 개념을 새롭게 정립하는 학교

혁신학교는 선발권이 없기에 우수한 학생을 받기보다는 일반적인 학생들이 입학한다. 혁신학교는 교육과정과 수업, 평가 방식의 차별화를 통해서 질 높은 교육을 구현함으로써 학생들의 학업과 인성의 성장에 기여하는 학교로, 들어올 때보다 나갈 때 교육 역량을 높여서 나가기 위해 노력하는 학교효과에 더 많은 관심을 갖는 학교이다. 혁신학교는 학생들의 학업 성취도를 입학할 때 수준보다 졸업할 때 더욱 끌어올리는 학교로서 모두의 가능성을 찾아 주기 위해 노력하는 학교이다.

5) 학교혁신을 단위 학교가 주도하는 문화를 만드는 학교

혁신학교는 교육청이 개혁을 주도하는 학교가 아니라, 단위학교에서 교장의 권위적인 리더십이 아닌 섬김의 리더십, 소통과 전문성에 입각한 리더십으로, 구성원들의 신뢰와 자발성을 바탕으로 교사, 학부모, 학생들이 함께 좋은 학교를 만들어 가는 방식을 중시하는 학교이다. 교육청은 단위학교의 자율성과 창의성, 실험정신을 지지하고 지원하는 역할을 하며, 단위학교가 현장의 중심으로 교육을 개혁하는 문화를 만드는 학교이다.

6) 지역사회와의 긴밀한 협력과 협육을 실천하는 학교

현대사회는 학생과 학부모의 교육 수요가 점점 높아지고 다양해지고 있다. 혁신학교의 역할은 교사가 모든 것을 하기보다, 보다 전문성 있는 자원을 잘 발굴해서 학생들에게 연결하여 진로교육, 동아리활동, 협력수업 등을 통해서 학교의 교육력을 더욱 강화하는 체제를 구축하는 노력을 중시하고 있다.

3. 혁신학교의 기본가치와 추진원칙

혁신학교는 난관에 봉착해 있는 공교육의 혁신적 모델을 제시하는 것이 기본목적이다. 혁신학교의 '혁신'(innovation)이라는 말은 공교육 '정상화'(normalization)에서 한 단계 더 나아가, 공교육의 내용적 개혁(transformation)과 발전(progress)이라는 전향적 의미를 내포하고 있다.

오늘날 공교육을 둘러싼 핵심적 사회적, 교육적 문제는 크게 다섯 가지로 요약될 수 있다.

첫째, 사회적 양극화와 더불어 진행되고 있는 교육의 양극화가 보편교육의 공공성을 마비시키고 있다. 교육이 사회의 중추와 지식문화 기반을 강화하기보다는, 양극화되고 공동화(空洞化)된 공교육이 사회의 구조적 불평등을 심화하는 톱니바퀴로 작동할 우려가 생겨나고 있는 것이 그 이유이다.

둘째, 학벌주의와 입시위주 교육이 학교교육 전반을 지배함으로써 빚어진 피상적이고 단편적인 암기위주의 교육이 생각과 사고를 키우는 창의지성교육을 가로막고 있다. 이로 인해 아이들의 사고력과 가치관이 형성되는 중요한 기간 동안 핵심적인 교육력이 낭비되고 있다.

셋째, 경쟁과 이기주의를 일방적으로 부추기는 신자유주의가 무원칙하게 교육현장에 도입되어 학교교육의 본질을 왜곡하고 있다. 학교현장의 많은 변화 노력에도 불구하고, 배움과 지성형성의 본질적 과정인 '협동적 지성'(집단지성)이 간과되고 있는 경우도 많아서 진정한 의미의 협력적 리더십을 기르는 데 실패하고 있다.

넷째, 학교의 내용과 형식에 있어서 혁신의 요구가 거세어지고, 민주화, 정보화, 저출산 환경에서 권위를 부자연스러워 하며 분절화되고 사회성이 약한 새로운 유형들의 학생들이 학교사회의 주체로 등장한 반면, 학교질서는 종래 위계적이고 권위적인 문화에 의해 규정되고 있어 이들 간의 갈등이 학교를 위협하고 있다. 학교의 권위적 지배구조(governance)로 인해 교사, 학생, 학부모 등의 참여적 역할구조가 적절히 작동되고 있지 못하며 이는 다시 학생과 학부모의 소외를 낳는 결과로 이어지고 있다.

마지막으로 미국 주도의 세계화에 대한 잘못된 해석과 맹신적 영어교육 경쟁은 추상적이고 단편적인 국제화 관념을 낳았고, 교육현장을 피폐하게 만들었다. 따라서 국제화의 관념은 평화와 공존, 소통, 협력의 가치보다 경쟁과 영어만능을 중심으로 하는 자기이익을 중시하게 되었다.

4. 경기도 혁신학교의 성과와 혁신교육

'혁신학교'는 혁신교육의 모델을 창조하고 확산시키기 위해서 추진하는 정책이다. '혁신학교'는 학교혁신에 대한 교육 주체의 자발적 노력과 교육청의 행·재정적 지원이 결합된 새로운 학교 모델이자 공교육 혁신의 전략이다. 이러한 정책의 방향에 따라 혁신학교는 학교문화 혁신을 통해 교육 본래의 모습을 회복하고 다양한 배움이 일어나는 미래 지향적 학교의 모델이며 정책적 대안 모색을 통해 새로운 학교교육의 방향을 제시하기 위한 Pilot School로서의 역할을 하고 있다.

'혁신학교'는 학교 교육과정의 다양화·특성화를 통한 모든 아이들의 가능성을 키우는 교육, 학생 개개인 중심의 개별화 학습을 지향한다. 또한 학생·교사·학부모 등 교육 주체들의 민주적 소통과 자발적 헌신, 협력적 문화를 중시한다. 따라서 혁신학교에서는 학생들의 다양한 잠재력과 성장 가능성이 실현되고, 학교 구성원들의 상호 이해와 존중의 공동체 문화가 꽃피우는 미래형 학교에 대한 가능성을 제시하고 구체적인 실천이 이루어지고 있다.

'혁신학교'는 농촌 지역과 도시 소외 지역 등 학교혁신의 필요성이 절실한 지역부터 인구밀집지역 학교와 신도시의 신설학교에 이르기까지, 각 지역의 실정과 교육 주체의 요구에 맞는 다양한 모델로 추진되고 있다. 또한 혁신학교네트워크를 통한 성공적인 혁신 경험의 공유와 발전, 권역별 거점학교를 통한 학교혁신 모델 확산, 혁신학교 벨트를 통한 혁신적 초·중·고 교육의 연계 등을 통해 경기 교육 전체에 변화의 바람을 일으키고 있는 것으로 평가된다.

2009년 9월, 1차로 13개의 혁신학교가 초기 현장의 이해 부족, 짧은 준비기간으로 인한 행정적, 제도적 지원 체제 미비, 그리고 예산확보의 실패 등의 난관 속에서 출발하였다.

여러 가지 현실적인 어려움에도 불구하고 의욕적인 교사들의 참여, 비전과 리더십을 갖춘 관리자들의 적극적인 노력으로 혁신학교는 채 1년이 되지 않아서 학교현장에 긍정적인 변화의 움직임을 일으키는데 성공한 것으로 평가할 수 있을 것이다. 그것은 2010년 1학기 혁신학교 지정을 요청하는 학교의 수가 2009년에 비해 2배 이상 증가하였으며 이들 학교 대부분이 지역의 교사와 학부모들의 모임을 통해서 준비된 학교라는 점에서 단순히 숫자 이상의 의미를 지니고 있다. 혁신학교의 지원 신청은 더욱 늘어서 지역에서 혁신학교를 준비하는 열기는 학교현장을 변화시키는 긍정적인 힘으로 작용하고 있어 교육 혁신에 대한 희망을 갖게 하고 있다.

　이 과정에서 교사들과 학부모들이 보여 준 혁신학교에 대한 기대와 이후 지자체의 혁신학교 유치 경쟁, 혁신교육지구 지정 희망신청 등의 열기는 혁신학교의 짧은 기간 동안의 성과를 성공적인 출발로 평가하는 것이 과장은 아님을 보여 준다.

　경기도교육청의 혁신학교는 학급당 학생 수를 25명 내외로 제한하는 것을 기본으로 하고, 교무보조인력, 상담전문교사, 사서교사, 보건교사 필수 배치로 교사들이 학생 교육과 상담에 집중할 수 있는 교육적 여건을 조성하는 것을 일차적인 과제로 선정하고 있다. 교사들이 학생들에 집중할 수 있는 인프라의 구축이 혁신학교의 정상적인 정착을 위해서 무엇보다 우선적인 과제이기 때문이다.

　그 외에 혁신학교의 효율적인 운영을 위한 행정적인 지원으로 학교장의 초빙권 및 교사 전보유예권을 강화하고 학교운영의 자율성을 대폭 확대하여 학교마다 특색 있고 창의적인 교육과정 운영이 가능하도록 하였다.

　특히, 혁신학교의 체계적인 연계와 발전을 위해 초중고 혁신학교 벨트를 구성하여 혁신학교 교육이 초중고로 연계되어 학생들이 일관된 교육을 받도록 하며, 지역별 협의기구와 컨설팅단을 구성하여 상호협력과 체계적인 지원이 가능하도록 한다.

　혁신학교의 핵심은 혁신학교에서 창의적인 학력을 추구하고 혁신적인 수업을 담당한 교사에 있다. 이러한 교사의 양성을 위하여 대대적인 교원 연수를 진행하고 있다. 현재는 혁신학교 희망 학교 및 교사들에 대해 15시간 기초연수를, 혁신학교 지정교 교원들에 대한 4박 5일 직무연수, 거점학교 중심의 30시간 연수 등을 진행하고 있지만 체계적이고 핵심적인 연수를 희망하는 현장의 요구에 따라 혁신학교 아카데미 설립 등 체계적인 연수와 교사 요원 양성을 추진하고 있다.

5. 혁신학교의 전망과 과제

　경기도교육청의 혁신학교 사례는 3년이라는 짧은 기간에 교육계뿐만 아니라, 학부모, 지역사회에 상당한 반향을 불러일으키는 성과를 거두었다. 반면, 짧은 기간에 추진되는 과정에서 많은 시행착오와 교장공모제에 대한 반대 등 기존 교육계의 저항에 부딪혀 제대로 된 시행과 추진에 어려움을 겪기도 했다. 특히 혁신학교에 대한 이해와 관심 부족으로 인해 행정적인 지원이 제대로 되지 않은 것은 혁신학교 추진 자체에 커다란 장애 요인이 되기도 했다.

　이런 과정으로 인해 경기도교육청의 혁신학교는 학부모들의 높은 관심과 지지를 끌어내는 데는 성공했지만 본격적인 성과에 대한 평가를 하기에는 조금 이르다고 판단된다. 그럼에도 불구하고 현재 운영되고 있는 혁신학교의 진행과정을 살펴보면 충분한 준비과정과 교장선생님의 리더십이 갖추어진 학교들의 경우 짧은 기간이지만 의미 있는 성과를 거두고 있는 것으로 나타나고 있다. 이에 반해 신설학교, 교장공모제 학교 등과 같이 내부 구성원의 동의와 참여가 동반되지 않고 관리자의 의욕이나 교사들의 열정만으로 시작된 경우, 여러 가지 내부적 어려움 속에 혁신학교로서의 기틀을 마련하는데 한계를 보이고 있다. 이것은 교장선생님의 리더십과 교사들의 역량이 함께 잘 조화되는 것이 혁신학교의 성패를 좌우하는 핵심요소임을 잘 보여 주고 있다.

　초기 혁신학교 추진과정에서 애초 약속되었던 행정, 재정적인 지원이 불가능했음에도 불구하고 학교장의 의지와 준비된 교사들의 열정은 온갖 장애를 극복하고 학생, 학부모들에게 수업의 변화와 학교의 변화를 제대로 보여 주고 신뢰를 심어 가고 있다고 평가할 수 있다. 그러한 증거로 혁신학교가 제대로 정착되어 가고 있는 학교의 경우 학부모의 참여의 열기가 예상을 초과하고 있고 인근에서 전학을 희망하는 학생들로 인해 오히려 어려움을 겪고 있다.

　혁신학교의 성과를 혁신교육의 성공으로 연결하기 위한 과제로는 혁신학교의 우수한 교육과정과 프로그램을 혁신학교 간에 공유하고 주변학교로 확산하는 것이 최우선적으로 고려되어야 할 것이다. 이러한 학교 간 협력 네트워크 구축을 위해서 학교 급별 거점학교를 지정운영하며 이들 거점학교는 혁신학교 협의회 및 포럼 운영, 혁신학교 관련 연수 진행, 그리고 혁신학교 관련 과제나 프로그램 개발을 담당한다. 추후 거점학교는 권역별로 확대하여 각 지역의 중심학교로서 권역 내 혁신학교를 지원하고 일반학교의 변화를 견인하는 역할을 담당하도록 할 것이다.

　이와 동시에 경기도교육청은 학교의 혁신을 위한 지속적이고 일관성 있는 정책 추진을 위해 혁신교육의 핵심 정책과 과제로 창의지성교육과 배움중심수업을 추진하고 있다. 창의지성교육을 도입하고 창의지성교육의 이론적 개념화, 교육과정 및 교재 개발 등을 통해 창의적 학력을 체계화하기 위한 기반을 마련하고 있다. 창의지성교육은 혁신학교의 핵심이 교육과정에서 출발하듯이 학교와 수업의 혁신을 위해서는 교육과정에 대한 새로운 시각의 접근과 교육의 내용을 재구조화 하고 수업과 평가를 교육의 내용과 연계된 체계적인 배움이 일어나도록 설계하는 시스템으로서의 교육과정을 근본적으로 고민해야 한다는 문제제기이다. 이는 미래사회의 핵심역량으로 주목되고 있는 성찰적 사유(비판적 사고)와 맥락적 상상(창의성) 능력을 기르기 위한 종합적이고 체계적인 교육과정을 통해 삶의 경험이 내재화되고 미래의 경험에 의미 있게 적용될 수 있는 참된 배움이 교실에서 일어나도록 하는 시도이다.

또한, 공교육 혁신과 활성화의 희망인 혁신학교를 체계적으로 추진하고 내실을 강화하며, 지방자치단체와의 교육협력을 새롭게 재정립하는 혁신교육지구 사업을 추진하여 교육프로그램 위주의 투자를 유도하여 지역전체의 교육 수준을 높여 학교간 격차를 해소해 나가는 것이 혁신교육이 추구하는 주요 정책의 목표이다.

혁신교육의 주체인 교사의 자질혁신을 위해 "경기도 교원자질개선 종합계획"을 추진하고, 교육현장에서 교사들이 교육에 집중할 수 있도록 NTTP 사업을 확대하고 교사가 전문가로 위상을 확립하도록 하는 내용이 포함되어 있다. 혁신교육의 성공은 학교 구성원, 무엇보다 교사들의 이해와 참여를 통해서 보장될 수 있다. 혁신교육이 성과를 얻기 위해서는 교실에서 학생들의 구체적인 변화를 이끌어 내지 않으면 안 된다. 이것은 현장에서 교사들의 수업혁신을 위한 꾸준한 준비와 연구를 통해서만 가능한 일이므로 이러한 현장의 분위기를 만들어가는 노력을 지속적하는 것이 혁신교육의 성공을 위한 필수적인 조건이다. 교사의 역량을 획기적으로 높이기 위한 NTTP 사업은 단위학교의 연구역량강화와 전문가 학습공동체로의 발전을 위한 '배움과실천공동체', 단위학교의 우수한 교육프로그램을 전파하기 위한 '연수원학교', 지역단위의 협력과 연구역량 강화를 위한 '교과교육연구회'를 대폭 확대 지원하고 활성화하기 위한 목적으로 추진되고 있다.

경기도 내 초·중학교에서 보편적 친환경 무상급식을 완성하고, 실질적인 무상교육을 확대함으로써 교육복지를 단계적으로 개선하며 유치원에 대한 무상급식을 확대할 계획이다. 그리고 무상급식을 넘어서 의무교육기간의 교육을 국가와 지방자치단체가 책임지도록 하는 보편적 교육복지를 구현하여 누구나 차별없이 교육을 받을 수 있는 제도를 정착시키는 것이 혁신교육의 성공을 위한 중요한 정책이다.

학교의 정규교육과정을 충실히 운영하는 것으로 추가적인 학습의 필요를 획기적으로 줄여나가는 것이 혁신교육의 목표이다. 일부 수준에 따라서 추가적인 지원이 필요한 경우는 방과후 학교를 통해서 적절한 지원이 가능하도록 "방과후 학교교육지원센터"를 설치해 학교에서 교육의 모든 것이 이루어질 수 있도록 체제를 갖추고 있다.

학부모와 지역사회가 학교교육과 교육행정에 적극적으로 참여해 실질적으로 기여할 수 있는 참여협육의 모델을 통해 단위학교의 민주적 운영과 단위학교의 한계를 뛰어넘는 지역 차원의 거버넌스를 구축하여 학교교육을 입체적으로 지원할 수 있는 체제를 만들어 가고 있다. 이를 통해 학생·교사·학부모 등 학교 구성원들이 소외되지 않고, 각자 자율성과 책무성을 가진 주체로서 상호 소통과 협력을 통해 운영되는 '민주적 학교공동체'를 정착시켜 학교의 변화를 위한 동력을 극대화할 수 있을 것이다. 또한 단위학교의 한계를 뛰어넘는 교육과정의 다양화, 위기 학생에 대한 돌봄 시스템의 구축 등을 위해서는 교육청 – 학교뿐 아니라, 지방자치단체와 지역 시민단체, 복지 및 문화 단체 등이 상호 연계와 협력을 통해 지역을 학습과 돌봄의 공동체로 재구조화하는 것이 필요하다. 학교 내부의 역량을 극대화 할 뿐 아니라 지역의 자원을 학교로 끌어들이고 적극적으로 활용하는 노력이 혁신교육의 성공을 위한 과제이다.

[참고자료: 혁신학교의 기본 철학]

(1) 미래핵심역량 중심의 진정한 배움(공교육정상화, 학력 혁신)
- 미래사회에서 아이들이 살아갈 수 있는 힘, 진정한 지식의 성취를 지향
- 집단적 창의(Collaborative Creativity)에 기초한 지식의 형성과 발전, 자아의 성장을 추구
- 학생의 흥미에 기초한 학업, 경험의 연속적인 상호 작용이 일어나는 학교
- 건강한 사회관계의 형성으로 더불어 살아가는 과정을 통하여 서로가 서로를 교육하는 진정한 의미의 배움이 일어나는 공간
→ 학력에 대한 올바른 정의, 교육과정·수업의 변화·평가체제의 혁신을 위해 연구하는 학교

(2) 능동적인 태도와 탐구의 관심을 유지 발전시켜 스스로 학습하는 배움의 학교
   (아이들 중심의 학교)
- 지식의 학습과 기능적 숙달이 흥미를 기반으로 한 자기주도적 학습 활동의 자연적인 부산물인 교육
- 적절하고 유효한 교육의 내용과 방법이 고정되어 있지 않고 꾸준히 변화하고 발전하는 학교

- 교과학습의 경험이 현재의 경험에 의미를 더해주는 동시에 보다 확장된 경험을 향해 연속적 통합적으로 발전하는 학교
- 개인차와 수준을 반영한 교과 운영 · 평가 방식 개선, 진로 및 진학 지도 내실화

→ 개방적 사고와 연구하는 학교

(3) 교사의 동료성 발현과 헌신성, 자발성을 바탕으로 끊임없이 변화를 추구하는 학교 (전문적 학습공동체)

- 교사 전문성 신장을 위한 노력으로 수업 혁신을 위한 수업 공개 및 연구회 개최, 정기 적인 교사연수 및 연찬, 외부 전문가 컨설팅
- 자율성과 책무성에 기초한 교사 조직 운영
- 동료성(collegiality)에 기반을 둔 전문성 신장 시스템 구축
- 교사 상호간의 신뢰와 동료성을 바탕으로 전문가로서 성장하는 교사 상 확립

(4) 교육복지와 격차해소(책임교육)

- 지역 간 격차 해소와 취약 계층 학생들을 위한 심리적 치유와 돌봄, 위기 가정에 대한 소통 및 지원, 학습동기 및 학습능력 신장 프로그램 등을 적극적으로 지원하는 affirmative action 실천
- 교육소외의 극복을 위해서 소외의 원인을 정확하게 진단하고 그에 따른 개별화된 프로그램 지원
- 교육과정의 유연화와 개별화, 교육소외학생을 위한 '심리 치유'와 '돌봄', 학습능력 신장을 위해 노력하는 책임교육

→ 교육에 대한 학교의 책임 범위에 대한 새로운 사고 필요

(5) 소통과 참여의 교육공동체가 실현되는 민주적이고 개방된 학교(거버넌스)

- 교사의 교직수행과 학교행정조직의 책임이 엄격히 분리되지 않고 모든 의사결정과 정에 구성원 전체가 참여하는 자치가 보장
- 교사, 학생, 학부모가 학교운영에 자율과 책임의식을 갖고 참여함으로서 학교가 모든 사람의 성장을 도모하는 민주적인 공동 삶의 장이 되어야 한다.
- 지역사회의 자원을 적극적으로 활용하고 지역사회가 함께 참여하고 지원하는 학교

→ 소통과 참여에 대한 학교의 인식전환 필요

3

국내의 학교급별 학교혁신 사례

1. 경기 갈곶초등학교

1) 현황

갈곶초등학교는 경기도 평택시에 위치한 공립학교이다. 2009년 9월 공모교장인 최행식 교장의 부임과 함께 경기도교육청에서 추진한 혁신학교를 운영하게 되었다. 학교 시설 면에서는 18학급 규모지만 평택시의 변두리에 소재한 학교이다 보니 인근에 있는 오산 시내로 전출 가는 학생들로 인하여 학급 수가 해마다 줄어드는 실정이었다. 또한 평택시와 오산시의 점이 지대로 주변에 다수의 산업단지 및 농업단지가 조성된 열악한 교육환경 여건 속에서 교육활동이 전개되고 있었으나, 혁신학교 지정 이후 이 학교에도 작은 변화가 일어나고 있다. 인근 오산 시내에서 전입하는 학생들이 해마다 증가하고 있어 2012년 11월 현재, 22명의 선생님과 15학급 300여 명의 학생들이 재학하고 있다.

갈곶초등학교는 농촌지역 소규모 학교로서 열악한 환경 속의 어려움을 극복하고 아이들의 행복한 학교생활을 꿈꾸며 교사, 학부모가 함께 열망하고 바라던 참교육 실현을 위한 교육의 터전을 일구어 내기 위해 노력하고 있다. 2011년부터는 교육적 활동들이 가시적인 성과를 일궈 내면서 각종 언론 보도 및 타지역 학교의 관심을 받아 10회 이상의 벤치마킹 연수를 실시하였으며, 2012년부터는 모든 교육공동체가 하나가 되어 행복교육을 실현하는 창의적인 교육과정 운영 우수교로서의 입지를 확고히 자리매김하고 있다.

2) 학교혁신의 동력 형성

갈곶초등학교는 2009년 공모교장의 부임과 동시에 전 교원과 학교운영위원회의 100% 동의를 통하여 경기도교육청 주관 혁신학교로 지정이 되어 자율학교를 운영할 수 있는 기회를 갖게 되었다. 따라서 혁신학교에 대한 학생, 교사, 학부모 모두가 설렘과 기대감을 갖고 새로운 교육적 시도와 설계를 위한 밑그림을 그리려는 시도가 이루어졌다.

공모교장으로 부임한 교장은 혁신학교 철학에 맞는 학습자 중심의 맞춤형 교육과정 연수 및 교사협의문화 조성을 위해 노력하였고, 이에 '모든 사람이 말을 한다.', '모든 사람이 다 골고루 살게 한다.'라는 만민공생, 대중공생의 사상인 '다사리'라는 교육비전을 제시하여 갈곶 다사리 교육의 기본방향을 다시 설정하였다. 그리고 갈곶만의 창의적인 학교운영을 통해 새롭게 학교교육목표를 설계하게 되어 다시 하나로 결집할 수 있는 기회를 마련하였으며, 동시에 교사들 간의 대화 문화조성을 위해 교사 동아리 활성화, 학년군제 도입, 다양한 교사연수 및 워크숍 등을 통한 나눔과 배려의 문화 확산을 위해 노력하고 있다.

또한 학부모들에게는 다양한 학교 설명회를 통해 혁신철학에 대한 이해, 혁신학교에 대한 안내, 학교장의 경영철학에 대한 이해를 돕고자 노력하였으며, 학부모 소통문화의 정착과 적극적인 참여를 유도하기 위해 교무실 옆 학부모 정보나눔실도 설치하여 운영하게 되었다. 이러한 일련의 과정 속에서 혁신학교운영을 위한 안정적인 시스템이 구축되었으며, 구체적인 학교교육과정 운영계획 수립을 통해 학교 여건을 고려하여 학습자 중심의 교육과정 편성·운영과 교사의 전문성 신장을 위한 지원체제 개선을 위해 힘쓰고 있다.

3) 혁신 추진 전략 수립 과정

갈곶 교육의 핵심 키워드는 다사리와 天·地·人이다. 이는 만민공생, 대중공생의 사상을 지닌 '다사리'와 '배움이 알찬 창의적인 사람'인 天(창의성), '꿈을 키우는 자율적인 사람'인 地(전문성), '가슴이 따뜻한 조화로운 사람'인 人(인성) 즉 핵심 역량을 지닌 우리 아이들의 미래모습을 꿈꾸며 설계한 갈곶 교육의 비전이자 목표이다. 이를 실현하기 위해 다음과 같은 혁신교육 전략을 수립하여 운영하였다.

첫째, 갈곶초등학교는 교사 중심의 학습법에서 벗어나 개별학생의 배움에 초점을 둔 교육 방법을 모색해 보기로 하였다. 이를 위해서 서로 수업에 대한 생각과 고민을 나누는 교사문화가 필요하였으며, 배움 중심 수업활동 전개를 위한 교수법 개발, 배움 중심 문화 조성 등을 위해 학년군, 연구교과 중심의 넘나들기 교사협의회를 활성화하여 전문적 학습공동체 형성에 주력하였다.

둘째, 혁신학교의 성공 여부는 자발성에 있다. 학교운영위원회, 학부모회, 학부모 자율동아리 활성화, 넘나들기 교사협의회, 학생모임의 활성화, 갈곶 다사리 클럽조직 등을 통해 광범위한 의견 수렴과 논의와 토론, 합의가 이뤄질 수 있도록 여건을 마련하는 데 주력하였다.

셋째, 지역성의 가치를 활용하는 교육활동을 전개하여 혁신학교교육의 성공을 극대화하도록 하였다. 지역의 특성이 담긴 수업과 교육과정을 개발하고자 다사리 교육비전이 담긴 애향, 창의, 조화, 배움, 멋이라는 5키(key)를 설계하고 갈곶교육활동을 선별하여 전개하였으며, 학교와 학부모, 지역사회가 적극적인 연대와 협력을 통해 상호 발전해 나가는 학교운영 전략을 수립하였다.

넷째, 아이들의 창의성을 키우기 위해서 블록식 수업, 협동학습, 협력학습, 학생주도적 활동학습 전개, 프로젝트학습, 토론 토의학습 등 다양한 수업방법을 통해 우리 아이들의 생각나눔의 기회를 늘리고, 주도적으로 학습활동을 이끌어 나갈 수 있는 교실문화의 혁신을 위해 교사들의 연구가 지속되고 있다.

다섯째, 교사의 전문성을 강화하는 인사제도를 도입하여 운영하고, 관리자가 솔선하여 행정실무사 중심의 업무경감 추진을 실천함으로써 교사들이 수업활동에 더 치중할 수 있는 여건을 만들고자 노력하고 있다.

여섯째, 학교 구성원들의 역량강화와 외적환경, 지역사회의 인적·물적 자원의 여건에 맞게 학교를 학습조직화 하고 혁신학교답게 가꿔 나가고자 노력하고 있다. 모든 학교의 시설과 공간을 교육활동 중심으로 생각하여 운영하고 있고, 학교예산의 효율적 수립과 집행을 위해 전 교직원이 참여하여 투명성 있는 교육활동 전개를 모색하고 있으며, 학년군제 운영을 통해 예산활동계획 또한 교사들이 주체가 되어 효율적으로 집행될 수 있도록 전개하고 있다.

이로써 갈곶초등학교는 2009~2010년 갈곶 맞춤형 교육과정 편성, 교육활동 중심의 업무 지원체제 정비, 2011년 지역성을 고려한 5키와 5터의 '갈곶 다사리 교육과정' 편성·운영을 통한 체험중심의 교육과정운영, 창의지성 함양 중심의 상시평가제 도입 등 평가체제 개선을 통한 배움중심 교실 문화 정착 및 교사들의 전문성 신장, 2012년 미래핵심역량을 고려하여 재구성한 天·地·人 교육과정 편성·운영, 다양한 해피스쿨 테마체험활동 등을 통해 갈곶초등학교만의 혁신교육의 모습을 정립하였으며, 거듭 새로운 도약을 꿈꾸고 있다.

4) 학교혁신 추진 내용

(1) 창의지성교육과정! 갈곶다사리 天地人 행복교육

갈곶초등학교는 배움이 알찬 창의적인 사람 육성(天: 5~6학년군 중심), 꿈을 키우는 자율적인 사람 육성(地: 3~4학년군 중심), 가슴이 따뜻한 조화로운 사람 육성(人: 1~2학년군 중심) 등 학년군별로 특성을 고려하여 세부적으로 창의지성교육과정을 편성·운영하고 있다.

배움이 알찬 창의적인 교육과정 운영을 위해서 다사리 교육비전을 담은 5性, 즉 창의성, 지성, 인성, 도덕성, 감성을 반영한 넘나들기 천지인 교육과정을 수립하고 5키(key) 즉 애향, 창의, 조화, 배움, 멋을 반영한 해피스쿨 테마체험활동을 전개하여 운영하고 있다. 이를 위해서 교과 간의 벽을 허물고 중심교과 중심으로 넘나들기 교육과정을 재구성하여 차시와 진도 중심의 수업에서 벗어나 깊이 있는 탐구, 체험, 경험이 가능한 배움 중심의 교육활동을 전개하였으며, 블럭수업, 학교 밖 체험데이, 학교 안 체험데이 등을 운영하여 아이들이 행복하게 웃을 수 있고 내실 있게 교과교육활동이 전개될 수 있도록 하였다.

꿈을 키우는 자율적인 교육과정 운영을 위해서는 공감이 가는 학생자율선택활동 강화, 즉 창의체험 아이코스제 운영, 꿈드림 동아리활동, 또래 자율활동 등을 실시하고 있다. 특히 창의체험 아이코스제의 경우 창의체험활동의 자투리 시간들을 모아 학년군 교사들이 자율활동, 봉사활동, 진로활동 등 영역별로 다양한 주제를 정하고 학생들이 자유롭게 선택하여 수강하는 교육방법을 도입하여, 학생들이 나만의 시간표에 따라 학년군별로 창의적 체험활동 수업에 참여하도록 운영하고 있다. 또한 꿈드림 동아리활동은 학생들의 선택을 통한 학생중심 동아리활동이 전개될 수 있도록 하고 있으며, 1블록과 2블록 사이에 있는 자율활동시간은 학생들의 쉬는 시간인 동시에 취미와 관심이 같은 친구들과 함께할 수 있는 시간을 마련하고자 또래자율활동을 운영하여 학생중심의 문화가 형성될 수 있도록 하고 있다.

울림이 있는 해피스쿨 테마체험활동, 즉 다사리지역체험활동, 알콩달콩 생태체험활동, 꿈바라기 진로체험활동, 웃다리문화체험활동, 체력탄탄 계절체험학습 등 다양하게 테마별로 체험활동이 이루어져 교육과정 내에서 직접 체험하고 경험하는 학습활동시간을 마련하고 있다.

감동이 머무는 멋교육활동으로는 한국문화예술교육진흥원 지원으로 덩덕쿵 국악교육, 상급생의 배움이끔이들을 통한 또래배움 악기교육, 의형제 − 의자매 중심으로의 장기자랑 경연의 멋페스티벌 등을 운영하여 학생들에게 풍부한 문화예술적 경험을 제공하고 예술적 심성과 다양한 잠재능력을 길러 줄 수 있는 장을 마련하고 있다.

가슴이 따뜻한 조화로운 교육과정운영을 위해서는 의형제 − 의자매 활동, 행복나눔 독서교육, 몸과 마음이 건강한 어울림활동 등이 이루어지고 있다. 특히 의형제 − 의자매 활동은 홀수학년과 짝수학년 간에 의형제 – 의자매를 맺어 주어 정나눔활동으로 함께 민속놀이, 수련활동, 등산활동, 편지쓰기, 장기자랑 경연, 다락방공부 활동 등이 이루어지고 있으며, 창의탐구활동을 통해서 하나의 주제를 선정하여 맏형, 맏언니가 배움이끔이가 되어 학기별로 프로젝트 학습활동을 전개하고 있다.

행복나눔 독서교육활동 중 엄마랑 행복한 동화나들이 교육의 경우 매주 수요일 또래 자율활동시간을 이용하여 학부모 늘품동아리의 교육기부지원을 통해 이루어지고 있어 학생들에게 따뜻한 감성과 바른 인성 함양을 위해 노력하고 있다.

몸과 마음이 건강한 어울림 교육으로는 바름이 예절교육, 바르고 고운 말을 사용할 수 있도록 하는 한글박사 우리말교육, 건강한 체력을 위한 줄넘기 활동이 매주 1회씩 운영되고 있다.

기초학습교육을 강화하고 충실한 지도를 통한 창의지성교육 함양을 위해서 갈곶초등학교에서는 PQS4R 배움활동 즉, 미리 예습 – 질문 – 정리 – 4번 반복하는 학습활동을 전개하고 있으며, 다양한 요약노트 및 배움 플래너를 활용하여 자기주도적으로 학습하는 습관을 기를 수 있도록 학교와 가정에서 관심을 갖고 학습지도를 실시하고 있다. 또한 개방형 상시평가체제를 도입하여 학생들의 성취 발달 정도를 수시로 확인하고 가정으로 피드백을 할 수 있도록 하였다. 특히 재구성을 통한 교육과정 운영, 깊이 있는 사고력 평가를 위한 서술형 논술형 평가를 50%로 확대하여 운영하고 교사별 평가를 도입하여 창의력을 평가하는 등 학생 성장에 도움이 되는 평가문화의 확산을 위해 노력하고 있다.

(2) 풍경이 아름다운 가르침과 배움이 있는 학교문화 조성

교사에게는 공동체적인 삶을 추구하는 학교 가치 세우는 일과 교육적 성장과 보람이 있는 행복한 학교를 만드는 일이 가장 의미있는 일일 것이다. 이를 위하여 학년군별 넘나들기 협의회를 활성화하고 수업공개를 통해 학생들의 배움의 이해를 풍부하게 인식하고 개별적으로 교수능력을 신장시키도록 하고 있다. 그리고 일반학교에 혁신철학의 가치를 보급하고 정보공유를 활성화하기 위해 분기별로 혁신교육과정의 이해, 가르침과 배움의 이해, 수업긍정코드 바로보기의 배움중심교수법 등 다양한 연수 및 워크숍을 평택시 전역의 교사들을 대상으로 운영하였다. 또한 전문적 학습공동체 형성을 위해서 NTTP 경기도평택초등미래인재교육연구회를 조직하여 연구 활동을 진행하고 있다.

주제 중심 넘나들기 교수 · 학습방법의 개발과 적용, 체험데이 교수 · 학습과정안 작성,

수업 및 학급경영 컨설팅 장학, 전문가 초청 강의, 개인 맞춤형 연수 지원, 실기 연수 등 전문적 학습공동체 운영을 통해 수업 전문가로서의 전문성과 열정 및 실천력을 기르고자 하였다. 배움 중심 수업 환경 조성과 교육과정 중심 학교문화를 조성하기 위하여 주제 중심 교육과정 재구성을 실시하고 있다. 학년별로 주제 통합 차시 주제를 선정한 후 중심교과를 중심으로 다른 교과와 통합하여 재구성 계획을 수립한 뒤 지도시기, 학교행사, 학년 특색활동 등을 고려하여 세부 계획 및 체험데이 교수·학습과정안을 개발하여 실제 학급 수업에 반영하고 있다. 그 결과 수업 혁신을 위한 공동의 노력에 대한 교사 만족도가 높아졌으며, 학생들은 상호 협력적이고 배움이 즐거운 수업 문화가 조성되었다.

기존의 형식적이고 관료적인 교내자율장학 계획을 실제적, 민주적으로 운영하고자 개인별 맞춤형 컨설팅 지원, 실기 체험 위주 교사동아리집중 운영, 배움 중심 수업 전문가 초청 연수 실시, 평택지역 조류탐사 탐방 및 체험연수 확대 등의 다양한 전문성 향상을 위한 연수를 실시하고 있다. 그 결과 수업 전문가로 거듭날 수 있는 전문적학습공동체로서의 기틀을 마련하였고, 활발한 정보 공유 및 교환을 통한 발전하는 교사 문화를 확인할 수 있으며, 남과 더불어 일을 할 수 있는 인성을 갖춘 교육 리더를 기르는 연구활동이 진행되고 있다.

(3) 학교 조직의 학습조직화와 학습지원 환경 구축

첫째, 교육활동의 정상화와 교사들의 교재연구 시간을 확보하여 수업의 질을 향상시키기 위하여 교육활동 중심의 업무조직을 단순화시켜 개편하고 보다 효율적인 업무처리를 할 수 있도록 하고 있다. 행정실무사의 교무업무 및 학년업무 지원을 통한 업무경감 지원 시스템 구축, 자유로운 협의 문화 조성과 정보공유로 신속한 의사결정과 지원이 이루어지고 있다.

둘째, 불필요한 관행, 전달 중심의 회의 등으로 인한 행정력 낭비를 최소화하고 학생들을 위한 교육활동에 전념할 수 있는 여건을 조성하며, 학교 교육력 제고를 위한 예산지원과 교육환경 개선에 중점적으로 노력하고 있다. 학습교구 및 준비물 확보에 예산집행의 우선순위를 두고, 학습교구가 적기에 지급되어 교육활동에서 어려움이 없도록 하고 있다. 또한 자료실을 리모델링하고 학습준비물을 구비하여 손쉽게 이용할 수 있도록 E-쿠폰 스토어(학습자료실)에 학부모도우미를 배치하여 학습자료 관리 및 활용이 원활하게 이루어지도록 운영하고 있다.

셋째, 쾌적하고 편리한 학교환경 구성을 통해 교직원의 복지 향상을 꾀하고 있으며, 수업환경 개선을 위하여 교실, 특별실을 적절히 조성하여 운영하고 있다. 특히 전 교실의 바닥재를 강화마루로 교체하여 자유로운 학습형태에 의한 수업진행이 이루어질 수 있도록 하였고, 도서실, 영어실, 미술, 음악실, 과학실, 종합활동실(학생다모임실), 기초학습실, 돌봄실, 발레실 등을 확보하였다. 또한 생태학습장인 텃밭을 구축하여 학생과 함께 꾸미는 관찰 학습장을 조성하고 있는 등 학생 중심 학습 환경 조성을 위해 노력하고 있다.

5) 공감 울림 감동이 있는 민주적 자치공동체 형성

(1) 참여와 소통의 자치학교

더불어 함께하는 참여와 소통의 자치학교를 조성하기 위해서 갈곶초등학교는 교육공동체의 공감대 형성을 위한 노력을 기울였다. 오프라인 교육활동 홍보를 지속적으로 실시하였으며, 학교 홈페이지, 학부모 연수기회 확대, 학부모 아카데미 활동, 학교교육활동에 대한 성과 반성회 실시 등 학부모의 학교교육 참여 기회의 제공을 통해 참여와 가치공유의 노력을 위해 힘을 기울였다. 또한 주체가 되는 학생자치문화 형성을 위해서 학생 자치활동을 강화하고 민주적 의사결정과 리더십 함양을 위해서 학생 다모임활동과 고장위인 본받기 활동을 전개하였다. 그리고 각종 학생활동 및 행사활동 후 서로의 의견을 나눌수 있는 정보게시판을 운영하여 생각 나눔의 장을 마련하였다. 또한 교사들 간에는 학년군제 운영을 통한 서로 협력적이고 교육과정 운영 중심의 협의, 토론 문화를 조성하고 서로 협력하는 활동을 통해 교사들이 학교 교육의 방향과 비전을 협의·공유하고, 비전을 실현하기 위해 노력하고 있다.

(2) 대외 협력과 참여 확대

갈곶초등학교에서는 학부모의 학교 참여 활동을 자율적이고 적극적인 학교교육활동의 한 영역으로 보고 있다. 따라서 학부모회 조직의 자발적 운영을 통해 학부모들 스스로의 문화를 형성하고 역량을 강화하며, 자기개발을 위한 동아리활동 등을 지원하고, 교육기부 활동을 활성화하는 데 주력하고 있다. 특히 교육기부 학부모 동아리를 활성화하여 방과 후 기초학습 부진아 지도하는 시나브로 학부모동아리, 1~3학년 또래자율활동시간에 동화책을 읽어 주는 늘품 학부모동아리, 매월 2회 생태체험학습을 지원해 주는 들찬빛 학부모둠아리 등이 있으며, 3~6학년 북아트동아리, 플루트 & 바이올린동아리, 디베이트동아리, 주산동아리 등을 지도하는 강사로 활동하는 꿈드림 학부모동아리 등 학교교육활동에 직접적으로 참여하고 협력하는 교육인프라를 구축하기 위해 노력하고 있다. 또한 교육과정 모니터링을 연간 10회 운영하고 학부모 평생학습 및 취미교실을 운영하여 학부모의 성장과 발전을 위해 노력하고 있으며, 학부모 정보나눔실을 교무실 옆에 설치하여 학부모들이 자유롭게 학교에 방문하여 학교교육활동에 참여할 수 있도록 하였다. 그 밖에 다문화 가정과의 교류 활동, 다양한 체험학습을 주도적으로 계획·운영하며, 의형제 – 의자매 수련활동, 등반활동, 알뜰 바자회 등의 학교교육활동에 도움과 지원을 아끼지 않고 있다.

또한 지역사회의 참여기회를 확대하고 고장의 문화, 예절, 환경, 행정 등 교육의 현장을 활용한 교육활동이 활발히 이루어질 수 있도록 하고 큰 예산지원 없이 체험중심 교육활동이 전개될 수 있도록 평택시 문화관광과, 평택농업기술센타, LG전자의 생활과학교실, KT문화재단, 한국정보문화진흥원 등 총 30곳의 지역유관기관 및 지역시설과 대외 협력체제를 구축하고 있다.

[사진 1] 체험활동

[사진 2] 공개 수업

[사진 3] 독서교육

[사진 4] 학부모 연수

2. 경기 대월초등학교

1) 현황

대월초등학교는 경기도 이천시 대월면 해룡산 자락에 위치한 공립초등학교이다. 이 학교는 1932년 2월 11일에 대월보통학교 설립 인가를 받아, 2012년 현재 7,231명의 학생들이 졸업하였다. 도농 복합지역에 위치하고 있으며, 23학급에 이르던 학급수가 2008년 2월 인근 사동초등학교 분리 개교로 인하여 급격하게 줄게 되었다. 그러다 2009년 9월 1일 혁신학교로 지정받아 현재는 19학급 규모의 모습을 갖추게 되었다.

혁신학교 지정 이전, 학부모의 경우 교육에 대한 열의는 높으나 자녀 교육의 방향과 자발적인 참여 의지는 낮은 구성원들이 대다수였으며 하이닉스에 다니는 회사원이 많았고 의외로 농사를 짓는 가정은 여섯 가정에 불과하였다. 교원의 경우 10년 이상의 교직경력자가 73% 이상을 차지하였고, 비교적 자기 주관이 뚜렷하며 학교 업무 위계질서가 매우 바른 편이고 주어진 업무를 배우며 수행해 나가고자 하는 성실성이 뛰어난 집단이었다.

가장 중요한 학생의 경우 시내의 다른 학교에 비해 학력이 낮으나, 남다른 인품을 가진 아이들이 많았다. 교육공동체를 지원하는 가정의 구조는 다자녀가구와 조부모 가정이 상대적으로 많았고, 맞벌이 가정이 64%에 이르며, 등본상으로는 부모와 같이 있으나 실제로 조부모 밑에서 공부하는 학생 수가 반별 평균 2명 이상이었다.

이러한 상황에서 학부모의 교육에 대한 열정과 교사의 성실성을 바탕으로 어려운 환경을 이겨 내고 교육다운 교육을 펼쳐 내어 우리 아이들이 행복한 교육을 전개해 보고자 하는 교육공동체의 열망이 싹트기 시작하였다.

2) 학교혁신의 동력 형성

대월초등학교에서 학교의 변화를 꿈꾸는 계기는 2009년 3월 교사들의 '탁구 동아리'이다. 2008년까지 계속되어진 각종 연구학교와 권위적인 관리자의 리더십에 피로도가 높은 교사들은 '우리가 있고 싶은 학교'에 대해 이야기를 하게 되었고, "우리가 꿈꾸는 행복한 학교는 우리가 만들어 보자."라는 의지를 다지게 되었다. 2009년 9월 1일 초빙교장으로 장성량 교장이 부임한 이후, 장성량 교장의 행복교육철학은 교사들로 하여금 교육에 대해 다시 한번 열정을 쏟아부을 수 있는 계기가 되었다.

'왜! 혁신하여야만 하는가?' 우리 스스로 던진 이 물음에 우린 스스로 답을 찾고자 하였고, 이것이야말로 바로 대월초등학교의 혁신 동력이 되었다.

이것이 행복입니다

대월초등학교장 장성량

해룡산 줄기 따라 펼쳐진 대월면 초지리의 아늑한 마을.
아담하게 자리 잡은 대월초등학교에 이렇게 맑고 밝은 어린이들이
꿈을 키우고 있다는 것은 우리 모두의 행복입니다.

이들은 우리의 내일이며 희망입니다. / 이들은 우리가 살아가는 이유입니다. / 그러기에 우리는 다짐합니다.

이들이 아름다운 꿈을 갖도록 힘써주고 / 꿈을 실현할 수 있도록 도와주고 싶습니다.

이들이 마음껏 생각하고, 마음껏 느끼며 / 마음껏 사랑할 수 있도록 해 주고 싶습니다.

꽃들이 모두 아름답고 별들이 모두 반짝이듯 / 우리는 이들 모두가 아름답게 빛나도록 해 주고 싶습니다.

이것이 바로 삶의 목적이고 진실입니다. / 이것이 바로 우리 모두의 행복입니다.

3) 혁신 추진 전략 수립 과정

2010년 12월 혁신학교 보고회 이후, 오랜 숙고 기간을 거쳐 몇 가지 원칙이 정해지게 된다.

첫째, 자율과 책임, 배려와 나눔을 바탕으로 한 민주주의 절차를 존중하자. 이는 조직 내에서의 의사소통자의 역할을 충분히 이해하고, 토론과 협의 문화를 정착시켜 규율과 규칙에 입각한 자율이 보장된 학교를 만들어 보자는 의지의 표명이었다.

둘째, 도농 복합지역의 특성을 살린 대월초등학교만의 고유한 교육과정을 만들어 보자. 이는 국가수준에서 제시하고 있는 교육과정을 대월초등학교 교육공동체의 실태와 여건을 고려하여 대월초등학교만의 특색 있는 교육과정을 재구성하자는 의지였다.

4) 혁신 추진 내용

대월초등학교의 비전을 구성하기 위해 교사들은 가정방문을 통하여 학부모와 학생들의 요구사항과 실태를 분석하였고, 공교육이 가지고 있는 강점과 약점을 분석하였다. 5년이면 학교를 옮겨야 하는 현실적인 상황, 지식기반 시대에 따른 학부모의 교육에 대한 요구 사항, 그리고 교사들의 의식변화 등 다양한 창구를 통하여 얻은 정보를 재구성하였다.

(1) 비전 설정

공교육의 강점은 강화하고 약점은 보완하며, 대월초등학교 교육공동체의 실태와 요구를 교육학적 입장에서 받아들여 맞춤형 교육과정을 제공하고자 다음의 '3D 메다 활동을 통해 미래를 디자인하는 행복교육' 비전을 구성하였다.

'3D'는 행복교육전략으로 D_Leading(남다른 생각으로 나를 디자인하기), D_Feeling(우리의 삶을 공감과 배려로 디자인하기), D_Dreaming(나의 꿈과 감성을 디자인하기)를 의미한다. '메타 활동'은 자기반성적사고, 성찰능력, 메타인지, 메타정서를 기르기 위한 교육방법으로서 메타일지, 프로젝트, TGB, 블록제 수업 등 다양한 프레임의 변화를 유도하게 된다. '미래'는 시대의식을 반영함으로써 현재의 충실도를 증가시켰으며, '디자인'은 본교에서 추구하는 미래핵심역량이다. '행복교육'은 존중, 배려, 나눔, 소통, 참여, 공유가 있는 학교문화를 의미한다. 비전 속에 행복교육전략, 교육방법, 시대의식, 미래핵심역량, 꿈꾸는 학교문화를 모두 담아 냄으로써, 교육공동체가 비전만 공유하더라도 학교의 유동적 변화에 빠르게 대응할 수 있도록 비전을 구성하였다.

(2) 학교 수준의 교육과정 재구성

이미 제공된 국가수준의 교육과정을 분석하여 본교의 비전을 구현할 수 있는 학교 수준의 교육과정을 재구성하였다. 이는 교사의 전문성 신장과 교사간의 끊임없는 정보 공유와 이해를 필요로 하였으며, 학부모와의 긍정적이고 지속적인 유대관계를 통한 정보의 교류가 요구되었다.

가. D_Leading: 창의인

'남다른 생각으로 나를 디자인하기'를 위하여 배움중심수업, 배움과 평가가 함께하는 PCMA_F 체제, 1인 1연구 등 다양한 프로그램을 전개하였다. 배움중심수업은 교사와 학생을 분석하는 것이 아니고, 교사와 학생의 관계 회복을 통하여 함께 배우고 자기생각을 만들어 가는 과정이다. 행복 찬찬이 학습, 행복 메타일지 작성, 교과간 교과내 주제 통합, 블록제 수업 등 다양한 형태의 배움중심수업을 전개하였다.

배움과 평가가 함께하는 PCMA_F 평가체제는 'Pedagogy Content Meta Assessment Feedback'의 약자로 교육방법의 변화에 따라 재구성한 창의지성 4대 컨텐츠를 메타적 방법으로 가르치고, 질적 평가를 하여 학생들에게 개인별 맞춤형으로 피드백을 제공하는 평가방식을 말한다. 이는 기존의 지식을 재확인하여 서열화하는 Evaluation 체제에서 개인의 강점을 발견하여 개인별·문항별 맞춤형 피드백을 하는 특성발견평가인 Assessment 체제로의 전환을 의미한다. 또한 1인 1연구를 통하여 호기심이 있는 주제에 대하여 조사·정리·분석하여 자신의 생각 만들기에 노력하였다.

나. D_Feeling: 공동체인

'우리의 삶을 공감과 배려로 디자인하기'를 위하여 리더십 캠프와 역사·문화체험을 통한 공동체 훈련, 각종 체험학습과 봉사활동을 통한 자연사랑 프로젝트, 다문화와 학생 인권 및 민주시민 양성을 위한 생명사랑 프로젝트, 학년군 계절 체험활동인 계절학교 등 다양한 프로젝트를 전개한다.

공동체 훈련 프로젝트는 학생이 디자인하는 학교 행사(공부야 놀자!), 학생 자치 활동, 학년군 학생 자율 동아리 운영, 어울림 한마당 등 공동체의 어울림을 통한 공동체 의식 함양에 목적이 있다. 자연사랑 프로젝트는 체험학습 위주의 생태ㆍ문화ㆍ예술 교육과 주변 지역 봉사 단체 방문(학년군별로 계열화)을 통하여 생태적으로 주어지는 자연의 고마움을 깨닫게 하고자 하였다. 생명사랑 프로젝트는 존중ㆍ배려 체험교실 운영, 다문화 상담주간 및 체험 교실 운영을 통한 학생인권교육으로 민주주의 근원을 이해하게 하고, 에코 그린 교육 및 보건 교육을 통하여 환경ㆍ성ㆍ민주시민ㆍ국제이해에 대한 폭을 넓히고자 하였다. 계절학교 프로젝트는 봄캐기, 여름낚기, 가을걷이, 겨울타기 등 학년군별 계절별 특색을 고려하여 체험학습을 전개하여, 행복하고 배움과 우리의 삶을 공감과 배려로 디자인하는 능력을 기르는 데 목적이 있다.

다. D_Dreaming: 미래인

'나의 꿈과 감성을 디자인하기'를 위하여 민속거북놀이와 자채방아놀이를 통한 전통문화계승 프로그램, 언어학습과 진로 탐색 능력을 강조한 TGB 프로그램, 자아발견과 학년군 단위 연극제를 통한 자신의 꿈 찾기, 미래의 아름다운 삶을 위한 작은 문예인 프로그램 등 다양한 프로그램을 전개한다.

전통문화계승 프로그램은 무형문화재로 지정된 '민속거북놀이'를 계발활동과 연계하여 지도하여 전통문화에 대한 이해와 사랑을 깊게 하였다. TGB 프로그램은 언어 학습 능력을 활성화하기 위해 독서ㆍ영어 캠프를 통한 언어 능력을 강화하고, 학년별 발달단계에 따라 맞춤형으로 진행하였으며, 인물ㆍ삶ㆍ가치의 내면화를 통한 진로 탐색 프로그램을 운영하였다. 꿈 찾기 프로그램은 진로적성 및 상담 검사 결과를 반영한 맞춤형 진로지도 프로그램으로, 자신의 꿈을 스스로 발견하고 탐색할 수 있도록 격려하고 촉진하였다. 작은 문예인 프로그램은 미래에 수준 높은 문화적 삶을 누리기 위하여 1~4학년은 특기 선택 학습으로, 5~6학년은 특기 집중 학습으로 1인 1예기를 다룰 수 있도록 하였다.

(3) 참여와 소통을 통한 교육공동체 구축

대월초등학교 교육공동체의 실태를 반영한 그것과 비전을 구현하기 위한 학교교육과정의 재구성으로, 교사들의 교육적 상상력을 바탕으로 한 학교 교육 운영을 통해 얻게 되는 교육적 효과를 기대하는 데 있어 참여와 소통을 통한 교육공동체 구축과 실천은 매우 중요한 부분으로 자리 잡게 되었다.

가. '찾아가는 사제동행'을 통한 참여와 소통의 교육공동체 만들기

3월 말~5월 초까지 학년군 단위의 '가정방문'과 '찾아가는 사제동행'을 통하여 학부모 상담으로 학교 비전의 공유 및 반모임을 활성화하였다. 학년군 실태에 맞게 '가정방문'과 '학급상담' 중 학부모의 선택을 존중한 상담으로 학년군 단위의 학부모 모임을 조직하여, 학부모의 의견을 모아 교육과정에 합리적으로 반영할 수 있도록 하였으며, 교육과정 반영 시 학년군 교육과정 협의회를 거쳐 학기 초 계획된 교육과정을 수정하여 반영하였다.

나. 자율과 참여를 통한 민주적 의사결정을 중시하는 학교 경영

상명 하달식의 교무회의를 지양하고 자발적인 학년군 협의회를 통해 수집된 교사의 의견을 부장교사 회의에서 토론과 협의를 거쳐 선정한 후, 교육과정 및 모든 학교의 운영 전반에 적극 반영하였다. 또한 학생자치회에서 결정한 건의사항 등을 학교운영에 적극 반영하고 학부모 회의와 학교운영위원회를 활성화하였다.

다. 참여와 봉사가 있는 학부모 활동 활성화

학부모 교육 참관을 위한 '학생 · 부모 · 스승이 함께하는 행복교육과정 공유의 날', 학부모 자원 봉사 모임, 체험활동에서의 학부모 참여 유도, 학부모 평생교육 실시, 전문가 초청 학부모 연수 실시, 학부모와 함께 하는 한마음 가족 운동회 실시, 학부모와 함께 하는 대월 페스티벌 등을 통해 학부모가 자연스럽게 학교를 드나들 수 있는 기회를 제공하고 학교의 모든 행사에 적극적인 개입을 유도하였다.

라. 지역과 함께 하는 지역사회 학교

가족과 함께하는 우리 고장 탐방, 토요문화역사체험의 위탁운영, 자채방아 마을의 체험활동 강화, 학교 도서관 개방 등 지역사회의 물적 · 인적 자원을 적극 활용하고 학교 시설을 적극 개방함으로써 지역의 문화적 중심학교로서의 역할을 감당하였다.

마. 사이버 공간의 적극 활용으로 공동체 의식 함양

학교 홈페이지(http://www.daewol.es.kr)를 적극 활용하여 학부모와 학생들의 의견을 적극 반영하고, 인터넷을 통해 교육정보자료를 공유하고, Blended 학습 커뮤티니를 적극 활용하여 집에서도 학습할 수 있는 공간 마련과 사이버상에서의 대화 창구를 통해 공동체 의식을 함양하였다.

5) 혁신의 성과

혁신학교 철학은 대월초등학교 교사들이 가지고 있는 교육에 대한 열정을 어떻게 어디에 쏟아부어야 할지 방향을 잡아가는 데 있어 중요한 푯대의 역할을 감당하였다. '3D 메타 활동을 통해 미래를 디자인하는 행복교육'이라는 비전을 구성하여, 비전 속에 교육목표, 교육방법, 교육내용, 평가, 시대의식, 미래핵심역량, 학교문화를 함축하여 제시함으로써 공교육이 가지고 있는 강점은 강화하고 약점은 보완하였으며, 도농 복합지역의 중규모 학교 수준의 교육과정 재구성을 통한 창의지성교육과정 운영의 가능성을 제시하였다.

[사진 5] 공개수업

[사진 6] 참여·소통의 교육

대월초등학교의 3D 메타 활동을 위한 행복교육 여건을 조성하기 위하여 산업주의 시대의 산물인 '운동'이 아닌 '모범'과 '공유'를 통하여 학교문화를 만들어 갔으며, 비전에서 제시한 미래를 디자인하는 맞춤형 교육과정의 창의적인 운영을 위한 배움과 평가가 함께하는 PCMA_F 교육과정 체제를 창조하였다. 이와 같은 학교의 변화는 교육공동체의 만족도를 제고하여 공교육 혁신의 모델학교를 제시할 수 있게 되었다.

3. 경기 보평초등학교

1) 현황

보평초등학교는 경기도 성남시 판교신도시에 위치한 공립학교이다. 2009년 9월 초대 서길원 교장의 부임과 함께 9학급으로 개교함과 동시에, 경기도교육청에서 실시하는 혁신학교를 운영하게 되었다. 학교 시설면에서는 30학급 규모를 담당할 수 있으나 학생들의 지속적인 전입으로 인해 2012년에는 새로운 건물을 증축하여 47학급, 60여 명의 선생님과 1,500여 명의 학생들이 재학하고 있으며 아직도 학구 내에 전입생의 여지가 많아 4학급 증설예정에 있다. 이 지역은 서울의 강남권 및 분당권에 인접해 있어 도시 문화생활을 가능하게 하며 농촌지역이나 소규모 학교에서나 가능했을 것이라 여겼던 아이들의 행복한 학교생활을 꿈꾸던 학부모들에게 도시형모델학교로서 인정받고 있다. 더욱이 보평초등학교 학교 구성원들의 노력과 교육적 활동들이 가시적인 성과를 일궈 내면서 각종 언론보도 및 입소문 등으로 인해 학생들의 전입이 많아지고 있어 관계자들은 학교거대화에 대하여 우려하고 있는 실정이다.

2) 학교혁신의 동력 형성

보평초등학교는 2009년 개교와 동시에 경기도교육청 주관 혁신학교로 지정이 되어 자율학교를 운영할 수 있는 기회를 갖고 있었다. 그러나 3월 개교가 아닌 주변 아파트의 입주시기에 맞춰 2학기에 개교를 하여 타지역 선생님들의 전입 문제로 교사들이 9월부터 출근을 할 수 있었다. 8월부터는 행정실장 및 개교준비를 위한 교사위원 2명은 각종 시설 점검 및 환경 조성을 위해 노력하였으며, 전학교 겸임근무의 부담과 함께 혁신학교 철학에 맞는 학습자 중심의 맞춤형 교육과정 편성을 위해 연수 및 협의를 실행하였다.

2009년 전반적인 학교운영은 혁신학교의 철학에 입각한 모든 교육프로그램을 진행하였다. 자칫 기존의 전형적인 교육과정 운영은 차기년도의 새로운 출발을 위한 걸림돌이 될 수 있기에 시작부터 큰 그림을 그리는 것으로 시작하였다. 이것은 기존의 프레임이 있었다면 바꾸기 힘들었을 부분이었지만 신설학교의 장점이기도 하였다. 다양한 경험과 경력을 가진 교사들은 새로운 체제에 대한 두려움과 설렘 등으로 매우 복잡한 심경을 토로 하기도 하였으며, 이러한 교육운동이 성공할 수 있을까에 대한 회의적인 태도를 나타내기도 하였다. 그러나 학교장의 지속적인 경영마인드 안내와 교육의 본질에 대한 연수 등을 통하여 차츰 안정적인 모습을 찾아 갔다. 그러한 과정 속에서 혁신학교운영을 위한 시스템 구축, 구체적인 운영계획 수립을 통해 학교 여건을 고려하여 학습자 중심의 교육과정 편성·운영과 교사의 전문성 신장을 위한 지원체제 개선을 중점으로 한 학기의 반쪽짜리 교육과정을 운영하였고 2010년 본격적인 혁신학교운영의 출발점에 서게 되었다. 2010년은 '참 삶을 가꾸는 21세기 교육'이라는 교육비전 아래 교육과정의 다양화 특성화 운영, 교수·학습 활동 중심의 업무체제 등을 중심으로 운영을 추진하였다. 2010년 초빙교사들을 통해 보다 중추적인 역할들이 부여되고, 구체적이고 세부적인 계획들이 도출되면서 학교 운영에 있어서 날개를 달듯이 추진되었고, 커다란 밑그림이 윤곽을 나타내기 시작하였다.

3) 혁신 추진 전략 수립 과정

보평초등학교는 통제적 기제가 별로 없다. 상명하달식의 교무회의보다는 교수·학습 중심의 협의회를 활성화하고, 전문적 학습공동체 형성이 학교 변화의 시작이며, 학습공동체 형성을 통한 교육의 변화로 학교 개혁이 완성될 수 있을 것으로 본다. 또한 학교교육에서 가장 중요한 활동이 수업이고, 이를 통해 교사의 전문적 성장이 가능하다고 생각한다. 학교조직은 수업에 대한 지원을 통하여 학업 성취를 극대화하기 위한 수단을 강구해야 한다. 수업의 질적 관리, 수업의 효율성을 극대화하기 위한 지원체제를 종합적으로 갖추어야 하는 것이다. 이를 위해 관료적인 학교조직을 '학습조직'화하여 창의적인 교육활동이 가능하도록 하고, 분업적이고 피동적인 학교조직을 역동적이고 협력적인 연구실천조직으로 바꾸어 나가고 있다.

첫째, 학교의 불필요한 관행이나 일들을 없애고 효율화시켜 교사들이 행정력으로 인한 에너지 낭비를 최소화하도록 하였다. 둘째, 교사조직을 교무업무 중심의 관료적인 학교조직에서 창의적인 교육활동이 가능하도록 역동적이고 협업적인 연구 실천 조직으로 개편하였다. 셋째, 교사들의 전문적 능력이 신장될 수 있도록 인사제도를 개선하였다. 넷째, 스몰스쿨 시스템을 도입하여 거대학교 조직의 문제점을 해결하였다. 다섯째, 모든 학교의 시설과 공간을 교육활동 중심으로 재편하고, 학교예산 운영에 있어서도 교육활동이 중심이 되도록 개선하였다. 여섯째, 교육활동 지원조직으로서의 학부모회를 조직하고 아동의 학습활동을 중심으로 대외협력 시스템을 구축하였다.

이로써 보평초등학교는 2009년 개교 및 학교발전 계획 수립, 보평 맞춤 교육과정 편성, 교육활동 중심의 업무 지원체제 정비, 2010년 '배움과 나눔의 교과 교육과정' 운영을 통해 체험 중심의 교과 재구성 및 문화예술 프로그램 운영, 평가체제의 개선, 2011년 교수력 관리를 위해 교수 – 학습 방법을 개선하여 배움 중심 수업 및 교사들의 전문성 신장, 2012년 혁신학교 일반화 단계로 전반적인 학교운영의 평가 및 안정화 단계에 이르게 되었다.

4) 학교혁신 추진 내용

(1) 배움이 즐겁고 생활이 행복한 학교
가. 교육과정 특성화 다양화

교육과정을 특성화하고 다양하게 운영하기 위해서는 학생 선택 중심의 교육과정과 학습의 리듬을 고려하여 편성·운영하여야 한다. 교과 차시와 진도 중심의 수업에서 벗어나 깊이 있는 탐구와 숙달, 학생들의 선택적 활동과 협력을 위해서는 블록수업, 모듈 수업, 주기집중학습, 계절학교, 프로젝트 학습 등 창의적인 교육과정 편성·운영이 필요하다. 보평초등학교에서는 무학년제, 집중이수제, 교과교실제, 학년군제, 4학기제 운영, 행사와 연계한 탄력적 교육과정, 프로젝트학습과 연계한 체험학습 등 단위사업의 측면이 아니라 교육과정과 연계되어 맥락적으로 이루어지고 있다.

창의성 교육을 위한 다빈치프로젝트는 주제통합학습, 아틀리에학습, 자유탐구학습, 민주시민교육 등 학습의 다양화를 꾀하고 있다. 배움 중심을 위해 글쓰기, 말하기, 예술적 표현 활동을 중시하는 표현 수업과 협동정신 및 고등정신을 기르는 공동작업, 협동적 탐구, 담화와 토론 등의 협력학습, 세상과 소통하는 능력을 기르기 위해 현장학습, 자연관찰, 조작 학습활동의 기회를 제공한다.

나. 학습 질 관리 교육과정

창의적 교육활동을 위한 평가는 학습의 질 자체를 유지시키는 가장 큰 수단이자 방법이다. 결과로서의 과정을 중요하게 여겨 선별적 기능 위주의 평가 방법은 개선되어야 한다. 이에 기초 보충학습 프로그램 운영, 성장 참조형 평가 체제 구축, 서술형 평가 및 수시평가를 통해 질적인 평가가 이루어져야 한다.

[표 16] 영역 및 평가 방법(보평초)

내용적 지식 평가	지식·개념, 이해 평가는 교과내용에 대한 평가로, 단순한 지식이나 개념, 기억과 계산, 설명과 이해의 영역을 평가하며, 단원평가 및 형성평가를 통해 이루어진다.
과정적 지식 평가	탐구 기능 평가는 교육과정 운영에 따른 학생들의 문제해결 과정을 평가하는 것으로, 수행평가(실험, 조작, 보고서 작성 등) 및 서술·논술형 평가를 통해 이루어진다. 창의적 사고력 평가는 서술·논술형 평가를 통해 학생들로 하여금 주어진 문제에 대해 자신의 생각을 구조화하여 글로 표현하도록 한다. 창의적 사고력 평가는 단편적인 지식의 암기를 지양하고, 창의력, 문제해결력 등 고등 정신능력을 함양하는 데 기여한다.
실천적 지식 평가	배움의 호기심, 능동성 평가는 평가의 중요한 요소로 학생들의 태도 및 정의적·인성적 측면을 평가한다. 문제를 해결하는 과정에서 나타나는 배움에 대한 호기심, 학습에 참여하는 태도, 상호 협업 능력, 의사소통 능력, 대인관계능력 등의 정의적·인성적 영역을 평가할 뿐만 아니라, 행동적 변화 과정을 자기 기술 방식으로 평가한다.

배움의 과정은 호기심이나 능동성, 적극성에서 시작하여 참여(실천)하고자 하는 의지나 태도를 통해 삶 속에서 체득되어지는 과정이라 할 수 있다. 배우고자 하는 능력(실천적 지식), 배우는 능력(과정적 지식), 배운 능력(내용적 지식) 등이 제대로 평가되어야 할 것이다.

다. 배움중심수업

■ 수업 성찰 – 행복한 수업

교사의 내면적이고 전문적인 성장을 위해서는 단계적이며 유기적인 체제가 필요하다. 즉 수년간 무의식적으로 반복되어 온 자신의 수업적 측면을 되돌아봐야 한다. 다양한 형태의 수업 성찰은 자신뿐 아니라 동료의 참여와 함께 이루어져 경험주의에서 벗어나야 할 것이다.

■ 수업 나눔 – 발현적 수업

자신의 경험과 사고에서 벗어난 자신의 수업 성찰을 이루었다면 동료교사들과의 정보 공유 및 개방을 통해 한 단계 성장할 수 있는 기회가 필요하다. 교실 왕국에서 벗어난 개방은 동료집단 간의 유기적 관계를 형성할 뿐 아니라 수업의 전문성을 증진시키고 관계와 의사소통 능력을 향상시켜, 학습 조직화를 넘어 학습공동체로서 교사의 전문적 성장을 이룰 수 있다.

■ 수업 개발 – 창조적 수업

일반적인 여러 수업 방법들은 배움 중심의 수업을 이루기에는 한계가 있다. 창의지성교육과정을 운영하기 위해 의미 있는 수업이 되도록 해야 한다. 공동 수업, 체험중심의 프로젝트 수업, 성장 중심의 평가 등은 단편적 의미를 넘어 각각의 활동들이 유기적이며 맥락적으로 연계되어야 한다. 교사들은 전통적인 수업 방법을 넘어서 새로운 수업의 방법을 모색하고 실천함으로써 또 하나의 성장을 이룰 수 있다.

(2) 가르침이 보람된 학교
가. 민주적 자치공동체

먼저 전체 교사들이 함께 협의하여 교육과정을 운영할 수 있도록 스쿨회의를 두고 있다. 작은 학교에서는 교사 주례회의라고 하여 매주 전체교사들이 모여 학교의 현안을 토의하며, 큰 학교에서는 전체 교사회의보다는 학교를 몇 개의 작은 학교로 나누어 작은 학교단위의 교사협의회를 진행한다. 보평초에서는 학교단위의 협의회를 진행하기 어려운 현실적인 상황을 감안하여 Small School을 운영하고 있으며 이러한 Small School에서 운영하는 회의가 스쿨회의이다. 스쿨회의에서는 학급의 문제부터 스쿨 교육과정 운영까지 모든 일들을 협의하고 함께 협의한 결과를 가지고 일을 진행한다. 이러한 협의 과정에서 크고 작은 갈등이 나타나기도 하지만 모든 사람의 의사와 견해가 고려되고 존중되는 합의의 과정으로 진행된다. 이러한 교사회의를 통하여 교육에 대한 일들을 소통하고 학교의 크고 작은 일들을 결정해 나감으로써 민주적인 소통의 문화가 정착될 수 있는 것이다. 이와 함께 교육과정 협의회를 두어 각 스쿨의 교육과정 진행을 조율하며 함께 공유한다. 각 스쿨별 교육과정 운영부장과 연구부장을 중심으로 진행하며 전체적으로 일정을 공개하여 참여하고 싶은 교사들이 모두 참여하고 열린 구조로 회의가 진행된다.

학기별로 진행되는 교육과정 반성회는 학교문화의 비생산적인 요소를 파악하고 해결해 나가는 것으로 매우 중요한 과정이다. 교육과정 반성회를 통하여 학교교육의 장애요소를 함께 진단하고 인식하고 공유하는 것이다. 이러한 과정을 통하여 모든 교사들이 자신들의 생각을 함께 나눌 수 있으며, 학교의 비전을 함께 공유할 수 있다. 교육과정 반성회는 학기 초 계획했던 학교의 계획을 한 영역씩 나누어서 그 계획의 옳고 그름부터 도달정도의 과정까지 이야기를 나누고 덧붙여서 개선할 수 있는 방안도 함께 토의한다. 이렇게 스쿨별로 모여진 핵심쟁점들은 다시 학교 전체의 교육과정 반성회를 통하여 학교전체에서 공유되고 토의된다. 그 후 결과에 따라 학교교육과정에 반영된다. 학교의 1년 교육과정의 큰 틀들은 교육과정 반성회를 통하여 계획되고 점검되고 실행되는 것이다. 또한 학교 교육과정 운영 및 학교생활에서 중요한 현안이 생길 때 비정기적으로 전체 부장교사들과 관리자가 참여하는 회의가 있으며, 관리자와 멘토, 멘티 선생님들이 함께 학교 교육 활동을 이야기하는 자리도 있다. 매월 1회 전체 선생님들이 모이는 자리는 연수 및 학교의 일들을 전달하는 형식으로 진행하고 있다.

나. 전문적 학습공동체

보평초에서는 수업을 '관계와 의미'로 바라보고 있다. 교사들의 관계적 수업은 학생들의 능동적 학습양식을 성장시킬 수 있는 수업 기제로 교사 자신이 먼저 습득해야 하는 행동양식이다. 수업성찰을 통해서 학생 개개인과의 새로운 관계를 만들어 갈 수 있는 공감, 소통, 인정의 학습기제를 습득할 수 있으며, 지시, 관리, 통제에 의한 억압적 통제기제와 경쟁, 평가, 보상에 의한 우열적 변별기제에서 벗어날 수 있다고 생각한다. 수업의 발전이 아이들과의 바람직한 관계를 형성하고 학생들이 주체적으로 학습할 수 있도록 자신을 돌아보고, 동료교사들과 수업을 반성하고 평가하는 과정을 통하여 발전해 간다고 믿는다.

이와 함께 새로운 수업을 개발하기 위하여 노력해 왔다. '어떻게'를 중심으로 진행되던 방법 중심의 수업 연구를 벗어나 수업의 의미를 생각하는 '왜, 이 수업을 하는가?'라는 물음을 중심으로 수업의 의미를 찾기 위하여 노력했다. 팀티칭과 공동수업, 프로젝트 활동 등 공동의 작업은 이러한 과정을 집단적으로 실천함으로써 놀라운 교육적 경험과 즐거움을 안겨 주었다. 수업에 대한 기존의 관념에서 벗어나 함께 고민하고 실천하는 과정에서 교육적 상상력은 기존의 내용(text), 시간(40′), 장소(교실), 교수자(담임교사)의 획일적인 고정관념에서 탈피하여, 내용(교과서 밖의 text), 시간(단위수업, 등교시간, 중간놀이, 점심시간), 장소(교실, 체육관, 교문, 마을), 교수자(담임, 담임 외 선생님, 학부모)로 확대·적용되었다. 또한 교육적 상상력이 확대·적용된 수업은 놀라운 교육적 경험으로 다가왔고, 학생들은 학교에서의 모든 생활에서 배우고자 하는 능동적인 모습을 나타내었다.

보평초에서는 교사들의 능력을 강화시켜서 수업과 교육과정을 변화시키겠다는 생각을 가지고 학교개혁을 접근해 왔다. 먼저 민주적 생활공동체를 만들고 이를 바탕으로 전문적 학습공동체를 만들어 가는 전략을 사용한 것이다. 2012년 진행된 수업컨퍼런스를 통하여 이러한 수업 전략들이 옳았다는 것이 증명되었다.

혁신학교 3년째인 2012년에 들어서 각 학년별로 수업협의회가 만들어지기 시작했으며, 각 학년에서 자연스럽게 '수업을 어떻게 할 것인가?'가 교사들의 중심과제로 제기되었다. 교사들이 자신들의 이야기를 수업을 통하여 하기 시작한 것이다. 이러한 전문적 학습공동체 형성과 이후의 수업에 변화가 나타나기까지 보평초에서 실천한 수업 전략은 다음과 같다.

첫째, 개인의 역량에 의존하기보다 학습공동체를 통한 집단 성장을 도모한다. 둘째, 장학과 코칭에 의존하지 않고 자기성찰과 공동 작업을 통한 수업성찰과 수업개발 방법을 취한다. 셋째, 특정 이론의 적용을 위한 연수에 의존하지 않고 임상활동을 중시하는 반성적 실행, 상황학습을 통하여 교사의 성장을 도모한다. 넷째, 수업의 구조와 개념, 모형과 방법에 의존하지 않고 관계적, 의미적 수업을 만들어 나간다.

[그림 15]은 보평초등학교에서 행복한 수업을 만들기 위해 활용한 전문적 학습공동체를 통한 수업개발 전략이다.

[그림 15] 전문적 학습공동체를 통한 수업개발 전략

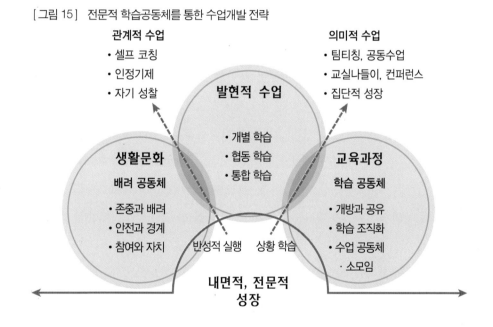

(3) 지역과 함께하는 열린 학교

가. 학교조직의 학습 조직화

교사들의 행정적 업무를 교육과정 중심으로 전환하고 교육과정 활동을 진행하는 과정에서 교사들의 협력활동이 자연스럽게 일어날 수 있도록 연구 · 실천조직으로 전환하는 것을 핵심과제로 설정하였다. 먼저 교육과정 운영을 책임지고 있는 스쿨을 중심으로 교육과정운영부와 교육과정지원부로 나누어 교육과정 운영을 강화할 수 있도록 조직하였다. 학생생활 지도 및 교과연구는 학년을 중심으로 진행하되 스쿨의 지원과 지도를 받으며 함께 토의하고 함께 해결해 나갈 수 있도록 하였다. 이러한 과정에서 교사들의 협의를 통한 협력적 활동이 증가되고, 교육과정 운영을 위한 연구·실천 활동이 교사들의 주된 활동으로 자리 잡게 되었다. 이와 함께 스몰스쿨 연구실, 자료실, 회의실 등 학년군 단위의 독립적인 공간을 지원하여 이러한 협의를 통한 교육활동이 자연스럽게 일어날 수 있도록 하였다.

보평초에서는 학년군 교육과정의 안정적 운영과 교사들의 전문성 강화를 위하여 교원 인사제도를 개선하고 있다. 협력활동이 중심이 되는 연구·실천조직으로서의 교사조직에서 가장 중요한 것이 교사들의 협력과 배려이다. 서로 협력하고 배려하면서 연구·실천할 수 있어야 한다. 이를 위해서는 교육과정 운영에 대한 전문적인 능력과 함께 교사들을 함께 아우를 수 있는 역량 있는 교사가 필요하다. 보평초에서는 수석부장을 두어 이를 해결해 나가고 있으며 신규교사가 많은 학교의 특성상 신규교사의 역량을 강화하기 위한 멘토 교사제를 운영하고 있다. 멘토 교사는 고경력 교사들이 담당하며 실질적인 멘토활동이 일어나도록 학교차원에서 지원하고 있다.

교과전문 역량을 강화하기 위한 학년 중임제를 운영하고 있다. 매년 바뀌는 학년에서 교사들은 교과에 대한 전문성을 가지기 힘들다. 따라서 교과전문성을 확보하기 위해서는 같은 학년을 다시 맡는 학년 중임제가 꼭 필요하다. 이화여대부속초등학교에서는 같은 학년을 4년간 맡는 것으로 규정하고 있다고 한다. 하지만 매년 교사들이 이동하는 공립학교의 현실을 감안하여 보평초에서는 2년간의 중임을 선택하고 있다. 이러한 중임제의 정착에서 가장 어려운 것이 고학년 교사들을 희망하지 않는다는 것이다. 이러한 어려움을 해결하기 위하여 고학년 교사에 대한 업무 경감과 함께 능력 있는 교사들의 협조를 받아 해결해 나가고 있다. 교직원 간 합의를 통한 합리적 업무조정과 개별상담 및 조정기간을 통하여 인사제도로 인한 교사들의 불만을 최소화하는 데 노력하고 있다.

나. 학습 지원 환경 구축

첫째, 행정실과 교무실을 통합하여 개방적이고 협업적인 지원시스템을 구축하였다. 원스톱 업무결재 시스템을 구축하여 신속하게 업무를 협의 진행할 수 있도록 하였으며, 행정실무사의 채용으로 행정지원업무의 전문성과 연속성을 강화하여 실질적인 교원의 업무경감이 이루어지도록 하고 있다.

둘째, 학교 교육력 제고를 위한 예산지원과 교육환경 개선에 중점적으로 노력하고 있다. 학습교구 및 준비물 확보에 예산집행의 우선순위를 두고, 학기가 시작되기 전에 학습 준비물 확보가 되도록 하고 있다. 또한 학습자료실에 도우미를 배치하여 학습자료 관리 및 활용이 원활하게 이루어지도록 하고 있다. 또한 교사의 팀 연구 활동, 자료 공유 활동, 신규 멘토 활동 등 전문성 신장 및 학습공동체를 형성하기 위한 활동에 예산을 우선 지원하고 있다. 교사연구회 및 협의회, 동아리 활동에 예산을 지원하고 있으며, 교사 도서비를 확충하여 지원하고 있다.

셋째, 교실수업 중심 사고에서 벗어나 창의적 교육과정 운영이 가능하도록 학교 공간을 학습 환경으로 재구조화하기 위하여 노력하고 있다. 도서실, 어학실, 미술실, 음악실, 과학실, 학생 회의실을 확보하고, 생태 및 예술 환경 구축을 위해 학생과 함께 꾸미는 관찰 학습장 조성하고 있다. 그리고 동물사육장, 생태 연못, 농사 텃밭, 암벽시설 및 모래놀이터 등 외부 학습장을 조성하였으며, 학생중심의 시설환경을 구비하였다. 또한 외부 전문가 참여를 통한 학교 디자인을 전반적으로 구성하고, 학생들이 학교 벽면 꾸미기, 미술 전시, 설치미술, 벽화 그리기 등의 활동에 참여하게 함으로써 학생들이 학교의 공간이용에 대한 관심을 가지며 시설에 대한 애착을 가질 수 있도록 하고 있다.

다. 대외 지원과 참여 확대

보평초에서는 학부모의 학교 참여 활동을 자율과 봉사의 개념으로 접근하고 있다. 학부모회 조직의 자발적 운영을 통해 학부모들은 스스로의 문화를 형성하고 역량을 강화하며, 자기개발을 위한 동아리활동 등 자율적 활동을 강화해 나가고 있다. 문화답사 기행 및 조기축구회, 가족과 함께하는 주말농장 운영, 학부모 평생학습, 취미교실 등을 통하여 자율적인 학부모 문화를 만들고 있다. 또한 학년 학부모회를 통하여 교육과정 간담회 등 학교의 교육과정에 참여함으로써 학교 교육의 동반자로서의 역할을 수행하도록 하고 있다. 학생들의 교육활동 지원은 학부모회의 중요한 역할이다. 창의적 체험활동 등 학생들의 학습활동에 직접 도움을 주는 학습지원단, 우리나라 동화 및 영어 동화책을 읽어 주면서 도서지원활동을 담당하고 있는 책 읽어주기 동아리와 도서지원단, 급식지원단 등 학생들의 교육활동을 돕는 봉사활동을 학부모회의 중요한 역할로 인식하고 있다. 또한 학부모회에서 학생들의 교육활동을 위하여 학생동아리 활동을 운영 및 지원하고 있다. 토론 동아리인 디베이트반을 운영하고 있으며, 음악감상 동아리인 페르마타와 해마루 연극 동아리와 연계한 연극 동아리 및 영화 감상동아리인 보평 시네마테크를 운영하고 있다.

5) 학교혁신의 성과

    여러 소규모 학교들이 새로운 교육의 패러다임을 가지고 학교교육을 새롭게 만들어 가고 있음에도 불구하고 여전히 공교육의 외곽에서 일어나고 있는 작은 변화에 불과하다는 근본적인 한계를 극복하기는 어려운 일이다. 기존의 공교육을 주도하던 시각에서는 여전히 없어질 수 있는 작은 학교들의 변화에 불과한 것이다. 이러한 한계를 극복하고 공교육을 개혁하기 위한 방안으로 도시의 거대학교를 새롭게 바꾸기 위한 방안이 필요하다 할 수 있겠다. 보평초등학교는 이러한 한계점을 극복하고 대규모 도시형 학교에서도 혁신교육이 가능하는다는 것을 입증하려던 의지가 성공할 수 있음을 보여주는 지표가 되고 있다. 우리나라에서 가장 많은 비중을 차지하고 있는 도시의 대규모 학교를 개혁하기 위한 교육과정 및 학교조직운영, 교육활동중심의 새로운 학교문화 만들기 등 학교개혁 운동을 위한 기준이 될 수 있는 학교 모델로서 그 역할을 충실히 수행하고 있다.

[사진 7]　공개수업

[사진 8]　동아리 활동

[사진 9] 학부모 연수

[사진 10] 아뜰리에 학습

[사진 11] 자유 탐구 학습 – 서울 시장 인터뷰

[사진 12] 방과후 활동

[사진 13] 예술적 표현 활동

4. 경기 조현초등학교

1) 현황

조현초등학교는 용문산 자락의 9개 마을 어린이들이 다니는 60여 년의 전통이 있는 전형적인 시골학교이다. 한때 18학급 규모였던 것이 점점 학생 수가 줄어들어 2007년 당시 6학급에 이르렀고, 폐교 위기에 몰린 적은 없지만 도시 학교와는 비교될 수 없을 정도로 열악한 교육환경 속에서 늘 정체돼 왔다. 용문산 관광지구가 학구 안에 있어 학부모들은 관광객을 상대로 하는 식당이나 펜션과 관련된 일을 하거나 농사, 기타 상업에 종사하고 있다. 20% 정도의 한 부모 가정 어린이들 중에도 부모와 떨어져서 할아버지, 할머니와 살아가는 경우가 많았고, 외지에서 들어온 사람이 40% 정도 되었다. 대부분의 어린이들은 하교 후에는 거의 방치되거나 혹은 버스를 타고 10분 거리에 있는 면 소재지까지 가서 학원을 다니거나 집에서 방문 학습지를 하는 정도였다.

조현초등학교는 양평군 안에서도 교사들을 특별히 끌어들이는 요인이 없는 곳 중 하나였다. 면 소재지도 교통이 편리한 곳도 아니고, 덕망 있는 관리자가 교사들을 끌어들이는 곳도 아니었다. 그래서 교사들은 타 시군에서 들어오는 교사들로 채워지거나 연구 점수를 위해 전근을 와서 목적(점수 또는 최소 근무 연한 2년)을 이루면 전출 가는 곳으로 알려져 있었다. 교사들의 많은 업무 양과 더불어 학습 및 생활 지도를 학교에 전적으로 맡기는 학부모들의 정서로 인해 교사들이 받는 중압감은 클 수밖에 없었다. 늘 정체된 학교 분위기가 2007년 9월 내부형 교장 공모제를 통해 오게 된 이중현 교장을 통해 변화의 길을 걷게 된다.

2) 학교혁신의 동력 형성

2007년 9월 부임한 이중현 교장은, 교직원회의와 학부모총회에서 2011년까지 4년의 임기 동안 '교원의 자발성으로 작은 학교의 새로운 모델 만들기'를 지향하겠다는 뜻을 밝히며, 그 해 10월부터 2008년 2월까지 5개월 동안 많은 시간을 할애하여 토론과 회의를 반복하며 조현초등학교만의 비전과 가치를 세워 나갔다.

처음에는 초기 공모교장에 반신반의했던 학부모들은 변화를 위해 노력하는 학교와 교사들의 모습을 보면서 점차 학교에 관심을 갖기 시작하였다. 이후 학부모들은 그동안의 수동적인 학교 참여에서 벗어나 학교 교육활동을 도우려는 적극적인 모습으로 바뀌었다.

3) 혁신 추진 전략 수립 과정

학교장은 학교의 제반 문제들에 대해 교사들과 함께 논의하고 민주적으로 의사를 결정하는 구조를 만들었으며 교사들을 학교운영의 주체로 설 수 있게 했다. 학교 교육활동 전반에 걸쳐 되돌아보면서 그동안 관행적으로 실시해 왔던 행사나 교육활동을 없애고 국가수준의 교육과정과 학교의 교육환경에 맞는 교육과정을 만들어 나갔다. 우리 사회의 다양한 교육문제와 시대의 변화 등에 따른 우리 교육의 과제를 바탕에 두고, 학교의 교육환경에 대한 SWOT 분석을 이용하여 조현초등학교만의 교육과정을 만들어 나갔다. 학교 주변의 자연 생태적인 환경과 소인수 학급으로 대표되는 강점(Strength)요인과 학력 격차를 극복하고 다양하지 못한 교육과정과 교사의 업무 과중이라는 약점(Weakness)요인, 공모형 자율학교 지정과 친환경생태지역이라는 기회(Opportunity)요인과 문화예술교육 기반이 취약하고 일정 규모 이하의 소규모 학교 통폐합이라는 위협(Threat)요인을 분석하고 이를 토대로 전략을 수립했다. '교원, 학부모, 학생, 지역사회의 참여와 자치로 운영되는 공동체학교, 학생의 창의성과 자기주도적 학습을 중시하는 학습자 중심의 학교, 지역사회에 긍지와 희망을 주는 학교, 교육격차 해소와 복지를 위해 노력하는 학교'로 만들고자 했다.

4) 학교혁신 추진 내용

(1) 교육 내용의 다양화

학력향상과 지역사회의 장점을 살리고 부족한 점을 보완한 학생 활동중심의 교육과정을 위해 학교 교육과정을 재구성하여 아이들의 능력을 최대한 살리고자 하였다. 학교 교육과정의 재구성 수준은 각 교과 내에서 조현 교육의 지향에 맞는 내용의 선정 및 강조, 부분적인 교과 간 통합이었다.

조현초등학교의 교육과정은 크게 조현교육과정 9형태와 각 교과 활동을 지원하기 위한 다양한 프로그램으로 구성되어 있다. 조현교육과정 9형태는 교과 영역에서 6가지 형태로 재구성하고, 재량활동(1가지 형태)과 특별활동(2가지 형태)을 학교교육의 배경과 지향에 맞는 형태로 재구성한 것이다. 디딤돌학습은 뒤처지는 학생이 없도록 하자는 목표로 언어, 수리 영역의 기초 기능을 숙련하는 교육과정이다. 다지기학습은 학교를 졸업한 학생 누구나 리코더를 자연스럽게 연주하며 우리의 민속놀이를 익히고 체력도 키우기 위해 만들어졌고, 발전학습은 학생들이 스스로 만들어 가는 자기주도적 학습이다. 통합학습은 교과의 내용을 통합하여 체험형으로 운영되고 있고, 생태학습은 학교와 마을 주변의 우수한 생태환경을 활용하여 오감체험을 하는 활동이다. 문화예술학습은 자신을 표현하며 이웃과 세계를 이해하고 창의력을 신장하고 지역·사회·삶과 연계된 교육과정이 되고자 했다. 창조학습은 학교의 우수한 생태환경을 활용하고 부족한 문화예술 체험을 보완하고자 재량활동 시간을 생태문화예술 교육과정으로 편성·운영하고 있다. 그 외에 학생들이 학

[표 17] 교육과정 9형태 시간 배정 사례

학습형태	관련 교과	내용	시간 배치	연간 시수
디딤돌학습	국어, 수학	어휘, 연산 중심	월, 화, 수, 목 블록 내 20분	각 34
다지기학습	음악, 체육	리코더 연주, 줄넘기	해당교과 시간 및 과제활동	
발전학습	전 교과	학생이 만들어 가는 교육과정	첫째, 셋째주 토요일 2시간	17~34
통합학습	교과통합	현장체험형	연 4회	24
문화예술학습	국, 체, 음, 미	연극, 무용, 뮤지컬, 시각디자인	각 12시간	각 12
생태학습	교과통합(무학년제)	생태탐사 활동	연 2회	12
창조학습	재량활동	생태문화예술교육	주기집중	16
동아리	특별활동	동아리 활동	첫째, 셋째주 2시간	34(4~6학년)
어울마당	특별활동(무학년제)	학생이 만들어 가는 교육과정 활동 (학교, 학년별 운영)	매주 수요일 1시간	34

교의 행사를 직접 계획하고 운영해 봄으로써 자발성과 자립심을 기르고 학생 자치활동의 활성화로 건전한 학생문화를 정착하고자 하는 어울마당, 4~6학년의 계발활동으로 학생 스스로가 만들어 가는 동아리 활동이 있다.

교육과정 운영에 활기를 불어넣는 것이 있다면 여러 가지 지원 프로그램들이다. 지원프로그램은 대부분 교과 수업 시간 안에서 진행되며 연간 운영 계획을 가지고 다양한 방법으로 진행된다. 교육과정 지원 프로그램으로는 학생들의 자발적 독서의지를 일깨우는 작가와의 만남(연 6회), 자신의 꿈을 이루기 위한 모델 설정 기회를 제공하는 진로초청 강연, 적성과 정체성을 확인하기 위한 도움자료를 제공하는 진로적성 검사, 교육과정과 연계되어 활용되는 학습도서, 방학 중 실시되는 배움캠프, 공동체의 소중함과 행복함을 느끼는 나눔캠프, 중국 자매 학교와 교류를 통해 양국의 문화 및 시각을 확대하는 국제 교류활동, 자기주도적이고 통합적인 사고를 신장시키는 논술평가(자기생각만들기), 모든 학생이 배움이 가능함을 전제로 방해요인을 제거하는 학력증진 프로그램, 아이들의 삶을 가꾸는 자체 통지표 제작 활용 등이 있다.

(2) 자체 제작한 조현통지표 활용

학교에 거의 전적으로 아이들의 교육 문제를 맡기는 지역의 특성을 고려하여 학교에서 일어나는 일들에 대해 자세히 그리고 수시로 학부모들에게 알릴 필요가 있었다. 그래서 담임교사들은 수시로 학부모와 전화 통화를 하고, 학교에서 일이 있을 때마다 문자 메시지를 발송하거나 가정통신문을 통해 가정으로 알려주고 있다.

외국의 다양한 사례를 바탕으로 자체 개발한 통지표를 활용하여 학생들의 학습, 생활, 특기적성 활동 등 학교 전반에 걸친 내용을 담아 가정으로 보내 학부모와 자녀 간의 다양한 대화가 이루어지도록 하였다. 학교 교육의 한 축이 되고 있는 특기적성 프로그램의 내용과 학생의 '자기평가'를 통지표에 반영하여 학교생활 전반에 걸친 자기주도적인 학습력을 기르는 것은 물론 학습에서 학생의 흥미를 부모님이 파악하도록 했다. 학부모는 학교생활의 다양한 내용과 학생의 자기평가를 통해서 학습이나 생활 면에서 자녀가 무엇을 좋아하고 관심을 갖는지를 알게 되어 자녀와의 대화를 더욱 원활히 할 수 있게 되었다.

(3) 도농 격차의 해소

도농 격차를 해소하고자 다양한 전략을 수립하였다. 첫째, 소득 격차 때문에 학습 기회를 얻지 못하는 일은 없도록 하는 것이다. 그래서 경기도교육청의 중점 시책이기도 한 무상급식 이외에도 여러 교육활동에 필요한 경비를 학교 예산으로 지원한다. 둘째, 다른 아이들에 비해 뒤처지는 아이들이 없도록 특별보충지도 강사와 아이들의 심리 치료를 위한 강사를 별도로 두고 있다. 셋째, 교육 복지를 강화하는 것으로 오후 9시까지 야간 보육실을 운영하고, 아이들을 위한 시설이나 각종 심리 검사나 다양한 수련활동을 학교 예산으로 지원하고 있다.

(4) '우리'라는 공동체 의식 문화

학교 교육활동 전반에 걸쳐 경쟁보다는 협력적 배움과 나눔을 교실 안에서 수업 속에서 지속적으로 실천한 결과로, 요즘 학생들 사이에서는 '우리'라는 공동체 의식이 자리 잡고 있다. 또한 학생자치활동과 다양한 문화예술수업, 생태학습, 창조학습이 역동적인 학생의 참여와 활동을 이끌어 낸다.

이런 활동으로 학생들은 학생회 관심과 자치 협의 능력이 신장되었고 학교 행사의 주체가 될 수 있는 기회가 제공되었다. 또한 학생들의 공동체 의식 또는 유대감 형성에 큰 도움이 되어 고학년과 저학년 사이에서 있을 수 있는 갈등이 없어졌다.

또한 다양하게 주어지는 자치 활동 속에서 일정 부분 학생들의 자신이 가지고 있는 특기를 신장할 수 있는 기회, 자기도 미처 알지 못했던 부분에서 느끼는 성취감 등은 학교생활에 자신감과 즐거움을 가질 수 있도록 하고 있다. 또 학교 구성원간의 교류의 기회를 확대하여 밝은 학생 문화를 만들고자 하였다.

(5) 아이를 알아가는 과정, 가정방문

3월 하순에 가정방문을 함으로써 학부모와 상담의 기회를 갖는다면, 학생의 가정환경을 정확하게 파악하고 아이의 학습이나 생활 면에서 학생을 이해하고 돕는 데 큰 도움이 될 수 있을 것으로 판단하였다. 가정방문 안내문을 사전에 보내 학부모가 원하는 날짜, 시간에 방문하도록 해서 거의 대부분의 가정방문이 이루어졌다. 경우에 따라서 학부모가 일 때문에 늦게 퇴근하는 가정에는 밤 늦은 시간이나 주말에 방문을 하기도 하였다.

담임 교사가 가정을 방문하게 되면서 학부모들과 교사와의 관계가 아이를 사이에 두고 함께 고민하는 동반자 관계를 형성할 수 있었다. 학부모는 담임 교사과 협력을 통해 가정지도에 더 관심을 갖게 되는 계기가 되었고, 학생들은 자신에 대한 부모님과 담임 교사의 관심을 확인하게 되어 자신감과 믿음, 친밀감을 갖는 계기가 되었다. 교사 또한 학부모의 자녀 교육관도 접할 수 있고 학생을 좀 더 자세히 파악하고 학교생활을 할 수 있는 계기가 되고 있다.

(6) 학부모와 함께하는 학교

학부모회가 주관하여 진행되는 학부모 아카데미와 다양한 학부모 프로그램(자녀 교육 강좌, 생활 목공반 등 평생교육 관련 다양한 강좌와 학부모 동호회 운영)이 개설되었고, 교육과 정의 지속성을 위한 학교운영위원회 산하에 '교육과정 소위원회'가 운영하기도 하였다. 또 기존 주민과 이주해 온 학부모의 괴리를 융화시키고자 한 다양한 연수, 학부모가 여는 '학급 가족 캠프', 학부모회가 여는 여름 학교, 함께하는 교육 '학부모 지원 교사', 교사· 학부모도 공연에 참여하는 '조현 가족 축제' 등을 통해 소통과 더불어 학교 교육활동에 학 부모를 참여시키고자 하였다.

(7) 지역사회와 함께 하는 학교

조현초에서는 일 년에 세 차례의 큰 운동회가 열린다. 학부모회에서 주최하여 학부모체 육대회, 학교 동문회 주최의 총동문체육대회, 학교에서 주최하는 가을운동회가 바로 그것 인데 이 행사들의 공통된 특징은 지역 주민들이 한곳에 모이는 잔치 마당이 펼쳐지며 지 역의 축제가 되고 있다는 사실이다. 점점 외지에서 이사를 와서 사는 사람들도 많아지고 있지만 아직은 시골 정이 남아 있고 그것이 모교 사랑으로 이어지고 있다. 학교에서 일어 나는 일들에 대한 관심과 격려로 나타나기도 하고 후배들에 대한 사랑으로 표현되기도 한 다. 졸업식이 있을 때면 동문회, 이장단협의회, 조기축구회, 마을 노인정, 부녀회 등에서 돈을 모아 졸업생 전원에게 장학금을 전달하고 있다. 특히 동문회에서는 6학년 학생들의 통합학습의 하나인 중국과의 교류활동에 예산 지원을 하는 등 후배 사랑을 보여 주고 있 으며 이런 분위기에서 아직도 우리 학교는 지역 사회의 한 축으로 자리 잡고 있었다.

(8) 교원의 자발성으로 새로운 학교 모델 만들기

교원의 자발성을 높이기 위해 초기에 지속적인 연수와 토론을 통해 학교 교육의 가치나 비전에 대해 공유하는 것을 중요하게 여겼다. 이후에도 수업과 아이들의 삶에 대한 집중 적인 논의를 통해 공유하려고 노력했다. 각자가 지닌 자주성을 바탕으로 더 큰 지향을 갖는 것과 동시에 교사 개개인의 자발성을 높이는 일, 이것이 우리 학교를 통해서 아이들뿐만 아니라 교사도 함께 성장한다는 것을 의미한다. 교사의 자발성을 높이기 위해 각종 교사연수를 비롯하여 학년 전담제, 행정 업무 경감, 방학 중 근무 없애기, 담임 보조 인력 활용, 위임 전결의 확대 등의 방법을 지원하였다. 또한 교무회의에서 누구나 동등하게 참여할 수 있는 민주적인 의사 결정 구조 등으로 학교운영에 교사들의 참여를 높이기 위해 노력했다.

(9) 신뢰를 바탕으로 한 교사 문화

교사는 학교, 학급교육과정 운영의 주체로서, 수립과정에서부터 실행까지 적극적으로 참여하며 학급운영을 개방적인 분위기에서 해 나가도록 하며 정보공유를 기본으로 한다. 그리하여 교사들이 학교운영의 흐름이나 타 학년의 교육과정을 자연스럽게 파악할 수 있다. 특히 교무행정과 일반행정 간의 보이지 않는 벽을 없애기 위하여 공간을 통합함으로써 협력적 관계를 갖는 작은 통로가 생겼다. 더 나아가 수업지원팀과 학교의 비전을 서로 공유하여 공동체로서의 새로운 학교문화를 만드는 데 보탬이 되었다.

교직원회의는 권위적이고 위계적인 관계에서 벗어나, 토론을 통해 집단 지성을 발휘하며 수평적인 소통관계를 형성하고자 하였다. 이로써 학교문제, 학생들의 생활문제를 자연스럽게 발의하여 함께 문제를 해결하고 학급경영, 학급교육과정 운영의 정보를 공유하는 소통과 나눔 문화의 장을 만들고자 한 것이다. 또한 교사들은 수시로 수업 만들기 과정에 참여하는데, 이 과정은 아이들의 삶을 가꾸기 위한 교내 공개수업으로 수업계획에서부터 수업공개, 협의까지 공동으로 이루어지는 활동이며 공동의 책임을 가진다. 3차례의 사전 계획을 논의하고 수업을 공개하며 참관자의 역할이 아니라 공동의 수업자로서 수업을 바라본다. 신뢰를 통한 상생의 성장을 위해 집단지성이 발휘되는 과정이다.

5) 학교혁신의 성과

새로운 형태의 조현교육과정으로 교육활동을 한 지 5년이 지났다. 그동안 교육과정 운영의 다양화, 특성화를 위해서 학교와 지역의 여건을 고려하여 교과, 재량, 특활 영역을 다양하게 편성·운영한 결과 학생들의 학습 흥미도와 다중지능지수가 향상되고 학업성취도가 꾸준히 향상되고 있다. 창의적 학교 교육과정 운영결과 학생과 학부모의 학교 교육에 대한 만족도가 향상되었고 지역사회의 학교에 대한 신뢰도도 높아졌다. 하지만 학생과 학부모의 변화를 계량적 지표로 나타내기에는 다소 무리가 있다. 다만 교사들은 다양한 교육활동에서 아이들의 학습 참여도와 활동력, 자율성, 자발성이 높아졌다고 평가하고 있다. 생태학습, 문화예술교육을 원하는 장애아를 가진 학부모들로 인해 특수교육 대상자들의 전입도 2학급으로 늘어나게 되었다.

학교 교육활동에 대해 학부모들의 신뢰가 쌓이면서 학부모들의 학교 교육활동에 대한 참여가 많아졌다. 학부모회가 활성화되면서 다양한 소통 구조를 가지고 학부모회가 주도적으로 기획하고 추진하는 사업들이 많아졌다. 이런 변화는 학교와 교사들에 대한 신뢰, 학교가 지향하는 자치나 비전에 대한 동의 없이는 어려웠을 것이다.

이런 학생과 학부모 변화는 교사들의 자발적인 교육활동에서 비롯된 결과이다. 교사들의 자발성은 늘 연구하고 준비하는 동료 교사들, 교육과정에 집중할 수 있게 배려하는 관리자들과 업무 지원팀의 도움, 교장·교감·교사가 직위에 따른 수직 관계가 아니라 수평 관계에서 서로 배려하고 존중해주는 분위기, 자유로운 협의와 의견 조율, 누군가의 지시가 아닌 자율적인 참여 등이 뒷받침되었기 때문에 가능했을 것이다.

조현초등학교의 경쟁력은 학교 특성에 맞춘 교육과정과 그 운영에 있다. 프로그램의 다양성은 아이들이 자기 능력을 인정받거나 계발할 기회를 주기 위한 것이며 결국 '한 아이의 의미 있는 성장'이 목표가 될 것이다.

[사진 14] 지역사회와 함께 하는 체험 교육

[사진 15] 뒤뜰 야영

[사진 16] 가을걷이

제
3
부

국내의 학교급별 학교혁신 사례

[사진 17] 가족축제

[사진 18] 공개 수업

1. 경기 덕양중학교

1) 현황

덕양중학교는 경기도 고양시에 위치한 150명 규모의 작은 학교이다. 1968년에 개교하여 과거에는 고양시 지역에서 전통을 자랑하는 학교였지만, 사단 규모의 군부대 바로 옆에 위치한 이유로 주변 지역이 군사시설 제한구역과 그린벨트로 묶여 있어, 주거시설 환경을 개선하기에 매우 어려운 조건을 갖고 있었다. 그렇다 보니 일산신도시 개발과 함께 상당수 주민들이 마을을 떠났고, 가정 형편이 어려운 사람들만이 이주해 오기 시작했다. 그래서 학교 학생들 상당수가 성장 과정에서 부모의 돌봄을 많이 받지 못해 정서나 문화 면에서 여러 결손을 갖고 있었다. 학생들은 학습 습관이 잡혀 있지 않았고, 학습 의욕도 낮아 수업 진행 자체가 어려울 때가 많았다. 아이들과 수업하는 것도 어려웠지만 무엇보다 소규모 학교에서 11명밖에 안 되는 교사들이 수업과 행정업무를 도맡아 처리하다 보니, 교사들은 늘 힘든 업무에 시달리고 있었다. 그러나 당시의 교장은 권위적이었기 때문에 교사들의 고충을 잘 헤아리지 못하였다. 발령을 받고 온 교사들은 힘든 2년을 채우기가 무섭게 다른 학교로 떠나려 했고, 학급운영이나 수업에서 만나는 학생들과의 관계도 버겁기만 했다. 교사에게 대드는 학생, 학생 간의 폭력, 중도탈락, 학부모와의 갈등 등으로 학교는 몸살을 앓았다. 교사에게도 학부모에게도 기피 대상인 학교가 되어 가자, 급기야 교육청이 학교에 공모제 교장 임용을 통한 변화를 권유하게 되었고, 교감 선생님을 비롯한 교사 – 학부모들도 내부형 교장공모제를 통한 변화를 선택하게 되었다.

2) 학교혁신의 동력 형성

2008년 3월에 덕양중학교의 공모교장으로 부임한 김삼진 교장은 '참여와 소통을 통한 학교운영', '전문적 학습공동체', '재미있는 수업, 즐거운 학교', '책임지는 학교', '네트워크를 활용한 다양한 교육활동'의 다섯 가지 비전을 학교에 제시했다. 그리고 1년 후에, 같은 꿈을 가진 교사 네 명이 새로 학교에 들어오게 되었다. 처음 1~2년 동안 학교의 변화는 매우 느리게 일어났다. 1주일에 한 번씩 교사의 전문성을 키울 수 있는 연수를 진행했고, 주변 대학교의 대학생을 학교로 불러와 학생들에게 멘토링을 시작했다. 학교의 작은 변화에 학부모와 학생들은 기뻐했지만, 그렇다고 해서 모든 것이 순조롭게 진행된 것은 아니었다. 새로운 교장을 맞이한 교사들은 서로의 마음을 꺼내 놓고 이야기하는 데 주저했고, 교장도 교사들을 신뢰하지 못했다. 그러나 1~2년의 시간을 함께 보내면서 서로가 가진 진정성을 확인한 교사들은, 아이들이 갖고 있는 문제를 해결하기 위한 답을 찾기 위해 서로의 아이디어를 모아 나갔다. 아이디어가 서로 충돌하고 조율하는 과정 속에서 교사들은 성장하기 시작했다. '참여와 소통'은 말로 이루어지는 것이 아니라 함께하는 시간 속에서 서로를 알아 가는 과정을 통해 점진적으로 실천되었다. 그렇게 만들어진 참여와 소통의 학교문화는 이후 3년의 변화를 이끌어 가는 강력한 힘이 되어 주었다.

3) 혁신 추진 전략 수립 과정

처음 2008년의 계획은 공모교장을 준비했던 교사팀에서 수립하였다. '참여와 소통이 있는 학교 경영', '재미있는 수업, 즐거운 학교', '전문적 학습공동체', '책임지는 학교, 책임지는 교사', '네트워크'의 다섯 가지의 학교를 새롭게 하는 비전을 제시하였다. 일단 대학생 네트워크를 활용해서 학생들에게 대학생 멘토링 활동을 시키는 것과, 외부 강사를 활용한 창의적 체험활동, 그리고 목요일 오후 시간을 활용한 '전문화 연수의 날'을 운영하였다. 특히 그간 단위학교에서 가장 문제가 되고 있던 학교 내의 비민주성 문제를 해결하기 위해 '참여와 소통'을 중심으로 한 학교 경영에 온 힘을 기울였다. 교장 – 교감은 교사들의 활동을 적극적으로 지원하며 교사들 내부에서 변화의 동력이 만들어지기까지 많은 시간을 기다려 주었다.

2009년이 끝나갈 무렵에는 여러 교사들이 모여서 2010년의 교육을 고민할 수 있는 자리까지 만들 수 있었다. 2009년부터 시작된 경기도 혁신학교 정책이 이에 큰 힘이 되었다. 새로운 교육감에 대한 기대와 그 교육감이 핵심적으로 추진하는 혁신학교 정책이 학교의 지향점과 일치한다는 것에 교사들은 크게 고무되었다. 무엇인가 새로운 교육을 만들어 낼 수 있을 거라는 기대감이 있었다.

2010년도 교육과정은 처음으로 모든 교사들이 모여 함께 만든 교육과정이라 할 수 있다. 학생들이 당면하고 있는 문제 상황을 정서적 · 문화적 결핍으로 보고, 이를 해소할 수

[표 18] 2010학년도 창의적 체험활동 운영

영역	프로그램명	운영 내용	운영 시기
환경생태교육 (창의적재량활동 +봉사활동)	고봉산 습지체험	• 고봉산 습지체험 • 자원봉사가들과 연계한 습지 활동 • 생태적 감수성 함양 • 고봉산 환경 정화 활동	5월 3일 (창재3 +봉사3)
독서학습 (자기주도적학습)	책 저자와의 만남	박재동 교수와의 만남 (강의 및 손바닥 아트, 내가 꿈꾸는 세상, 동명이인 직업찾기, 직업카드로 직업찾기, 꿈명함, 인생곡선, 꿈일보 만들기)	5월4일 (7시간)
국제이해교육 (범교과학습)	찾아가는 박물관	• 국립 중앙 박물관 관람 – 그리스 특별전시회 • 사회교과와 연계, 그리스 학습 • 전시회 관람 보고서	6월5일 (3시간)
봉사교육	열린 기아체험	• 월드비전과 연계한 봉사교육 • 나눔에 대한 이해, 세계의 빈곤 및 식수문제에 대한 고민 • 기부문화에 대한 올바른 인식과 나눔과 봉사의 리더십 함양	7월 2일~3일 (1박 2일)
봉평문학체험 (자기주도적학습)	환경 생태기행 +소설가를 찾아서	• 강원도 평창군 대관령삼양목장 견학을 통한 자연 감상과 심신 단련 • 강원도 봉평에 위치한 이효석 생가와 문학관 방문을 통해 작가 이효석의 생애와 '메밀꽃 필 무렵'의 배경 체험	9월 6일 (6시간)
민주시민교육 (자치활동)	생활규정개정 토론회	• 공동체 생활에 필요한 생활규정 개정과정에 학생들이 직접 참여하도록 함. • 생활규정 개정과정 참여를 통한 사회구성원으로서의 준 법정신 배양 • 회의 참여과정을 통해 나와 다른 의견을 지닌 사람의 의견 존중과 대화와 설득을 통한 타협 정신 배양	10월 2일 (3시간)
사제동행 산악체험 (적응활동)	사제동행 가을산행 (명성산)	덕양중의 전통으로 자리 잡은 사제동행 산행을 통해 학교 에 대한 소속감과 주인의식 함양	10월 12일 (7시간)
진로탐색교육 (범교과학습)	우수기능인 직업진로지도	진로결정을 앞두고 있는 학생들에게 직업에 대한 이해와 진로 결정의 기회 부여	10월 30일 (4시간)
미술관 문화체험 (자기주도적학습)	미술관 나들이	덕수궁 미술관을 찾아가 근대 서양화가 작품 감상	11월 6일 (4시간)
전통문화교육 (범교과학습)	문화유산 답사	• 한국전통문화의 특징과 우수성 탐구 • 도자기 체험	11월 9일 (7시간)

있는 자존감 형성을 위해 다양한 경험을 학교에서 만들어야 한다고 생각했다. 이에 '독서' 교육과정과 '다양한 체험활동'을 통합한 테마학습 프로그램이 나타났다. 이렇게 시작된 교사 주도의 학교운영은 이후 교사의 학교혁신의 철학을 공유하고, 함께 성장하는 학교공동체를 만들어 가는 밑거름이 되었다. 우리가 만들어 간다는 교사들의 자부심과 스스로 성장해 가고 있음을 느끼는 성취감은 교사들로 하여금 자가 발전의 혁신 동력을 만들도록 해 주었다.

4) 학교혁신 추진 내용

(1) 창의지성교육과정 운영

덕양중학교의 창의지성교육과정은 어떻게 하면 학생들에게 의미 있는 경험을 만들어 줄 것인가를 고민하면서 나타났다. 2010년의 경험을 바탕으로 단순 체험활동이 아이들에게 경험의 깊이를 만들어 주기 어렵다는 반성에서 출발하여, 교과 수업과 연계된 체험활동, 학생 스스로의 고민과 토론 속에 만들어 가는 배움, 스스로를 성찰하고 표현할 수 있는 수업, 자신의 삶을 스스로 탐색할 수 있는 진로탐색 활동으로 구성되었다.

가. 가치를 찾는 교과통합 교육과정 운영

가치를 찾는 주제별 교과통합 과정은 중학교 학생들에게 가르쳐야 할 가치가 무엇인지를 발달단계를 고려하여 찾아내었다. 중학교 과정에서 가장 중요한 것을 자존감, 협력 등으로 규정하고 이것을 교과 수업에서 어떻게 풀어낼지에 초점을 맞추었다. 하나의 가치를 중심으로 여러 교과를 비슷한 시기에 수업하고, 이것을 아이들의 학교생활 문제와 통합함으로써 배움의 내면화를 꾀하도록 하였다. 이는 수업이 곧 생활지도가 되어야 한다는 생각과도 연결되었다.

[표 19] 가치를 찾는 주제별 교과통합 과정

학년 \ 주제	1학기 주제	2학기 주제	학년 핵심주제
1	다양성, 존중	관계, 성, 몸	다양성과 관계
2	자기정체성, 성, 몸, 생태 환경	정의와 회복, 생태 환경	나와 정의
3	민주주의(참여), 진로	참된 행복, 성찰	참여와 행복

나. 나를 찾고 행복한 삶을 준비하는 창의적 체험활동 운영

창의적 체험활동은 학생들이 자신에 대해 충분히 탐색의 과정을 겪게 하는 진로탐색활동과 학생의 삶의 행복을 준비하기 위해 필요한 것들을 중심으로 창의적 체험활동을 구성하였다.

주제가 있는 학년별 테마활동 안에서 교과통합 주제를 담고, 이를 교과 수업과 연계될 수 있는 방안을 고민하였다. 두 번째로 교과와 연계된 창의적이고 통합적인 체험학습을 통해 학생들에게 깊이 있는 배움이 일어날 수 있도록 하였다. 세 번째로 학기별 장기 프로젝트인 큰 바위 얼굴 프로젝트(1학기)를 통해 자신의 꿈과 진로를 찾아갈 수 있도록 하며, 주제 탐구 프로젝트(2학기)를 통해 자신이 관심 있는 주제에 대한 깊이 있는 연구의 과정을 경험할 수 있도록 하였다.

[표20] 나를 찾고 행복한 삶을 준비하는 창의적 체험활동 운영

학기	1학기			2학기		
학년	주제	구분	시수	주제	구분	시수
1	평화 감수성 교육	자율	6	내 몸 사랑 교육	자율	5
	학생 공동체 교육		2	학생 공동체 교육		2
	심성 수련 활동	진로	3	주제 탐구 프로젝트	진로	6
	큰 바위 얼굴 프로젝트		6			
2	평화 감수성 교육	자율	2	내 몸 사랑 교육	자율	2
	내 몸 사랑 교육		4	학생 공동체 교육		2
	학생 공동체 교육		2			
	자아탐구활동(MBTI)	진로	3	주제 탐구 프로젝트	진로	9
	큰 바위 얼굴 프로젝트		6			
3	평화 감수성 교육	범교과	2	학생 공동체 교육	범교과	2
	학생 공동체 교육		2	주제 탐구 프로젝트	진로	12
	비전탐구활동(대학탐방)		3			
	큰 바위 얼굴 프로젝트		10			
공통	사제동행체험	자율	7	교과통합기행	행사	19
				몸짓 프로젝트	자율(1, 2학년) 적응(3학년)	2

창의적 체험활동을 추진하면서 가장 고민했던 것은 "어떻게 하면 학생들이 자기주도적인 활동, 통합적인 활동을 경험하게 할까?"였다. 교과통합기행은 제주 테마 통합학습으로 만들었고, 학년별 활동 안에서 교과 수업과 연계되도록 하였다. 제주 테마 통합학습을 가기 전 학생들은 역사 시간에 제주 4·3사건을 공부하고 다녀온 뒤, 피해자의 입장에서 탄원서를 작성하는 활동을 했으며, 사회 시간에는 제주 지리의 특성을 공부하고, 국어 시간에는 제주도 관광 홍보 자료를 만드는 시간을 가졌다. 이는 수행평가나 서술형평가로도 모두 연결되었다.

[표 21] 창의적 체험활동 '큰 바위 얼굴 프로젝트' 운영

단계	활용 내용	차시
1	호손의 '큰 바위 얼굴' 읽고, 기억에 남는 장면과 자신의 꿈 생각하기	2
2	나의 뇌구조 및 인생 곡선 그리기	1
3	나의 꿈의 변천사	1
4	꿈 명함 만들기	1
5	커리어넷을 통한 진로 적성 검사	2
6	독서 활동을 통한 멘토와 만나는 즐거운 시간	6
7	큰 바위 얼굴 프로젝트 발표를 통한 꿈의 내면화	1

[사진 19] 파티쉐팀 – 만든 쿠키 나누기

[사진 20] 가수·연예인·마술사팀 – 오프닝 무대

[사진 21] 전체 발표

[사진 22] 제주도 생태 역사 통합기행 – 너분숭이 기념관(좌), 사려니숲길의 곶자왈(우)

몸짓프로젝트는 자신이 선택한 활동을 집중적으로 연습해서 실제 무대에서 공연으로 보여 주는 것이다. 학기말 시간을 활용해서 준비하고, 공연으로 마무리하면 학생들은 크게 성취감을 경험하게 된다.

(2) 민주적 자치공동체

가. 존중과 배려, 소통이 있는 학교

덕양중학교는 학생이 중심이 되어 존중과 배려가 있는 학교문화를 만들기 위해 노력하고 있다. 학교생활 과정에서 일어나는 불편함을 학생 간의 대화와 소통을 통해 풀어 가는 것, 모든 학교 행사의 중심이 학생이 되도록 하는 것이 골자다. 학생들을 학교의 중심으로 세우기 위해서 먼저 학생들이 직접 학교 행사를 준비하도록 하였다. 체육대회를 준비하고, 큰 바위 얼굴 프로젝트를 준비하고, 교과통합기행을 준비하는 과정에 학생들이 참여하도록 하였다. 학생과의 생활협약을 통해 허용과 통제 일변도의 생활지도를 자율과 경계를 중심으로 전환시켰다. 학생들의 주도성을 높이기 위해 학생들의 요구가 학교에서 수용되는 경험을 쌓아가며 기다리는 시간이 필요했고, 덕양 아고라와 같은 학생총회를 통해 서로의 불편함과 의견이 오갈 수 있는 장을 마련하였다. 특히 학생이 살아가면서 일어나는 다양한 갈등을 '회복적 정의'를 기반으로 화해와 중재의 과정을 통해 해결하도록 하였다. 그 결과 최근에는 갈등을 겪는 아이들이 스스로 찾아와 회복적 대화를 요청하는 사례가 늘어나고 있다. 최근 학교 폭력의 형태가 수면에 드러나지 않은 갈등 속에 빈번하게 일어나고 있는 상황에서, 덕양중학교는 스스로 갈등을 드러내고 대화를 통해 해결함을 통해 갈등해결능력을 기르는 방향을 선택한 것이다.

[사진 23] 학생 토론회(좌), 덕양 아고라(우)

나. 지역사회 네트워크를 활용하는 학교

덕양중학교는 지역사회의 여러 단체들을 활용한 교육활동을 진행한다. 한국항공대학교와 협력 관계를 체결하고 대학생 멘토를 모집해 멘토링 교육을 실시한다. 150명밖에 안되는 학교에 30명의 멘토가 들어와서 멘토링을 실시하고 있다. 아이들은 학습지원도 받을 수 있지만, 건강한 역할모델을 만나면서 건강한 성장의 에너지를 받고 있다. 또한 대한민국교육봉사단이 들어와 씨드스쿨이라고 하는 1년 과정의 진로 방과후 학교를 실시한다. 대학생 멘토들을 훈련시켜 단체에서 진행하는 하나의 프로그램에 학생들이 함께 참여하면서 1 : 1의 동반자 관계에서 함께 자아정체성, 자아존중감, 진로탐색, 역할모델인터뷰 등 진로교육의 다양한 프로그램을 진행한다. 이 과정을 마친 학생들은 자신감을 갖고 학교생활을 하게 되는 등 많은 성장과 변화를 보여주고 있다. 굿네이버스나 사회복지관과 연계하여 결손 가정을 돌보고, 보건소와 연계하여 치과 치료를 무료로 실시하고, 고양시청소년 멘토링 센터와 연계하여 특기적성 교육을 무료로 실시하기도 한다.

(3) 전문적 학습공동체 구축

가. 전문화 연수의 날 운영

매주 목요일은 5교시만 수업을 진행하고, 이후 시간은 교사 전문화 연수의 날로 운영한다. 2012년 2학기부터는 수요일로 옮겨 실시하고 있다. 이 시간을 활용해서 여러 연수가 진행된다. 매월 셋째 주 수요일은 공개수업연구회로 진행을 하고, 넷째 주 수요일은 연수를 진행한다. 연수를 진행할 때는 교사에게 필요한 내용을 선정한다. 교사들에게 먼저 필요한 연수가 무엇인지를 듣고 추천을 받은 뒤, 전체 교사가 많이 선호하는 연수나 학교의 비전 실현을 위해 필요한 주제를 선정한다. 이런 과정을 거침으로써 자발적인 연수 참여에 도움이 되었다. 수업이나 생활지도, 상담과 같은 연수들이 교사들에게 반응이 좋다.

[표 22] 전문화 연수의 날 운영 사례

구분	2010 연수주제	2011 연수 주제	2012 연수주제
1	독서교육의 실제 1회(3시간)	배움의 공동체 수업 연수 10회(33시간)	비폭력대화 연수 7회(22시간)
2	기초학습부진학생의 목표설정, 램프온 자기주도학습 프로그램 1회(3시간)	셀프파워인간관계 훈련 4회(27시간)	회복적생활교육 연수 2회(5시간)
3	애니어그램 3회(9시간)		배움의 공동체 연수 5회(15시간)
4	교사역할훈련 4회(12시간)		
5	배움의 공동체 이론과 실제 2회(6시간)		
합계	33시간	60시간	42시간

나. 배움의 공동체 수업 공개 및 연구회 운영

매월 셋째 주 수요일(14:20~16:00)에 진행되고 있는 공개수업연구회는, 전체 제안 수업을 학기당 3회 실시하고, 일상 속 소그룹 공개연구회가 학기당 6회 실시된다. 전체 공개수업 연구회는 한 학급이 남아 수업을 실시하고, 전 교사가 참여하고 수업을 관찰한다. 소그룹 공개수업연구회는 평상시 수업 교실에 들어가 소그룹이 함께 수업을 관찰하고, 수업을 마친 후 함께 수업에 대한 이야기를 나눈다. 공개수업연구회 자리에서는 수업의 진행과정 속에서 학생의 배움에 대한 세밀한 관찰이 일어나고, 교사와 학생 간에 오고 가는 교류를 관찰하여 학생의 배움이 어느 부분에서 멈칫거리고, 어느 부분에서 연결 짓기와 되돌리기가 일어나는지를 관찰하여, 후에 진행되는 공개수업연구회 자리에서 공유한다. 함께 토론하고 공유하는 과정에서 교사의 수업을 보는 관점이 확대되고, 자신의 수업에 대한 성찰이 일어나기도 한다.

[사진 24] 배움의 공동체 공개수업 모습

다. 교사 연구동아리 활동

교사들의 연수보다 더 힘 있게 학교의 변화를 촉진시킬 수 있는 것이 교사들의 학습조직이다. 독서동아리, 학습지 연구모임, 협동학습 연구모임 등 다양한 교사 연구동아리가 운영되었다. 독서동아리는 학교의 혁신 철학을 만들고 공유하는 데 큰 역할을 하였고, 학습지 연구모임은 교사들이 수업을 바꿔 가는 데 있어 큰 도움이 되었다. 학교의 처음 변화를 시도하는 과정에서도 교사 동아리에서 만들어진 동료성과 유대감이 소통과 참여를 이끌어가는 데 큰 역할을 하기도 하였다.

(4) 자율 경영 체제 구축

가. 교사 회의 중심의 학교운영

학교운영 계획을 세우고, 교육과정 운영계획을 만들어 갈 때 모든 교사들이 참여해서 그동안 이루어진 일을 평가하고, 평가 결과를 토대로 차기년도의 교육과정 운영계획을 세운다. 교사 회의에서 결정된 것을 교장 – 교감이 번복하는 일은 없고, 교장 – 교감도 구성원 중의 한 명의 자격으로 참여하여 의견을 제시한다. 새 학기를 준비할 때 1박 2일의 워크숍을 통해 학교운영 전반에 관한 사항을 논의하고, 이 결정이 대부분 실현된다. 때문에 학기 중의 교사회의는 자주 없는 편이고, 중요한 의사결정이 필요할 때 교사회의를 소집한다. 최근에는 교사들이 자주 얼굴을 보고 이야기를 해야 오해가 없다는 판단 하에 매월 1회씩은 정기적으로 교사회의를 진행하고 있다.

나. 업무간소화를 통한 학교 재구조화

교사들의 행정업무를 경감하여 교수 – 학습 중심의 학교 구조를 만들기 위해 행정실무사 3명이 함께 하고 있다. 1명은 방과후 학교 관련 업무 전반을 담당하고 있고, 1명은 공문서와 수업, 학적, 혁신 관련 업무, 1명은 에듀파인과 가정통신문, 과학실험보조 등의 역할을 한다. 이 과정을 통해 교사들의 업무가 상당 부분 경감되었다.

또한 교육과정 운영계획서 안에 탑재된 내용은 별도로 결재하지 않도록 하고, 복무 관련 결재라인을 간소화했으며, 전결규정을 최대한 활용해서 업무 책임자 선에서 결재가 마무리되도록 하고 있다.

5) 학교혁신의 성과

덕양중학교는 과거 아무도 찾지 않고 기대하지 않는 학교였다. 학생도, 교사도, 학부모도 학교에 대한 기대가 없었다. 그러나 이제는 학교 때문에 이사를 오는 학교가 되었다. 주변 주거 환경이 열악함에도 아이를 위해 이사하는 가정이 늘어나고 있다. 교사들은 근무하고 싶은 학교가 되었다. 결코 편해서도 아니고, 인센티브가 있어서도 아니다. 교사로서의 삶의 보람을 찾을 수 있고, 내가 성장하고 있음을 확인할 수 있다는 이유로 학교에 남아 있다.

아이들의 표현력과 활동력이 매우 높아졌다. 기초학력 미달 학생도 대폭 감소하였고,

대부분의 아이들은 저마다 자신의 생각을 표현하는 데 주저함이 없다. 요즘은 그 표현의 방법에서 스스로 경계해야 할 것들을 배워 가는 과정이다. 옆에 있는 친구들이 경쟁자가 아니라 협력하고 함께 성장해야 할 친구라고 믿고 있다. 군인 자녀들이 많아 여러 학교들을 거쳐 전학 온 아이들이 좋아하는 점이 친구들과 경쟁 없이 협력한다는 점이다.

학부모들은 학교를 통해 매일 감동한다고 한다. 아이들을 위한 교사의 헌신, 세상의 흐름과는 다른 새로운 흐름과 방향의 교육, 학부모의 적극적인 참여가 보장되어 있는 학교에 자녀들을 보내고 싶은 것이다.

여러 학교에서 학교를 견학하기 위해 오기도 하는데, 오면 처음에는 갸우뚱한다. 시설이나 외형상 전혀 다를 것이 없고 오히려 낙후된 느낌이 들기 때문이다. 그러나 학교의 교육과정과 학교운영 방침 등을 듣고 아이들의 실제 생활 모습을 보면서 많이 배워 간다고 한다. 덕양중학교를 모델로 하는 혁신학교들이 생겨나고 있고, 새로운 학교 모델을 제시하고 있다.

2. 경기 장곡중학교

1) 현황

장곡중학교는 경기도 시흥시에 위치한 농촌의 모습을 띤 아파트 단지에 자리 잡고 있다. 학교 주변에는 논과 밭이 있으며, 조금만 걸어가면 갯골 생태 공원이 있고 주변에 자연 경관이 아름다운 늠내길과 거기에 이어지는 군자봉이 있다. 또한 유명 연꽃 테마 파크가 있어 여름이면 종종 대중매체에서 소개되기도 한다. 주변 자연 환경이 아름다울 뿐 아니라 유명한 관광지도 있고, 역사가 있는 유적지와 문화재가 산재해 있는 곳이다. 그러나 서울 및 주요 도시와 연결되는 대중교통과 문화 시설 등이 부족하기 때문에 문화적 수준은 낮은 편이다. 이런 이유로 부모들의 직장 문제나 자녀를 더 나은 환경에서 교육시키기 위해서 많은 주민들이 주변의 부천, 광명, 안산, 안양, 서울로 이주를 한다. 그래서 대체로 지역민의 정주의식이 낮은 편이다. 아파트 단지가 형성되기 전부터 살고 있던 주민과 이주해 온 주민이 섞여 살고 있다.

장곡중학교는 시골은 아니지만 교통이 불편하여 승진 가산 점수가 있던 지역으로, 독선적인 교장 밑에서도 대다수의 교사들이 참고 근무를 하였다. 그러나 2007년 가산 점수가 없어지면서 승진에만 관심이 있던 부장교사들이 대부분 다른 학교로 전근을 가고 승진을 중요하게 생각하지 않는 교사와 신규 교사들이 2008년을 전후해서 학교에 근무하고 있었다. 그랬기 때문에 2009년 혁신학교 정책이 나왔을 때, 승진 가산 점수가 없는 '혁신학교'라는 정책에 많은 교사들이 동의할 수 있는 바탕이 마련되었다. 또한 독선적인 교장의 학교운영에 힘을 실어 주었던 부장교사들이 대거 전근을 가면서 교장의 학교운영은 어려움을 겪기 시작했고, 민주적인 학교운영을 요구하는 교사들과 마찰을 일으켰으며 이 과정에서 많은 교사들이 하나로 모일 수 있었다. 교장은 교사의 근평 문제로 한 교사와 크게 마찰을 벌이면서 학교의 분위기마저 흐려졌으며, 학부모 운영위원들까지 이 문제에 깊이 개입하면서 학교는 지속적으로 감사를 받았다. 이 과정에서 교장은 교사들에게 권위를 잃고 혁신학교를 추진했던 교사들을 중심으로 교사들의 뜻이 모아지기 시작했다.

2) 학교혁신의 동력 형성

독선적인 교장의 횡포를 막으려면 선생님들이 함께하는 것이 중요했다. 전교조 분회 조직을 중심으로 교사들이 교육에 대한 바른 철학을 갖도록 함께 고민하고 서로의 이야기를 나누기 위하여 교사 독서 모임을 만들었다. 독서 모임은 모든 교사들을 대상으로 열어 놓았다. 승진 가산점수가 없어지면서 교사문화가 좀 더 자유로워졌고 교육의 본질을 생각하며 고민하는 교사그룹들이 늘어났다. 독서 토론용 책의 선정은 교육적 현상에 대한 원인을 분석하고, 왜 아이들을 분노하고 좌절하게 하는지, 우리 사회가 왜 이렇게 경쟁으로 치닫고 있는지를 고민할 수 있는 책들이었다. 학교란 무엇이고 공부란 무엇인지, 아이들과 어떻게 관계를 맺으며 어떻게 가르쳐야 하는지에 대해 고민하는 시간들을 가졌다. 독서 토론 모임에서 나눈 이야기가 장곡중학교의 교육적 담론으로 이어지게 하기 위해 독서 토론이 끝나면 메신저로 토론 내용을 정리해서 다음 번 책이름과 함께 전체 교직원들에게 보냈다. 정기적으로 모여 나눈 의미 있는 논의 내용을 다른 교사들에게 알림으로써, 참여를 하지 못하더라도 논의된 내용은 함께 공유할 수 있도록 하였다. 혁신학교 추진도 독서 토론 모임에서 논의와 합의가 되었다. 책을 통해 교사로서 어떤 역할이 필요한지, 우리 교육을 어떻게 바꾸어 나갈 것인지 토론한 상태이였기에 혁신학교에 대한 생각들이 모아졌다. 독서 모임 구성원들이 다른 교사들을 설득하고 이해시킨 결과 모두가 찬성하고 함께하게 되었다.

3) 혁신 추진 전략 수립 과정

2010년 3월에 혁신학교로 지정 받은 후, 부장 교사들을 중심으로 학교 구성원들이 추구하는 학교혁신의 목표를 세부적으로 세웠다. 이미 독서 토론을 하면서 혁신학교의 목표를 어떻게 잡고, 세부 내용을 어떻게 채워 나갈 것인지에 대한 논의는 충분히 한 상태였기에 부장들의 모임은 그것을 확인하고 전체가 공유하는 자리의 성격이 강했다.

먼저 혁신해야 할 첫째 목표를 수업 혁신으로 잡았다. 그 과정에서 학교의 가장 본질적이고도 핵심적이며 학교가 존재하는 이유가 '배움'이라는 데 동의하였다. 그리고 배움을 실천하는 곳이 매 시간의 교실 속 수업이라고 모두 수긍한 상태에서 혁신의 최우선 항목으로 수업을 혁신하는 것으로 잡았다. 또한 수업을 혁신하기 위해서 서로의 수업을 열고, 연구회를 일상화하며, 서로 연구하고 논의할 수 있는 동료성을 구축하기로 모든 교사들이 동의를 하였다. 두 번째 목표로 학생자치활동을 보장하고 키워 내는 학교로 잡았다. 학교는 수업을 통해 학생들이 사회에 나아가 생활할 수 있는 기초 지식과 가치로운 지식을 활용할 수 있는 원리를 배우는 곳이다. 또한 학교생활을 통해 한 인간이 한 사회의 민주 시민으로서의 소양과 공동체의 원리를 깨우쳐 한 나라의 교양 있는 국민으로 만들어지는 곳이다. 이러한 배움과 소양이 학교에서 이루어져야 한다면 학생자치활동을 통해 학생들이 민주 시민으로서의 역할과 의무를 여러 가지 학교 활동으로 배우고 깨우칠 수 있도록 적극 지원하고 교육하기로 하였다. 셋째는 학생 복지가 있는 학교로 정했다. 21세기의 학교는 단순히 지식을 교육하는 곳이 아니라 적극적 복지의 차원에서 배움과 돌봄이 공존하는 곳이어야 한다. 이런 원리에 따라 소극적인 상담에서 벗어나 적극적인 복지 환경을 구축하는 것을 목표로 하였다. 학생의 배움을 저해하는 요소들 중에는 학생 개인의 문제보다는 가정과 사회에 기인한 경우가 더 많다. 설혹 학생 개인의 문제라고 하더라도 그 문제의 원인을 살펴보면 가정과 사회에서 발생한 문제가 결국 학생의 배움을 방해하고 있는 경우가 대부분이다. 이런 시스템적인 문제의 경우 단순한 상담으로는 해결이 불가능하다는 것을 그동안의 경험으로 느낀 결과 혁신학교 예산을 상담 교사 채용이 아닌 사회 복지사의 채용으로 결정하였다. 사회 복지사를 채용하여 학생의 상담은 물론, 어려운 학생이 처한 환경을 개선하기 위한 사회적 복지 시스템과 연결하여 구조적으로 나은 환경에서 배움을 실행할 수 있도록 적극적 돌봄의 시스템을 구축하기로 하였다.

4) 학교혁신 추진 내용

(1) 창의지성교육과정 운영

장곡중학교는 학교 교육과정을 통해 단 한 사람의 구성원도 버리지 않는 교육, 과정을 통해 알아가는 교육, 서로 모자라는 부분을 채워서 완벽에 가깝게 할 수 있는 교육, 서로 다른 사람들이 만나 서로 소통할 수 있는 교육, 과정을 통해 이 사회에서 인간다운 삶을 누릴 능력을 키워 주는 교육을 추구한다. 그러므로 모든 학생들이 다양한 교육과정을 통해 수많은 경험을 할 수 있도록 교육과정을 만들어야 한다.

그러나 현재에 행해지고 있는 학교 교육과정은 지식 교육만 있는 교육과정으로, 이 교육과정으로는 미래에 필요한 역량이 만들어 질 수 없으며 개인의 다양한 능력을 발굴할 수도 없다. 그렇기에 학생들이 가진 다양한 능력과 창의성을 이끌어 낼 수 있는 배움중심 수업, 체험이 있는 수업으로 교육과정이 바뀌어야 한다.

그렇지만 지금까지의 모든 교육개혁이 실패한 이유는 수업이 바뀌지 않은 상태에서 교육과정만 바꾸었기 때문이다. 장곡중학교는 수업에 대한 근본적인 고민을 통해 학교를 바꾸어 나가고 있는 학교이다.

가. 통합 프로젝트 수업

학생 중심의 창의적이고 다양한 교육과정 재구성 및 기존의 수업을 탈피한 수업혁신의 시도가 통합 프로젝트 수업의 일상화를 만들어 냈다. 장곡중학교의 통합 프로젝트 수업은 학년을 중심으로 여러 교과가 통합하여 하나의 프로젝트를 구상하여 교과별로 수업이 이루어진다. 이 과정에서 통합하는 교과의 교사와 학년 소속 교사의 협력과 참가하는 학생들의 협력이 동시에 이루어지며 이것은 결과적으로 학교를 배움의 공동체로 실현하는 또 하나의 장치로 작동한다. 배움의 공동체 수업 속에서 학년별, 교과별로 공통된 주제나 통합 활동 영역을 찾아 교육과정을 재구성하여 운영된다. 이때 각 교육과정의 연계성을 찾아서 모든 교과가 참여하는 프로그램이 될 수 있도록 전교사가 협의한다. 또한 지역 사회의 인적·물적 자원을 최대한 활용하는 프로그램을 만들어 이 활동을 통해 학생들은 지역 사회를 이해하게 되고, 지역은 학교와 교육공동체를 경험하는 소중한 경험을 하게 된다.

[표 23] 장곡중학교 2학년 1학기 교과 통합 프로젝트 계획

시기	주제	과목	학년	교육활동	차시	비고
3~10월	자유탐구	전교과	2학년	• 자유탐구주제 선정 • 자유탐구주제 중간 점검 • 자유탐구주제 발표	수시	과학과 중심으로 운영
5월	매체와의 만남 (꿈꾸는 삶)	국어 사회 한문	2학년	• 인도영화 '세 얼간이' 감상 • 인도의 역사와 문화 탐구 • 진정한 내 꿈에 대하여 글쓰기	3	영화 '세 얼간이' 감상
	미술과 역사의 만남	미술 국어 사회	2학년	• 고고학 체험 • 설화 창작하기 • 고지도 이야기, 발굴 작가 이야기, 염색, 지도 제작	6	'흙 속에 담긴 낯선 기억을 찾 아서' 프로젝트
	우리나라 건국 신화	한문 국사 국어	2학년	• 삼국유사의 한문 기록을 우리말로 해석하고 역사적 의의 알아보기	3	

나. 교과교육과정의 창의적 재구성

장곡중학교는 학생의 참여도가 떨어지는 교사의 획일적 수업을 개선하기 위해 모둠별 학생 활동을 중심으로 하는 '배움의 공동체' 수업 원리에 따라 교과별로 연간 교육과정을 학생 활동에 적합한 형태로 교육 내용의 순서를 조정하고, 분량을 줄이는 등 교육과정의 재구성 작업을 하였다. 교사의 일방적인 설명은 가능한 한 줄이고 수업의 대부분을 조별 활동으로 진행하기 위해서는 종전처럼 교과서에 있는 교육 내용을 모두 그 순서대로 해야 한다는 강박 관념을 버리고 교육과정을 조정할 필요가 있었다. 교육과정을 재구성하는 작업은 교과별 협의회가 계속되는 힘든 과정이었고, 교과에 따라서는 별다른 진전이 없는 경우도 많았다. 하지만 상당수의 교과에서 교과서의 교육 내용과 그 순서에 크게 구애되지 않고 국가 수준의 교육과정을 기반으로 장곡중학교만의 교육과정을 만들어 내었다. 학생의 학습 부담을 줄이기 위한 교육과정 간소화, 학생 활동 중심의 교육과정 조정이 이루어졌다. 한번 문서화가 이루어진 것으로 교육과정 재구성 작업이 끝난 것은 아니고, 실제 수업 상황에서 지속적으로 교과 협의를 거쳐 교육과정은 조정되고 있다. 새롭게 재구성한 교육과정으로 학생 활동 중심의 수업을 진행하자 수업에서 이탈하는 학생들이 크게 줄었고 본교의 교육 혁신은 중앙 언론에 여러 차례 보도 되었으며 학생 학력도 크게 신장된 것을 국가 수준 학업성취도평가를 통해 확인할 수 있었다.

[표 24]   교과별 교육과정 재구성 사례

1학년 연간 교과 운영 계획 – 학기별: 국어			
시기	주	교육과정	학사 일정
8월	4	7. 내가 만난 사람	개학식
	5	7. 내가 만난 사람	
9월	1	1. 문학의 즐거움	영어듣기평가(5-7)
	2	창의적 체험활동(농사 체험) - 설명문 쓰기	
	3	2. 마음을 움직이는 말	
	4	2. 마음을 움직이는 말	
10월	1	6. 설명문과 매체 활동	추석, 개천절
	2	6. 설명문과 매체 활동	2학기 1차 지필평가
	3	과학과(자연과의 만남) 통합 - 생태공원 체험활동 후 설명문 쓰기	학년별 체험 학습
	4	3. 인터넷으로 이야기하기	
	5	3. 인터넷으로 이야기하기	

다. 창의적 체험활동 활성화

■ 창의적 특색 활동

지역 사회 공동체의 의식을 강화하기 위하여 각 학년별로 지역 사회와 연계한 창의적 특색 활동을 마련하였다. 인근의 포도 농장을 임대하여 1학년 전 학생이 주기적으로 참여하는 농사 체험활동을 마련하였고 농사 활동을 통해 발생한 수익금은 도서관에 책을 구입하거나 지역 복지 단체에 기부함으로써 학생들에게 노동의 보람과 소속감을 체득할 수 있는 기회를 제공하고 있다. 2학년 학생들은 연간 2회 인근의 노인 복지 회관을 방문하여 노인신체 체험활동 및 청소, 안내, 식사 수발, 배식 등의 활동을 함으로써 어르신들과의 접촉을 통해 노인을 이해하고 지역 사회 주민으로서의 책임감을 함양하고 있다.

한편 지방자치단체에서 독서 지도사를 지원받아, 전 학년이 연간 계획에 의거하여 양서를 읽고 도서와 관련된 다양한 활동을 하였다. 이를 통해 학생들이 도서와 친숙해지고 여가 시간을 독서로 활용하는 습관을 만들고 있다.

■ 학생 주도의 창의적 체험활동

학년의 계획에 의해 모든 학생이 똑같이 참여하던 종전의 '수학여행', '수련회' 등을 폐지하고 학급 구성원들이 모두 참여하여 학생이 직접 기획한 체험활동을 운영하였다. 2박

[사진 25] 지역 사회에서 임대한 포도 농장에서 일하는 모습과 수확한 포도

3일 간 세 개 학년의 30개의 학급이 모두 각자의 계획을 가지고 전국 각지에서 실시한 체험학습은 학생들의 학교생활 만족도를 크게 높이고 아울러 '배움의 공동체'를 형성하는 동료 의식을 갖게 하였다. 또한 학생 동아리 '축제준비위원회'는 지역 사회의 각종 행사를 참관하고 검토하는 것으로부터 출발하여 모든 축제의 계획, 예산 배정, 무대 설치, 출연자 선정, 진행까지를 모두 직접 기획하고 있으며 교사들은 협조적인 역할만을 담당하고 있다. 스스로 큰 행사를 기획하고 진행해 본 경험은 학생들의 진학과 사회생활에도 큰 도움이 될 것으로 기대하고 있다. 학생 동아리 '공공 미술반'의 활동도 학생 중심의 창의적 체험활동의 사례로 언급할 만하다. '학교와 지역 사회에 봉사하는 미술'을 원칙으로 화장실 낙서 지우기 봉사활동, 마을 담장 벽화 그리기 봉사활동, 바닥에 붙은 껌으로 작품을 만드는 '껌딱지 예술' 활동 등이 학생들의 제안과 계획에 의해 진행되고 있다.

[사진 26] 학생 자치회가 중심이 되어 진행하는 창의적 체험활동

(2) 민주적 자치공동체

장곡중학교는 학생이 중심이 되는 문화를 만들기 위해 노력하고 있다. 학생이 주체가

되어 기획하고 만들어 가는 학생 자치 사업을 비롯하여 배움과 돌봄 속에서 학생의 인권이 존중되는 학교문화를 정착화하고 있다. 이를 통해 학생이 주체가 되는 자존감이 향상되고 결과적으로 즐겁고 행복한 학교생활을 할 수 있게 된다.

가. 학생 자치활동 활성화

학생 자치활동을 통해 학생이 주인 의식을 가지고 학교운영에 적극적으로 참여할 수 있는 기회를 제공하고 있다. 이 과정을 통해 학생·교사·학부모가 학생 인권에 대한 의식을 가지고 서로 존중해 주는 학교문화를 만들어 가고 있다. 또한 학생 자치활동을 활성화하여 학생들이 학교 및 학급생활규칙을 스스로 마련하여 준수함으로써 존중과 배려의 학교문화를 조성하고 있다. 이를 위해 학생, 교원, 학부모 등 학교공동체가 함께 참여하는 토론회 등을 활발하게 개최하여 학교 구성원 모두가 공감하는 학교 교육 환경을 구축하였다. 학생 자치의 실현을 위해 학급 회의와 학생자치회의 시간을 따로 확보하였으며, 학생회 및 동아리 활동 활성화를 위한 예산 및 활동 공간도 확보하고 있다. 학급의 의견을 수렴하기 위하여 학급당 한 명의 '대의원'을 두었다. 이렇게 선출된 전체 30명의 대의원은 학생 회장단(회장 한 명, 부회장 두 명)과 함께 학생 자치회의를 구성하게 된다. 이들은 학급 대표의 자격으로 매달 1회 이상 학생 자치회의에 참여하여 학생들의 의견을 대변하고, 학생들의 생활과 밀접한 학교생활규정 중 개정이나 제정 또는 폐지를 원하는 안건들을 찾아 대안을 제시하는 역할을 수행하고 있다. 이렇게 결정된 학생 자치회의의 의견은 교사, 학부모 등과 공유하여 교육 3주체가 만족하는 최적의 안을 만들어 학운위의 심의를 받아 학교생활규정을 개정하고 있다. 회의 진행은 전 과정을 각 교실에 생방송으로 중계를 하여 대의원들이 사명감을 가지고 매우 적극적으로 참여하고 있다. 또한 학생 자치활동의 역량을 강화하기 위해 학생회 임원 대상 자치캠프(리더십함양교육)와 수련활동, 워크숍 등을 개최하고 학생자치선진학교 탐방과 시흥교육혁신지구 내 중학교와 연합활동을 하기도 하면서 정보 교류도 하고 있다. 학생회의 권한과 역할 강화를 위해 학생회 대표의 학교운영위원회 참석 및 발언을 허용하고 있으며, 학생회 예산도 자체적으로 편성하고 집행하도록 하고 있다. 학교장과 학생회 대표는 정기적으로 간담회도 하고 있다.

[사진 27]　학생 자치회의 진행하는 모습과 리더십 과정

나. 학생 자치 행사 사례

▪ 학생 – 교사 소통을 위한 역할 바꾸기 행사(4월 1일 만우절)

학생과 교사 간에 문제가 발생했을 경우 대부분은 '소통'이 제대로 되지 않았기 때문이다. 이 소통의 문제를 서로 역할을 하루 동안 바꿔 살아 보며 교사는 학생을, 학생은 교사를 이해할 수 있는 공감대를 형성하기 위해 진행하는 행사이다. 참여는 '교사'가 되기를 원하는 학생들을 선발하고 학생의 입장이 되어 불통의 문제를 해결하고 싶어 하는 교사들을 선발한다. 1 : 1로 역할을 바꾼 20쌍은 아침 등교(출근)시간부터 하교(퇴근)시간까지 서로의 역할을 충실히 수행하도록 하였다. 학생의 입장이 된 교사는 조례, 수업, 급식, 종례, 청소를 수행하였고, 교사가 된 학생은 조례 시간에 들어가 학생들의 출석 확인 및 전달 사항 공지, 수업, 급식 지도, 종례와 청소 지도 등을 하였다. 신 나고 행복한 장곡중학교의 특색 있는 학생 문화로 자리 잡은 이 행사를 통해 학생은 교사를 더욱 존경할 수 있게 되었고 교사는 학생을 더욱 사랑할 수 있게 되었다.

[사진 28]　교사 – 학생 역할 바꿔 생활하기

■ 친구 사랑의 날

연 4회(4월 2일, 7월 9일, 9월 4일, 11월 11일)를 운영(공휴일일 경우 전일이나 익일 시행)하고 있다. 이 행사는 학생자치회에서 프로그램을 만들어서 하는데 단짝 친구와 사진 찍기, 빵 먹여 주기, 편지 쓰기 등의 프로그램을 진행한다. 2010년부터 시작된 친구 사랑의 날 행사에는 학생부 교사들은 학생들처럼 교복을 입고 하루 종일 생활을 하는데 학생들 곁으로 더욱 다가서려는 노력이다. 1차 친구 사랑의 날에는 특별히 '다섯 명 이상 열 명 이하의 단짝 친구들이 서로 손을 잡고 함께 등교를 할 것'이라는 조건을 제시하였다. 이렇게 등교하는 단짝 친구들에게는 친구의 입에 빵을 먹여 주는 것으로 하였다. 조건이 그렇게 까다롭지 않아서 그런지 많은 학생들이 참여를 하였다. 또 일부 학생들은 급히 단짝 친구를 만드는 경우도 있었고, 친구들의 수가 부족해 교사와 함께 손을 잡고 등교하는 경우도 있었다. 200여 명 이상의 학생들이 행사에 참여하였으며 각자 빵을 입에 물고 다정한 모습 또는 독특한 모습으로 사진을 찍기도 하였다. 아침부터 즐거운 모습을 통해 학교 폭력 없는 행복한 학교문화를 만들어 가고 있다.

[사진 29] 친구 사랑의 날 등교하는 학생들과 선생님들 모습

■ 학생들 스스로 준비하고 진행하는 축제

3월 중에 축제준비위원회 동아리가 구성되어 축제를 준비하고 진행한다. 축제준비위원에 대한 예산이 편성이 되었고 이 예산은 축제준비위원회가 집행한다. 축제의 프로그램과 운영・평가 등 모든 과정을 축제준비위원회가 한다.

[사진 30] 학생자치회가 진행하는 축제 모습

(3) 전문적 학습공동체 구축

가. 배움의 공동체 수업 공개 및 연구회 운영

매월 첫째, 셋째 주 수요일(14:20~16:00)에 진행되고 있다. 전체 제안 수업 6회와 학년별 공개 수업이 6회이며 학년별 수업 공개는 1, 2, 3학년 각각 따로 진행된다. 수업자의 선정은 희망 교사를 우선으로 하며 각 교과별 학년별 협의회를 거쳐 선정한다. 매주 수요일 교사연수의 날을 활용하여 수업을 공개하고 연구회를 진행하는데 이것은 NTTP 연수원 학교 프로그램과 연계하여 진행하고 있다. 전체 제안 수업은 전 교사가 참여하고, 학년별 공개 수업은 각 학년별 담임 교사 및 교과 담당 교사 중심으로 참관하며 공개 수업이 끝난 후 반드시 전체 수업연구회를 진행하고 있으며 학생들의 배움을 중심으로 한 배움의 공동체 수업연구회로 운영하고 있다. 또한 월 1회 배움의 공동체 수업연구회를 자체적으로 운영하는데, 매월 셋째 주 토요일에 장곡중학교 도서관에서 진행된다. 이 연구회에는 장곡중학교 교사뿐 아니라 인근의 중, 고등학교 교사들도 참가하여 수업 영상을 함께 보며 교사의 성장과 배움에 대해 이야기를 나누고 학교문화를 바꾸어 나가기 위한 고민을 함께 한다.

[사진 31] 배움의 공동체 공개수업 모습

나. 동료 교사 간 수업 컨설팅

신규 교사, 전입 교사, 복직 교사, 기간제 교사를 대상으로 수석 교사에 의한 상시적 수업 컨설팅이 이루어지고 있으며 매월 2회 수석 교사가 학교 전체 수업 참관을 통하여 지속적인 수업의 질 관리를 하고 있다.

이를 통해 배움의 공동체 수업을 처음 하는 교사들도 빠른 시일에 능숙하게 할 수 있도록 지원하고 있으며 전체 제안 수업과 학년 연구회, 교과별 연구회 등 상시적으로 수업을 참관하고, 수업 참관 후 수업연구회 및 협의회를 통하여 자기수업을 성찰하고 반성하며 느낀 점을 공유한다.

(4) 자율 경영 체제 구축

가. 교수 학습 중심의 운영 시스템 구축

교실 및 특별실들의 위치를 전면 재배치하여 특별실들은 후관에 배치하고, 학급 교실은 전체 본관에 재배치하여 학급 교실 환경 개선 및 학생 지도에 효율성을 도모하였다. 이를 위해 기존에 흩어져 있던 학급 교실을 본관 층별로 재배치하였으며, 학급 교실과 관계없이 2층 본교무실에 전부 배치되어 있던 학년부 교무실을 학급 교실이 배치되어 있는 층에 배치하여 학생들 지도에 효율성 도모하였다. 이는 교무실의 위치 조정만 아니라 학교장의 권한을 학년부장으로 이임하는 권한과 책임 이양까지 포함된 재배치였다. 결과적으로 학교는 3개의 학년이 학년별로 권한을 갖고 자율적으로 운영이 되고 있다.

- 1학년 교무실 – 2층 본교무실에 위치(교무행정 업무 및 담임 업무 겸직)
- 2학년 교무실 – 4층에 위치(2학년 업무 및 파견 업무)
- 3학년 교무실 – 5층에 위치(3학년 업무 및 파견 업무)

나. 행정 중심의 학교 조직 체제를 학년 중심으로 개편

2011년까지는 업무를 중심으로 12개 부서별 조직을 하였으나 2012년에는 학년 중심의 조직을 원칙으로 하였다. 단 주무부서의 업무 처리에 과부하가 발생하지 않도록 주무부서의 업무를 학년부에 있는 선생님 일부에게 분배하였다. 학년부에서는 해당 학년 업무 총괄 및 학년 협의회 운영, 학년 관련 자료 수합 및 처리, 학년 생활 지도, 학년별 제안 수업 및 연구회 운영, 수학여행 · 수련활동 및 현장 체험학습 업무 등을 담당하도록 하였다.

다. 네트워크의 적극적인 이용

지시 전달 위주이던 직원 조회를 없애고, 메신저를 적극 활용하여 정보 전달 및 취합을 빠르고 원활하게 함으로써 불필요한 회의 시간을 없앴다. 또한 정보를 함께 공유함으로써 중요 문제에 대하여 함께 고민하고 대안을 찾는 소통의 통로로 삼고 있으며, 교직원들의 논의나 협의가 필요한 경우에는 전체 직원 조회를 통해 토론하고 결정하고 있다.

5) 학교혁신의 성과

장곡중학교는 학교 내 소모임을 통해 학교혁신을 위한 교사들 간의 마음을 모으고 수업을 바꾸기 위한 구체적인 학습을 통해 내적 역량을 강화한 학교이다. 이를 통해 얻어진 역량을 가지고 관리자와 학교혁신에 대한 역할 분담을 논의하고 전 교직원의 동의 아래 경기도교육청 혁신학교로 지정·운영되고 있는 학교이다. 대다수의 학교들이 학교혁신의 한계로 가지고 있는 요소들을 그대로 가지고 있는 상태에서 열정적인 교사가 제안해 소모임을 만들었고, 소모임이 확대되어 학교의 건강한 교사문화를 만들었으며, 그것이 학교혁신으로 이루어진 소중한 사례들을 보여주고 있다. 2012년 3월에는 내부형 공모제 교장을 세워 관리자와 교사의 갈등을 치유하고 학교의 지향에 대한 공유의 폭을 넓히며 새롭게 발전하고 있다. 장곡중학교는 배움의 공동체 수업으로 학교문화를 바꾸어 가고 있는 학교로 연간 100여 개가 넘는 학교의 1,500여 명의 교사가 학교를 방문해 수업을 참관하고 아이들과 교사가 어떻게 관계를 맺는지, 어떻게 성장하는지를 배우고 있다. 수업의 방법을 넘어 철학을 교사가 공유함으로써 학교를 바꾸는 사례를 보여주고 있다. 특히 정기고사 이후 수업결손이 많이 나타나는 시간들을 활용하여 배움의 공동체 수업 속에서 학년별·교과별로 공통된 주제 및 통합활동 영역을 찾아 교육과정을 재구성해 운영하는 교과별 통합 프로젝트 수업을 운영하고 있다. 학생 중심의 창의적이고 다양한 교육과정 재구성 및 기존의 수업을 탈피한 수업혁신의 모형으로 지역사회의 인적·물적 자원을 활용한 프로그램 개발과 지역사회 문화 체험 및 교육공동체 문화 체득을 통해 학교와 지역사회가 함께 아이들의 건강한 성장을 고민하는 좋은 사례를 보여주고 있다.

3. 광주 수완중학교

1) 학교 현황

수완중학교는 광주광역시 광산구 수완로 19번지(수완동 1495)에 위치한 공립중학교로서, 2009년 3월 개교하였다. 대부분의 신설학교가 그러하듯이, 수완중학교도 대규모 택지개발지구(수완지구)에 설립되었다. 흔히 '광주의 강남'으로 불리는 수완지구는 전형적인 중산층 아파트 밀집지역으로 광주에서 교육열이 가장 높은 지역으로 꼽는다. 학교는 수완지구에 위치해 있으나, 다수의 학생들이 인근 신가동의 주택지역에 거주하며 맞벌이 가정의 자녀가 대부분이다. 즉 중산층 지역에 위치하지만, 학생 구성의 측면에서는 중산층과 서민층 출신이 혼합되어 있다고 볼 수 있다. 2012년 11월 현재 31학급 1,021명의 학생들이 재학 중이고, 교장과 교감을 포함한 53명의 교사와 22명의 직원이 근무하며, 2011년 3월에 '빛고을 혁신학교'(광주광역시교육청의 혁신학교 명칭)로 지정되었다.

2) 학교혁신 동력의 형성

수완중학교는 개교와 함께 내부형 공모교장으로 김혁순 교장이 취임하였다. 영어교사이면서 시인이자 상담사, 국학(단학, 뇌호흡) 강사, 웃음치료 1급 지도사 등 다양한 경력을 지닌 김혁순 교장은 취임 후 혁신적인 학교 모델을 실현하기 위해 다양한 노력을 기울였다. 새로운 학교운동에 관련된 연수에 부지런히 참여하였고, 혁신적인 학교 모델로 널리 알려진 학교들을 직접 방문하여 경험을 청취하였다. 또한 공모교장협의회 활동에도 주도적으로 참여하여, 현재 공모교장협의회 회장 역할도 맡고 있다. 이러한 과정을 통해 혁신적인 학교 모델의 상과 철학을 수립하게 되었다.

무엇보다 학교혁신을 함께 이루어 나갈 교사들을 조직하는데 노력을 기울였다. 당시 광주에는 '새로운 학교를 꿈꾸는 광주모임(http://cafe.daum.net/hope-newschool)'이 구성되어 활발하게 활동 중이었는데, 김혁순 교장은 이 모임의 교사들에게 수완중학교 혁신에 동참해 줄 것을 요청하였고, 그 과정을 통해 2010년 3월 모임 소속의 6명의 교사들이 초빙교사로 합류하였다.

'새로운 학교를 꿈꾸는 광주모임'은 '새로운학교네트워크(http://newschool.kr)'와의 조직적 연계 속에서 국내외 학교혁신 사례를 연구하고 교사연수를 꾸준히 전개하였다. 2009년 1월에는 일본에서 배움의 공동체 학교탐방을 진행했고, 2010년 1월에는 북유럽에서 교육탐방을 진행하였다. 또한 2009년부터 전교조 등과 공동으로 새로운 학교 만들기 교사직무연수를 꾸준히 전개하였다. 2009년 10월에는 40여 명의 교사들이 이우학교 수업연구회를 참가하는 등 혁신적인 학교들을 방문하여 학교혁신에 대한 이론적, 실천적 역량을 키워 나갔다. 이 과정에서 훈련된 교사들이 학교에 결합함으로써, 수완중학교의 혁신이 본격적으로 추진되었다.

초빙교사들은 학교의 전면적인 개혁보다 작은 범위에서, 그리고 교사들이 가장 관심을 갖고 있는 분야에서 서서히 시작해 보고자 혁신의 방향을 '수업'으로 설정하였다.

2010년 1월, 교육과정 수립을 논의하는 과정에서 수업개선의 방향을 배움의 공동체로 설정하였다. 아울러 배움의 공동체로의 수업개선을 어떻게 실현해 나갈 수 있을 것인지에 대한 논의가 진행되었다. 논의 결과 수업개선을 담당해 나갈 부서로 특성화부서를 신설하고, 첫 해에는 전 교사들 간에 공감대가 형성되어 있지 않았기 때문에, 연수를 배치하면서 준비된 교사들부터 수업공개와 연구회를 실천해 나가기로 하였다. 아울러 이러한 노력은 학부모들의 지지를 받을 때 성공할 수 있으리라 보고, 수업개선을 포함한 교육의 새로운 움직임에 대한 학부모교육과 학부모를 대상으로 하는 다양한 사업을 전개하고자 하였다.

3월이 되어 수업개선에 대한 교사 간 공감대 형성을 위해 제일 먼저 한 것이 교사연수 및 수업개선 방향 수립을 위한 교사 워크숍의 자리를 갖는 것이었다. 교사연수는 '수업공개와 연구회를 통한 교육의 공공성, 교사의 동료성 실현'이라는 주제로 강의가 진행되었다. 연수 후 수완중학교의 방향성을 논의하는 교사 워크숍에서 두 가지가 결정되었다. 하나는 '배움의 공동체'를 수업개선의 철학적 배경으로 삼고, 전 교실을 ㄷ자 형으로 배치하여 소그룹협력학습의 확산을 기해 나간다는 것이고, 다른 하나는 수업 공개 – 수업참관 – 수업연구회로 이어지는 과정을 통해 교사로서의 전문성 신장과 동료애를 구축해 나가는 것이다. 단, 교사들의 자율적 의지와 노력에 의존하여 사업을 추진해 나가기로 하였다.

하지만 이러한 초빙교사 중심의 학교혁신 노력은 여러 가지 난관에 부딪히게 되었다. 2010년, 초빙교사들에 의해 의욕적으로 도입된 전체 공개 수업과 수업연구회는, 결국 6명의 초빙교사들이 자신의 수업을 공개하는 것으로 바뀌어 진행되었다. 기존 교사들이 동참하지 않은 것이다. 또한 학생 생활 지도에 대한 두 교사 그룹 간의 갈등도 지속적으로 발생하였다. 즉 보다 원칙적인 규칙을 적용하려는 기존 교사들과 자율적 학생 문화를 지향하는 초빙 교사 사이의 관점이 충돌한 것이다. 이 같은 상황을 타개하기 위해서는 혁신 과제의 무리한 추진보다는 학교혁신의 철학과 비전을 공유하는 것이 최우선이었다. 또한 초빙 교사와 기존 교사 그룹 간의 갈등과 불신을 극복하고 공감대를 형성하기 위한 다양한 형식의 소통이 요구되었다.

이를 위해 '수업 혁신을 통한 교사 성장'을 주제로 하는 직무연수를 개설하였다. 수완중학교 교사 21명을 포함하여 전체 30명의 교사가 참여한 직무연수는 2010년 8월에 진행되었다. 2학기에도 연수는 계속되어 주로 금요일과 토요일에 연수가 진행되었다. 연수는 배움의 공동체 운영 사례, 협동학습, 프로젝트 수업, 수업 비평 등 수업혁신 관련한 주제 외에도 한국 교육의 현황과 과제, 새로운학교운동의 현황과 과제, 21세기를 살아가는 방법, 북유럽교육의 철학과 현황 등 다양한 주제로 구성되었다.

2010년 여름방학을 거치면서 초빙 교사와 기존 교사 그룹 간의 관계는 변화하기 시작하였다. 1학기에는 초빙 교사 중심으로 구성·운영되었던 수업연구회 동아리가 2학기에는 혁신학교준비위원회(이하 '혁신위원회')로 확대·개편되었다. 혁신위원회는 교직원 전체 회의에서 구성이 결의되었고, 자발적 의사를 가진 10여 명의 교사가 참여하였다. 이로써 학교혁신을 위한 교사 주체가 온전하게 형성된 것이다.

또한 '학교를 배움으로 충만한 공동체로 만들기'라는 주제의 학부모 아카데미를 진행하였다. 맞벌이 가정을 고려하여 동일한 강의를 오후와 야간에 진행하였는데, 150여 명의 학부모들이 참여하였다. 1, 2학기로 나뉘어 36시간으로 진행된 학부모 아카데미를 통해 학부모들은 기존의 경쟁 위주 학습이 아닌 협력에 기초한 학습의 의미와 필요성에 대해 깊은 공감을 나타냈다. 또한 정기적으로 진행되는 공개 수업과 수업연구회에 참여하는 학부모들에게는 수업을 보는 관점에 대해 사전 연수를 실시하였다. 이러한 과정을 통해 학부모들이 학교의 철학을 이해하고, 교육주체로서 학교교육에 다양하게 참여할 수 있게 된 것이다.

3) 학교혁신 전략의 수립

교사 전체 회의를 통해 구성이 결의된 '혁신위원회'는 2010년 9월 17일 구성되어, 9월 20일 1차 회의를 진행했다. 1차 회의에서는 혁신학교의 철학과 학교상에 대한 토론을 진행하였고, 향후 추진 일정 등에 대해 결정하였다. 또한 전체 교직원의 참여가 이루어지도록 노력하며, 2011년 3월 빛고을혁신학교 지정을 목표로 교육청에 제출할 공모계획서 작성을 구체적인 목표로 설정하였다.

혁신위원회 2차 회의(10월 6일)에서는 수완중학교의 혁신과제로 전문적 학습공동체, 교육과정의 다양화와 특성화, 실천적 배움, 학교혁신의 기반 조성 등을 선정하고, 각각의 과제에 대하여 3차(10월 26일), 4차(11월 2일), 5차(11월 5일), 6차(11월 15일) 회의를 통해 구체화하였다. 회의 내용을 토대로 특성화부에서 공모계획서를 작성, 11월 12일 전체교직원회의에 제출하였다. 전체교직원회의의 논의와 수정, 보완과정을 거쳐 혁신위원회 7차 회의(11월 23일)에서는 공모계획서를 최종 확정하였다.

혁신위원회를 중심으로 하는 빛고을혁신학교 공모계획서 작성과 별도로, 교육과정 평가팀이 구성되었다. 2011년 교육과정계획을 수립하기 위해 2010년 교육과정 운영에 대한 평가가 필요하다는 전체 교직원회의의 결정에 따른 것이다. 전체 교직원회의에서 교사들의 지원을 받은 결과 교감을 포함하여 9명으로 평가팀이 구성되었다. 평가팀에서는 2010년 중요 교육활동을 선정하고, 그 활동에 대한 교사·학생·학부모 대상 설문을 실시하였다.

학생 대상 설문에서는 2010년에 도입한 소그룹 모둠학습(배움의 공동체 수업)에 대한 태도, 학생 자치 활동에 대한 태도, 방과후 학교 프로그램 만족도, 로그북(일종의 학습플래너) 쓰기 효과에 대한 태도 등을 물었고, 교사 대상 설문에서도 유사한 문항이 제시되었다. 학부모 대상 설문에서는 학교 교육과정, 방과후 학교 프로그램, 학생 생활 교육 등에 대한 만족도를 묻는 문항이 제시되었다.

평가팀의 설문조사는 2010년 학교운영에 관한 구성원의 인식을 객관적으로 드러냈고, 그것에 기초하여 2011년 학교운영 계획을 수립할 수 있도록 하였다. 특히 2010년에 도입된 소그룹 모둠학습에 대하여 학생과 교사 모두 긍정적인 반응이 확인되었다. 다만 보다 학생들이 수업에 몰입하게 하기 위해서는 모둠활동의 주제를 정교하게 제시해야 한다는 점, 학습에 무관심한 학생들을 위한 보다 섬세한 돌봄이 필요하다는 인식 등이 공유되었다.

2010년 12월, 수완중학교는 빛고을 혁신학교 공모 심사를 통과하였다. 수완중을 비롯한 신광중, 봉주초, 동산초 등 4개교가 2011년 3월부터 혁신학교를 운영하게 된 것이다. 혁신학교 선정 후부터 수완중 교사들은 더욱 바빠졌다. 교육청에서 주관하는 혁신학교 교사 대상 연수와 워크숍에 참석해야 하는가 하면 2011년 혁신학교 운영계획을 체계화, 구체화하기 위한 협의를 진행해야 했기 때문이다.

혁신학교 첫 해를 준비하는 겨울방학은 분주했다. 2010년 12월 혁신학교로 선정된 이후, 가장 먼저 교직원들과 함께 한 것은 겨울방학 1월 중 혁신학교 교직원 대상 연수직무과정이었다. 연수에서는 '전문적 학습공동체 구축', '교육활동 중심 학교운영시스템 구축', '새로운 학교문화 형성', '학부모 및 지역사회와의 연대', '교육과정의 특성화와 다양화'라는 주제의 강의를 들은 후에 학교별로 분과를 형성하여 관련 계획을 수립하는 시간이 주어졌다. 혁신학교 연수과정에서 모았던 의견들을 기초로 '2011 교육과정 계획을 수립하기 위한 교직원 워크숍'을 준비하였다. 교직원들 대부분이 참여한 2월 워크숍에서 밤이 깊어 가도록 토론이 이어졌다.

워크숍에서는 수완중학교의 비전에 대한 토론, 2010년 평가 재확인, 2011년 주요 혁신과제, 업무분장을 비롯한 학교운영시스템, 학사일정 등에 대한 토론이 이루어졌다. 특히 '무엇을 할 것인가', '어떻게 할 것인가'라는 비전 토론은 토너먼트 형식의 게시판 토론으로 이루어졌는데, 그 과정을 통해 학교의 비전을 '배움과 나눔으로 함께 성장하는 늘품공동체'로 결정하고, 6개 혁신과제를 선정하였다.

수완중 교직원회의에서 선정한 6개 혁신과제는 다음과 같다.

[표 25] 수완중 6개 혁신과제

혁신과제 1	새로운 학교문화 조성
혁신과제 2	전문적 학습공동체 구축과 수업혁신 기반 마련
혁신과제 3	개방적이고 참여적이며 협력적인 학교문화 조성
혁신과제 4	교육과정의 다양화와 특성화를 통한 늘품교육과정 수립
혁신과제 5	교육활동 중심의 학교운영시스템 구축
혁신과제 6	학부모 참여 활성화 · 지역사회와의 연대와 협력의 관계 구축

4) 학교혁신 추진 내용

(1) 전문적 학습공동체 구축과 수업 혁신
가. 과제 실현을 위한 조건 · 교육공동체의 합의

수완중학교는 전문적 학습공동체 구축과 수업 혁신을 첫 번째 중점 과제로 선정하였다. 또한 교직원회의를 통해 전문적 학습공동체의 구축을 위한 일곱 가지 방안을 마련하였다.

- 교육 철학·교육 정책, 수업방법·수업관찰과 비평, 청소년·학생문화 이해하기 등 다양한 연수의 기회를 마련하여 철학과 비전을 토론하고 세우며, 교사로서의 소양과 전문성 향상을 기한다.

- 교사의 일 중에 교육의 내용, 방법, 자료 등을 개발하고 준비하는 일이 중요한 교사의 업무가 되도록 하며, 이를 위해 시간과 공간의 확보, 필요한 정보와 자료 지원을 받을 수 있도록 최대한 지원한다.

- 교사들이 특성화 교과나 동아리 활동 등 교육과정의 특성화와 다양화에 맞추어 다양한 능력을 익힐 수 있도록 연수를 지원하며, 국내외 학교 탐방의 기회를 연 1회 이상 마련한다.

- 교사들은 본교의 근무 기간 동안 위와 같은 지원과 신뢰를 기반으로 암기 위주, 교과서 진도 위주의 기존의 교과수업을 전면적으로 혁신하고 자신의 교과 전문성을 구축해 나갈 수 있는 실천적 과정이 되도록 노력하여 전문성을 지닌 교사로서의 비전을 만들어 나갈 수 있도록 한다.

- 동료교사와의 협력적 수업 연구 풍토를 만들어 나간다. 이를 위해 매월 2회 이상의 전체 또는 학년 수업 공개와 수업연구회를 개최하여 배움의 장으로 만들어 나가며, 수업 전문성 향상을 위한 교사모임들을 지원해 나간다.

- 수업 공개 – 수업참관 – 수업연구회로 이어지는 과정과 수업개선 노력의 과정에서 교사들 간의 진정한 동료애를 형성하고, 교사로서의 전문성을 신장시킨다. 본교에서 추구하는 교사의 동료성이란 교사로서의 전문성을 기본으로 하고 서로 배우며 성장하는 관계를 말한다.

- 다양한 수업자료의 개발과 주제별·영역별 재구성을 위해 연구·실천한다.

나. 정기적인 수업 공개와 수업연구회 실시

수완중학교는 2011년부터 공개 수업과 수업연구회를 위해 매주 수요일 5교시 이후의 시간을 확보하였다. 즉 수요일 6교시 이후의 시간을 온전히 공개 수업과 수업연구회에 할당한 것이다. 매월 둘째 주 수요일은 학년별 공개 수업과 수업연구회가 진행된다. 학년별 수업연구회에는 해당 학년의 교과 담당, 학급 담임 등이 참여한다. 매월 셋째 주 수요일은 전체 공개 수업 및 수연연구회가 진행된다. 전체 수업연구회에는 외부 전문가의 수업컨설팅이 이루어지고, 수완중학교 교사 외에 학부모, 타 학교 교사들도 참여가 가능하다.

2011년의 경우, 전체 및 학년별 공개 수업과 연구회가 28회 진행되었다.

[사진 32] 소그룹 협력학습으로 함께 성장하는 배움의 공간

다. 자율적인 교사 동아리 활동

교사들의 자율적 동아리가 구성되어 활발하게 운영되었다. 배움과 나눔(수업연구 동아리), 독서모임, 중국어공부모임, 기타 동호회 등 다양한 동아리가 활동 중이다. 교사들은 동아리 활동을 통해 학교생활의 활력을 찾을 뿐 아니라 상호 소통과 협력의 문화를 키워 가고 있다. 특히 배움과 나눔 동아리는 매월 수업연구회의 진행과 토론 내용을 담은 소식지를 매월 발간하여 교사들에게 배부하여 수업연구회에 대한 교사들의 관심과 참여를 확대하는 데 중요한 역할을 담당하고 있다.

(2) 늘품교육과정과 학년별 교육과정 특성화

가. 늘품교육과정의 원리

교직원 토론을 통해 학교의 비전을 '배움과 나눔으로 함께 성장하는 늘품공동체'로 정한 수완중학교는 학교 교육과정을 늘품교육과정이라 이름 붙이고 다음과 같은 원칙을 수립하였다.

[사진 33] 늘품공동체 신문

- 미래세대 핵심역량을 신장시킬 수 있는 교육과정을 실현한다.
- 시험을 보기 위한 지식이 아니라 실천적인 배움이어야 한다.
- 학습자의 삶과 연관되며 개인적 특성과 지역적 특성 등도 반영되어야 한다.
- 교사들 간에 팀을 이루어 협력적으로 진행해 나가는 것을 장려한다.

- 교사와 학생들이 함께 계획하고 만들어 가는 교육과정을 지향한다.
- 교사의 자율적 결정을 존중하며 교육과정이 경직되지 않도록 한다.
- 주제를 중심으로 교과 또는 학년별 다양한 교육이 진행될 수 있도록 장려한다.

나. 학년별 교육과정 특성화

창의적체험활동과 재량활동 시간을 활용한 학년별 교육과정 특성화를 시도하였다. 학년별 특성화 교육과정은 학생의 성장 단계, 학년별 교사 특성 등을 고려하여 편성되었는데, 1학년은 '자연을 아는' 생태체험, 2학년은 '세상을 아는' 인문(또는 인성)수업, 3학년은 '나를 아는' 인권·진로교육을 계획하였다.

학년별 특성화 교육과정은 학년부 교사들의 자율성에 의해 계획·운영되었다. 학년부 교사들은 특성화 교육과정을 위해 자체 협의회는 물론, 현장 답사와 외부 전문가 초청 등 다양한 노력을 진행하였다. 그러한 과정을 통해 학년별로 특성화된 교육과정이 운영되었다. 예컨대 1학년의 경우, 8개의 생태관련 체험학습 주제를 학생들이 선택하는 방식으로 진행되었다. 한 개 주제당 30명의 학생과 지도교사 1명, 그리고 관련 지원단체의 강사진 등으로 반이 형성되었다. 개인별 활동보고서는 국어과 수행평가로 반영되었고, 주제별 활동보고서와 다양한 표현물은 11월의 학교 축제에서 전시되어 전교생에게 공유되었다.

[표 26] 생태관련 체험학습 주제

주제	연계 지역 기관 및 강사 지원
농사 체험	광산구 농민회(동곡 농민)
광주천 프로젝트	광주환경운동연합 광주천 지킴이 모래톱
풍영정천 프로젝트	광산구시민센터 풍영정천 지킴이
무등산 프로젝트	광주 전남 숲 해설가협회
어등산 프로젝트	광주 전남 숲 해설가협회
영상 프로젝트	광주시청자미디어센터
에너지 프로젝트	광주환경운동연합
동물원 프로젝트	광주 우치공원

(3) 교육활동 중심의 운영시스템 구축

가. 혁신학교운영 조직 체계

학부모회, 학생회를 교직원회와 수평적 조직으로 규정하고, 기존의 각 부서를 자율성을 가진 팀으로 개편하였다. 즉 교사 조직을 3개 학년팀과 4개 업무팀으로 나누어 운영한다.

[그림 16] 수완중 혁신학교운영 조직 체계

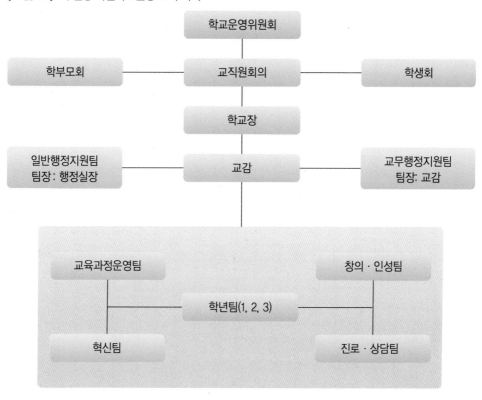

나. 학교 내 '작은 학교'(small school) 운영

3개의 학년팀은 학교 내 작은 학교로서의 자율성을 지닌다. 담임교사는 학년팀에 배치되며, 일체의 행정업무를 맡지 않고 수업과 상담, 학년교육과정 운영에 집중한다. 학년팀의 자율적 운영은 다양하고 특색 있는 교육과정 운영 및 학사운영을 가능하게 만든다. 학년팀 교사들은 학년팀 학생회, 학부모회 등과의 협력을 통해 다양한 체험학습, 사제동행 프로그램, 체육행사 등을 독자적으로 기획·운영한다. 예컨대 1학년 체육대회는 교내 운동장에서, 2학년은 첨단쌍암공원에서, 3학년은 첨단교통공원에서 각기 다른 프로그램으로 진행되었다.

(4) 학생 자치 활동 및 성장 지원 프로그램

가. 학생 자치 활동

수완중학교는 기존의 학생회 활동 외에 학생들의 자발성과 선택권을 확대하기 위한 자율적 동아리 활동을 조직하기 위해 노력하였다. 학년 초에 학생들이 일정 요건을 갖춰 자율 동아리 신청을 하면, 담당 교사를 배정하고 심사를 통해 최대 10만원의 지원금을 지원한다.

현재 수완중학교에는 50여 개의 학생 자율 동아리가 활동 중이다. 동아리는 학습 관련 동아리부터 예술문화, 노작, 사회봉사 등 다양한 주제의 활동을 전개하고 있다.

나. 다양한 사제동행 프로그램 운영

수완중학교에는 대규모 행사를 가급적 줄이고, 학생과 교사가 함께 참여하는 소규모 활동을 다양하게 진행한다. 수련회와 수학여행은 테마별로 진행되고, 대부분 무학급 개념으로 학생들의 자율적 선택으로 팀이 구성된다. 현장 체험학습은 1학급, 혹은 2~3학급 단위로 진행된다. 예컨대 1학년은 '곡성 섬진강 기차마을 천문대 여행', '고창 갯벌 체험', '목포 박물관 체험과 유달산 산행' 등으로 나뉘었고, 2학년은 '무등산 등반', '나주 이슬촌 마을 농촌 체험' 등으로 진행되었다.

다. 학생 성장 지원 프로그램

2011년 학교 자체 예산으로 대학생 멘토링제를 도입하였다. 학습부진학생만을 대상으로 했을 때 예상되는 '낙인 효과'를 방지하기 위해 학생들의 자율적 선택에 의해 신청을 받았는데, 60여 명의 학생들이 참가하였다. 대학생 멘토링에 참여한 학생들은 비교적 높은 만족도를 나타내고 있다. 하지만 학습부진학생 중 멘토링을 신청하지 않는 경우는 여전히 남게 된다.

학생들의 자기주도적 학습과 협력적 배움 문화를 위한 '공부 1촌' 프로그램도 운영되었다. 원래는 시험을 앞두고 일부 학생들이 자발적으로 진행하는 스터디그룹에 주목하여, 학생들의 신청을 받아 9시까지 자율학습 및 스터디그룹을 운영하는 것이다.

이상의 학습 관련한 지원 외에 학생들의 다양한 재능과 특기를 자랑할 수 있는 '수완 기네스'를 2010년 도입하였다. 학생들의 폭발적인 관심과 참여로 2011년에는 종목이 35종으로 늘어나고, 학생들의 참여가 확대되었다. 수완 기네스 종목은 다양하다. '림보', '제기차기', '농구 자유투 성공률' 등 전통적인 종목부터 '일반형 종이컵에 가득 담긴 콜라를 구멍이 좁은 빨대로 빨리 마시기', '내빈용 고무 슬리퍼를 한 발로 차 멀리 보내기' 등 기발한 종목들이 매년 추가된다. 그리고 기네스에 참가하는 학생들은 성적 경쟁과 같은 부담이 없이 마음껏 도전할 수 있고, 그 과정을 통해 자기효능감을 되찾기도 한다.

(5) 학부모 학교 참여 확대 및 지역 사회 연계 활동
가. 학부모 아카데미 운영

수완중학교는 2010년 학부모 아카데미를 성공리에 진행하였고, 그 성과에 기초하여 학부모회와 학부모 동아리가 활발한 활동을 전개하고 있다. 학부모 아카데미의 목표는 다음과 같다.

- 학교와 교육, 아이들에 대한 깊이 있는 성찰과 나눔의 기회를 마련할 것
- 내용성 있는 교육정보와 지혜로운 교육철학 제공으로 자녀교육에 실질적인 도움을 줄 것
- 학교를 평생교육의 장으로 삼아 학부모들도 즐겁고 알차게 배울 수 있는 장으로 인식하게 할 것
- 학부모의 학교와 교육에 대한 이해를 높여 학교에 대한 애정과 관심을 높이고, 자발적인 참여를 이끌어 내는 것

2010년에는 '지혜로운 학부모가 행복을 키운다', '철학으로 영화 읽기, 영화로 삶 읽기'를 주제로 총 36시간의 강좌가 진행되었고, 2011년에는 '통하는 부부, 통하는 부모', '우리 아이들이 살아갈 미래 세대'를 주제로 총 18시간의 강좌가 진행되었다.

나. 학부모 학교 참여 및 동아리 활동

2010년부터 공개수업과 수업연구회에 학부모 참관을 위해 노력하였다. 학부모 아카데미를 통해 학교의 교육 철학에 공감하고 교사들과의 신뢰 관계를 형성한 학부모들은 수업연구회 참관을 중심으로 다양하게 학교 교육에 참여하게 되었다.

학부모들은 교사, 학생과 함께 교육활동을 주제로 하는 간담회를 개최한다. 간담회를 통해 학생 생활 규칙 제정에 참여하고, 학교 축제 기획에도 학생과 함께 머리를 맞댄다. 또한 1학년 생태체험학습과 다양한 학생 자율 동아리 활동에서 적극적으로 참여하여, 교사들의 부족한 일손을 돕고 학생들을 함께 돌보는 역할을 담당한다.

학부모 동아리 활동 역시 매우 다양하게 이루어지고 있다. 기타 동아리, 생태 세밀화 모

임, 학부모 독서 클럽, 영화 나눔 동아리, 수완문화답사회, 조기축구(아버지 모임) 등 다양한 동아리가 구성·운영되고 있다. 동아리에는 학생, 교사가 함께 참여하기도 하고, 동아리를 통해 닦은 실력으로 학생 동아리를 지도하기도 한다.

다. 지역 사회 연계와 협력 확대

지역 사회의 전문 강사 혹은 전문 기관과의 연계와 협력이 필수적이다. 특히 수완중학교의 생태체험학습에는 지역의 다양한 생태·환경 전문기관이 지원을 하고 있다. 뿐만 아니라 사제동행, 학생 자율 동아리 활동 등에도 지역과의 연계와 협력이 이루어진다. 지역 사회 연계를 확대하기 위해 수완중학교에서는 지역 사회에서 학교 설명회를 정기적으로 개최하고, 학생·학부모 동아리 행사를 지역민과 함께 진행하기도 한다. 학부모 기타 동아리는 지역 공부방, 도서관, 노인복지관 등에서 재능기부 공연을 열고, 영화 나눔 동아리는 지역민과 함께 한여름밤의 영화축제를 개최하였다.

5) 혁신학교 추진 성과 및 보완점

수완중학교는 도시 대규모 중학교혁신의 전형성을 보여준다. 초창기 초빙교사 중심의 학교혁신 노력과 한계, 혁신 철학과 비전의 공유 과정, 학생 중심의 교육과정, 학부모와 지역사회 연계의 확대 등 학교혁신의 핵심요소들이 모두 포함되어 있다. 학교 구성원들의 반응도 긍정적이다. 2011년 1학기 교육활동평가 설문에서 학생들은 '학교생활이 행복한가?'라는 질문에 81%가 긍정적인 답변을 했다. 또한 수업 방식, 다양한 체험활동, 학생 자치활동, 교사들의 태도(학생 존중) 등에서도 70~80%가 긍정적으로 답변했다. 학부모, 교사 대상 설문에서도 비슷한 결과가 나왔다.

하지만 수완중학교의 혁신은 아직 완성된 것이 아니라, 이제 막 혁신을 위한 기반을 조성한 단계이다. 아직 수업혁신은 모든 교사, 모든 교실에서 정착되지 못하였고, 학생들의 학습과 성장 역시 뚜렷한 성과를 나타내지 못하고 있다. 또한 그 상황에서 일부 조급한 학부모들의 불만이 제시될 가능성도 있다.

다른 측면에서 볼 때, 현장 교사의 경험과 의지에 기초한 학교혁신의 장점과 한계에 대해서도 살펴볼 필요가 있다. 이는 혁신학교 관련한 수완중학교의 수많은 문서, 운영계획, 평가서 등을 보면 알 수 있다. 논리적 완결성이 부족하고 투박한 각종 문서는 수완중학교

교사들이 진행하는 학교혁신 노력의 현재를 잘 드러내 준다. 또한 다른 측면에서 볼 때, 학교혁신에 대한 이론적 뒷받침이 부족하고, 그에 따른 정교한 개념과 실행전략의 한계가 드러나기도 한다. 이러한 한계는 단위학교 교사들에게서 흔히 발견될 수 있다. 교육청의 지원이 행정적 지원을 넘어, 이론적·실천적 지원으로 확대되어야 한다. 또한 필요하다면 인근 대학이나 연구소 등과의 지속적인 연계를 고려해야 한다.

[사진 34]　공개 수업

[사진 35]　생태학습

[사진 36]　직업 체험활동

[사진 37] 사제동행 체험학습

[사진 38] 학부모·교사연수

4. 전북 회현중학교

1) 학교 현황

회현중학교는 전라북도 군산시 회현면 대정리에 위치한 전형적인 농촌 소규모 학교이다. 행정구역상으로 군산시에 속해 있지만, 군산 시내에서 버스를 타고 30~40분을 들어가야 하는 외진 곳이다. 1971년 12학급으로 설립인가된 회현중학교는 대부분의 농촌학교가 그러하듯이 학생들이 지속적으로 감소하여 2007년에는 전교생이 71명으로 축소되었다. 교과부의 소규모학교(학생 수 60명 이하) 통폐합 정책에 의해 곧 폐교될 위기에 처한 것이다.

당시 농촌 소규모학교 대책에 부심하던 전북교육청에서는 2008년 9월 회현중학교를 자율학교로 지정하고 내부형 교장 공모를 실시하였다. 이항근 교장이 공모교장으로 부임하면서 회현중학교의 변화는 시작되었다. 현재 회현중학교는 189명의 학생이 재학 중이고, 지속적인 학생 전입으로 인해 학급 증설을 요구하고 있는 실정이다. 회현중학교에는 교장, 교감 포함 29명의 교직원이 근무하며, 2009년 7월 교육과학기술부 전원학교로 지정되었다. 또한 2011년 3월 교육과학기술부 창의경영학교로 지정되었고, 2012년 3월부터 '전북 혁신학교'로 지정·운영 중이다.

2) 학교혁신 동력의 형성

회현중학교의 혁신은 2008년 9월 자율학교 지정과 내부형 공모를 통해 이항근 교장이 부임하면서 본격적으로 추진되었다. 부임 전 이항근 교장은 회현중학교의 수학교사였다. 이항근 교장은 학생들의 상황, 학부모들의 요구 등에 대해 누구보다 정확하게 이해하고 있었고, 또한 교사들과도 끈끈한 신뢰관계를 형성하고 있었다. 학교혁신과 관련한 다양한 연구모임에서 꾸준히 활동해 온 경험을 가진 이항근 교장의 리더십이 회현중학교 혁신의 중요한 바탕이 된 것이다. 이항근 교장은 전국의 성공적인 학교들을 방문하거나 다양한 워크숍 등을 부지런히 다니면서 학교혁신의 방향을 모색하였다. 또한 외부 강사 초청 강연 등을 지속적으로 개최하여, 회현중 교사는 물론 학부모, 지역 주민까지 새로운 학교혁신의 필요성과 학교상 등에 대한 인식을 공유하도록 노력하였다. 회현중학교는 교사를 비롯한 학부모와 지역 주민들이 이항근 교장을 중심으로 교장공모제를 계기로 하여 학교혁신을 추진한 경우이다. 객관적인 상황(폐교 위기의 소규모 농촌 학교)을 제외하고, 학교혁신 주체의 측면에서 볼 때 가장 이상적인 조건이라고 할 수도 있다. 즉 교사와 학부모, 지역 사회가 처음부터 연대와 협력을 통해 혁신을 추진한 것이다.

3) 학교혁신 전략의 수립

(1) 폐교 위기 극복이라는 절박한 과제 해결

대부분의 폐교 예정 학교가 그러하듯 회현중학교도 오랫동안 재정 투자가 전혀 이루어지지 않았다. 학생 수 감소에 따른 교원 정원 축소, 낡은 시설, 부족한 학교운영비 등의 열악한 조건 때문에 교사들이 기피하는 학교가 되어 갔고, 결국 승진에 필요한 점수를 받기 위한 고참 교사들과 신규 교사들만이 남게 되었다. 이런 조건들은 악순환 구조를 형성하면서 학교는 점차 피폐해질 수밖에 없었다.

회현중학교의 경우, 학교 시설과 교육 환경의 개선, 다양한 교육 프로그램 도입 등을 통해 '도시학교보다 더 나은 교육 환경'을 만드는 것부터 시작하였다. 이를 위해 교육과학기술부의 전원학교, 창의경영학교 등의 사업 공모를 통해 재원을 마련하고, 교육 환경을 전면적으로 개혁하였다. 최첨단 교실과 생태적 환경이 어우러진 교육 환경이 마련된 것이다. 또한 동문회와 지자체 등에 호소하여 학교운영비와 장학금을 유치하였다. 또한 농촌 인구가 지속적으로 감소하는 상황에서(현실적으로는 학구 내 초등학교의 학생들이 감소하는 상황에서), 도시 학생의 전입이 없이는 적정 규모의 학급 수를 유지하기 어렵다는 점을 고려하여, 교육청과의 협의를 통해 일부 학생을 전국 단위로 모집할 수 있는 제도적 조건을 마련하였다. 즉 2010년부터 신입생 60명 중 학구 내 초등학교(회현초, 오봉초) 출신 외에 32명을 전국 단위로 모집할 수 있게 된 것이다. 또한 타 지역에서 입학하는 학생들을 위한 기숙사도 완공하였다. 물론 이 과정은 교사들의 헌신과 협력, 학부모와 지역 사회의 전폭적 지원을 바탕으로 가능했다. 그 결과, 인근 군산 시내는 물론 수도권에서도 전학생이 급증하게 되었다.

(2) 새로운 교육 패러다임의 제시

이항근 교장은 부임 직후 새로운 교육 패러다임을 제시하고, 그것을 학교철학과 교육목표로 제시하였다. '성적보다 성장', '나를 가꾸고 남을 배려한 세움 · 나눔 교육' 등이 이항근 교장이 강조했던 교육철학이자 목표였다. 또한 도시의 학생들이 학교 정규 수업 외에 방과후 사교육, 다양한 문화 · 예술체험을 하는 데 비해 농촌 학생들은 그러한 교육 기회가 턱없이 부족하기 때문에, 농촌 학생들의 교육 · 문화적 소외를 극복하여 자기효능감과 학습동기를 갖도록 하는 것이 농촌학교의 중요한 과제라고 보았다. 따라서 학교는 정규 교과 수업 외에 다양한 체험학습, 방과후 특기적성, 특성화 교과 등을 운영해야 하며, 그러한 교육 프로그램은 모두 동등한 의미와 가치를 지닌다는 것이 이항근 교장의 생각이었다.

'성적 보다 성장'은 기존의 낡은 학습관인 '성적 경쟁에서 벗어나 전인적인 성장을 추구한다.'는 의미를 담고 있다. 그러한 전인적 성장은 '나를 가꾸고 남은 배려한 세움 · 나눔 교육'을 통해 실현된다. '나를 가꾸는 것'과 '남을 배려하는 것'이 분리되거나 순차적인 것이 아니라 통일되어 동시적으로 이루어져야 한다는 것이다. '나를 가꾸는 것'은 자기효능감과 학습동기에 기초한 자기주도적 학습 능력, 창의적 사고력을 키우는 것이다. 또한 '남을 배려하는 것'은 협력적 배움과 공동체적 실천을 통해 실현된다. 이러한 교육철학과 목표를 공유하는 것으로부터 회현중학교의 혁신은 시작되었다.

(3) 객관적 현실에 근거한 혁신 전략의 수립

회현중학교는 2009~2010년 교육환경이 대폭 개선되고 다양한 교육 프로그램을 운영하면서 전입 문의가 급증하였다. 폐교 위기에서 벗어난 것이다. 2011년부터 내부 구성원들은 본격적인 교육과정 혁신을 추진하기 시작했다.

[그림 17] 회현중 교육과정 혁신 전략 수립 내용

강점	약점	전략 도출
• 배움과 나눔 자율형 창의 경영학교 • 지혜와 감성을 키우는 교육 프로그램 (특성화교과, 방과후, 창의적 체험활동) • 교육적 가치를 높이는 교사 학습공동체 활성화 • 학생, 교사, 학부모가 주인인 민주적 리더십	• 잠재능력을 소지하고 있으나 학력의 개인차가 심함 • 교육프로그램 대비 정규교사 58%, 기간제교사·순회교사 42%로 업무 집중 • 방과후 프로그램(17)에 따른 외부 교사와의 연계 어려움	**강점 강화** • 수업혁신과 평가방법 개선을 통한 창의력 신장 • 행복한 꿈을 여는 창의적 체험 활동 강화 **약점 보완** • 배움과 돌봄을 통한 기초학력 강화 • 업무전담 인력 지원
기회	위협	**기회 활용** • 기숙사생 자기주도학습력 강화 • 지역 인적·물적 자원활용 프로그램 운영 **위협 보완** • 업무분담의 효율성 • 학부모 교육: 교육과정 • 초등학교와의 협력체제 구축
• 자연과 첨단이 조화된 교육환경 (기숙사 1인 1TPC, 전자칠판, 녹색숲) • 교장 공모제 자율학교로 전국단위 학생 모집 – 11.2:1 입학 경쟁률 • 지자체, 동창회, 학부모의 적극적인 지원 및 명문학교로서의 기대	• 공감대를 나눈 교사들의 인사 이동 • 학부모의 경제적 문화적 차이가 심함 • 학구 내 초등학교 6학년 전입으로 신입생 선발권 축소 • 입학 희망 학생을 위한 학급 증설 여건 미흡	

(SWOT 분석)

4) 학교혁신 추진 내용

(1) 역량중심 교육과정의 편성과 운영

'성적보다 성장'을 위해서는 체계적인 진로교육이 이루어져야 한다. 회현중학교는 1학년부터 3학년으로 연결되는 체계적인 진로교육 프로그램을 특성화 교과로 편성하였다. 특성화 교과에는 진로 외에 연극, 생태체험, 향토문화연구 등이 편성·운영된다.

[표 27] 회현중 학년별 특성화 교과

1학년	진로탐색, 연극
2학년	진로체험, 생태체험
3학년	진로발표, 향토문화연구

특성화 수업의 결과는 축제 기간에 발표된다. 중학교 3학년의 진로발표는 졸업과 연계되어 그동안 스스로 탐색하고 체험한 진로에 대해 발표하는 시간을 갖게 된다. 진로교육의 전체 프로그램은 [표 28]과 같이 구성된다.

[표 28] 회현중 진로교육 프로그램

구분	차시	단원명	주제 및 목표
도입	1~2	출발! 직업여행	• 모둠 친구들과 친밀감형성 • 프로그램 소개 및 동기화
진로 탐색 개념	3~4	비전 만들기	• 비전의 의미와 중요성 이해하기
	5~6	꿈·찾·사	• 직업의 중요성과 의미 이해하기 • 바람직한 진로탐색 과정 이해하기
자기 탐색	7~8	너의 꿈은 무슨 색깔이니?	• 직업흥미 유형과 특성 이해하기
	9~10	소중한 직업, 소중한 마음	• 바람직한 직업윤리 생각하기
직업 정보 탐색	11~12	직업탐색 특공대	• 다양한 직업의 세계 알아보기 • 직업정보 찾는 방법 알아보기
	13~14	e-놀라운 직업의 세계	• 변화하는 직업세계 이해하기 • 미래사회와 유망직업 알아보기
	15~16	세상에 이런 人이!!	• 이색 직업 및 학과 알아보기 • 직업과 성역할 이해하기
	17~18	프로는 아름답다	• 직업분야에서 성공하기 위한 자질, 습관, 지식 알아보기
	19~20	학교 가는 길	• 진로선택 연습하기 • 학교 진학정보 알아보기
	21~22	깐깐하게 따져보자	• 행복한 직업생활을 위한 조건 생각해 보기
	23~24	최종분석, 최고의 직업	• 직업을 선택할 때 고려할 조건 • 희망 직업의 현실성 점검하기
	25~26	솔로몬의 선택	• 직업 선택 갈등상황 예측하기 • 갈등상황 대처방법 알아보기
진로계획	27~28	진로계획, How to?	• 구체적인 진로계획 세우기
	29~30	나의 꿈, 나의 미래	• 비전을 구체적으로 그려보기
정리	31~32	내 꿈은 내가 만든다	• 정리하기

[표 29] 회현중 핵심역량

교육목표	핵심역량	구현사업
자신을 소중히 가꾸고 타인을 존중하는 주체적 민주시민 육성	시민의식	봉사활동, 바자회, 이 달의 큰 사람상, 선행상, 효행상, 지역사회와 함께 하는 효행상
	대인관계 능력	학생자치활동, 학생회 중심의 졸업축제, 학부모와 함께하는 아름다운 동행, 동아리 활동, 학급야영, 리더십 인성캠프
	자기관리 능력	비전캠프, 일과 중 학생 자유시간 운영, 학습플래너, 자기주도 학습, 건강보건교육, 성폭력 예방교육

[표 30] 회현중 핵심역량 구현 사업 내용

상상력을 키워 새로운 비전을 만드는 유목적인 인간 육성	창의력	서술형 평가 확대, 과정 중심 수행평가, 과학탐구대회, 과학관 탐방, 상상력 관찰력 대회
	문제해결능력	프로젝트 학습, 주제중심 수업 확대, 국어과 블록제 수업, 학습자 배움 중심 협동학습
	의사소통능력	독서 토론, 독서인증제, 도서관 새내기 행사, 학생기자단 연수, 도서관에서 1박2일, 시낭송 축제, 책 읽는 고요한 토요일
정보 운용 능력을 키워 자기주도적 삶의 기반을 만드는 미래형 인간 육성	정보처리능력	홍보동영상제, 시사 NIE반 운영, 정보윤리 특강
	기초학습능력	기초부진학생 판별 및 지도, 수학캠프, 영어캠프, 수학과 팀티칭, 방과후 교과보충
	국제사회 문화이해	의사소통 중심의 외국어 교육강화, 영어경시대회, 해외교류학습
	진로개발능력	진로적성 및 학습능력 검사, 학년별 진로교육, 직업전문가와의 만남, 직업체험
자연과 인간의 친화를 통해 감성적 삶을 영위하는 생태적 인간 육성	체육문화 예술감수성	특성화교과, 체육대회, 문화체험, 한여름밤의 음악회, 방과후 특기적성 교육, 문예공연, 도시문화체험
	생태감수성	특성화교과, 농촌체험학습

또한 회현중학교는 교육목표와 그에 근거한 핵심역량, 핵심역량 실현을 구현하기 위한 사업 등을 체계적으로 마련하였다. 기존에 별다른 의미 없이 관습적으로 진행해 온 각종 사업과 행사들을 교육목표에 따라 재배치하고, 학교철학에 근거하여 새롭게 추가한 것이다.

(2) 다양한 방과후 프로그램 운영

가. 학력신장 프로그램

[표 31]   회현중 학력 신장 프로그램

영역	운영시간	교과 및 부서	수업 목표
교과보충학습	화~수, 8~9교시 (16:20~18:00)	• 1, 2학년(영, 수, 국어논술) • 3학년(국, 영, 수, 사, 과, 기, 도)	• 영, 수는 수준별수업 • 학력신장
자기주도학습	월~금, 10~11교시 (19:00~21:00)	• 전문적 지도에 의한 학생 인성, 진로, 특성 검사 • 학습계획 수립, 학습방법 지도 및 실천여부 확인	• 희망자에 한함 • 자기주도학습능력 및 학력 신장
심화학습	월~금, 10~11교시 (19:00~21:00)	• 영어, 수학 심화내용 • 수월성 교육	• 희망자에 한함 • 학력 신장 및 협동학습능력 배양

나. 특기적성 프로그램

[표 32]   회현중 특기적성 프로그램

특기적성 I (지적 활동)	월 8, 9교시 (16:20~18:00)	일본어	시낭송축제에 해당 언어로 참가
		중국어	
		영어회화반	
		컴퓨터자격증반	참여학생 전원 자격증 획득
		시사 NIE반	개인 포트폴리오 제작
		독서동아리	동아리 일지 작성을 통해 개인 포트폴리오 제작
		바둑반	바둑대회 참가
		영화제작	교내 영화제 개최
		로봇 발명반	대회 참가 및 축제 시 전시
특기적성 II (예체능 활동)	목~금 8, 9교시 (16:20~18:00)	클래식기타	한여름밤의 음악회, 학교축제 공연
		국악 관현악 — 대금, 소금	한여름밤의 음악회, 학교축제 공연, 외부 공연 및 대회 참가
		국악 관현악 — 태평소, 피리	
		국악 관현악 — 해금	
		국악 관현악 — 가야금	
		방송댄스	한여름밤의 음악회, 학교축제 공연 대회 참가
		밴드	한여름밤의 음악회, 학교축제 공연 대회 참가

특기적성II (예체능 활동)	목-금 8, 9교시 (16:20~18:00)	사물놀이	한여름밤의 음악회, 학교축제 공연, 대회 참가
		탁구	대회 참가 혹은 교내 대회 주최
		창의미술	학교축제 전시, 공공미술작업

[표 33] 회현중 토요 프로그램

토요 프로그램	10:00~12:15	칠보공예	학부모, 주민참여 가능, 공공작품제작
		도예	학부모, 주민참여 가능, 공공작품제작
		컴퓨터 자격증반	전원 자격증 취득
		제과제빵 자격증반	전원 자격증 취득
		해금/ 가야금	학교 축제 공연, 외부공연 대회 참가
		토요스포츠교실(축구, 야구)	동아리 활동 및 대회 참가

(3) 전문적 학습공동체를 위한 노력

일반적으로 소규모학교가 그러하듯이 회현중학교 역시 교사들의 업무가 많다. 적은 인원으로 수업과 행정 업무를 담당해야 하기 때문이다. 여기에 다양한 특성화, 방과후, 체험학습 등이 더해지면 교사들의 부담은 더욱 커질 수밖에 없다.

이 문제를 해결하는 방법은 교사들의 행정업무를 줄이는 것이 첫 번째이다. 행정 인력을 충원하고, 과감하게 권한 위임을 통해 처리 절차를 간소화하는 것이 요구된다. 이는 구성원의 자율성에 기초한 민주적 운영을 전제로 한다. 교장의 민주적 리더십, 교사들의 자발성 등이 어우러져야 한다. 회현중학교에는 행정 지시 사항 중심의 교무회의가 없다. 대신에 매월 1회, 교사들이 직접 상정한 안건을 심의하는 의결형 교무회의가 진행된다. 학교의 교육활동과 관련한 모든 사항이 교무회의에서 민주적으로 결정되는 것이다.

교장은 교장실을 교육상담실로 바꾸었다. 교장실이 권위의 공간이 아니라 누구든 마음 편하게 드나들며 소통하는 장소여야 한다는 소신 때문이다. 그만큼 교사, 학생들과의 민주적 소통을 중시한 것이다. 두 번째는 교사 조직을 학습공동체로 만들어야 한다. 회현중학교는 매주 금요일 5~6교시를 다양한 독서 토론, 수업 공개 및 연구, 외부 초청 연수 등에 활용하고 있다. 교사연수의 기획 · 진행은 '회현 교육 연구회'라는 교사들의 자발적 동아리를 중심으로 진행된다. 이 시간은 학습과 연구 외에 다양한 학교 교육활동에 대한 의견을 모으고 계획을 수립하는 시간으로 활용되기도 한다. 결국 연구와 실천이 결합된 모임이라고 할 수 있다.

5) 혁신학교 추진 성과

회현중학교의 학생 수는 지난 3년 사이에 71명에서 189명으로 급증했다. 또한 대한민국 좋은학교에 2010년과 2011년 연속 선정되었고, 전원학교 평가 최우수학교로 선정되기도 했다. 폐교 위기의 학교에서 전국적으로 관심을 받는 학교가 된 것이다. 또한 지난 2년간 전국의 150여 개 학교 및 연수기관에서 회현중학교를 방문하였고, 전북에 혁신학교를 뿌리내리는 데 핵심적 역할을 담당하고 있다.

회현중학교의 성과를 한 마디로 요약한다면 '농촌 학교의 재생과 새로운 가능성 실현'이라고 할 수 있다. 폐교 위기의 학교에서 이제 과도한 입학경쟁률을 고민하고 학급 증설을 추진해야 하는 학교가 되었다. 회현중학교의 변화를 한 언론은 이렇게 기록하고 있다.

얼마 전까지만도 폐교위기에 내몰렸던 시골 지역의 평범한 중학교가 학생과 학부모의 선망학교로 탈바꿈하고 있어 그 배경에 관심이 쏠리고 있다. 화제의 학교는 군산 회현면에 있는 40년 역사의 회현중학교. 군산시내에서도 버스 편으로 30~40여 분이나 걸리는 농촌지역 학교다.

이 학교는 지난해 말 실시한 2011학년 신입생 선발전형에서 '10.7대 1'이라는 높은 경쟁률을 보였다. 관할 지역 내 학생 36명을 제외한 나머지 24명을 모집한 결과 무려 257명이나 응시했기 때문이다. 이중에는 군산이 아닌 전북 도내 타 시 · 군 학생이 17명, 심지어 서울 등 다른 시도 학생 6명도 포함됐다. 전국 대다수 시골학교의 학생 수가 준 상황임을 고려하면 명문고교도 아닌 평범한 시골 중학교로서는 믿기 어려운 경쟁률이다.

이 때문에 지난 2009년 71명에 불과했던 학생 수도 올해는 156명으로 크게 늘었다. 빈촌의 중학교가 이같이 놀랄 만한 경쟁률을 보인 것은 2008년 9월 자율학교 지정과 함께 내부 교장공모제가 시행되면서부터. 이 학교의 수학교사였던 이항근 교장이 내부형 교장공모제로 교장이 된 직후 '교육'과 '인성' 등 두 마리의 토끼를 잡겠다며 내세운 '신선한 교육프로그램'이 학교의 면학 분위기를 바꾸기 시작했다.

오후 4시까지 정규수업을 진행하는 것은 다른 학교와 마찬가지지만, 정규수업 과정에 특성화 과목을 따로 둔 것이 특징이다. 다른 학교는 국 · 영 · 수 과목을 더 늘리는 데 치중했지만, 이 학교에서는 국영수 과목을 늘리는 시간을 쪼개 1주일에 1시간씩 '진로성장 수업'과 '연극수업'을 별도로 진행한다. 학생들은 진로성장 수업시간에는 자신의 가치관과 직업관, 삶의 방향 등에 대해 상담을 받고, 연극수업시간에는 발표력과 표현력 등을 배우게 된다. 이는 지나친 입시교육 중심의 수업에서 벗어나 지칠 대로 지친 학생들에게 자신의 삶을 되돌아보게 한다는 취지도 담고 있다. 이 교장은 "국 · 영 · 수 실력 못지 않게 자신의 정체성과 자신의 삶에 대한 개척의지를 갖추는 것 또한, 중요하다."면서 "중학교 때부터 자신의 뜻을 바르게 전달할 수 있는 표현력 등을 길러주면 언제든 당당한 생활을 해 나갈 수 있다."라고 말했다.

회현중은 정규수업이 끝나는 오후 4시부터는 학생과 학부모의 희망을 받아 밤 9시까지 방과 후 특기적성 과목을 집중적으로 지도한다. 영어와 수학수업이 수준별로 시행됨은 물론이고 거의 모든 학생이 1인당 3가지의 특기적성을 배우게 된다. 월요일과 화요일에는 일본어, 중국어, 한자, 수학 퍼즐, 컴퓨터, 바둑 등 주로 지적 수준을 높일 수 있는 과목이, 목요일과 금요일에는 클래식밴드와 가야금, 피아노, 야구, 탁구 등 주로 예능과 체육부분 수업이 이뤄진다. 더욱이 토요일에는 학생은 물론 지역 주민도 함께 참여하는 제과제빵, 칠보 공예, 목공, 이미용 등의 수업이 열려 축제마당을 연출하기도 한다.

이 교장은 "방과후 수업에는 대부분 신 나고 즐겁게 놀 수 있는 과목을 배치해 학생들의 참여를 이끌어 내고 이를 토대로 정규수업에서의 집중력을 높이고 있다." 면서 "놀 때 맘껏 뛰노는 아이들이 핵심 과목의 수업에서도 대체로 집중력이 높은 편"이라고 말했다. 이들 수업 이외에도 이 학교에서는 체험활동이 많이 이뤄진다. 의사와 검사, 경찰관, 기자, 변호사 등 전문가를 강사로 초빙함으로써 다양한 직업군에 대한 학생들의 호기심도 풀어 준다. 아울러 주말과 방학을 이용한 '서울문화 따라잡기 수업'은 학생들이 가장 좋은 반응을 보이는 프로그램이다. 교장 또는 선생님과 함께 서울로 올라가 지하철과 유명대학, 명소 등지에서 여러 문화와 제도 등을 체험하는 이른바 '미션수행'의 반응이 뜨겁다. (연합뉴스, 2011년 1월 10일자)

[사진 39] 회현 축제

[사진 40] 진로 지도

[사진 41] 여름 축제

[사진 42] 자율 연구

5. 경기 흥덕고등학교

1) 현황

  흥덕고등학교는 경기도 용인시 기흥구의 신흥택지개발지구인 흥덕지구에 위치한 개교 3년차의 공립 인문계 고등학교로 개교와 동시에 경기도교육청 지정 혁신학교로 지정되었다. 수원의 영통지구와 광교지구, 용인의 수지지구 사이 8천 가구 정도의 작은 택지지구인 흥덕지구에 초등학교 2개, 중학교 1개, 고등학교 1개가 개교하였으며, 인접한 광교지구가 대규모 단지로 행정, 문화, 상업지역이 발달한 것에 비해 상대적 박탈감을 느끼고 있어, 학교가 조기에 안착돼 교육 인프라의 우월적 지위를 확립할 것과 학교가 지역사회의 문화 중심으로 자리 잡아 가기를 희망하고 있다. 하지만 자녀는 인근의 다른 고등학교에 진학시킬 만큼 초창기 학교의 안정성에 대한 신뢰를 보이지 않고 있다. 용인지역은 비평준화 지역으로 신설학교의 경우 학생이나 학부모의 선호도가 매우 낮으며 다른 학교에 성적으로 밀리고 밀려서 진학할 수 없는 학생들이 입학하는 경우가 많다. 입학한 아이들을 보면 다양한 지역에서 아파트 입주에 따라 입학한 단지 내 학생과 단지 밖에서 안정된 학교에 진학하기 어려운 성적 부진아, 인근 수원시(평준화 지역)에서 원하지 않는 학교 배정이나 원거리 통학으로 인한 불만을 해소하기 위한 다수의 전입생으로 구성된 학업 성적 면이나 생활지도 면에서 이질적 특성을 가진 학생들로 구성되어 있다. 출신 중학교가 1학년 45개교, 2학년 76개교, 3학년 35개교로 다양하게 분포되어 있다. 학생 개개인의 학력 수준 및 편차가 심하며 학습에 대한 무기력과 진로에 대한 계획이 세워지지 않은 학생들이 많아 교육적 배려와 세심한 관심이 요구되며 학생 개인별 맞춤형 교육과정 편성과 실시가 절실하다. 이런 학생들은 인성교육 및 자존감 향상 훈련이 절대적으로 필요한 학생들로 학생의 공동체 문화 구축에 많은 어려움을 주고 있다. 교사의 경우 초빙으로 전입해 온 교사와 인사이동으로 전입해 온 교사가 혼재하지만 학교 비전과 목표의식에 대한 공유가 잘 되고 있으며 상호 협력적 관계가 잘 형성되어 있어 새로운 학교문화를 만들어 가는 중심 역할을 하고 있다. 하지만 학교 규범 정립과정의 생활지도와 수업혁신을 이루기 위한 학생과의 관계에서 상당한 스트레스를 받고 있다. 학부모의 경우 학교 의존도와 신뢰도가 높으며 개교 초에는 생활지도에 어려움을 겪었던 학부모가 많아 자발적 봉사활동을 통해 자녀들이 학교에 적응할 수 있도록 적극적인 도움을 주었으며 점차 자녀들의 대학진학에 대한 높은 욕구로 학력향상에 대한 기대도 높아지고 있다. 지역사회에서는 개교 초 신설학교가 겪는 생활지도상의 어려움을 우려하였으나 2012년도 들어서면서 안정되었다는 평가를 하고 있다.

2) 학교혁신의 동력 형성

학교혁신을 통한 학교의 본질 회복으로 공교육을 살리려는 운동이 소규모 초등학교를 중심으로 2000년을 전후하여 나타나기 시작했고, 이러한 교육주체들의 실천적 노력과 성과를 안고 중등학교에서도 학교혁신을 고민하는 교사그룹들이 등장하기 시작하였다.

2009년 경기도교육감이 바뀌면서 도교육청 차원에서 학교혁신의 상이 제시되었고 기존 학교들의 운영시스템을 분석하며 경기도 곳곳에 새로운 학교 운동을 위한 모임체들이 생겨나기 시작하였다. 우리 학교교육이 본질에서 일탈하게 된 가장 주요한 변인이 입시 중심의 학교구조였기에 학교혁신의 정점은 인문계 고등학교의 혁신이라고 할 수 있다. 기존의 학교운영원리를 입시중심의 실적주의, 구성원들을 주체로 세우지 못하는 일방주의, 많은 시간을 학교에 머물며 늦은 시간까지 자율학습을 하고 많은 시간을 방과후 활동으로 보내는 것을 그 학교의 교육열로 바라보는 물량주의, 아이들이 무엇을 배우고 있는지 보다 교사가 무엇을 가르쳤는지를 중시 여기는 형식주의 등을 극복하기 위하여 '경기 미래 교육 포럼'이라는 모임도 만들어졌다. 남한산초등학교와 조현초등학교 등의 작은 학교 연대의 실천적 성과를 바탕으로 2006년 만들어진 새로운 학교 운동의 'School design 21'과 빠르게 변하는 아이들과 새로운 만남을 고민하며 학급운영과 수업에서의 변화를 모색했던 실천적 교사모임인 '참여소통교육모임', 그리고 공교육 변화의 모델을 꾸준히 만들어왔던 '이우고등학교' 교사 등 20여 명이 모여 인문계 고등학교의 재구조화에 대한 연구를 함께한 이들은 내부형 공모제 교장으로 홍덕고등학교 인근의 고등학교에 근무하던 '참여소통교육모임' 대표 이범희 교사를 추천하였고 공모과정을 통해 초대 교장으로 부임하게 되었다. '참여소통교육모임'은 빠르게 변하는 교육환경에서 아이들과 학부모, 교사 모두가 행복할 수 있는 학교문화를 만들어 가기 위해 모인 자발적인 교사 네트워크 모임이다. 이 모임에서는 아이들을 과학적으로 이해하고 새롭게 바라보기를 시도하며 아이들의 참여와 소통을 통한 수업과 학급활동을 함께 고민하고 학부모와의 소통 방법을 찾는 협력의 교사문화를 통해 건강한 교육공동체를 지향한다. 일상적인 각종 실천자료 공유와 정기적인 연수, 그리고 지역모임을 가지며 교사로서의 성장을 고민해 왔는데, 이범희 교장은 이 모임을 만들고 주도적으로 이끌며 다양한 그룹들과 네트워킹을 해 왔고 실천적인 많은 교사들과 만나 왔다. 개교 이후 2011년, 2012년 이 모임에서 활동하는 다수의 교사들이 홍덕고등학교에 합류하게 되는데, 이들은 학교장과 교육적 철학과 학생관, 실천방법들에 대한 공유가 상당히 이루어진 상태여서 교사문화를 근간으로 하는 학교문화를 만들어 가는 데 큰 역할을 하게 된다. 여기에 교육과정을 비롯한 학교 전반의 큰 그림을 그리는 데 'School design 21'이 역할을 하였고, 사립과 특성화고등학교라는 차이에도 불구하고 '이우고등학교'의 10여 년 축적된 경험은 인문계 고등학교를 재구조화하는 데 새로운 상상력을 제공해 주었다.

3) 혁신 추진 전략 수립 과정

경기도 혁신학교로서의 홍덕고등학교 출발은 그간의 기존 인문계 고등학교가 해결하지 못했던 가장 커다란 문제, 즉 대학 입시위주의 왜곡된 구조 속에서 고교 교육이 정상화되지 못하고 있는 현실의 문제를 제기하며 출발했다는 데 가장 커다란 의의를 둘 수 있다. 오랫동안 인문계 고등학교에서 학생들의 삶은 대학을 들어가기 위해 도움이 되는 일련의 교육적 행위들이 인간적인 아름다운 가치에 다소 위배되더라도 정당화되는 일련의 기제들(예를 들면, 자신의 삶을 설계하고 경험할 소중한 기회의 제약, 강제적 방과후 활동 및 자율학습, 특히 학생인권보장의 유보 등)을 정당화시키는 논리가 되어 왔다. 학부모들은 이런 학교의 모습에 선뜻 동의하지 않고 비판도 하지만 자신들의 자식을 위하여 용인할 수밖에 없었던 것이 대다수 학부모들의 모습이었다. 이런 우리교육 풍토 속에서 홍덕고등학교의 탄생은 대다수 학교들과 운영철학과 메커니즘을 달리하겠다는 선언을 하고 출발한 것이어서 주변에서는 당연히 성패 여부에 대한 우려의 시선을 보냈고, 또 다른 한편에서는 반드시 저 학교가 성공해야 우리의 교육이 바뀔 수 있다는 묵시적인 응원을 하였다. 홍덕고등학교가 성공한다는 것은 대학입시에 좋은 성적을 거두는 소위 명문학교가 되는 것이 아니라, 기존의 학교를 한 단계 뛰어넘어 한국 교육이 지향해야 할 당연한 고등학교의 모습을 회복하는 것이라 하겠다. 그것은 고교 교육의 정상화이며, 교육본질의 회복이다. 고교 교육이 정상화되어야 배움으로부터 도주했던(인문계 고교가 가지고 있었던 폭압적이고 강요된 학습 환경에서 꿈을 강제적으로 포기해 버렸던) 아이들이 학교로 돌아오고, 삶의 주동 동기를 회복하여 더불어 사는 민주 시민으로 성장할 수 있을 것이다. 오랫동안 누적된 학교의 왜곡된 모습을 극복하는 과정은 호락호락한 과정이 아니다. 학교혁신에 대한 선행학습이 이루어진 교사, 초빙교사, 적극적으로 학교문화 속으로 들어오려는 교사들과 그렇지 않은 교사들과의 갈등이 늘 잠복해 있다. 여러 가지 관점이 충돌하여 때로는 좌충우돌하고, 때로는 토론 속에서 인간적인 상처를 입기도 한다. 또한 혁신학교를 자의적으로 해석하며 지속적으로 학교공동체의 질서를 어지럽히는 아이들과의 생활도 쉽지 않다. 자녀의 학교 생활 정도와 성적에 따라 학교에 요구하는 학부모들의 편차도 커서 설득하고 이해를 구하는 과정도 쉽지 않다. 그럼에도 불구하고 성적이 좋은 아이들만 성공하는 학교가 아니라 각자 가지고 있는 재능과 적성에 따라 모두가 성공하는 새로운 개념의 명문 학교를 만들어 가려는 홍덕인의 의지는 강하다. 학교의 철학과 비전을 공유하며 수시로 토론회를 통해 서로의 차이를 극복하는 과정과 더불어 교사가 아이들과의 친밀하고 따뜻한 관계 맺기를 교육의 전제로 설정하고 있으며 홍덕고 교사로서 도전적 과업을 규명하고 실천할 수 있도록 한 방향 정렬(vision alignment)을 위해 노력하고 있다.

4) 학교혁신 추진 내용

(1) 창의지성교육과정 운영

홍덕고등학교는 '열정과 공헌력을 갖춘 미래시민 육성'을 위하여 공동체 의식 함양을 위한 인성교육을 강화하고 창의적 사고를 기반으로 한 자기 생각과 논리를 갖출 수 있도록 교육과정을 운영하고 있다. 학교가 배움공동체가 되기 위한 참여와 소통의 내재화가 될 수 있는 품성을 키우는 데 진력하고 있다. 학교 정문을 들어서면 구성원들의 마음을 흔들어 놓을 감성적인 시구나 글이 담겨 있는 커다란 걸개그림이 벽면에 걸려 있다. 세상을 살아가는 데 필요한 주동성을 함양하기 위해 아이들에게 울림을 주려는 것인데, 이는 영어, 수학을 한 시간 늘리는 것보다 효과적이라는 것이다. 개교 초의 돌봄과 치유가 필요한 아이들이 다수 있고 관심이나 학습의 정도가 다르기 때문에 아이들 선택 폭을 다양하게 운영하는 것이 홍덕고등학교의 교육과정 특징이다. 인문계열이나 자연계열을 선택한 학생들이 과목을 교차 선택할 수 있도록 하여 융합적 사고를 키울 수 있도록 하는 것이나 음악, 미술, 체육과 더불어 연극을 선택과목으로 개설하고 있다. 특히 연극의 경우 개교 때부터 학교의 가치인 존중과 배려, 경청하기, 모두가 자기 삶의 주인공 되기, 협력하기 등을 내재화하기 위한 주요한 과정으로 정기공연 및 학교행사 때 주도적으로 활동하고 있다. 또한 좋은 수업을 위한 질 관리를 위해 배움중심수업, 교과별, 학년별 수업공개 및 수업 전문가를 모시고 수업컨설팅을 연중 실시하며 학생들과 함께 좋은 수업간담회를 진행하고 있다. 홍덕고등학교는 최고의 교육복지가 수업에서 소외되지 않는 것이라는 가치를 견지하고 있다.

가. 일상적인 수업공개를 통한 배움이 있는 교실문화

배움중심수업 디자인을 통해 학생의 참여를 높이는 수업과 지식 전달의 일방적인 배움이 아닌 참여와 소통의 수업문화, 교과서를 넘어 삶과 연결된 주제 구성을 통한 세상과 소통하는 수업문화, 특정 프로그램이 아닌 수업을 통해 학교의 가치를 실현하기 위해 다양한 프로그램들을 운영하고 있다.

▪ 전체 공개수업 및 수업연구회

학교 공개의 날 운영을 통해 매 학기 1회씩 모든 교실을 공개하며 경기 혁신교육의 중심으로서 수업혁신을 위해 지역사회와 인근 학교 교사들에게 배움중심수업과 대표 수업 및 수업연구회를 공개하고 있다. 또한 교과별로 한 명을 선정하여 대표로 공개수업을 한 후 수업연구회, 학교의 실정과 학급 아이들의 특성 등을 고려한 좀 더 깊이 있는 연구회 운영, 교과협의회를 통해 공개수업 디자인에 대한 교사들 간에 사전 협의를 실시하고 있다.

- 교과 공개수업 주간 수업연구회 운영

교과군별 공개수업 주간을 매 학기 운영하여 교과수업의 전문성 향상을 위해 노력하고 있으며 교과별 공개수업 주간을 선정(매 학기 1주)하여 실시하고, 교과군별 공개 주간이지만 동교과만이 아닌 전교직원이 참관 가능하도록 시스템화하고 있다.

- 학년별 자발적 수업 공개 및 협의회

교사의 더 많은 관심이 필요한 학급의 수업문화에 대해 함께 협의하는 문화를 가지고 있으며, 해당 학급을 담당하는 교사라면 누구라도 공개수업 및 협의회를 제안할 수 있는 분위기를 통해 수업활동지를 교류하며 배움의 지점에 대해 토론도 하고 해당학급을 담당하는 모든 교과 선생님이 모여 학생들이 배움이 일어나는 시점을 공유하며 수업에 적용하도록 노력하고 있다.

[사진 43] 자발적 학년 수업 공개 및 수업연구회 장면

나. 세상을 만나 성장하는 아이들 – 통합기행과 농촌봉사활동

홍덕고등학교의 교육철학인 "참여와 소통을 통한 희망과 신뢰의 배움공동체"를 실현하며, 배움과 나눔으로 미래 역량을 함양하는 학교문화의 정착과 어려움을 극복하면서 학생의 권리와 인권을 존중하는 학교 풍토를 조성하고, 학교생활을 뒤돌아보며 마음의 여유와 자신을 바라보는 시간을 제공함으로써 청소년기의 올바른 자아 찾기, 진로에 대한 진지한 모색, 체험을 통한 산 교육, 동료와의 연대와 협동, 자기 성취의 제고를 목표로 다른 학교에서 실시하는 수학여행과 같은 개념의 통합기행을 실시하고 있다. 10~15명씩 여행지에 따라 모둠을 정하고 프로그램 일정과 숙박지, 교통편 등을 담은 5쪽 정도의 계획을 세워 함께 가고 싶은 선생님에게 제출하여 승낙을 받아 다녀오는 프로그램이다. 다녀와서는 개인별 보고서와 모둠별 보고서 그리고 학년 전체가 모인 자리에서 프리젠테이션을 실시하여 다른 모둠 친구들과 느낌을 공유하기도 한다. 농촌의 현실을 이해하고 농사를 체험하는 과정에서 노동의 의미를 생각하며, 학교가 아닌 다른 공간에서 공동 생활하는 경험을 통해 공동체의식과 협동심, 배려와 화합을 체험하기 위하여 2학년의 경우 농촌봉사활동을 실시한다. 이를 통해 농촌에서 생산되는 농산물의 가치와 소중함, 그리고 농촌 지역의 소박함과 진실함, 평온함을 체험할 수 있다.

[사진 44] 통합기행과 국토순례, 농촌봉사활동 장면

다. 인문과학, 자연과학 아카데미

학생들의 미래설계를 위한 맞춤형 진로 지도로 〈인문학 아카데미〉와 〈자연과학 아카데미〉를 운영하고 있다. 학생들의 인문학적 소양을 함양하여 자존감 회복을 통한 사회 공헌인으로 성장하는 계기를 만들어 주는 프로그램으로, 개교 때부터 매년 실시하고 있다. 미래 시민으로서 필요한 자질 함양을 위하여 인문학 분야에서 활동하는 다양한 전문가와 심도 있는 대화를 통해 사회현상을 종합적으로 이해하며 비판적 사고와 합리적 의사결정 능력을 함양하는 등의 인문학적 소양을 기르고 나아가 사회에서 발생한 공동의 문제를 해결하는 데 적극적으로 참여하는 시민의식을 기른다. 참가를 희망하는 학생들은 사전에 참가 신청서를 제출하며 참여 이후에 활동소감문을 제출하여야 한다. 또한 학생들이 과학적으로 탐구하고 문제를 해결하는 과학 탐구 과정을 체험하는 기회를 가짐으로써, 생활에서 일어나는 문제들을 과학적으로 생각하고 해결하려는 태도를 가지게 하고 이공계 분야로의 진로 선택을 유인하는 계기가 되게 한다. 서로 다른 10개의 주제를 선정하여 주제별로 체험 교실을 설치하고 학생들이 희망에 따라 탐구 체험활동에 참여한다.

[사진 45] 자연과학 아카데미 모습과 인문학 아카데미 포스터

(2) 민주적 자치공동체 형성

더불어 살아가는 건강한 민주시민으로 성장하도록 교육하는 것이 모든 학교들이 지향하는 교육적 가치이다. 현재의 주입식 입시 위주 교육 풍토 속에서, 인간다운 생활이나 행복을 유보하고 개별적인 존재들로 흩어져 서로 경쟁하는 이기적인 학생들의 비인간적인 분위기, 획일화된 통제 위주의 생활 지도로 수동적이고 소외된 학생 생활, 희망과 사랑이 없는 삭막한 인간관계와 교내 폭력, 학교생활에 거부적인 학생들의 반 학교문화 등을 극복할 수 있게 하는 핵심적 방안이 자치활동에 있다고 보고 홍덕고등학교에서는 구성원들

의 존중과 배려를 기반으로 한 학생자치역량 강화를 위해 노력하고 있다. 돌봄과 치유의 대상 학생들이 다수 재학하고 있지만 학생들을 통제와 관리의 대상으로 보지 않고 교사들과 함께 삶을 나누며 함께 성장하는 존재로 인식하는 학생관을 교사들이 공유하고 그에 따라 교사들이 수업과 생활지도에 있어 밀착형 관계 맺기를 하고 있다. 학생자치회의 역량강화를 위해 자치학교를 운영하고 있으며 인권아카데미를 통해 인권감수성을 향상시키고 교사와 학생, 학부모가 동반 성장하기 위한 프로젝트로 독서 토론 모임, 백두대간 종주와 학부모 성장을 위한 학부모 아카데미를 연중 운영하고 있다.

가. 협력관계를 통한 변화와 성장 프로그램 – 백두대간 하늘 길을 걷다

학부모와 교사 그리고 학생 3주체가 어울리고, 소통할 수 있는 '백두대간 종주' 프로그램은 어려운 과제 극복을 통한 성취동기를 갖고, 구성원들이 함께하는 산행을 통해 협력과 배려의 마음을 가지며, 자연과의 교감을 통해 생명과 자연을 존중하는 마음을 키우고, 자존감과 자기 주동성 함양을 통한 성찰의 기회를 갖도록 하고 있다. 사단법인 백두대간 하늘 길과 홍덕고등학교의 협력 사업으로 진행하고 있으며, 격주로 진행되어 39구간으로 운영되고 있다. 학생 스스로 기획하고 참여하는 참여자 주도로 운영하여 사진 및 동영상 찍기, 참가자 연락하기, 준비운동 담당 등 학생들 스스로 역할을 분담하여 진행하고 있다. 사전에 산행 구간에 얽힌 역사, 문화, 생태, 지리적인 정보를 준비하고 발표하도록 유도하여 학습효과도 거두고 있는데, 코스를 완주하고 난 후 얻는 자신감과 성취감은 학교생활의 성취동기로 이어지고 있다.

[사진 46] 이른 아침부터 시작된 하늘길과 정상 등정 후 모습

나. 학부모 – 교사 동반 성장 프로그램 – 어른 책·만·세

홍덕고등학교에는 다양한 '책·만·세'(책으로 만드는 희망의 세상) 모임이 있다. 교사 '책·만·세'가 있고 학부모 '책·만·세'가 있으며 학생 '책·만·세'가 있다. 특히 교사와 학부모는 별도로 진행되기도 하고 함께 만나 진행되기도 한다. 딱히 정해진 인원이 있는 것은 아니고 시간과 내용을 사전에 공지하여 희망자들이 결합하는 열린 모임 방식으로 진행하고 있는데, 매회 20여 명 정도가 모여 정해진 책을 읽고 관심 가는 글을 공유하며 토론을 하고 있다. 공식적인 학교 사업이 아니라 취미를 매개로 한 자발적 모임이어서 자유로운 분위기로 공동체 의식을 강화해 가고 있으며, 같은 책을 읽고 여러 사람과 이야기를 나누는 과정에서 의식 성장이 이루어지고 있다. 학부모와 교사가 한 자리에 있다는 것이 불편한 자리임에도 정기적으로 만나 함께 웃고, 함께 눈물 흘리기도 하는 과정들을 통해 서로 신뢰를 구축할 수 있다. 학부모와 교사 모두의 학교와 학생에 대한 상호 이해 증진에도 기여하고 있다.

[사진 47] 교사 – 학부모가 함께 책 읽고 토론하는 모습

다. 내 아이가 아닌 우리 아이로 함께 성장하기

학부모의 의식 변화 없이 학교혁신은 불가능하다. 입시와 경쟁의 학교 구조에서 대부분의 학부모가 자기 자녀의 우월적 경쟁력을 갖기 위해 과도한 사교육을 시키거나 학교 철학을 흔드는 경우 공교육 정상은 어려울 수밖에 없다. 아이와 함께 배우고 성장하는 참된 학부모력이 확보될 때 아이들의 건강한 성장이 가능하다. 홍덕고등학교는 학부모님들의 교육혁신과 미래교육에 대한 인식을 제고하고 학생, 학부모의 동반 성장 기회를 제공하며 지역사회에 학교에 대한 긍정적인 인식의 기회를 제공하기 위하여 봄, 가을에 각 4회씩 학부모 아카데미를 진행한다.

개교 때부터 꾸준히 진행하고 있는 아카데미에는 학부모뿐만 아니라 지역 주민들과 인근 학교의 학부모들도 함께 참여해 내 아이가 아닌 우리 아이들이라는 참 학부모력을 키워 가고 있다. 학부모의 적극적인 참여를 통해 학교와의 소통과 관심의 증가하고 있고 학부모의 자녀교육, 미래교육, 교육혁신에 관한 인식의 변화와 지역사회에 긍정적인 학교 이미지를 구축하여 학교가 지역의 문화중심 복합체로서의 역할도 하고 있다.

[사진 48] 학부모 아카데미 진행 모습과 아카데미 포스터

라. 교내 자아성찰 교실 운영 – 새순을 틔우는 Re-start 프로그램

고등학교에 입학하기까지 성적에서 뒤처지고 학교생활에 잘 적응하지 못하다 보니 지지와 격려, 따뜻한 사랑을 받아본 경험이 적은 아이들이 비평준화 지역의 신설고등학교에는 다수가 재학하고 있다. 그런 학생들의 경우 지속적인 흡연, 무단 지각과 결석을 비롯한 일탈 행동들이 잦을 수밖에 없다.

이런 학생들에게 맞춤형 자아성찰 교실 운영을 통하여 바른 인성을 함양하고, 기본생활 습관 및 바른 가치관 형성을 통해 행복하고 즐거운 학교생활을 할 수 있도록 도와주며 학교의 비전인 '참여와 소통을 통한 희망과 신뢰의 배움공동체'를 함께 만들어 간다. 3일, 5일, 7일의 프로그램으로 운영하며 자기행동 이행계획서와 다짐 쓰기, 심리검사와 자아존중감 찾기 심리치료, 독서치료, 학부모와 함께 하는 집단상담, 역할극 심리치료 등의 내용으로 진행된다.

이 프로그램을 통해 학생 개인의 자주성과 인격을 존중하고 내면의 장점을 이끌어 내어 발현시키는 과정에서 학생의 문제행동의 수정 및 자존감이 향상되고 학생 개인의 개별 심리검사를 실시하여 개별화를 바탕으로 한 치료를 하여 건강한 학교와 사회 구성원으로 성장할 수 있도록 도움을 주고 있다.

[사진 49] 상담활동하는 모습과 상담활동 학습지

5) 학교혁신의 성과

홍덕고등학교는 배움의 공동체나 프로젝트학습, 프레네 교육과 같은 외국의 다양한 수업이나 학교문화 혁신 이념, 사례를 뛰어넘는 우리나라 교육현실에 바탕을 둔 학교혁신을 추진하고 있다는 것이 특징이다. 특정한 수업형태를 고집하지 않으며 각 교과모임의 활성화를 통해 풍부하고 다양한 수업방법이나 내용들을 고민하고 그것을 바탕으로 교사들이 아이들과 만나게 되는데, 그 중심은 '관계 맺기'이다. 교사가 아이들을 통제하고 관리하는 것이 아니라 삶 속으로 깊이 들어가 아이들을 포기하지 않겠다는 의지와 열정의 진정성으로 아이들을 만난다. 그 과정에서 아이들을 이해하고 존중하며 배려하는 관계 맺기가 가능하고 자기존중감을 확인한 아이들이 교사에 대해 신뢰하게 되고 학교에 대해 자긍심을 갖게 되니 자연스럽게 수업이 살아나고 미래에 대한 꿈과 비전을 갖기 시작하였다. 아이들 스스로 규정 제정에 참여하고 책무성을 갖도록 합의하지만 여전히 규정을 어기는 학생들이 생겼고, 교사가 학생들과 함께 운동장을 뛰고 지리산에 함께 오르는 눈물과 땀으로 아이들을 만나 왔다. 일부에서는 교사들의 헌신과 열정에 너무 의존하지 않느냐는 문제제기가 있지만 기존의 방식대로 아이들을 만난다는 것, 쉽고 편하게 아이들을 만난다는 것은 아이들 마음을 흔들어 놓지 못하며 결국 아이들의 변화를 이끌어 내지 못할 것이라는 것이 대다수 교사들의 생각이다. 개교 3년차의 신설학교로서 학교혁신의 준범을 만들어 내기에 충분한 시간은 아니지만 기존의 학교문화를 극복하기 위하여 구성원들이 치열하게 고민하고 토론하며 실천적 대안을 만들어 왔다는 것은 우리나라의 모든 학교, 특히 인문계 고등학교에 주는 시사점이 크다 하겠다. 그 가운데 첫째는 입시를 위한 문제풀이 위주의 경쟁 구조 학교문화를 돌봄과 나눔 그리고 함께 성장하는 학교문화를 만들어 가고 있으며 그것이 입시 경쟁에서도 결코 뒤처지지 않는다는 것을 보여 주고 있다. 학교 밖의 다양한 기관들과 협력관계를 구축하고 함께 아이들을 돌보고 있다. 상담학회의 상시적 지원을 통한 인적 자원 확보와 인근 대학생들을 통한 멘토단 구축, 박물관과 함께 진로 프로그램 운영 등 한 아이를 건강하게 성장시키기 위해 온 마을이 힘을 모았듯이 한 아이, 한 아이 모두가 소중한 존재로 인식하고 그 아이들의 성장을 위해 함께 노력하고 있다. 둘째로 상시적인 수업공개와 좋은 수업 만들기 간담회를 정기적으로 실시해 수업의 질 관리를 하고 있으며 최고의 교육복지는 한 아이도 수업에서 소외되지 않아야 한다는 원칙을 가지고 수업규칙을 만들고 교사가 학생들을 포기하지 않겠다는 메시지를 학생들에게 지속적으로 보내 수업에 참여할 수 있도록 이끌고 있다는 것이다. 이러한 수업의 형태는 수업에서 생활지도가 가능하도록 이끌어 신생활지도의 문화를 만들어 내고 있으며, 이러한 수업문화를 인근 학교나 혁신학교들과 공유하면서 학교혁신 운동이 홍덕고등학교 내부에 머무르지 않고 하나의 흐름으로 만들어 내고 있다. 셋째로 홍덕고등학교의 교육과정을 보면 아이들이 자기 삶의 존재에 대해 고민하고 다른 사람들과 더불어 살아가는 건강한 민주시민으로 성장하도록 철학 교과를 필수로 운영하고 있으며, 배려와 존중의 학교 가치를 실현하기 위해 연극교과를 선택으로 운영하고 있다. 또한 융합적 사고의 폭을 넓히기 위해 자연계열과 인문계열 간 상호 교과목의 교차 이수하도록 하고 있어 학생들 선택의 폭을 넓히고 있다. 넷째 학생자치회가 학교구성원으로서 실질적인 역할과 책무를 다할 수 있도록 학생자치의 역량강화를 꾀하고 있다. 축제와 체육대회, 인권아카데미를 비롯한 학교행사를 직접 기획·운영하기도 한다. 홍덕고등학교에도 구성원의 인식 차이와 혁신마인드 정도에 따라 갈등 요소들이 존재하지만 대화하고 토론하면서 모두가 행복한 학교의 가능성을 만들어 가고 있다.

강영혜(2003). 영국의 교육개혁과 교육입법. 교육법학연구, 15(1), pp.1-30.

강영혜(2005). 핀란드의 공교육 개혁과 종합학교 운영 실제. 서울: 한국교육개발원.

강현석, 이자현(2005). 브루너 교육의 문화. 서울: 교육과학사.

경기도교육청(2010). 2010 혁신학교운영계획. 경기 수원: 경기도교육청.

경기도교육청(2012). 혁신학교 기본문서. 경기: 경기도교육청.

구자억, 김재춘, 박태준, 윤종혁, 정영근, 황규호(1997). 동서양 주요국가들의 교육. 서울: 문음사.

김경자(2011). 핀란드 종합학교 교육과정 편성 · 운영의 특징 고찰. 교육과정연구, 29(1), pp.111-135.

김상곤, 지승호(2011). 김상곤, 행복한 학교 유쾌한 교육혁신을 말하다. 서울: 시대의 창.

김상곤(2012). 김상곤의 교육편지. 서울: 한겨레출판.

김수경(2011). 혁신학교 운영의 실태와 성과 분석. 교육행정학연구, 29(4), pp.145-168.

김영록(2007). 핀란드 교육 정책 자료 분석을 통한 교육정보화 정책의 시사점. 서울: 한국교육학술정보원.

김민정(2009). 국제학력평가와 교육정책의 상관관계분석 - 한국과 핀란드의 PISA2006 결과와 교육정책 비교 -. 중앙대학교교육대학원 석사학위논문.

김석경(2006). 프랑스 교육개혁의 목적. 2006. 04. 24. 대한방송(http://kbn-tv.co.kr).

박붕서(2012). 한국 혁신학교운동에 대한 교사의 인식 연구. 한국교원대학교 대학원 석사학위논문.

박상우(2011). 주요 선진국 고교 교육과정과 장학 지원 체제에 관한 비교 분석 연구 - 유럽 3개국 핀란드, 스웨덴, 영국을 중심으로 -. 고려대학교 교육대학원 석사학위논문.

박영숙(2010). 한국 수월성 교육의 분석. 전북대학교 대학원 박사학위논문.

박운형, 최두진, 박동진, 조선자, 고정순(2009). 교육혁신의 개념, 동향 및 발전방향. 교육혁신연구, 19(1), pp.1-24.

박종일 외(2010). 한국 어린이 - 청소년 행복지수 연구와 국제비교. 한국사회학, 44(2), pp.121-154.

박창언, 민용성, 오은주(2010). 주5일 수업제 시행에 대비한 초등학교 수업일수 및 수업시수 국제 비교. 학습자중심교과교육연구, 10(1), pp.127-151.

백종억(196). 주요국의 교육행정제도. 서울: 교육과학사.

서울대학교 교육연구소(1994). 교육학 용어 사전. 서울: 하우.

서울특별시교육청 역(2007), 초 · 중학교/고등학교 국가수준 핵심 교육과정: 교육 선진국 핀란드를 가다. 서울: 화신문화.

성열관(2009). 핀란드 교육 성공 요인의 중층 구조 분석. 비교교육연구, 19(3), pp.179-201.

소경희(2011). 영국 초등교육과정 개혁 논쟁: 국가교육과정의 내용 및 처방의 적정화 담론을 중심으로. 교육과정연구, 29(1), pp.87-109.

송경오(2007). 미국 No Child Left Behind(NCLB) 교육개혁을 보는 시각과 전망. 교육행정학 연구, 25(4), pp.509-533.

신문승(2011). 핀란드 종합학교 교육의 성공요인과 시사점. 통합교육과정연구, 5(2), pp.127-149.

신문승, 이주영, 권동택(2011). 주요국의 초등학교 주5일 수업제 비교 연구. 비교교육연구, 21(4), pp.131-151.

신현석, 이경호(2011). 주요 선진국의 교육비전 비교를 통한 정책적 시사점의 탐색. 교육정치학연구, 18(4), pp.165-193.

염철현(2009). 미국 교육개혁의 이해. 서울: 강현출판사.

염철현(2010). 오바마 정부 교육개혁의 동향과 시사점. 비교교육연구, 20(2), pp.149-168.

이규환(2009). 주요국의 교육제도. 서울: 배영사.

이병진(2003). 교육리더십. 서울: 학지사.

정광순, 홍영기, 강충열(2012). 2009 개정 초등학교 교육과정에 따른 초등학교 통합교과 교육론. 서울: 학지사.

채선희 외(2003). 국제학업성취도 비교 연구. 서울: 한국교육학술정보원.

한국교육과정평가원(2007). OECD/PISA 평가틀 및 공개문항 분석. 연구자료 ORM 2007-25.

한국교육과정평가원(2009a). 2009 교육과정 · 교육평가 국제 동향 연구 – 멕시코 · 미국 · 캐나다 –. 연구보고 RRO 2009-9-3.

한국교육과정평가원(2009b). 2009 교육과정 · 교육평가 국제 동향 연구 – 독일 · 러시아 · 영국 · 프랑스 · 핀란드 –. 연구보고 RRO 2009-9-4.

한국교육과정평가원(2009c). PISA와 TIMSS 상위국과 우리나라의 교육과정 및 성취 특성 비교 분석. 연구보고 RRE 2009-7-2.

한국교육개발원(2007). 핀란드의 공교육 개혁과 종합학교 운영실제. 현안보고 OR 2007-3-8.

허봉규(2011). 혁신학교 운영 모델 탐색 – 경기도 혁신학교를 중심으로. 성균관대학교 대학원 박사학위논문.

홍신기, 윤순종(2010). 초등학교 기본학제 국제비교연구. 비교교육연구 20(4), pp.227-254.

황성원, 사영숙(2003). 프랑스 교육의 특성에 따른 교사교육의 변화. 비교교육연구 16(4), pp.133-155.

황성원(2005). 프랑스 공교육과 프레네 교육. 충남교육연구 7권 여름호, pp.108-138.

후쿠타 세이지 저, 나성은, 공성태 역(2008). 핀란드 교육의 성공. 서울:북스힐.

후쿠타 세이지 저, 박재원, 윤지은 역(2009). 핀란드 교실 혁명. 서울: 비아북.

Allardt, E.(1971). Culture, structure, and revolutionary ideologies. *International Journal of Comparative Sociology*, 12(March), pp.24-40.

Anderson, B.(1968). Revitalization movements: An essay on structure and ideology in a class of exclusive underdog systems. *Acta Universitatis Upsallienses*, 17, pp.347-375.

Bass, B. M. (1985). *Leadership and performance beyond expectations*. New York : The Free Press.

Beeby, C. E.(1966). *The quality of education in developing countries*. Cambridge, Mass.: Harvard University Press.

Bell, L. (1992). *Managing teams in secondary schools*. London: Routledge.

Bennis, W., & Nanus, B. (1985). *Leaders: the strategies for taking charge*. New York: Harper & Row.

Bereday, G. Z. F. (1964). *Comparative method in education*. N.Y.: Holt, Rinehart and Winston.

Bushnell, D. S., & Rappaport, D.(1971). *Planned change in education: A systems approach*. NY: Harcourt, Brace, Jovanovich.

Cadwallader, M. L.(1968). *The cybernetic analysis of change in complex social organizations*. In W. Buckley(Ed.), Modern systems research for the behavioral scientist: A sourcebook for the application of general systems theory to the study of human behavior(pp.437-50). Chicago: Aldine.

Cameron, K. S. & Ulrich, D. O. (1986). Transformational leadership in colleges and universities(pp. 1-42). In J. C. Smart (Eds.). *Higher education: handbook of theory and research*, Vol. II. New York: Agathon Press.

Carnegie Forum on Education and the Economy Task Force on Teaching as a profession(1986). *A nation prepared: Teachers for the 21st century*. NY: Carnegie Forum on Educationa and the Economy.

Carter, M.(1975). Correspondence and contradiction. Palo Alto, CA: Center for Economic Studies.

Collins, R.(1971). Function and conflict theories of educational stratification. *American Sociological Review*, 36(December), pp.1002-1008.

Craig, E. (Ed.)(1998). *Routledge encyclopedia of philosophy*, Vol. 2. London : Routledge.

Dahrendorf, R.(1967). *Conflict after class: New perspectives on the theory of social and political conflict*. London: Longmans.

Davis, K.(1949). *Human society*. NY: Macmillan.

Dewey, J.(1938). *Experience and education*. NY: Macmillan.

Dewey, J.(1971). *The school and society*. Chicago, IL: The University of Chicago Press.

Ellis, A. K.(2005). *Research on educational innovations(4th ed.)*. NY: Eye On Education, Inc.

Evans, R.(1996). *The human side of school change*. San Francisco, CA: Jossey-Bass.

Finn Jr. C. E.(1986). *We can shape out destiny*. Educational Leadership, 44, September.

Finnish National Board of Education (2004). *Background for Finnish PISA success*. Finland: Finnish National Board of Education.

Finnish National Board of Education (2004). *National core curriculum for basic eduction 2004*. Vammala: Finnish National Board of Education.

Fletcher, S., & Nelsen, P.(2011). *Democracy in a cosmopolitan age: Moral education for the global citizen*. In J. L. deVitis & T. Yu(Eds.). Character and moral education (pp.193-206). NY: Peter Lang.

French, J. R. (1993). *A formal theory of social power*. New York: Irvington.

Garvin, D. A. (1993). Building a learning organization. *Harvard Business Review*, 10(4): pp.803-813.

Glatthorn, A. A., Boschee, F., & Whitehead, B. M.(2006). *Curriculum leadership*. Thousand Oaks, CA: Sage Publications, Inc.

Goodlad, J. I.(1987). *Toward a healthy ecosystem*. In J. I. Goodlad(Ed.), The ecology of school renewal. Part I, 86th Yearbook of the National Society for the Study of Education. Chicago: University of Chicago Press.

Goolad, J.(1975). *The dynamics of educational change: Toward responsive schools*. NY: McGraw-Hill.

Gramsci, A.(1957). *The modern prince*. NY: International Publishers.

Halinen, I. (2005). *The Finnish Curriculum Development Process*. Vammala: Finnish National Board of Education.

Havelock, R. G., & Huberman, A. M.(1977). *Solving educational problems: The theory and reality of innovation in developing countries*. Paris: UNESCO.

Henderson, R. M., & Clark, K. B.(1990). Architectural innovation: The reconfiguration of existing technologies and the failure of established firms. *Administrative Science Quarterly*, 35, pp.9-30.

Horton, M.(1973). *Decision-making process*. In N. Shimahara(Ed), Educational reconstruction: Promise and challenge(pp.23-42). Columbus, Ohio: C. E. Merrill.

Johnson, R., & Onwuegbuzie, A.(2004). Mixed methods research: A research paradigm whose time has come. *Educational Researcher*, 33(7), pp.14-26.

Kaufman, H.(1956). Emerging conflicts in the doctrines of public administration. American *Political Science Review*, 50(4), pp.1057-1073.

Kazamias, A. M., & Schwartz, K.(1973). Sociological theories and educational change. *Comparative Education Review,* 17(June), pp.245-254.

King, E. J.(1966). Universities in evolution. *International Review of Education*, 8, pp.399-415.

Korpela, S. (2008). *The Finnish school – a source of skills and well-being*. Ministry for Foreign Affairs. Finland: Department for Press and Culture.

Kubow, P. K., & Fossum, P. R. (2003). *Comparative Education*. New Jersey: Merrill Prentice Hall.

LaBelle, T. J.(1973). Cultural determinants of educational alternatives. *New Directions for Education*, 4(Winter), pp.27-46.

Lenski, C.(1966). Power and privilege: *A thoery of social stratification*. NY: McGraw-Hill.

Levin, H. M((1974). Educational reform and social change. *The Journal of Applied and Behavioral Science*, 10(August), pp.304-319.

Lieberman, A., & Rosenholtz, S.(1987). *The road to school improvement: Barriers and bridges*. In J. I. Goodlad(Ed.), The ecology of school renewal. Part I, 86th Yearbook of the National Society for the Study of Education. Chicago: University of Chicago Press.

Livingstone, D. W.(1973). Some general tactics for creating alternative educational futures. *Interchange*, 4, pp.1-9.

McMillan, D. W. and Chavis, D. M. (1986). Sense of community: a definition and theory. *Journal of community psychology*, 14(1), pp.6-23.

Mitchell, D. E.(1989). *Measuring up: Standards for evaluating school reform*. In T. J. Sergiovanni & J. H. Moore(Eds.). Schooling for tomorrow: Directing reforms to issues that count(pp.40-61). Needham Heights, Mass.: Allyn & Bacon.

Monks, F. J., & Pfluger, R. (2005). *Gifted education in 21 european countries: Inventory and perspective*. Nijmegen, Netherlands: Radboud Univ..

National Commission on Excellence in Education(1983). *A nation at risk: The imperative for educational reform*. Washington, D. C.: U. S. Government Printing Office.

Noddings, N. (1989). Educating moral people. In M. Brabeck(ed.). *Who cares?: theory, research and educational implications of the ethic of care*. London: Praeger Publishers.

OECD (2004). *What makes school system perform? Seeing school systems through the prism of PISA*. Paris: OECD.

OECD(2009). *Education at a glance*. OECD(www.oecd.org/edu/eag2009).

Owens, R. G.(2001). *Organizational behavior: Instructional leadership and school reform*. Needham Heights, MA: Allyn & Bacon.

Parsons, T.(1977). *The evolution of societies*. Englewood Cliffs, NJ: Prentice-Hall.

Passow, A. H.(1989). *Present and future directions in school reform*. In T. J. Sergiovanni, & J. H.

Moore(Eds.). Schooling for tomorrow: Directing reforms to issues that count(pp.13-39). Needham Heights, Mass.: Allyn & Bacon.

Paulston, R. G.(1972). Cultural revitalization and educational change in Cuba. *Comparative Education Review*, 16(October), pp.474-485.

Paulston, R. G.(1983). *Conflicting theories of educational reform*. In J. Simmons(Ed.), Better schools: International lessons for reform(pp.21-70). NY: Praeger Publishers..

Phillips, D. C., and Kelly, M. E.(1975). Hierarchical theories of development in education and psychology. *Harvard Educational Review*, 43(August), pp.351-375.

Policy Analysis for California Education(1986). *Conditions of education in California*, 1986-1987. Berkley, CA: Policy Analysis for California Education.

Popper, K.(1968). *The logic of discovery*. NY: harper & Row.

Ravitch, D.(1985). *The schools we deserve*. NY: Basic Books.

Rhodes, R.I.(1968). *The disguised conservation in evolutionary development theory*. Science and Society, 32, pp.383-412.

Robertson, I.(1980). *Social problems*. NY: Random House.

Sarason, S. B.(1990). *The predictable failure of educational reform: Can we change before it s too late?* San Francisco: Jossey-Bass.

Schlechty, P. C.(1990). *Schools for the twenty-first century*. San Francisco: Jossey-Bass Publishers.

Seldak, M. W., Wheeler, C. W., Pullin, D. C., & Cusick, P. A.(1986). *Selling students short: Classroom bargains and academic reform in the American high school*. NY: Teachers College Press.

Senge, P. (1990). *Fifth discipline: the art and practice of the learning organization*. NY: Doubleday.

Sergiovanni, T. J. (1990). *Value-added leadership: how get extraordinary performance in schools*. New York: Harcourt Brace Jovanovich.

Sergiovanni, T. J. (1994). *Building community in schools*. San Francisco: Jossey-Bass.

Sergiovanni, T. J.(1989). *What really counts in improving schools?* In T. J. Sergiovanni & J. H. Moore(Eds.). Schooling for tomorrow: Directing reforms to issues that count(pp.1-7). Neeham Heights, Mass.: Allyn & Bacon.

Shneider, F.(1961). The immanent evolution of education: A neglected aspect of comparative education. *Comparative Education Review*, 4, pp.136-139.

Simmons, J.(1983a). *Reforming education and society: The enduring quest*. In J. Simmons(Ed.), Better schools: International lessons for reform(pp.3-20). NY: Praeger Publishers.

Simmons, J.(1983b). *The approach of the study*. In J. Simmons(Ed.), Better schools: International lessons for reform(pp.71-85) NY: Praeger Publishers.

Simon, B.(1965). *Education and the labour movement*, 1870-1920. London: Lawrence and Wishart.

Sizer, T.(1985). *Common sense. Educational Leadership*, 42, March.

Smith, D.(2006). *Exploring innovation*. London: McGraw-Hill Education.

Spillane, J. P., & Coldren, A. F.(2011). *Diagnosis and design for school improvement*. NY: Teachers College Press.

Stake, R. E.(1975). *Evaluating the arts in education: A responsive approach*. Columbus, OH:

참고문헌

Bobbs and Merrill.

Stevens, L .B.(1976). The paradox of school reform: Are the schools impervious to redesign. *Phi Delta Kappan*, 57(February), pp.371-374.

Stufflebeam, D. L.(1971). *Educational evaluation and decision-making*. Itasca, IL: Peacock.

The Holmes Group(1986). *Tomorrow' teachers*. East Lansing, Mich.: The Holmes Group.

UNESCO (2006). ISCED (International Standard Classification of Education) 1997. http://www.uis.unesco.org.

Vaughan, M., & Archer, M. S.(1971). *Social conflict and educational change in England and France*, 1789-1848. Cambrige: Cambridge University Press.

von Bertalanffy, L. (1968). *General systems theory: Foundations, development, applications*. NY: George Braziller.

Watzlawick, P., Weakland, J., & Fisch, R.(1974). *Change: Principles of problem formulation and problem resolution*. NY: Norton.

Wilson, G., & Wilson, M.(1965). *The analysis of social change*. Cambridge: Cambridge University Press.

Yukl, G. (1998). *Leadership in organizations*. New Jersey: Prentice-Hall, Inc.

미국 국가정보 검색
https://www.cia.gov/library/publications/the-world-factbook/geos/us.html
http://100.daum.net/encyclopedia/view.do?docid=b08m1194b

영국 국가정보 검색
https://www.cia.gov/library/publications/the-world-factbook/geos/uk.html
http://100.daum.net/encyclopedia/view.do?docid=b15a3725b

프랑스 국가정보 검색
https://www.cia.gov/library/publications/the-world-factbook/geos/fr.html
http://100.daum.net/encyclopedia/view.do?docid=b23p4344b

핀란드 국가정보 검색
https://www.cia.gov/library/publications/the-world-factbook/geos/fi.html
http://100.daum.net/encyclopedia/view.do?docid=b24p1483b